LolliPop

Fibel 1

Ein Leselehrgang
von
Wilfried Metze

illustriert von
Silvio Neuendorf
und
Magdalena
Sorgenlos-Chrzanowska

Cornelsen

AN
NINA

An
Nina

AN NINA
An Nina
AN NINA
An Nina

AN
NINO

An
Nino

PIPPI LANGSTRUMPF
AN NINO
An Nino
MÄRCHEN aus aller Welt
RITTER und BURGEN

PISA
PUZZLE
DIE KLEINE HEXE
DER STERNENHIMMEL
PFERDE PFERDE
WUNDER DER NATUR
An Nina

Oma ?

Mama
Papa

Opa ?

Papa

Aa
Mm
Sch
Ii
Oo
Nn
Ll
Pp
Tt

sch
S s
Ei ei
E e
F f
D d
H h
R r
B b

I i
N n
M m
O o
P p
A a

Lama
L l

o
m
i
L
a
l
l
i
Plan
Lolli

Nino mit Lolli im Tal

Nino ist satt.

Tolle Inseln im lila See.
Alle Esel essen Linsen.
Mmm! Sonnen-Tee!

Esel mit Sattel – neee!
Seltene Nasen im Nasen-Tal!
Tante Tinas Sonnen-Tee!
11
PLAN
Esel lesen.
Enten essen Tomaten.
Tanten messen Palmen.

In das Dino-Land
3
D d

Nino ist mit Lolli
im Dino-Land.
Lollis Idee ist toll.
Dino Leo ist nett.

Der arme Dino ist am Ende.
Lolli soll den Plan
der Elster lesen.
Der Plan nennt alle
Ritter-Namen.

Ritter Tasso Rostnadel
Ritter der roten Rose
Ritter des Sandes
Ritter des Ostermondes
Ritter des roten Planeten
Ritter Adam Rotnase
Ritter des Tannen-Sees
R

Nennt den Namen des Ritters
mit einem roten Adler –
oder das ist das Ende der Reise!
Ei ei

Einen Moment!

Lolli redet leise mit Nino.

Nino nennt den Namen.

Der Ritter ist mit einem Mal nett.

In einem Dorf treffen
andere Ritter ein.
Alle feiern ein Fest.

Ritter Adam Rotnase
feiert mit.
Ein Taler trifft Nino am Arm.
Dort ist ein offenes Fenster.
Nino nimmt eine Leiter.

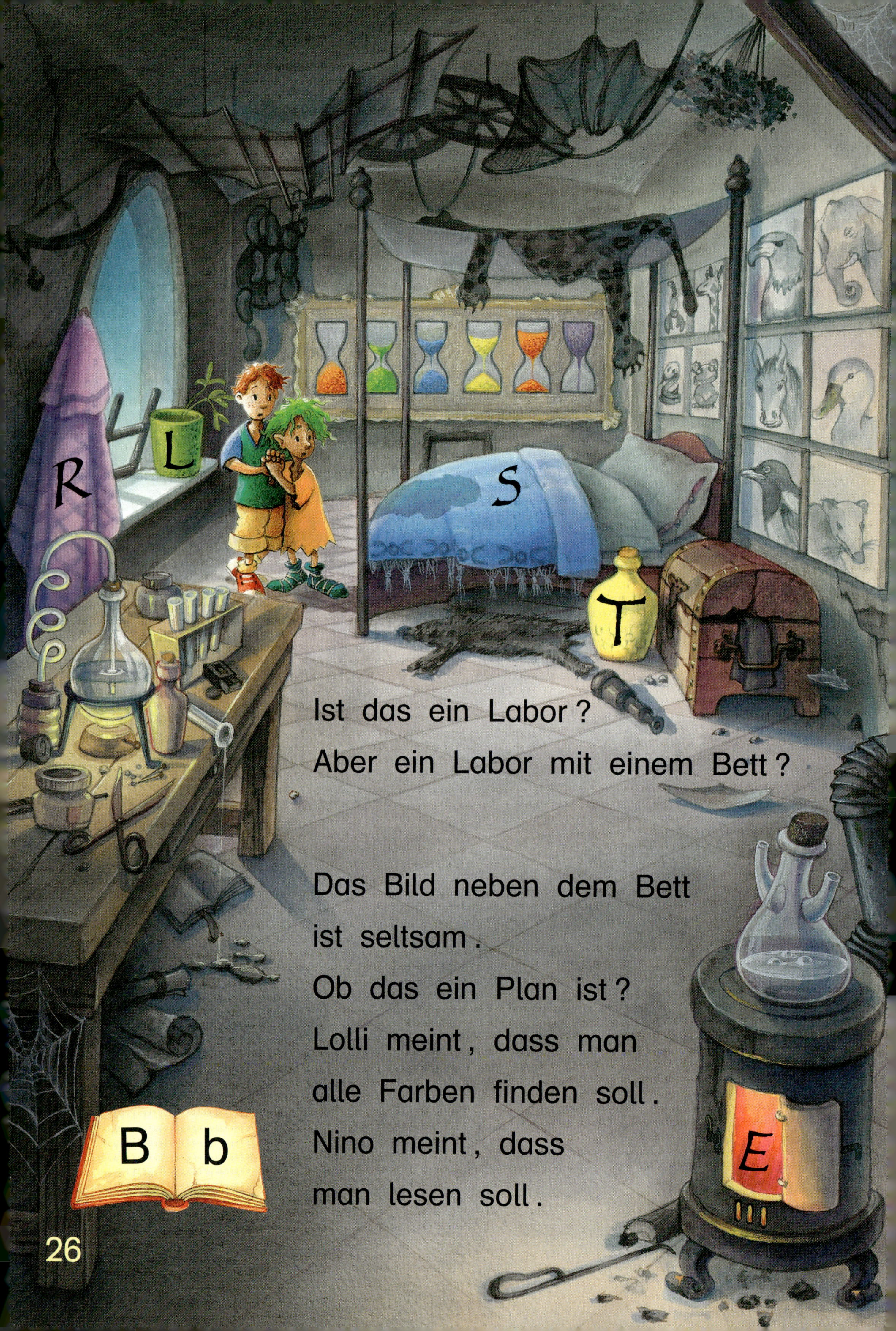

Ist das ein Labor?
Aber ein Labor mit einem Bett?

Das Bild neben dem Bett
ist seltsam.
Ob das ein Plan ist?
Lolli meint, dass man
alle Farben finden soll.
Nino meint, dass
man lesen soll.

Nino nimmt das Bild
der Elster ab.
Dahinter ist ein Hebel.
Beide drehen daran.
Da ist eine hohe Treppe.
Oben ist es heller.

Nino hilft Lolli
beim Lesen.

Nino tritt als Erster in eine Halle. In der Mitte arbeitet eine Maschine. An der Maschine sind Schilder mit Schaltern.

Lolli schaltet einen Hebel. Es erscheint Schrift. Schnell schreibt Nino alle drei Namen.

Sch sch

Ein seltsamer Ton hebt an.
In der Luft schimmert es in hundert Farben.
Es schneit bunte, duftende Blumen.
Und Lolli?

Oben in den Blumen ruft es leise:
Rudere mit den Armen!
Das tut Nino.

Wo sind wir?

Nino und Lolli schweben.

Ist das das Land der Winde?

Ein sanfter Wind erfasst beide.

Was ist los mit dir?

Nino will wissen, wo Lolli bleibt.

Lolli wird schneller.

Da erwischt beide ein frischer Wind.

Der Wind wirbelt sie in die Tiefe.
Sie fallen immer schneller.
Unten sehen sie eine Wiese.
Ist dies das Ende?
Nino schreit.

Mit einem Mal ist wieder Ruhe.
Was ist passiert? Wo sind sie?
Ein Riese fasst Nino an der Schulter.
He, Nino! Was ist los?
Der Riese ist Ninos Papa.

ie

Wo ist Lolli? Nino sucht unter dem Bett.

Sie ist nicht da.

Wer ist denn Lolli?, will Papa wissen.

Nino antwortet: *Lolli will lesen lernen.*

Sie ist nett. Ein Wind hat uns erfasst.

Der Papa meint: *Das war nur im Schlaf, Nino.*

Nino wird unsicher.

Aber dann ruft er: *Da ist doch Lolli!*

Auf dem Teppich ist Ninos Buch.
Es ist offen.
Lolli lacht Nino aus dem Buch an.
Also war doch alles nur ein Traum.
Ninos Papa betrachtet das Buch.

In diesem Raum war ich mit Lolli.
Papa schaut Nino an.
Nino lacht: *Ich meine – im Traum.*

Es ist Sonnabend. Da ist keine Schule.
Nino holt Nina ab. Sie wollen in den Park.
Nina hat auch ein Buch
mit einem Kobold bekommen.

Auf dem Markt kaufen sie
Kirschen.

Im Park sind viele Menschen.
Vorhin kam auch Ninos Papa vorbei.
Er rennt oft im Park mit den
anderen aus seinem Verein.

Aber die beiden Kinder sehen kaum etwas vom Park und von den Menschen.
Nina liest in dem Buch mit Lolli.
Und Nino schaut sich Ninas Buch an.
Darin lernt er den Kobold Pop kennen.
Sie merken, dass Pop der Bruder von Lolli ist.
So tauchen sie wieder in die fremden Welten ein.

Nino landet in einer fremden,
kalten Gegend.
Dort gibt es kein Gras, nur
seltsame Tiere.
Die gefallen Nino gar nicht.
Er findet sie gruselig.
Lolli ist fort.
Nino will sie suchen gehen.

Ein Vogel ruft immer den gleichen Vers:

Rote Glut kennt Lolli gut.

Das gelbe Wort weist dir den Weg.

Der Weg endet bei dem riesigen Elefanten vor dem Vulkan.
Aus dem Rüssel kommt grünes Licht.
Nino kriecht hinein.
Puu! Nichts Schlimmes wartet auf Nino.
Da ist nur ein Raum mit drei Türen.

Über den Türen findet Nino Bilder.
Am Boden liegen drei Schlüssel.
Aber welcher Schlüssel passt in welches Schloss?
Und welche Tür hat Lolli genommen?

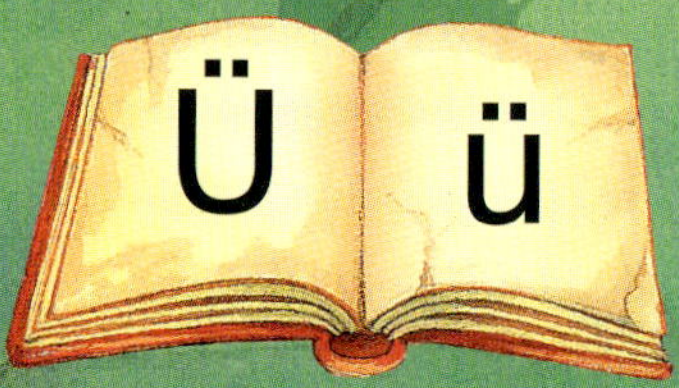

Überlege gut, Nino!

Nino nimmt die erste Tür und
den 2. Schlüssel.

Ein Hahn ruft achtmal: *Kikeriki!*
Die Tür geht leise auf.

Ein alter Mann und vier Tiere
kommen Nino entgegen:
ein Reh, ein Huhn, ein Fohlen
und eine Kuh.

Der Mann sagt: *Du suchst Lolli?*
Ein Tier wird dich führen. Triff die richtige Wahl.
Nur ein Tier sagt die Wahrheit. Folge ihm!

Ich wohne im Urwald.
Mein Fell ist aus Gold.
Füttere mich! Es lohnt sich.
Meinen Lohn kannst du essen.
Auf mir reiten edle Ritter.
Sie tun alles, was ich befehle.
ah eh
ih oh
uh üh

UHREN-TIPPS
NUR 50

Das Huhn führt Nino zu dem gelben Zelt.
Nur eine riesige schwarze Uhr ist darin zu sehen.
Darauf sind aber keine Zahlen, sondern Tiere.

Die Zeiger sollen an die Uhr. Aber wie?
Die Uhr hilft Nino. Sie flüstert zehnmal:
Zeige die Zeit! Zeige die Zeit! …
Nino will es deshalb mit zehn Uhr versuchen.
Aber worauf müssen dann die Zeiger zeigen?

Der kleine Zeiger kommt zum Zebra.
Der andere zeigt auf den Löwen.
Nino hört ein lautes Knarren.
Schnell klettert er von der Leiter.

Die Tür der Uhr öffnet sich ein wenig.
Ölt doch endlich die Scharniere!
Das Wesen hinter der Tür hört sich
ziemlich böse an: *Was ist nun?*
Komm doch endlich herein!

Nino fasst sich ein Herz und tritt ein.

Hinter Nino knarrt es. Die Tür knallt zu!
Nino stemmt sich dagegen.
Aber das hilft auch nicht.

Er steht in einer finsteren Höhle.
Mehrere Treppen führen in die
Tiefe. Auf den Stufen schimmern
Buchstaben.

Da poltert die Stimme wieder los:
Willst du ewig da oben stehen bleiben?
Zu den Bildern geht es hierher!

Nino folgt der Stimme.
Er steigt die Treppe hinab, die mit Z beginnt.
Sie ist sehr steil.
Die Buchstaben zeigen Nino den Weg.

ES GEHT NICHT
IRRTUM
EISKALT
ZU DEN BILDERN
HIER NICHT
VERSUCHE ES WOANDERS

Nino wählt den Weg zum gelben Licht.
Ärgerlich poltert die Stimme:
Komm endlich oder schläfst du?

Nino tritt in einen dämmrigen Raum.
Nur die Bilder an den Wänden strahlen hell.
Aber eigentlich sind es Rätsel.
Das erste zeigt Buchstaben mit Linien und
grüne Haare. Nino buchstabiert: *M – Ä – …*

Ein lustiges Lachen kommt aus dem Bild.
Nun kann Nino das Rätsel lösen.

Kaum hat Nino das Wort MÄDCHEN gesprochen,
als ein komischer Spuk beginnt.
Die Buchstaben verschwinden und Lolli erscheint.
Nino ruft: *Lolli!* Aber es ist nur ein Bild.

Nino spricht das zweite Bild an:
Und du bist ein Dino!
Das Ei öffnet sich und ein Saurier spaziert heraus.
Lolli und der Saurier! Was ist das für ein Spiel?

Nino ist gespannt auf
die anderen Rätsel.

Nino hat auch die anderen Rätsel gelöst.
Die Bilder haben sich verändert.
Der Vogel blickt Nino frech an.
Ein meckerndes Gelächter schreckt Nino auf.
Er dreht sich um.
Hinter einer Staffelei in der Ecke scheint
sich einer zu verstecken.

Das Lachen erinnert Nino an den Vogel
auf dem Bild. Schnell rennt er in die Ecke.

Doch da ist keiner mehr.
Das Bild auf der Staffelei ist zugedeckt.
Auf der Decke steht ein Spruch.

Nino packt die Decke
und zieht sie mit einem Ruck weg.

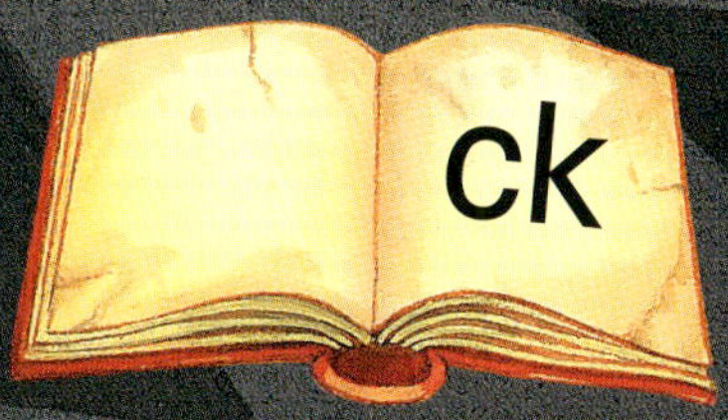

Nino ist es heiß
und kalt zugleich.
Schweiß tritt
auf seine Stirn.
Was soll das bloß?
Der Spaß geht ihm zu weit.

Wo steckt der Spaßvogel?
Das meckernde Gelächter
kommt von drüben.

Nino reißt das Bild von der Staffelei
und rennt zur anderen Seite.
Er schreit: *Wo bist du? Zeige dich!*

Plötzlich wird es hell im Zimmer.

Wach auf, Nino! Es ist ein Traum!, ruft Ninos Vater.

Nino wird wach und weint: *Papa, ich schwitze so.*

Papa sitzt bei Nino auf der Bettkante.

Er befühlt Ninos Stirn und sagt: *Du hast Fieber.*

Ich schätze, du hast dich gestern im Park erkältet.

Vor dem Fenster meckert eine Elster.

Nino bleibt den ganzen Tag im Bett.

Sein Hals tut weh.

Am Abend kommt Frau Doktor Lutz.

Nino streckt die Zunge heraus. Die Ärztin tastet Ninos Hals ab. Sie hört auch die Lunge ab. Nino hat Angst, dass er eine Spritze bekommt.

Frau Lutz lächelt und erklärt ihm:

Es ist zum Glück nichts Schlimmes. Die Mandeln sind nur etwas entzündet.

Du nimmst dreimal am Tag einen Saft aus der Apotheke. Es dauert nicht lang, dann springst du wieder draußen herum.

Nino geht es jetzt schon viel besser.

Er soll jedoch noch zwei Tage zu Hause bleiben.

Vorhin war auch Julia da.
Sie musste wieder los,
weil sie Judo hat.
Bestimmt kommt sie
gleich noch einmal zurück.
Sie hat nämlich etwas
vergessen.

Nina ist zu Besuch.
Jeder zeigt dem anderen
ein Rätsel
aus seinem Buch.
Nina jubelt.
Sie hat das erste
Bilder-Rätsel schon gelöst.

Eu eu

Nino hat heute Post bekommen.
Auf dem Umschlag ist eine Eule.
Der Brief kann nur von seinem Opa sein.

Neugierig reißt Nino den Umschlag auf.
Sein Opa lebt in einer anderen Stadt.
Er hat dort einen Laden mit alten Sachen.

Nino und Nina werden von Opa eingeladen.
Sie dürfen ihn in den Ferien
für zwei Wochen besuchen.
Nino freut sich. Das wird bestimmt aufregend.

Der Brief ist eine Spur
zum Geheimnis der Bücher.

ANTIQUARIAT

Endlich ist es so weit.
Ninas Mutter und die Kinder sind im Zug gekommen.
Das war bequemer als im Stau zu stehen.

Gleich müssen sie da sein.
Der Weg führt quer durch einen Park.
Ich glaube, das dort drüben ist es!
Nino zeigt auf ein altes Haus mit Türmchen und Erkern.

Mach keinen Quatsch!
Das ist ja das reinste Märchenschloss!, ruft Nina.
Das Gartentor quietscht.
Über der Tür hängt ein Schild: Antiquariat.

Das Haus ist ganz mit Efeu bewachsen.
Man sieht kaum die Schilder neben der Tür.
Nino fragt: *Wo ist die Klingel?*
Nina antwortet: *Schau, dort beim Dachs.*

Das untere Schild ist seltsam.
Es gibt Tierbilder,
Namen und sechs Zeichen.
Der Zettel ist für euch!,
ruft Ninas Mutter.

Nino drückt auf die Knöpfe mit c, h und s.
Drinnen ist ein lustiges Pfeifen zu hören.
Die Tür öffnet sich einen Spalt und ein Kopf
mit weißen Haaren schaut heraus.

Da seid ihr ja! Ninos Opa umarmt alle.
Der alte Mann erinnert Nina an etwas aus
dem Lesebuch. Aber er ist sehr freundlich.

Der große Raum steht voll mit seltsamen Dingen
und überall wachsen Pflanzen.

Die Kinder staunen.

Viele wundervolle Dinge gibt es zu entdecken.

Da hört Nina ein Räuspern.

Oh, Verzeihung, liebe Rose!

Ninos Opa läuft zur Säule.

Er stellt den Besuchern eine alte Dame vor:

Darf ich vorstellen? Das ist Frau Bräutigam.

Frau Bräutigam ist so etwas wie meine Braut.

Der alte Mann kichert.

Der Urlaub bei den beiden Alten ist
ein einziges Abenteuer.
In allen Räumen stehen seltsame Dinge.

Nina streichelt mit einem Finger
eine ausgestopfte Python.
Die Hyäne ist ihr zu hässlich.

Nino hat ein Buch über Hypnose gefunden.
Was er damit wohl anfangen will?
Den Zylinder trägt er schon seit Tagen.

Das größte Geheimnis entdecken sie jedoch
im Arbeitszimmer von Rose Bräutigam.

An der Tür hängt ein lustiges Comic-Bild.
Es zeigt eine Hexe und einen Clown:
Frau Bräutigam und Ninos Opa.
Das Bild hat sie selbst gemalt.

Den Kindern fallen fast die Augen aus dem Kopf.
Überall hängen Bilder von Lolli und Pop,
den Kobolden aus den Bilderbüchern.
Die Wesen aus Ninas Buch sind ebenso zu sehen
wie die Ritter, die Elster und und und.

Ninos Opa hat sich die Geschichten ausgedacht
und Frau Bräutigam hat die Bilder dazu gemalt.

Nun sitzen die Kinder oft mit den beiden Alten
am Tisch oder am Computer.
Sie denken sich selbst neue Geschichten
mit den Kobolden aus.

Frau Bräutigam stöhnt und lacht zugleich:
Bei eurer Fantasie muss ich ja hundert Jahre alt werden um das alles zu malen.

Aber viele Geschichten malen und schreiben die Kinder auch selbst.
Das macht genauso viel Spaß wie das Lesen.

INIKUM
BÄCKEREI MEIER
FOTO
BLUMEN

GRUNDSCHULE
Popillol-KAUFHAUS
30
POLIZEI
LECKER
KINO
STEFAN SPIELKIND ZEIGT!
DINOS
erobern
ALTDORF
NOTAUSGANG

Oma lernte anders lesen
als Nina.

ABCDEFGHIJ
KLMNOPQR
STUVWXYZ
abcdefghij
klmnopqrs
tuvwxyz

PUZZLE
HALMA
Dame Mühle
MONTAG Schirin Robin
DIENSTAG Nina Thomas
MITTWOCH Steffi Mirko
DONNERSTAG Nino Anna
FREITAG Fatima Lars

Soll das alles in Ninas Mappe?

SPORTPLATZ
TURNHALLE
Was tust du da ?

Nino!

Lärche
Ahorn
Kastanie
Fichte
Buche
Lärche
Eiche
Kiefer

Aus dem Foto-Album:

Ninas Eltern

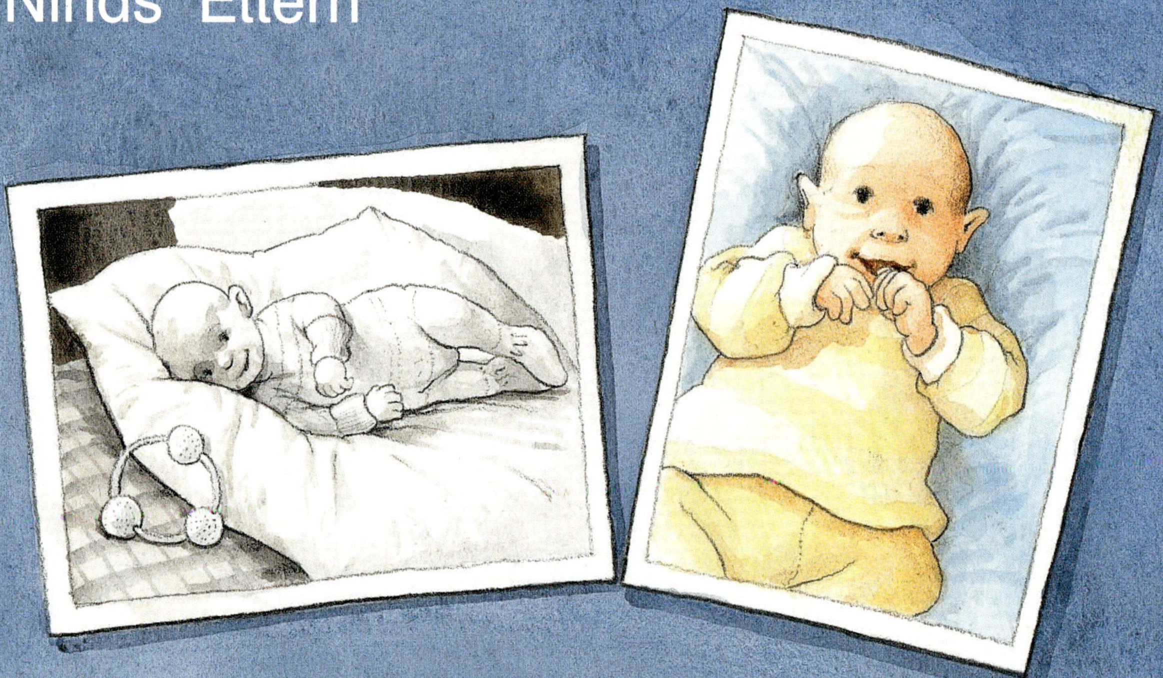

1

Ninas Tante ist im achten Monat schwanger.
Nun ist es bald so weit.

N
BIOGURT
WALD FRUCHT
BANONE
Dr. Oenke
HIMBEERE
SILVIO PLUS SAHNE
ERDNUSS-FLOCKEN
CHOI
STUDENTEN FUTTER
MILCHRIESE
LILAKA
SATURN
SILVIOS
SNACK

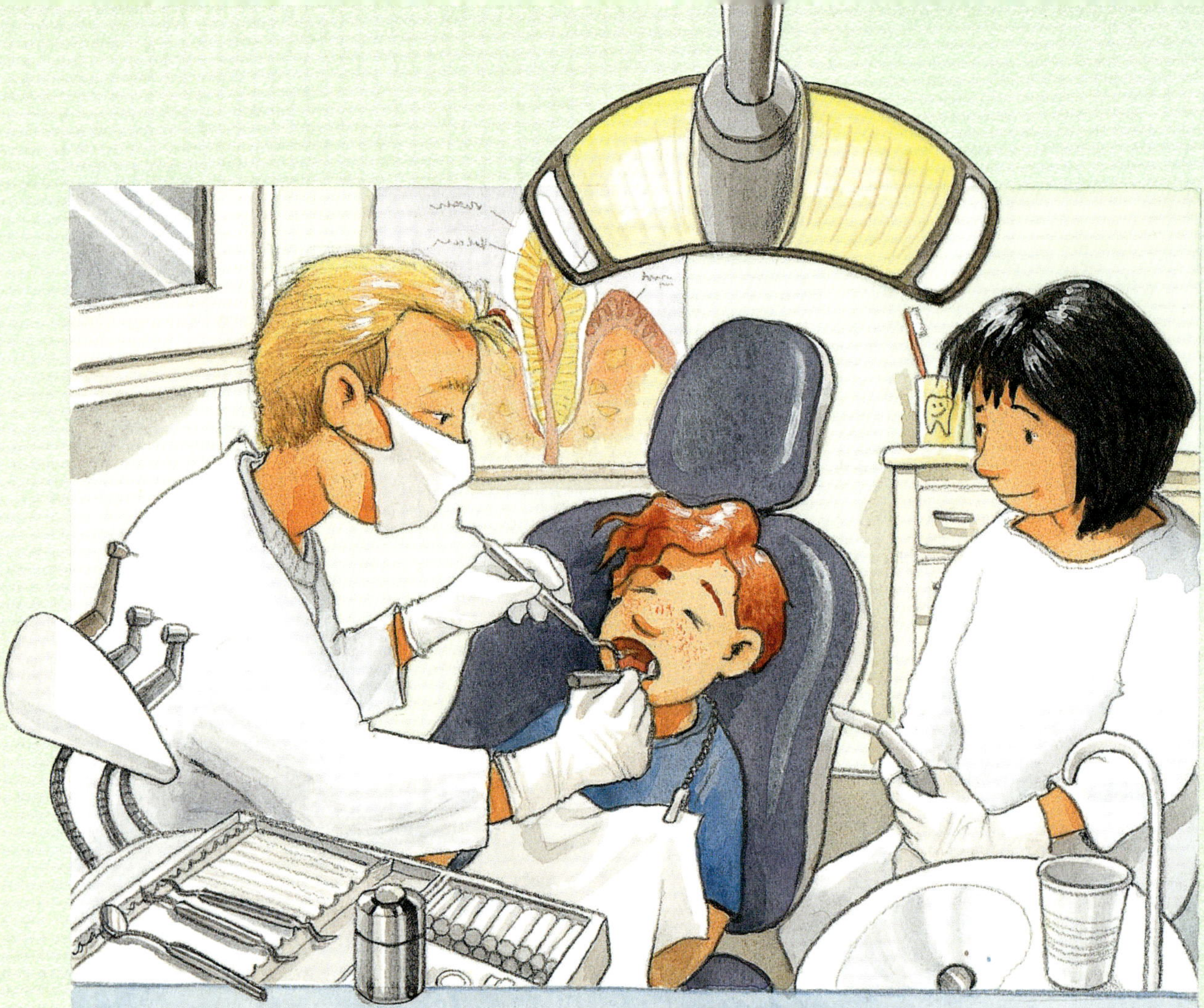

So oder so ?

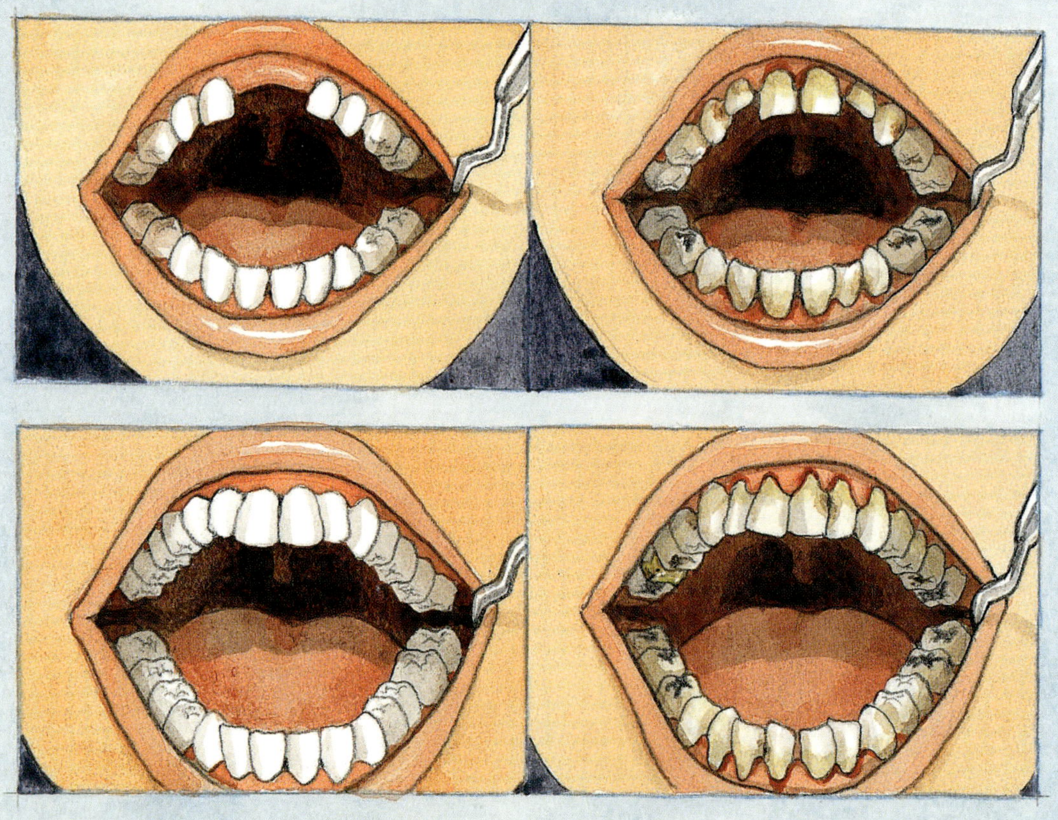

Eine Reise mit 5 Sinnen

Nina schmust
mit Willi.

Ob Nina mit allen
schmusen will?

Was ist mit Andi los?

Frühling

Sommer

Herbst

Winter

Natur:
Gefahr für den Menschen
GIFTIG!
FINGERHUT
AKELEI
HERBSTZEITLOSE
EIBE
KNOLLENBLÄTTER-PILZ
FLIEGENPILZ
MAIGLÖCKCHEN
TOLLKIRSCHE
?

Mensch:
Gefahr für die Natur
MINUS
CHIPS
SN - 19·67

Warum hast du kein Haustier?
Ich mag Tiere viel zu gern.
KATZIKIT
APPI

INHALTSVERZEICHNIS

INHALTSVERZEICHNIS

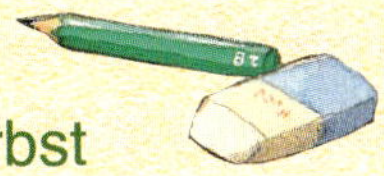

N n
A a
I i
O o
S s
E e
D d
R r
Sch sch
U u
W w
ie
Wiese
V v
G g
Ü ü
Tür
Z z
ck
Sack
ß
Fuß
tz
Katze
ng
Ring
Pf pf
äu
Säule
Y y
Zylinder
Pony

M m
P p
L l
T t
Ei ei
F f
B b
H h
Ch ch
acht
8
Milch
Au au
K k
Ö ö
St st
Ä ä
Sp sp
J j
Eu eu
Qu qu
chs
Fuchs
C c
X x
Hexe
nk
Anker

LolliPop Fibel 1

Ein Leselehrgang
von Wilfried Metze

unter Mitarbeit von: Angelika Finke-Meyer, Pattensen
Claudia Janoschka, Swisttal-Essig
Ursula Neidhardt, Wiesbaden
Marianne Raulefs, Kaiserslautern

Für Anregungen danken wir: Barbara Korff, Schwanau
Beate Leßmann, Recklinghausen
Ursula Michailow-Drews, Düsseldorf
Sabine Obst, Köln
Andrea Schmitt-Bach, Überlingen

Redaktion: Nicole Namour

Gestaltung, technische Umsetzung und Kalligraphie: Katharina Wolff

Grafik: Silvio Neuendorf *(Realwelt und Figuren)*,
Magdalena Sorgenlos-Chrzanowska
(Fantasiewelt)

Cornelsen online http://www.cornelsen.de

1. Auflage € Druck 7 6 5 4 Jahr 06 05 04 03

Alle Drucke dieser Auflage sind inhaltlich unverändert
und können im Unterricht nebeneinander verwendet werden.

Druck: CS-Druck CornelsenStürtz, Berlin

ISBN 3-464-61249-X

Bestellnummer 612490

Gedruckt auf säurefreiem Papier,
umweltschonend hergestellt aus chlorfrei gebleichten Faserstoffen.

Printed by Amazon Italia Logistica S.r.l.
Torrazza Piemonte (TO), Italy

50381757R00045

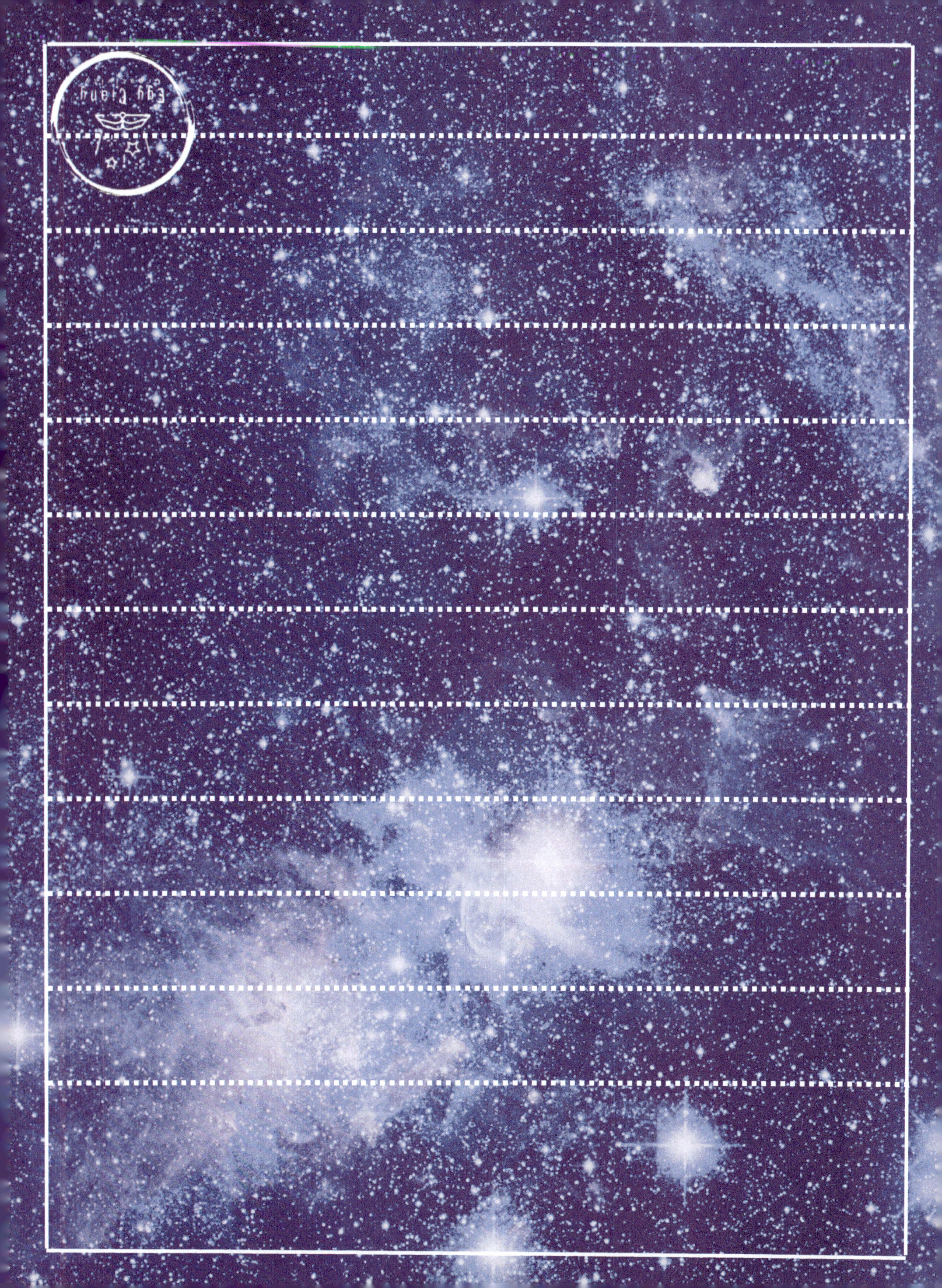

APPUNTI

LE MIE OSSERVAZIONI

Egy Giany
creativity

Aunque el número de elementos químicos es pequeño, la variedad de compuestos que se forma con ellos es enorme. Se conocen millones de compuestos y cada día se descubren o sintetizan más.

El CAS (Chemical Abstracts Service), filial de la American Chemical Society, tiene registrados alrededor de 66 millones de compuestos químicos, y la cifra se incrementa cada día.

Tal diversidad de compuestos se explica por la gran capacidad que tienen los átomos para unirse entre sí y formar estructuras complejas, tanto moléculas como redes cristalinas.

¿Qué sabemos?

La capacidad de combinación de los elementos químicos para formar compuestos es comparable a la de las letras del abecedario y la formación de palabras. Con unas pocas letras se pueden construir infinidad de palabras.

- Construye todas las palabras que puedas (confírmalas con el diccionario) con las letras A, E, N, R y S. Puedes repetir las letras y emplearlas todas o solo algunas.
- ¿Cuántas palabras puedes construir con las mismas letras si no te piden que tengan sentido? Por ejemplo, AAAAA, AAAAS, etc.

¿Qué aprenderemos?

1. **Los elementos químicos**
2. **Los elementos en la tabla periódica**
3. **Descubre. Los metales en los seres vivos**
4. **Enlace químico**
5. **Sustancias moleculares y atómicas**
6. **Sustancias metálicas e iónicas**
7. **Laboratorio. Moléculas e iones**
8. **El lenguaje químico**

1900-1999

2000-Actualidad

• 1937

Tecnecio. Los físicos italianos C. Perrier (1886-1948) y E. Segrè (1905-1989) descubren la presencia de un elemento desconocido de Z = 43 en una muestra de molibdeno que había sido bombardeado con isótopos pesados de hidrógeno. Es el primer elemento sintetizado artificialmente y por ello se denomina tecnecio.

Ununseptio. El ununseptio (Z = 117) es el elemento sintetizado más recientemente, fruto de la colaboración de físicos estadounidenses y rusos. La IUPAC todavía no le ha dado un nombre oficial.

2010 • • 2012

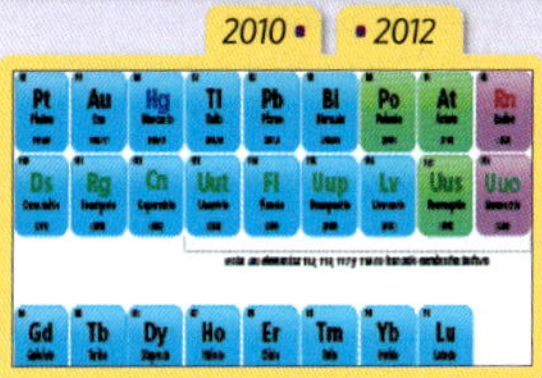

Flerovio y livermorio. Son los últimos elementos nombrados por la IUPAC. Sus nombres honran al Físico nuclear ruso G. Fliorov y al laboratorio Lawrence Livermore (USA).

B ¿QUÉ ES LA RADIACIÓN CÓSMICA?

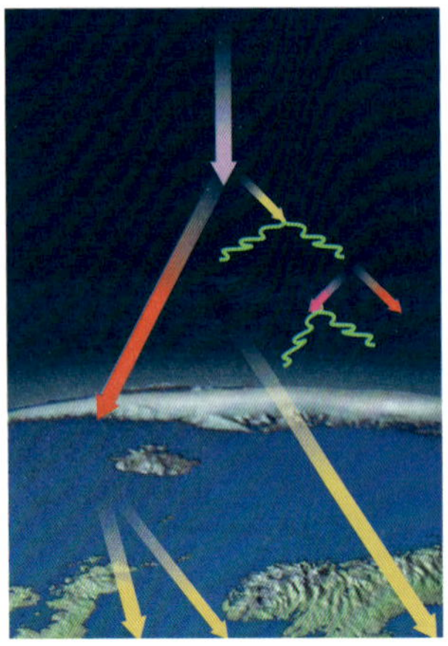

La radiación cósmica son partículas (mayoritariamente protones, núcleos de helio y electrones) que se desplazan a velocidades próximas a la velocidad de la luz. Su origen se atribuye a las explosiones de estrellas muy masivas, las supernovas.

La mayor parte de la radiación cósmica que bombardea la Tierra no llega a la superficie porque es desviada por el campo magnético. Pero, pese a ello, aún supone un 10% de la radiación que recibimos.

C INVENTO: CONTADOR GEIGER

H. Geiger (1882-1945) fue un físico alemán que trabajó a las órdenes de E. Rutherford en el famoso experimento de la lámina de oro que evidenció la existencia del núcleo atómico.

Geiger inventó para ese experimento un detector de radiación alfa que con el tiempo perfeccionó. En 1928, con la ayuda del entonces estudiante W. Müller (1905-1979), inventó un dispositivo muy sensible para detectar y medir la radiactividad, dispositivo que sin grandes cambios continúa utilizándose en la actualidad.

El contador Geiger-Müller consiste en un tubo cerrado que contiene un gas inerte y dos electrodos en sus extremos. Cuando las partículas emitidas por la desintegración radiactiva penetran en el tubo, el gas se ioniza y conduce la electricidad, lo que produce una corriente eléctrica momentánea entre los electrodos, cuya intensidad se registra.

@ Amplía en la Red...

Observa un video sobre radiactividad en:
www.tiching.com/728926

D RESERVAS MUNDIALES DE URANIO

El uranio es un metal radiactivo y podría creerse que poco abundante. Y eso es cierto, pero solo relativamente, puesto que hay otros metales como el oro, el platino, la plata o el mercurio que son aún menos abundantes en la corteza terrestre.

En la siguiente tabla se muestra una estimación de las reservas recuperables de uranio y su localización.

País	Reservas de uranio (t)	Porcentaje(%)
Australia	1 798 300	23,5
Kazajistán	875 000	11,5
Rusia	689 200	9,0
Canadá	650 500	8,5
EE. UU.	472 100	6,2
Namibia	455 600	6,0
Sudáfrica	450 800	5,9
Níger	404 900	5,3
Resto del mundo	1 838 800	24,1
total	7 635 200	100

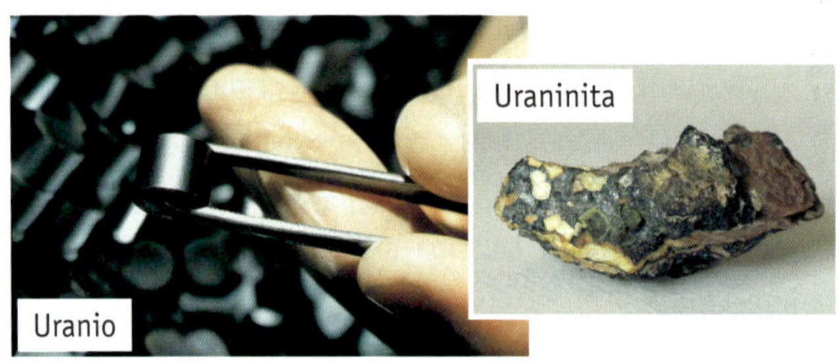

1. Representa en un gráfico de barras los porcentajes de las reservas mundiales de uranio por país que las posee.
2. El consumo mundial de uranio en 2013 fue aproximadamente 59 000 toneladas. A este ritmo de consumo, ¿en cuántos años se agotaría el uranio del planeta?
3. @ En España actualmente no se extrae uranio, pero unos estudios geológicos recientes estiman que hay unas reservas explotables de unas 20 900 toneladas de uranio.

   Cualquier explotación minera debe adoptar una serie de medidas de control medioambiental según las indicaciones de un documento oficial llamado Declaración de impacto ambiental (DIA). En el caso de las explotaciones de mineral de uranio, esos controles son aún más restrictivos.

   Busca información sobre los impactos medioambientales que conlleva una explotación minera y por qué deben tomarse precauciones adicionales con el mineral de uranio.

1. Ordena de mayor a menor tamaño: protón, elefante, núcleo de carbono, electrón, átomo de carbono y virus.

2. El elemento hierro está formado por dos isótopos: Fe-54 y Fe-56. Indica cuántos protones y neutrones hay en el núcleo de los átomos de cada isótopo y el número de electrones que orbitan en la corteza electrónica.

3. Completa en tu cuaderno una tabla como la siguiente referida a átomos neutros:

nombre del elemento		yodo		
símbolo del isótopo	$^{34}_{16}S$			
número atómico (*Z*)			9	
número másico (*A*)		127		37
número de protones				17
número de neutrones			10	
número de electrones				

4. Responde las cuestiones para los núcleos atómicos representados simbólicamente: $^{12}_{6}X$; $^{14}_{7}Y$; $^{14}_{6}Z$ y $^{11}_{5}W$.

   a) ¿Cuáles son isótopos?

   b) ¿Cuáles tienen igual número de neutrones?

   c) ¿Qué elemento químico corresponde a cada símbolo?

5. ¿Por qué en la tabla periódica se indica el número atómico y la masa de cada elemento químico, pero no su número másico?

6. El cloro tiene dos isótopos, el cloro-35 y el cloro-37. Calcula la masa atómica relativa del elemento cloro. Utiliza los datos de la figura, en la que aparecen las masas de los dos isótopos del cloro y sus abundancias relativas expresadas en porcentajes.

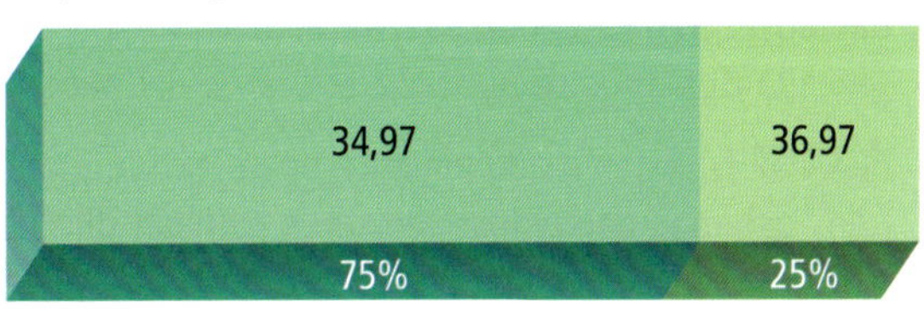

7. Completa las frases siguientes en tu cuaderno:

   a) Un objeto con carga eléctrica negativa tiene mayor número de … que de protones.

   b) Un objeto con carga eléctrica neutra tiene … número de electrones que de … .

   c) Un objeto con carga eléctrica positiva tiene … número de electrones que de protones.

8. A partir de las masas atómicas de los elementos aluminio y plomo (consulta la tabla periódica), calcula cuántos átomos de aluminio harían falta para igualar la masa de 1000 átomos de plomo.

9. La plata tiene dos isótopos naturales: plata-107 y plata-109. La masa y abundancia natural del isótopo Ag-107 son, respectivamente, 106,91 y 51,84 %.

   a) ¿Cuál es la abundancia natural del isótopo Ag-109?

   b) Si la masa atómica relativa de la plata es 107,87, determina la masa atómica del isótopo Ag-109.

10. Consulta la tabla periódica y completa en tu cuaderno:

elemento	símbolo	número atómico	masa atómica
Carbono			
	Cu		
		56	
			16,00
Sodio			
	S		
	Au		
			83,80

11. El elemento fósforo está formado al 100 % por un único tipo de átomo cuya masa es 30,97 u. Determina la masa de un átomo de fósforo expresada en gramos.

12. El sodio natural es Na-23 al 100 %, pero tiene dos radioisótopos, Na-22 y Na-24, cuyos períodos de semidesintegración son, respectivamente, 2,6 años y 14,9 horas.

    a) Indica el número de protones y neutrones que hay en el núcleo de cada isótopo del sodio.

    b) Ordena los tres isótopos del sodio de mayor a menor estabilidad.

13. El bismuto tiene un radioisótopo, el Bi-206, con un período de semidesintegración de seis días. Si inicialmente tenemos 100 mg de Bi-206, ¿cuánto quedará sin desintegrar pasados 30 días?

14. En el control de la masa de un radioisótopo que quedaba sin desintegrar se obtuvieron estos resultados:

tiempo (días)	0	1	2	3	4	5
masa (mg)	4,20	3,32	2,64	2,10	1,66	1,32

    a) Representa gráficamente estos datos (en el eje *Y*, la masa, y en el eje *X*, el tiempo).

    b) Halla el período de semidesintegración del radioisótopo.

    c) ¿Qué masa de radioisótopo quedará el sexto día?

1. ¿Qué cuatro elementos formaban la materia según los antiguos griegos? ¿A qué filósofos griegos se debe la primera hipótesis atómica?

2. Define *elemento químico* y *compuesto químico*.

3. Completa en tu cuaderno estas frases sobre la teoría atómica de Dalton:

   a) La materia está formada por ... muy pequeñas, indivisibles e indestructibles llamadas ....

   b) Todos los átomos de un mismo elemento químico son ..., pero ... a los de otro elemento químico.

   c) Los átomos de diferentes elementos se ... siempre en una misma ... para formar ... químicos.

4. ¿En qué momento se produce un incremento importante en el número de elementos descubiertos? ¿Por qué?

5. ¿Qué es la electrolisis?

6. ¿Qué hecho propició el cambio del modelo atómico de Dalton al de Thomson?

7. Completa en tu cuaderno estas frases:

   a) Hay cargas eléctricas de dos tipos, ..., simbolizadas como (+), y ..., simbolizadas como (–).

   b) Las cargas eléctricas de distinto tipo se ... mientras que las de igual tipo se ....

   c) A menor distancia entre las cargas, tanto ... será la fuerza de ... o de ....

8. ¿Cuáles son las partículas subatómicas?

9. Asocia en tu cuaderno estos términos a los modelos atómicos de la derecha:

   a) neutrón
   b) electrón
   c) protón
   d) núcleo
   e) corteza

   modelo de Thomson

   modelo de Rutherford

10. Observa la figura que representa un átomo:

    a) Indica qué representan las partículas de color rojo, las de color azul y las de color verde.

    b) ¿A qué elemento químico pertenece este átomo?

    c) ¿Pueden los átomos de un mismo elemento tener diferente número de protones? ¿Y de neutrones?

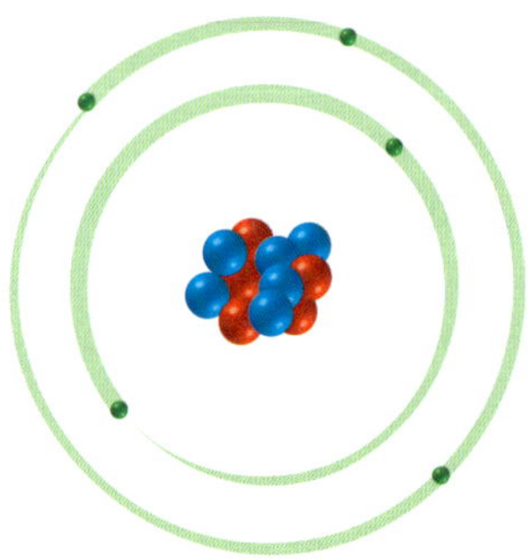

11. ¿Cuántos protones y neutrones hay en el núcleo de un átomo de sodio-23?

12. Define los siguientes conceptos:

    a) Número atómico
    b) Isótopo
    c) Número másico
    d) Abundancia isotópica natural

13. ¿Qué es la unidad de masa atómica? ¿Cómo se define?

14. Indica la veracidad o falsedad de las siguientes frases:

    a) Toda la materia está formada por átomos.

    b) Los átomos de los gases pesan menos que los átomos de los sólidos.

    c) En los núcleos están los protones y los neutrones.

    d) En un átomo, el núcleo y los electrones están separados por aire.

    e) Todos los átomos de un mismo elemento tienen la misma masa.

    f) Todos los átomos de un mismo elemento tienen igual número atómico.

15. ¿Qué causa la radiactividad de una sustancia?

16. Describe los principales tipos de radiación.

    a) ¿De qué está compuesto cada tipo de radiación?

    b) ¿Qué tipo de radiación cuesta más detener?

17. Los radioisótopos tienen aplicaciones en medicina. Nómbralas y explica en qué consisten.

18. Explica en qué se fundamenta y qué limitaciones presenta la técnica de datación por carbono-14.

19. Indica si son verdaderas o falsas las siguientes afirmaciones referidas a la fisión nuclear:

    a) La fisión nuclear se descubrió al bombardear átomos de uranio con protones.

    b) En la fisión nuclear se libera energía al romperse núcleos.

    c) En las centrales nucleares se llevan a cabo reacciones en cadena controladas.

    d) Las centrales nucleares generan residuos radiactivos, pero en poca cantidad.

20. Indica si son verdaderas o falsas las siguientes afirmaciones referidas a la fusión nuclear:

    a) La fusión nuclear se produce cuando núcleos pequeños se unen para formar núcleos más grandes.

    b) Las centrales nucleares basadas en la fusión nuclear producen actualmente gran cantidad de energía.

    c) El principal inconveniente de la fusión nuclear es que el combustible empleado es escaso.

    d) La fusión nuclear genera menos residuos radiactivos que la fisión nuclear.

1 Aplica las TIC. Datación de restos por isótopos radiactivos

En la siguiente página encontrarás una simulación que te permitirá datar la antigüedad de diferentes objetos igual que lo hacen los científicos:

http://www.tiching.com/728928

a) Activa la pestaña *Dating game* de la parte superior derecha.

b) Aproxima el detector a los objetos y haz un listado (en una tabla) con el nombre de los 18 objetos.

c) Aproxima el detector a cada uno de los objetos que se van a datar y elige el radioisótopo más adecuado para hacer la medida. Hay dos radioisótopos predeterminados, carbono y uranio, y un tercero denominado "custom" que puedes elegir en función del período de semidesintegración que consideres más adecuado.

d) Una vez obtengas un valor medible (lo sabrás porque verás un porcentaje superior a cero), mueve el cursor verde de la gráfica y lee directamente la antigüedad indicada. Fíjate bien en la unidad de tiempo y los múltiplos para hacer la lectura correctamente;

K = multiplica el valor indicado por 1 000 años

M = multiplica el valor indicado por 1 000 000 años

B = multiplica el valor indicado por 1 000 000 000 años

e) Con los resultados obtenidos completa la tabla de la derecha.

número	objeto	antigüedad	radioisótopo empleado
1	calavera de animal	148 años	carbono-14
2	casa	...	...
3	...	...	...

2 Reflexiona. Tratamiento de residuos hospitalarios

Casi todos los residuos hospitalarios se incineran en instalaciones de alta seguridad, pero una parte, aquellos generados en los tratamientos con radioisótopos, son almacenados en depósitos cuidadosamente aislados del entorno.

Pregunta 1

Observa la fotografía. Explica qué indica el pictograma de seguridad que hay en el precinto. Puedes encontrar más información al respecto en el siguiente artículo:

http://www.tiching.com/729268

Pregunta 2

Explica qué aplicaciones tienen los radioisótopos en medicina.

Pregunta 3

Estos residuos hospitalarios deben ser guardados en almacenes especiales, pero ¿no sería más sencillo destruirlos quemándolos? Indica cuál de las siguientes razones te parece más correcta para no quemarlos.

a) Sería más costoso porque se necesita combustible para quemarlos.

b) Se podría provocar una explosión nuclear porque los radioisótopos son radiactivos.

c) Se dispersarían los radioisótopos radiactivos y aún serían más peligrosos.

d) Algunos residuos no son combustibles y no se quemarían.

Pregunta 4

Algunos residuos hospitalarios se etiquetan con el pictograma de la derecha que indica riesgo biológico. Eso significa que...

a) son residuos de un nivel radiactivo superior.

b) contienen restos biológicos infecciosos.

c) son sustancias especialmente contaminantes.

d) son sustancias muy venenosas.

Síntesis. Teoría atómica

Teoría atómica

- **Teoría atómica de Dalton**:
  La materia está formada por partículas extremadamente pequeñas, indivisibles e indestructibles llamadas átomos.
- **Elemento químico** es aquella sustancia que no se puede descomponer en otras más sencillas, por estar formada por un único tipo de átomos.
- **Compuesto** es aquella sustancia que se puede descomponer en otras más sencillas, ya que está formada por átomos de más de un elemento.
- **Modelo atómico de Thomson**
  Los átomos están formados por electrones, con carga eléctrica negativa, distribuidos por una esfera de materia de carga positiva, de forma que, globalmente, el átomo es eléctricamente neutro.
- **Modelo atómico de Rutherford**
  - Los átomos tienen dos zonas diferenciadas: el núcleo atómico y la corteza electrónica.
  - El núcleo es muy pequeño comparado con el átomo pero contiene casi toda la masa y toda la carga positiva.

Características de los átomos

- Los átomos contienen tres partículas subatómicas: los electrones, los protones y los neutrones.
- El **número atómico**, Z, es el número de protones que tiene un átomo (todos en el núcleo).
- El **número másico**, A, es el número total de partículas que hay en el núcleo de un átomo (suma de protones y neutrones).
- La diferencia entre el número másico y el número atómico es el **número de neutrones** (N), $N = A - Z$
- Los **isótopos** son aquellos átomos que tienen el mismo número atómico, pero diferente número másico.
- El porcentaje de cada uno de los isótopos que hay en la naturaleza es la **abundancia isotópica natural** del elemento.
- La **masa atómica relativa** de un elemento, Ar, es la media ponderada de las masas de sus isótopos naturales.

Radiactividad

- Existen tres tipos principales de radiaciones diferentes:
  - Radiación **alfa** (α). Núcleos de helio.
  - Radiación **beta** (β). Electrones.
  - Radiación **gamma** (γ). Radiación electromagnética.
- El **período de semidesintegración** es el tiempo que tardan en desintegrarse la mitad de los núcleos iniciales de un radioisótopo.
- La **fisión nuclear** es la rotura de los núcleos atómicos.
- La **fusión nuclear** se produce cuando núcleos pequeños se unen para formar núcleos de mayor masa.
- La mayor parte de la radiación ambiental es de origen natural; procede del espacio exterior (rayos cósmicos) y de la corteza terrestre. La radiación de origen artificial procede principalmente de las radiografías.

Consolidación de competencias

RESPONDE A LA PREGUNTA INICIAL

Después de haber estudiado este tema, puedes responder a la pregunta inicial:

¿Cuáles son los ladrillos del Universo?

Redacta un texto de entre 10 y 20 líneas que resuma las conclusiones a las que hayas llegado sobre la cuestión.

AFIANZA LO APRENDIDO

Para consolidar los conocimientos adquiridos a lo largo de la unidad puedes efectuar las actividades que encontrarás en la siguiente dirección web:

www.tiching.com/730012

Estas actividades se han preparado en un documento en formato pdf que puedes descargarte.

Al final del documento hallarás las soluciones de manera que puedas comprobar si has cumplido los objetivos del tema.

APRENDER PARA EMPRENDER

La energía nuclear siempre ha despertado gran inquietud en nuestra sociedad. Cuando pensamos en energía nuclear seguramente tenemos en mente las imágenes de los efectos devastadores de la bomba atómica o del accidente en la central nuclear de Fukushima.

Hace treinta años se paró temporalmente la inversión en energía nuclear. Esta moratoria nuclear concluye ahora, pero la desconfianza de la sociedad respecto la energía nuclear sigue igual o más viva que entonces.

Lee el siguiente artículo: www.tiching.com/730063

y redacta un escrito con las principales ideas que contiene. Finaliza el escrito con tu opinión al respecto, pero sostenida con argumentos y no con prejuicios.

TÉCNICAS DE ESTUDIO

Entra en: www.tiching.com/727162 y practica una técnica de estudio a partir de la síntesis.

5 ESTRUCTURA DE LA MATERIA

¿Con qué ladrillos se construye el universo?

La combinación de unos pocos tipos de elementos puede originar una gran variedad: un idioma (el nuestro combina menos de 30 letras); los juegos de construccción; la materia (formada por menos de 100 elementos químicos)...

1860-1899

• 1869

Tabla periódica. El químico ruso B. Mendeleiev (1834-1907) propone disponer los elementos químicos en orden creciente de masa atómica y agruparlos según propiedades químicas parecidas.

• 1914

Tabla periódica moderna. Con base en los trabajos del físico inglés H. Moseley (1887-1915) se adopta el criterio actual de disponer los elementos en la tabla periódica según orden creciente de número atómico.

• 1919

Fundación de la IUPAC (Unión Internacional de Química Pura y Aplicada), organización que regula la nomenclatura química y otorga nombres oficiales a los elementos químicos.

• 1925

Renio. Los químicos alemanes Ida Tacke (1896-1978), W. Noddack (1893-1960) y O. Berg (1873-1939) descubren el renio (Z = 75), el último elemento estable que quedaba por identificar.

Radiación natural y artificial

Mucha gente cree que las centrales nucleares son las responsables de toda la radiación que recibimos, y nada más lejos de la realidad. La radiación cuyo origen es atribuible a las centrales nucleares no alcanza el 1% del total que recibimos.

La mayor parte de la radiación ambiental es de origen natural; procede del espacio exterior (rayos cósmicos) y de las rocas y suelos que forman la corteza terrestre. Alrededor del 70% de la radiación que recibimos directa o indirectamente es de origen natural.

La radiación de origen artificial procede principalmente de las exploraciones médicas, sobre todo por el empleo de equipos de rayos X (radiografías).

Fondo de radiación natural. En cualquier punto del planeta recibimos una cierta cantidad de radiación procedente del medio ambiente.

A RESIDUOS RADIACTIVOS

Los procesos de fisión nuclear que se llevan a cabo en las centrales nucleares son una fuente de radiación.

En España se generan alrededor de 2000 toneladas de residuos radiactivos cada año, residuos que se aíslan y almacenan para evitar que contaminen el medio ambiente.

Los residuos de menor radiactividad son almacenados en unas instalaciones que hay en El Cabril (Córdoba), y los de mayor radiactividad son depositados provisionalmente en las centrales nucleares, en espera de un almacenamiento definitivo, cuya primera etapa serán los denominados *Almacenes Temporales Centralizados* (aún por construir).

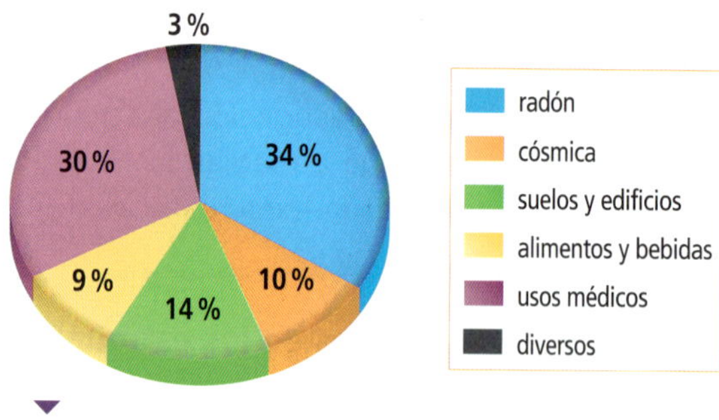

Origen de la radiación.

1. Explica brevemente de dónde proviene la radiación de origen natural.

2. ¿Qué porcentaje de la radiación corresponde a un origen natural? ¿Y a un origen artificial?
   – ¿Cuál es la causa principal de la radiación de origen artificial que recibimos?

3. Los alimentos contienen pequeñas cantidades de elementos radiactivos y, en consecuencia, los incorporamos a nuestro organismo al ingerirlos. Los más importantes son el potasio-40 y el carbono-14.
   – ¿Se podría evitar comer alimentos que contengan carbono-14?

4. Algunos materiales de construcción contienen pequeñas cantidades de radio, un metal radiactivo, que al desintegrarse desprende gas radón, también radiactivo.

   El radón es más denso que el aire y tiende a acumularse en sótanos y estancias mal ventiladas, junto a otros contaminantes químicos desprendidos por los muebles.
   – ¿Ventilas tu habitación cada día? ¿Cuánto tiempo?
   – ¿Por qué un gas radiactivo es más peligroso que un sólido radiactivo?

5. ¿Qué porcentaje de la radiación que recibimos es atribuible a las centrales nucleares? Justifica las precauciones que se toman en estas centrales.

6.2. Fusión nuclear

La **fusión nuclear** se produce cuando núcleos pequeños se unen para formar núcleos de mayor masa; en este proceso se desprende gran cantidad de energía.

En la fig. 4 se representa la fusión de dos isótopos del hidrógeno, el deuterio (^2_1H) y el tritio (^3_1H), proceso que produce un núcleo de helio (^4_2He) y un neutrón.

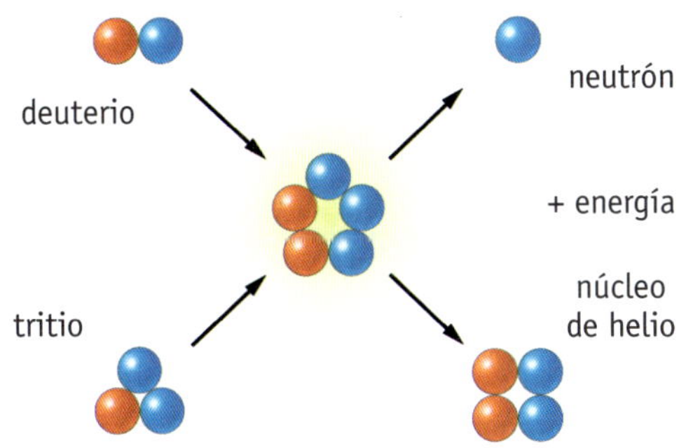

Fig. 4 Representación de un proceso de fusión nuclear (núcleo de tritio y núcleo de deuterio dan núcleo de helio, He-4, y un neutrón).

Ventajas e inconvenientes de la fusión nuclear

La principal ventaja de la fusión nuclear es que se trata de un proceso que desprende una gran cantidad de energía.

La fusión nuclear es el proceso más energético que se conoce. Si se compara la energía liberada para una misma masa de combustible, uranio en la fisión e hidrógeno en la fusión, resulta que en la fusión se liberan unas diez veces más de energía.

Otra ventaja es que el combustible utilizado es hidrógeno, elemento abundante en mares y océanos. Además, la fusión nuclear es un proceso más limpio que la fisión nuclear porque no genera tantos residuos radiactivos.

El principal inconveniente se presenta a la hora de controlar la fusión nuclear, ya que las temperaturas alcanzadas (del orden de millones de grados) necesitan unas instalaciones especializadas que todavía se encuentran en fase experimental fig. 5.

En la actualidad, la investigación alrededor de la fusión nuclear es intensa, y se espera que a mediados de siglo las centrales basadas en la fusión nuclear ya sean una realidad.

Fig. 5 Interior de una cámara de fusión experimental.

Formación de elementos en las estrellas

La energía que emite el Sol procede de las reacciones de fusión que se producen en su interior, donde la temperatura llega a alcanzar los 14 000 000 °C (en la superficie solo está a 6 000 °C).

El Sol consume 10^{12} kg de hidrógeno por segundo para producir helio. Una vez se haya agotado casi todo el hidrógeno (dentro de unos 5 000 millones de años), la fusión nuclear continuará a partir del helio y se formarán núcleos más pesados como el carbono y el oxígeno.

En las estrellas con una masa mayor que la del Sol la fusión puede proseguir, y se forman así el resto de elementos de la tabla periódica.

Cuando una de esas grandes estrellas explota, sus cenizas, constituidas por diferentes elementos químicos, se dispersan por el espacio para dar lugar a nuevas estrellas o planetas.

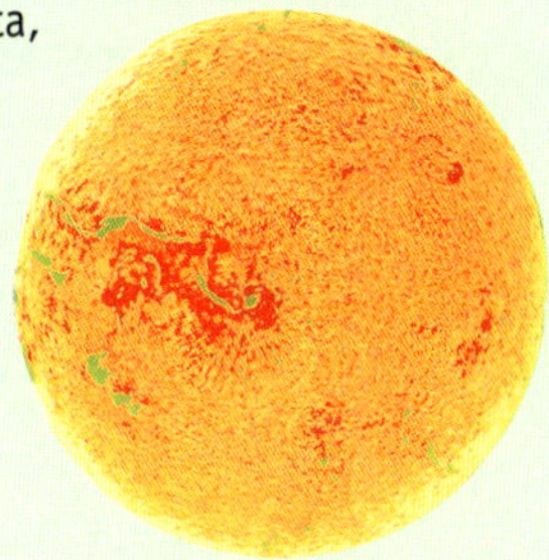

- Las estrellas que explotan se llaman novas y supernovas, según su intensidad luminosa. Busca en Internet alguna descubierta recientemente.

1. Describe en qué consiste la fisión nuclear.
2. ¿Qué es una reacción en cadena?
3. ¿Cuáles son los riesgos de la generación de energía mediante fisión nuclear?
4. ¿Qué es la fusión nuclear? Describe las diferencias entre la fisión nuclear y la fusión nuclear.
5. ¿Qué ventajas presenta la fusión nuclear respecto de la fisión nuclear?
6. Observa la figura 1. ¿En qué elementos se transforma el uranio al fisionar?
7. ¿Por qué todavía no hay centrales nucleares basadas en la fusión nuclear?

NOME
COGNOME

CIAO A TUTTI! SONO GABRIELE CIANCUTO, HO 11 ANNI E GRAZIE ALLE MAESTRE DELLA SCUOLA PRIMARIA MI SONO APPASSIONATO ALLE MATERIE SCENTIFICHE. VORREI TRASMETTERE QUESTO MIO INTERESSE SULL' ASTRONOMIA A TUTTI I BAMBINI.

Dedicato alle mie maestre
Alessandra e Beatrice...

...Un sogno inizia
il più delle volte
con un insegnante
che crede in te.

(Dan Rather)

Indice

Introduzione

I pianeti

Il Sole

I dettagli

Introduzione

Per iniziare il nostro viaggio alla scoperta del Sistema Solare

2

COME È NATO IL NOSTRO SISTEMA SOLARE?

TUTTO INIZIÒ CIRCA 4,6 MILIARDI DI ANNI FA. IN QUESTO PERIODO, L'UNIVERSO ERA FATTO DI POLVERE, GAS E MATERIA CHE VAGAVANO NELLO SPAZIO.

UN GIORNO, IN UNA PICCOLA PARTE DELL'UNIVERSO, INIZIÒ A FORMARSI UN'ENORME NUBE DI GAS E POLVERI CHE RUOTAVA SU SE STESSA. QUESTA NUVOLA ERA COSÌ GRANDE CHE LA SUA FORZA DI GRAVITÀ COMINCIÒ AD ATTIRARE TUTTO CIÒ CHE C'ERA INTORNO. NEL GIRO DI MILIONI DI ANNI, PER VIA DELLA GRAVITÀ LA NUBE SI CONTRASSE.

QUESTA CONTRAZIONE FECE AUMENTARE LA VELOCITÀ E QUINDI SI FORMÒ AL CENTRO DELLA NUBE IL PROTO-SOLE (CHE ACCUMULÒ IL 99,9% DI TUTTA LA MASSA). NELL'ARCO DI MILIONI DI ANNI LA VELOCITÀ CONTINUÒ AD AUMETARE E PER QUESTO LA NUBE SI APPIATTÌ CREANDO UN DISCO DI GAS E POLVERI.

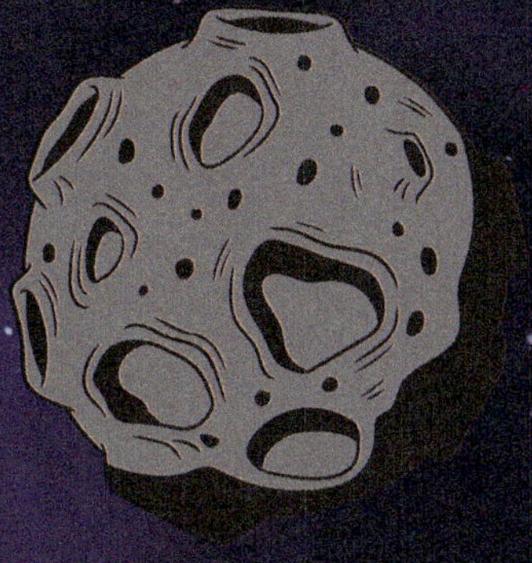

NEL MOMENTO IN CUI LA TEMPERATURA NEL CENTRO DEL PROTO-SOLE DIVENNE MOLTO ALTA GLI ATOMI DI IDROGENO INIZIARONO A FONDERE, CREANDO UNA GRAN QUANTITÀ DI ENERGIA E ATOMI DI ELIO. FINITO QUESTO PROCESSO IL SOLE ASSUNSE LA GRANDEZZA ATTUALE.

LA MAGGIOR PARTE DELLA MATERIA CHE NON VENNE PRESA DAL NUCLEO SI UNÌ CREANDO DEI PROTO-PIANETI OVVERO IL PRIMO STADIO DI UN PIANETA. IL RESTO DELLA MATERIA CREÒ I SATELLITI, UN ESEMPIO È LA LUNA. CON IL TEMPO IL VENTO SOLARE PORTÒ MOLTO ALTRO GAS E FRAMMENTI ROCCIOSI, CONCLUDENDO LO SVILUPPO DEL NOSTRO SISTEMA SOLARE.

I Pianeti Rocciosi

Per capire quali sono i pianeti "simili" al nostro pianeta

Mercurio

QUALE È IL PIANETA PIÙ VICINO AL SOLE?

MERCURIO È IL PIANETA PIÙ VICINO AL SOLE, IL CHE LO RENDE IL SECONDO PIANETA PIÙ CALDO DEL SISTEMA SOLARE, INOLTRE È IL PIANETA PIÙ PICCOLO DEL NOSTRO SISTEMA (PARI A UN DICIOTTESIMO DELLA TERRA).

UN'ALTRA COSA INTERESSANTE È CHE <u>MERCURIO</u> È UN PIANETA <u>ROCCIOSO</u>. QUESTO SIGNIFICA CHE IL SUO TERRENO È FATTO DI <u>ROCCE E MONTAGNE</u>, PROPRIO COME QUI SULLA TERRA MA, A DIFFERENZA DEL NOSTRO PIANETA HA <u>VARI CRATERI</u> E SU DI ESSO NON C'È LA VITA E NON <u>C'È L'ACQUA</u>.

(DIAMETRO) 4.879,4 KM

MERCURIO HA UN <u>MOVIMENTO INSOLITO</u> ATTORNO AL <u>SOLE</u>, RUOTA MOLTO LENTAMENTE, QUINDI UN GIORNO SU MERCURIO <u>DURA MOLTO PIÙ A LUNGO</u> DI UN GIORNO SULLA <u>TERRA</u>. ANCHE SE MERCURIO <u>RUOTA LENTAMENTE</u>, GIRA ATTORNO AL SOLE MOLTO PIÙ <u>VELOCEMENTE</u>, INFATTI POTREBBERO ESSERE NECESSARI SOLO <u>TRE MESI</u> TERRESTRI PERCHÉ MERCURIO COMPLETI UNA <u>RIVOLUZIONE</u> INTORNO <u>AL SOLE</u>.

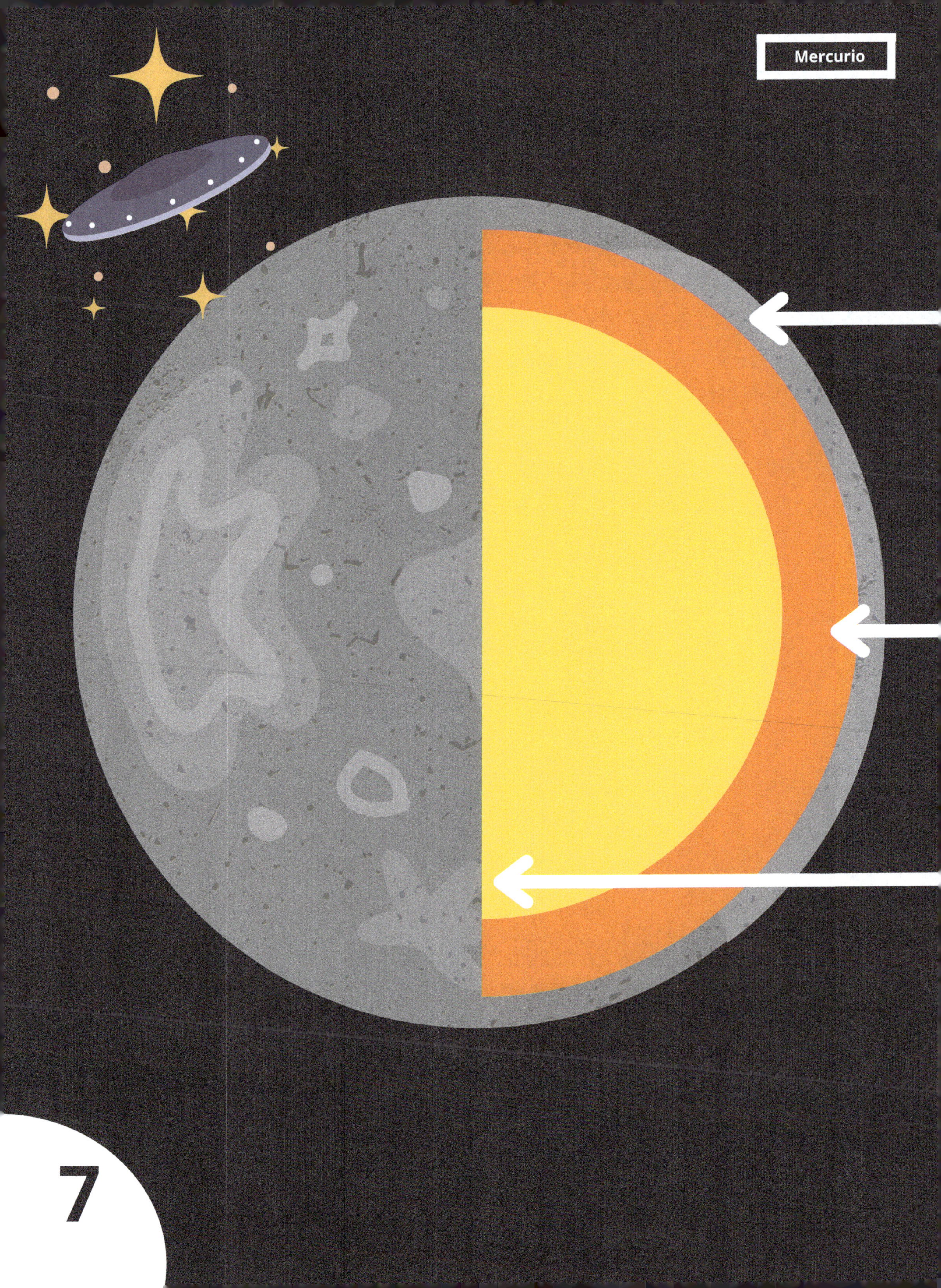
Mercurio
7

LA SUA CROSTA È COMPOSTA PRINCIPALMENTE DA ROCCE SOLIDE E POLVERI SPAZIALI.

IL SUO MANTELLO È UNO STRATO DI ROCCIA E SILICATI ED È UNA PARTE MOLTO IMPORTANTE PER IL PIANETA PERCHÉ AIUTA A MANTENERE LA SUA FORMA E A PROTEGGERE GLI STRATI INTERNI.

IL SUO NUCLEO È COMPOSTO PRINCIPALMENTE DA METALLI COME FERRO E NICHEL; SI È RAFFREDDATO PIÙ RAPIDAMENTE DEL NUCLEO DELLA TERRA E QUESTO È MOLTO IMPORTANTE PERCHÉ CI FA CAPIRE COME SARÀ IL NOSTRO PIANETA TRA MILIONI DI ANNI.

NEL NOSTRO SISTEMA SOLARE C'È UN SECONDO SOLE?

VENERE È IL PIANETA PIÙ LUMINOSO DEL NOSTRO SISTEMA SOLARE E VIENE SPESSO CONFUSO CON UNA STELLA, QUESTO PERCHÉ È COPERTO DA NUBI CHE RIFLETTONO GRAN PARTE DELLA LUCE DEL SOLE, IL CHE LO RENDE ANCHE IL PIANETA PIÙ CALDO (464°C).

INOLTRE È MOLTO SIMILE ALLA TERRA PER LE SUE DIMENSIONI E LA SUA MASSA PER QUESTO È ANCHE CHIAMATA "LA SORELLA GEMELLA DELLA TERRA".

L'ATMOSFERA DI VENERE È MOLTO CALDA E DENSA ED IL GAS PIÙ PRESENTE È L'ANIDRIDE CARBONICA.

LA CROSTA È IL PRIMO STRATO DEL PIANETA ED È FATTO PRINCIPALMENTE DI ROCCE SIMILI AL BASALTO E GRANITO .

IL MANTELLO È FATTO DI ROCCE FUSE DI SILICATI. QUESTO STRATO È MOLTO CALDO A CAUSA DELLA PRESSIONE DEL PIANETA.

IL NUCLEO È FATTO MAGGIORMENTE DI FERRO E NICKEL, ED È MOLTO CALDO E DENSO.

DURANTE IL SUO VIAGGIO INTORNO AL SOLE, LA TERRA HA STAGIONI DIVERSE, COME L'INVERNO, LA PRIMAVERA, L'ESTATE E L'AUTUNNO. QUESTO È DOVUTO ALL'INCLINAZIONE DELL'ASSE TERRESTRE, CHE FA SÌ CHE I RAGGI DEL SOLE COLPISCANO LA TERRA IN MODI DIVERSI DURANTE L'ANNO.

LA CROSTA TERRESTRE È COMPOSTA PRINCIPALMENTE DA ROCCE E SI DIVIDE IN CROSTA CONTINENTALE (LA SUPERFICIE TERRESTRE), COME CONTINENTI E ISOLE, ED IN CROSTA OCEANICA, CHE RICOPRE I FONDI OCEANICI.

IL MANTELLO È DIVISO IN DUE PARTI: MANTELLO SUPERIORE E INFERIORE. ENTRAMBI I MANTELLI SONO FATTI MAGGIORMENTE DI FERRO E MAGNESIO.

IL NUCLEO È LO STRATO PIÙ INTERNO DEL PIANETA TERRA ED È COSTITUITO PRINCIPALMENTE DA FERRO E NICKEL. SI RITIENE CHE SIA COMPOSTO DA DUE PARTI: UN NUCLEO ESTERNO FUSO E UN NUCLEO INTERNO VISCOSO.

ESISTE UN PIANETA ROSSO?

MARTE HA UN COLORE ROSSASTRO DOVUTO ALLA SUA SUPERFICIE RICOPERTA PREVALENTEMENTE DI OSSIDO DI FERRO. È QUESTO COLORE CHE GLI HA FATTO GUADAGNARE IL SOPRANNOME DI "PIANETA ROSSO".

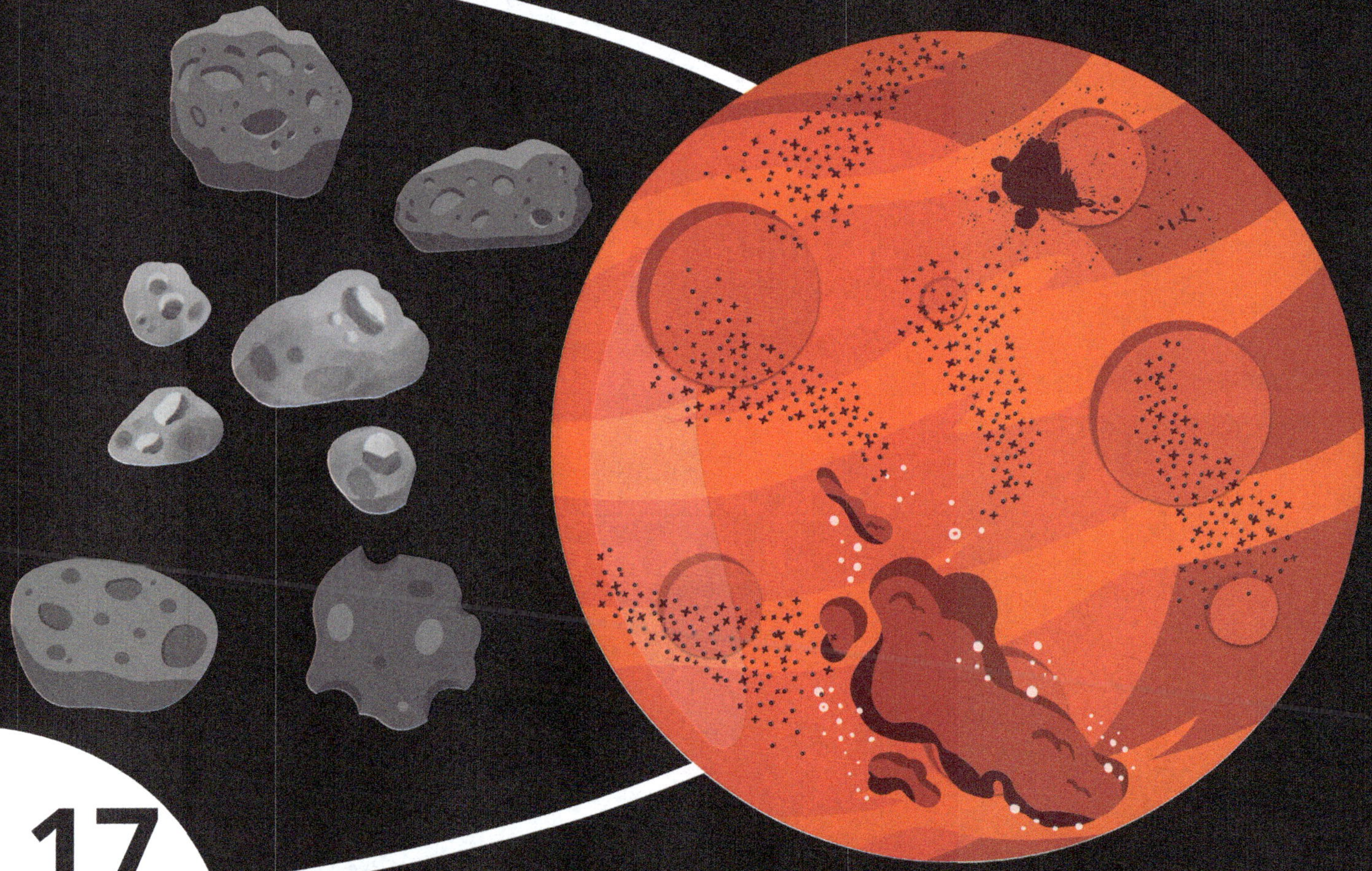

MARTE È ANCHE FAMOSO PER AVERE UN VULCANO MOLTO ALTO CHIAMATO MONTE OLIMPO, IL QUALE È IL PIÙ GRANDE DEL NOSTRO SISTEMA SOLARE.

UNA NOVITÀ DELL' ULTIMO DECENNIO SONO LE MISSIONI DIRETTE VERSO MARTE PER CAPIRE SE È POSSIBILE LA VITA SU DI ESSO ED APPROFONDIRE LA NASCITA DI QUESTO PIANETA.

LA CROSTA DI MARTE È COMPOSTA MAGGIORMENTE DA SILICATI ED OSSIDO DI FERRO.

IL MANTELLO È PRINCIPALMENTE COSTITUITO DA OSSIDI E SILICATI (GRUPPO DI MINERALI, ALCUNI DEI QUALI COMPONENTI ESSENZIALI DELLE ROCCE ERUTTIVE) DI FERRO E MAGNESIO.

IL NUCLEO DI MARTE È PRINCIPALMENTE COMPOSTO DA FERRO.

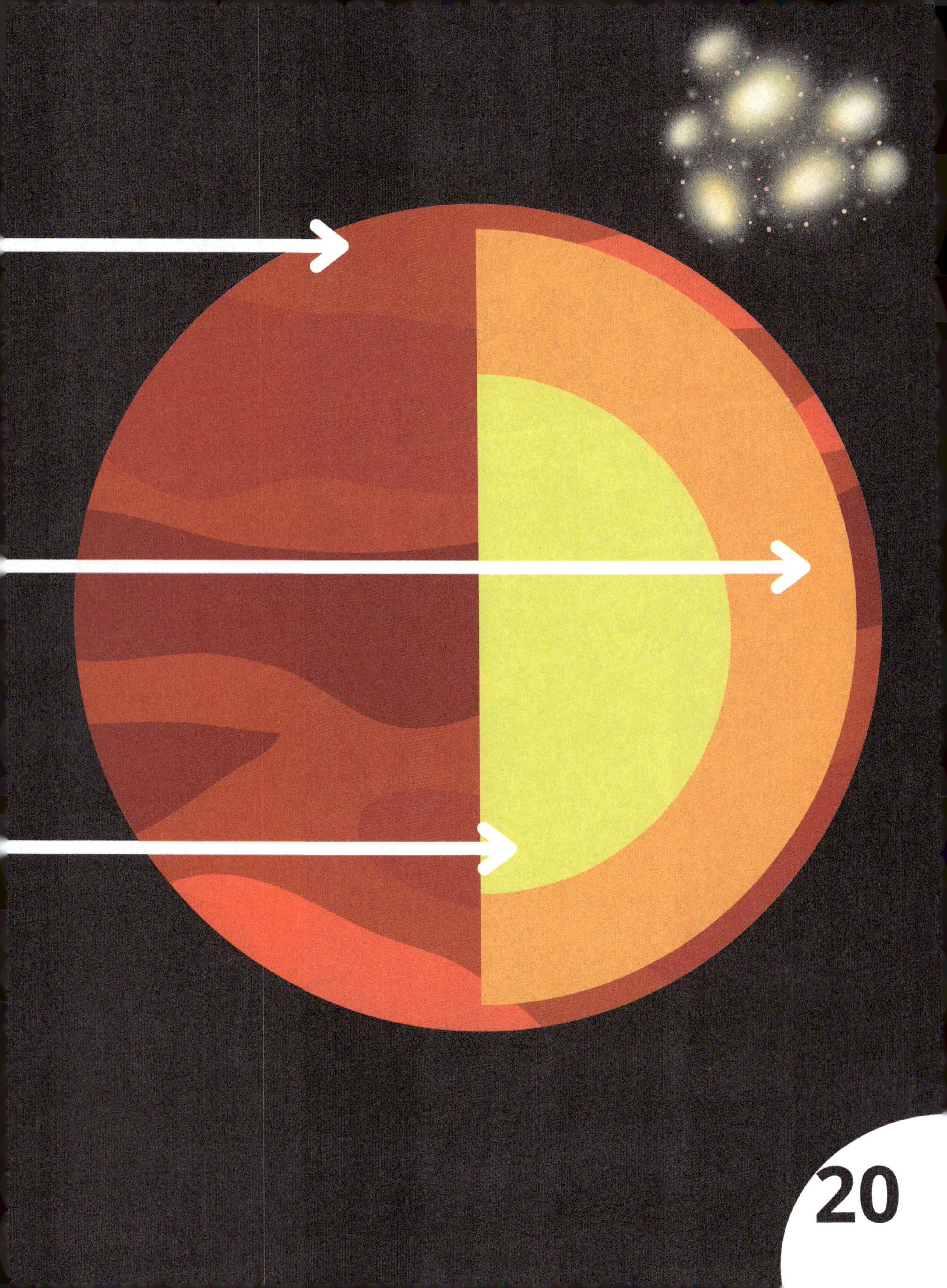

I Pianeti Gassosi

Per capire un'altra "specie" di pianeti

QUALE È IL PIANETA PIÙ GRANDE DEL SISTEMA SOLARE?

GIOVE È UNO DEI PIANETI DEL NOSTRO SISTEMA SOLARE. È IL PIÙ GRANDE DI TUTTI ED È FATTO PRINCIPALMENTE DI GAS, QUINDI NON HA UNA SUPERFICIE SOLIDA COME LA TERRA SU CUI POSSIAMO CAMMINARE. INOLTRE GRAZIE ALLA SUA GRANDEZZA FA DA SCUDO ALLA TERRA DEVIANDO IL PERCORSO DEGLI ASTEROIDI.

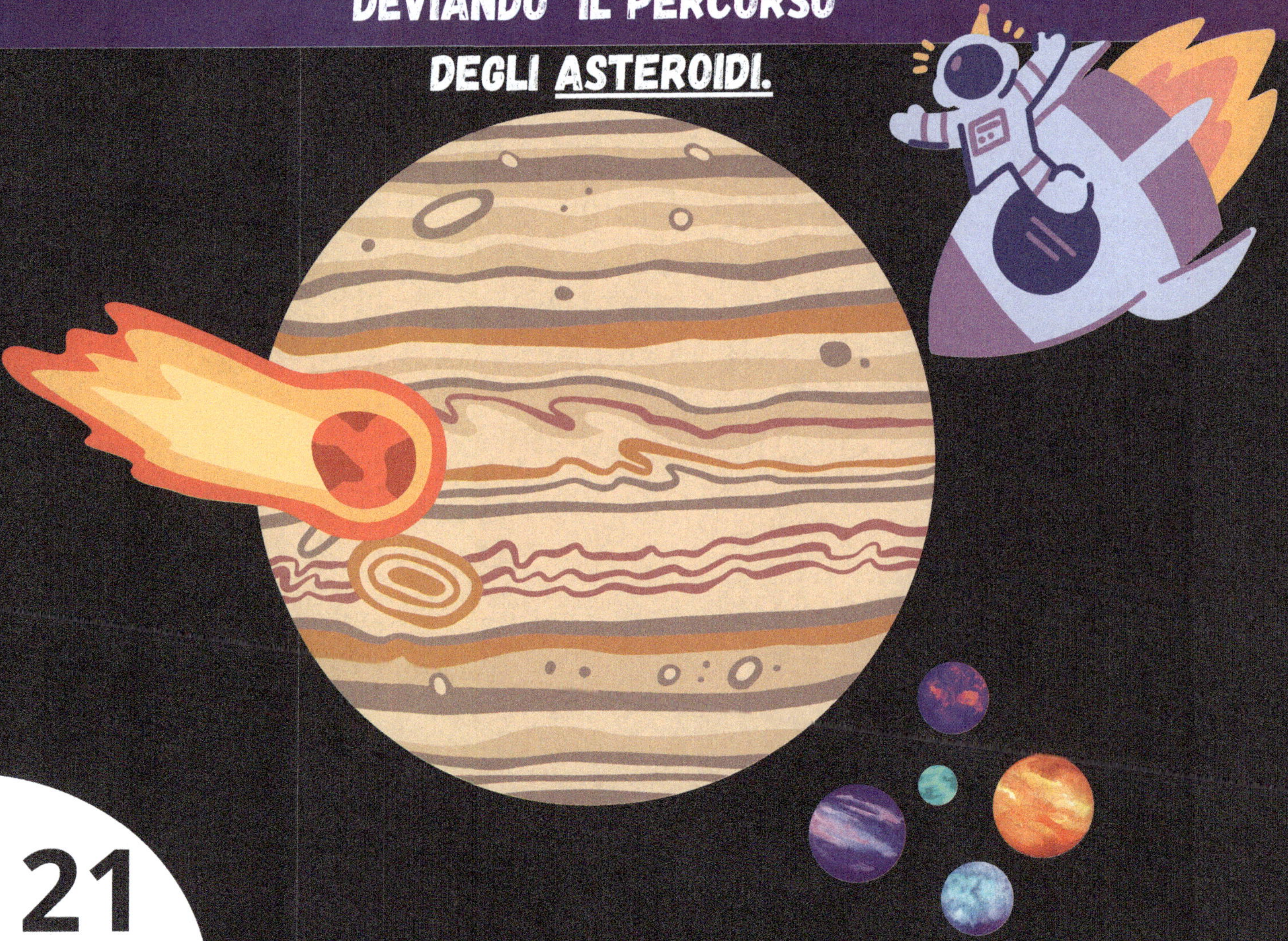

LA COSA PIÙ INTERESSANTE DI GIOVE È LA SUA ENORME GRANDEZZA. È COSÌ GRANDE CHE POTREBBE CONTENERE PIÙ DI MILLE PIANETI COME LA TERRA. HA ANCHE UNA CARATTERISTICA MOLTO FAMOSA, CHE SONO LE SUE NUVOLE. SULLA SUA ATMOSFERA POSSIAMO VEDERE QUESTE GRANDI NUBI COLORATE, CHE VANNO DAL BIANCO, AL GIALLO E AL ROSSO.

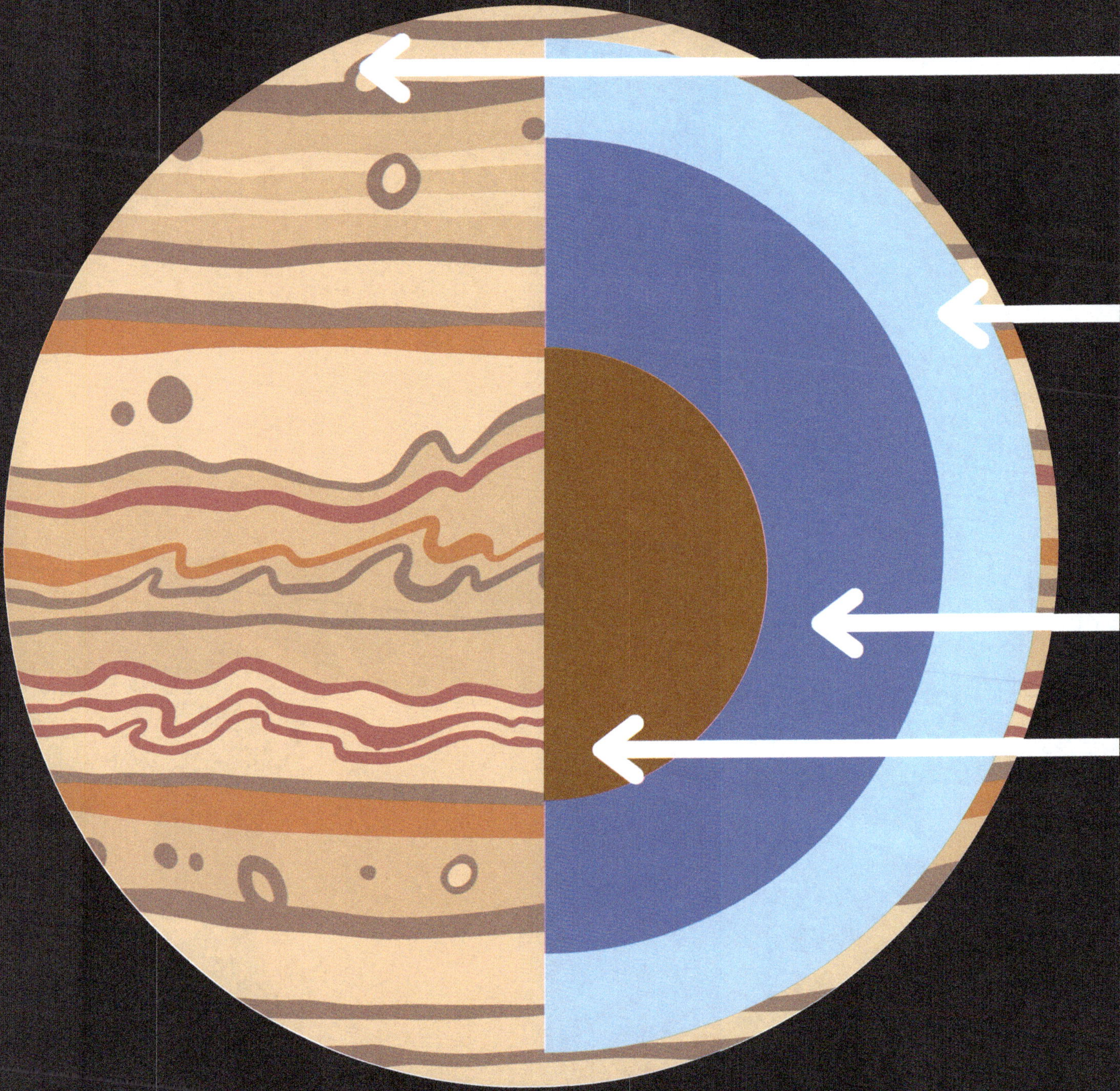

IL PRIMO STRATO CHE INCONTRIAMO È LA SUA ATMOSFERA, COMPOSTA PRINCIPALMENTE DA IDROGENO ED ELIO. L'ATMOSFERA È MOLTO DENSA E TURBOLENTA, CON FORTI VENTI CHE SOFFIANO A VELOCITÀ INCREDIBILE. QUESTA ATMOSFERA È DIVISA IN MOLTEPLICI STRATI MINORI, OGNUNO CON LE SUE CARATTERISTICHE DISTINTIVE.

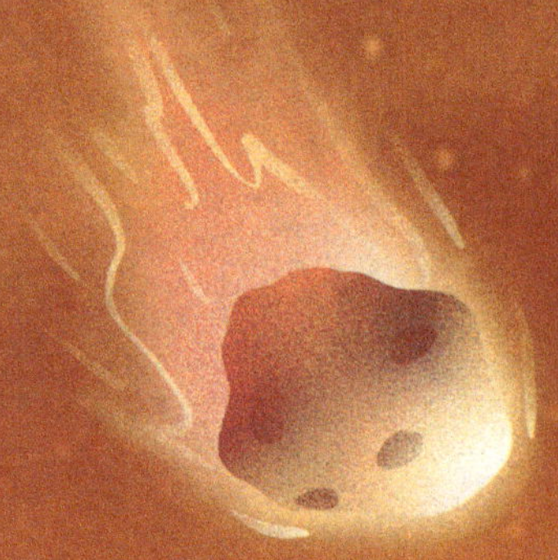

IL MANTELLO ESTERNO È COMPOSTO MAGGIORMENTE DA IDROGENO MOLECOLARE ED ELIO LIQUIDO. QUESTI ELEMENTI SONO IN UNO STATO LIQUIDO E GASSOSO

IL MANTELLO INTERNO DI GIOVE È COMPOSTO PRINCIPALMENTE DA IDROGENO LIQUIDO METALLICO ED ELIO. LA VELOCE ROTAZIONE E LE FORTI CORRENTI ELETTRICHE CHE SI FORMANO AL SUO INTERNO DANNO ORIGINE AD UN FORTE CAMPO MAGNETICO (DIECI VOLTE PIÙ INTENSO DI QUELLO TERRESTRE)

IL NUCLEO RAPPRESENTA UNA PICCOLA PARTE DI GIOVE ED È FATTO PRINCIPALMENTE DA CARBONIO E SILICATI.

C'È UN PIANETA CON MOLTI ANELLI?

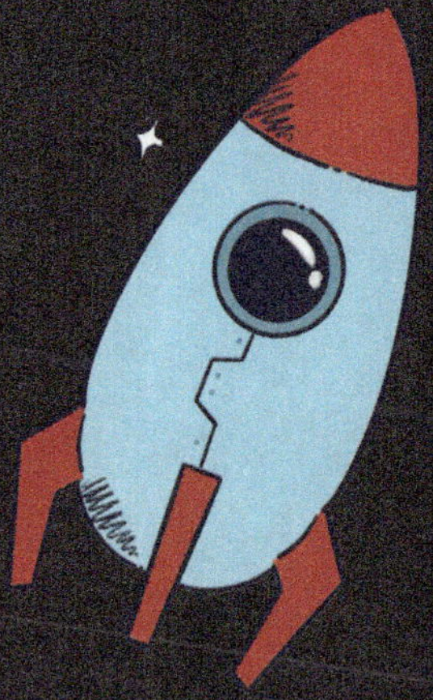

SATURNO È UN GIGANTE GASSOSO, IL SECONDO PIÙ GRANDE DOPO GIOVE. UNA DELLE CARATTERISTICHE PIÙ INTERESSANTI DI SATURNO È IL SUO SISTEMA DI ANELLI, COMPOSTI DA UNA SERIE DI GRANDI E PICCOLI PEZZI DI GHIACCIO, POLVERE DI SILICATI E ROCCE CHE ORBITANO ATTORNO AL PIANETA.

SATURNO HA ANCHE MOLTE LUNE, PIÙ DI 140 FINORA SCOPERTE. ALCUNE DI QUESTE LUNE SONO MOLTO GRANDI ED HANNO CARATTERISTICHE UNICHE.

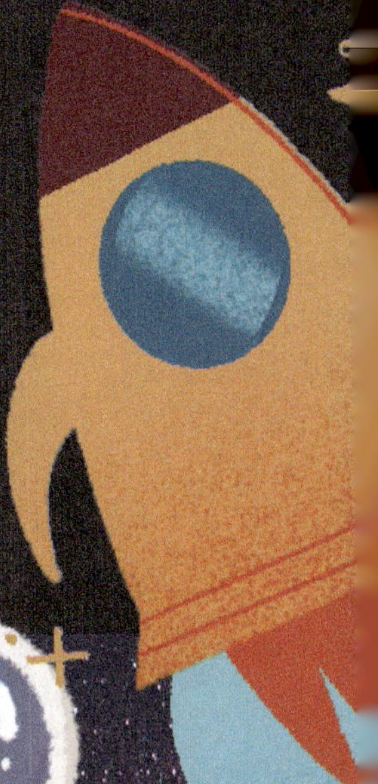

IL PIANETA STESSO HA UN ASPETTO MOLTO ATTRAENTE. È DI COLORE GIALLO DORATO ED HA MOLTE NUVOLE CHE LO CIRCONDANO. CARATTERISTICA È LA "GRANDE MACCHIA BIANCA" FORMATA DA GRANDI TEMPESTE E VENTI VIOLENTI CHE POSSONO RAGGIUNGERE ANCHE I 1.800 CHILOMETRI ORARI.

IL PRIMO STRATO DI SATURNO
È FATTO DI IDROGENO
LIQUIDO.

IL SECONDO STRATO È
FATTO DA IDROGENO
METALLICO LIQUIDO.

IL NUCLEO DI SATURNO
È FATTO IN GRAN
QUANTITÀ DI SILICATI E
GHIACCI.

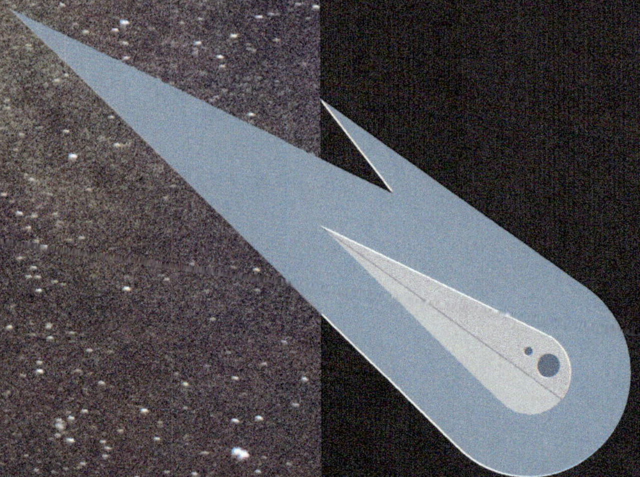

GLI ANELLI DI SATURNO
SONO COMPOSTI DI
ROCCE E PEZZI DI
GHIACCIO.

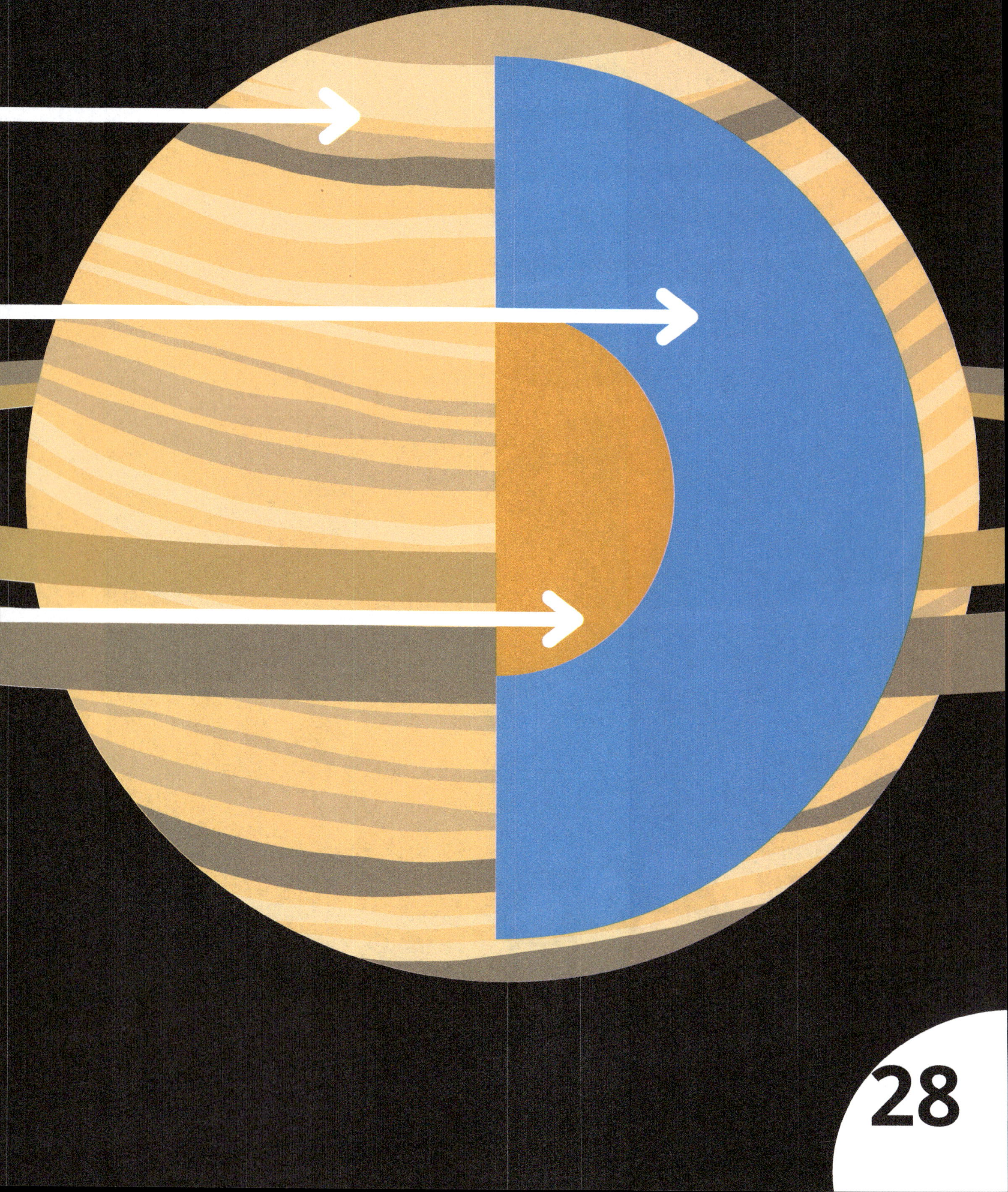

C'É UN PIANETA CHE HA L'ASSE INCLINATO?

UNA DELLE COSE SPECIALI DI URANO È LA SUA INCLINAZIONE ASSIALE. INFATTI QUESTO PIANETA È INCLINATO IN UNA POSIZIONE MOLTO STRANA RISPETTO AL SUO MOTO DI ROTAZIONE. MOLTI SCIENZIATI PENSANO CHE UN GRANDE IMPATTO DI UN OGGETTO SPAZIALE POTREBBE AVER CAUSATO QUESTA INCLINAZIONE.

SU URANO CI SONO DIVERSE LUNE CON CARATTERISTICHE UNICHE ED INTERESSANTI CHE ORBITANO ATTORNO AD ESSO, COME MIRANDA, TITANIA E OBERON.

UNA CARATTERISTICA INTERESSANTE DI URANO È L'ATMOSFERA CHE LO AVVOLGE, È FATTA PRINCIPALMENTE DI IDROGENO, ELIO ED È ANCHE RICCA DI METANO CHE DÀ AL PIANETA IL SUO CARATTERISTICO COLORE AZZURRO VERDASTRO.

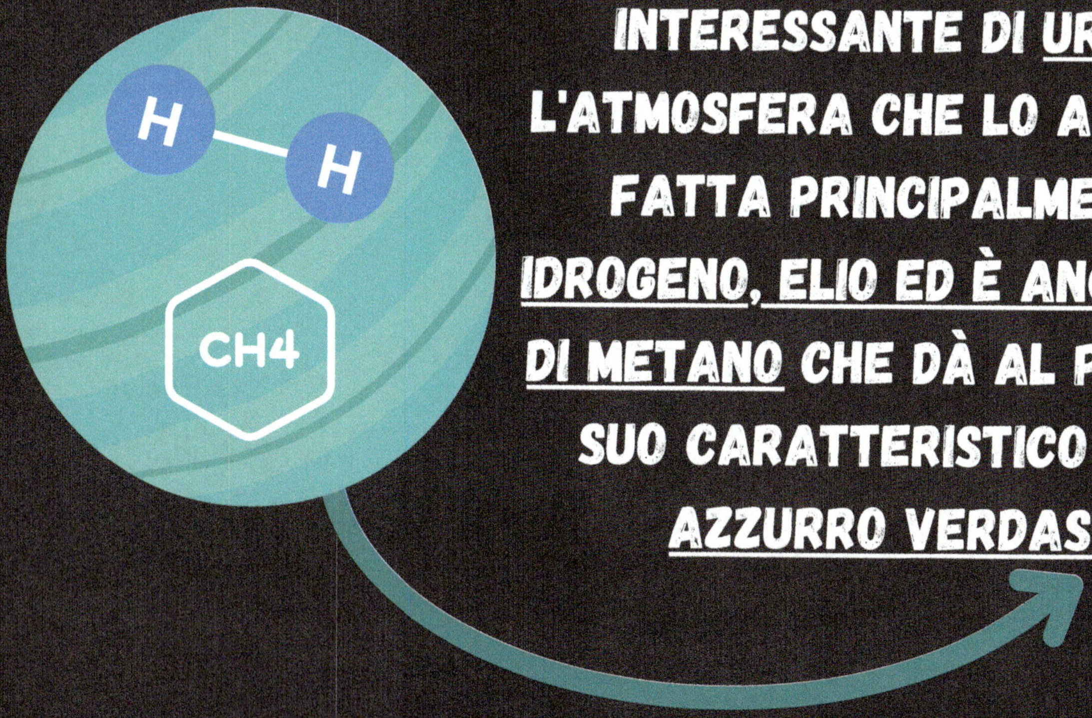

LA SUPERFICIE È FATTA DI IDROGENO MOLECOLARE, ELIO ED HA UN COLORE VERDE-BLUASTRO DOVUTO ALLA PRESENZA DI METANO.

IL NUCLEO DI URANO È ROCCIOSO ED È FORMATO DA FERRO E SILICIO. HA UNA TEMPERATURA DI 4700°C.

IL MANTELLO DEL PIANETA È MOLTO DENSO E PRESENTA GHIACCIO, AMMONIACA E METANO

Nettuno

QUAL'E IL PIANETA PIU LONTANO DAL SOLE?

NETTUNO È IL PIANETA DEL **SISTEMA SOLARE** PIÙ LONTANO DAL SOLE, IL CHE LO **RENDE IL PIÙ FREDDO** (**-220°C**).

<u>NETTUNO</u> HA NUMEROSI VENTI CHE SONO GENERALMENTE <u>DIRETTI VERSO OVEST</u>, OVVERO IN SENSO <u>OPPOSTO</u> RISPETTO A QUELLO DELLA <u>ROTAZIONE DEL PIANETA.</u> SI TRATTA QUINDI DI VENTI MOLTO FORTI: QUASI <u>10 VOLTE</u> PIÙ VELOCI DI QUELLI <u>TERRESTRI.</u>

Nettuno

IL PRIMO STRATO GASSOSO È COMPOSTO DA IDROGENO, ELIO ED AMMONIACA.

IL NUCLEO DI NETTUNO È COMPOSTO DA FERRO E MATERIALI ROCCIOSI.

IL MANTELLO DI NETTUNO È COMPOSTO DA ACQUA GHIACCIATA, METANO E AMMONIACA.

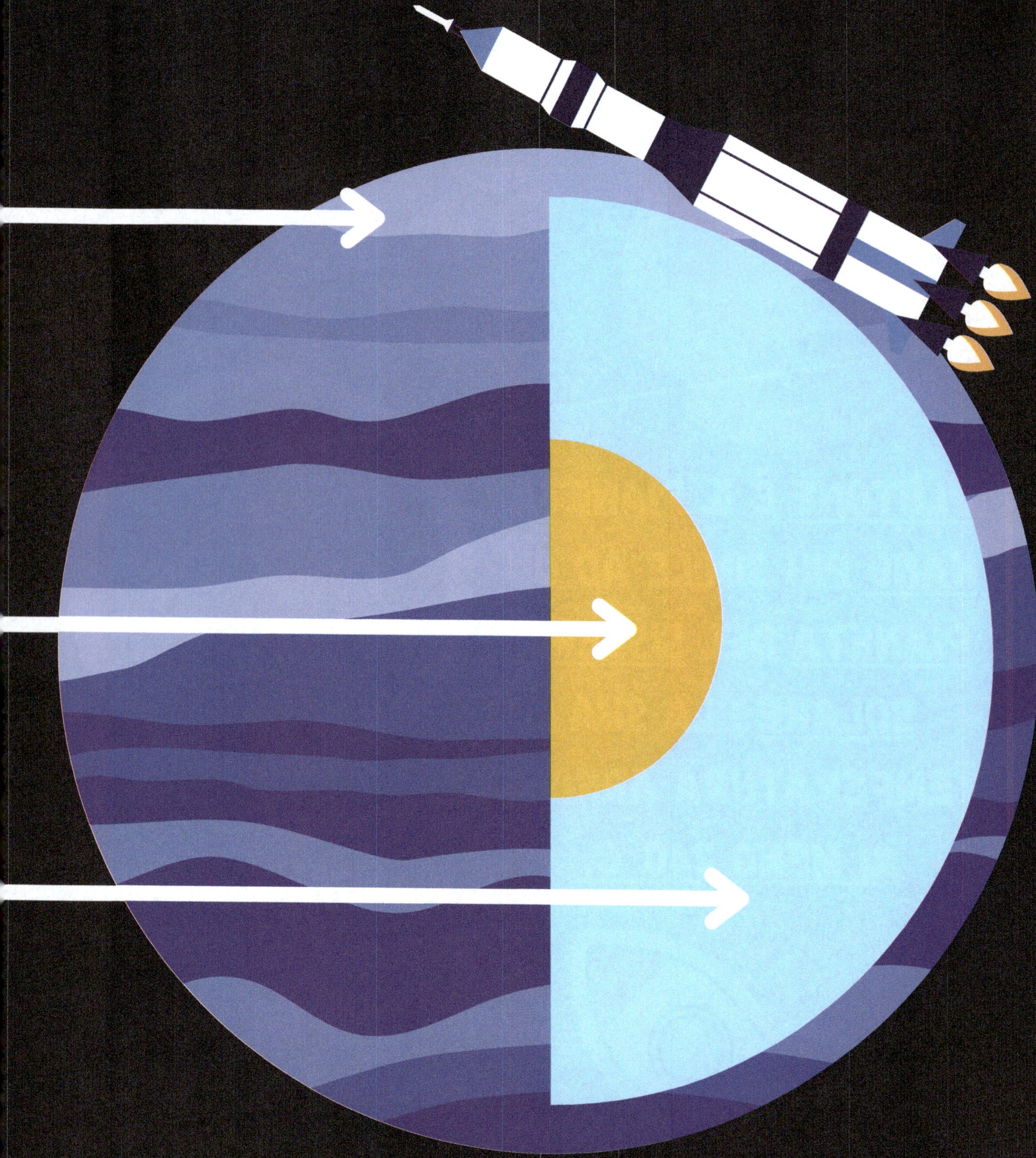

CI SONO PIANETI MOLTO PICCOLI?

PLUTONE È IL PIANETA NANO PIÙ SIMILE AD UN PIANETA DEL SISTEMA SOLARE ; LA SUA TEMPERATURA ARRIVA AI MENO 240°C.

IL PIANETA NANO ERIS È STATO SCOPERTO NEL 2005 ED È MOLTO SIMILE A PLUTONE; LA SUA COMPOSIZIONE È DI ROCCE E GHIACCI.

IL PIANETA HAUMEA È MOLTO SIMILE A CERERE MA HA UNA GRANDE DIFFERENZA: LA SUA FORMA RISULTA SCHIACCIATA.

CERERE È STATO SCOPERTO IL 1 GENNAIO 1801 E SI TROVA VICINO ALLA CERCHIA DI ASTEROIDI TRA GIOVE E MARTE.

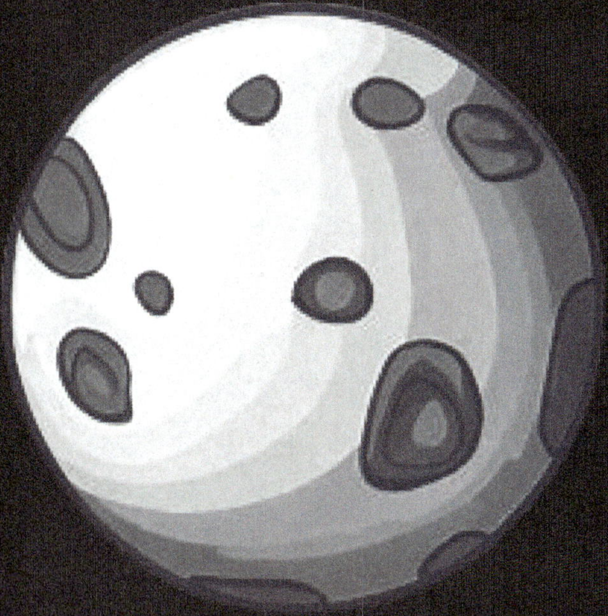

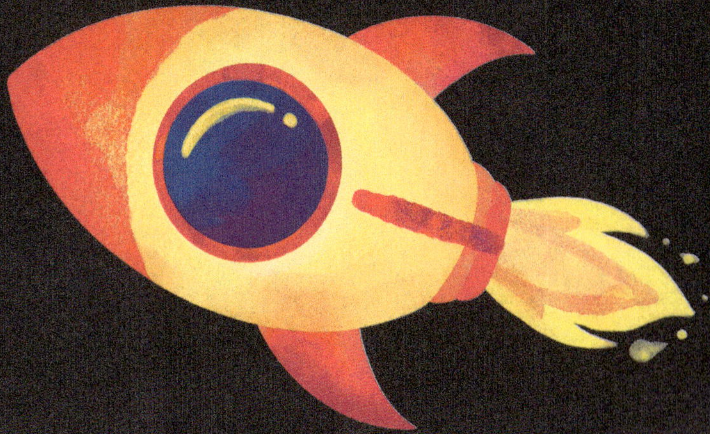

Il Sole

per conoscere cosa c'è al centro del Sistema Solare

COME FUNZIONA IL SOLE?

IL SOLE È UNA STELLA
E TRASFORMA
L'IDROGENO, TRAMITE
UNA SERIE DI PROCESSI,
IN ELIO GENERANDO
UNA GRAN QUANTITÀ DI
ENERGIA.

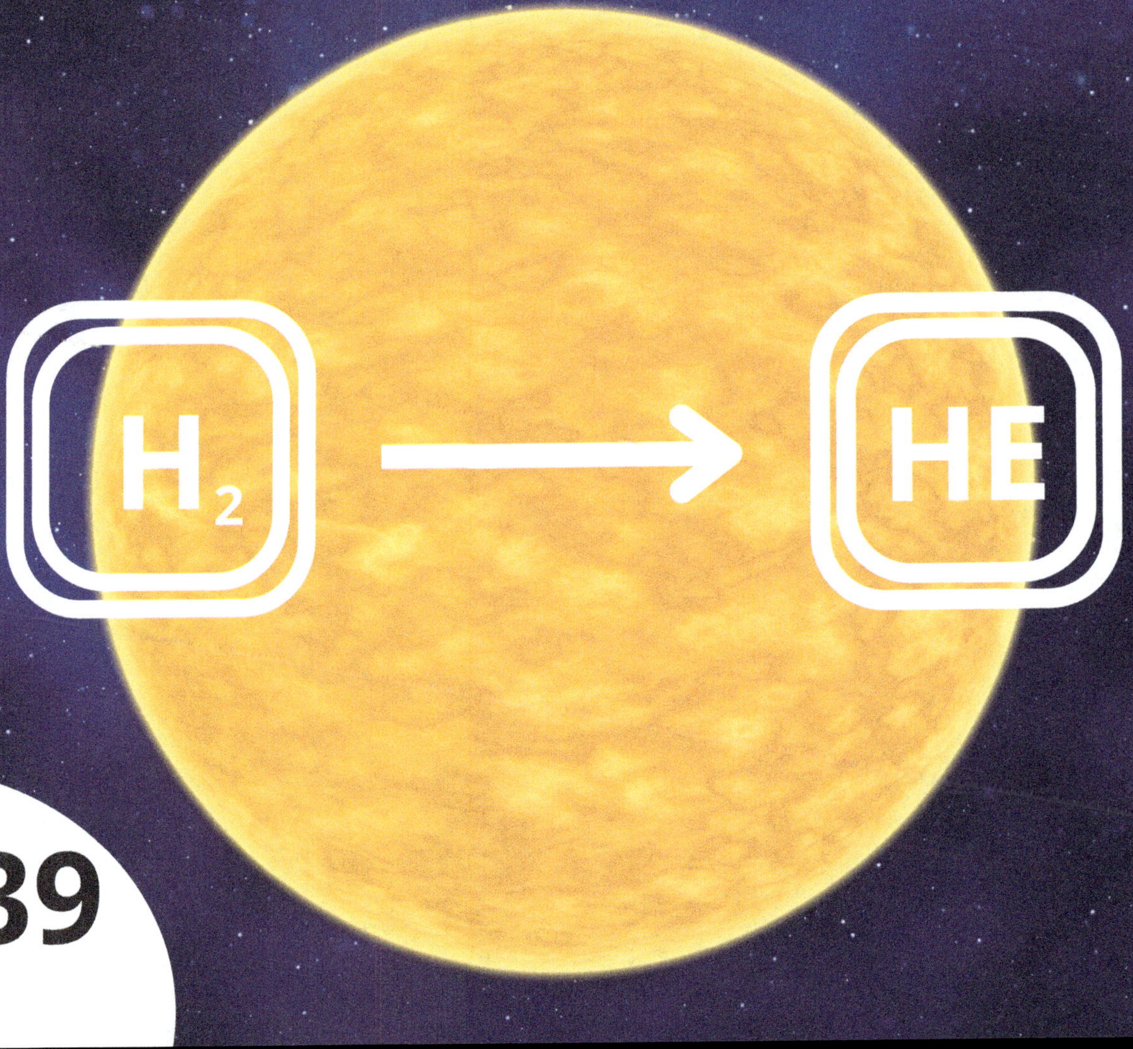

UNA PARTE DI QUESTA ENERGIA VIENE RILASCIATA NELLO SPAZIO E VIENE PRINCIPALMENTE "CATTURATA" DAI PIANETI.

COME È FATTO IL SOLE?

IL NUCLEO SOLARE È LA PARTE PIÙ INTERNA DEL SOLE, E PER QUESTO PRESENTA LA TEMPERATURA PIÙ CALDA (CIRCA 15 MILIONI DI GRADI). NEL NUCLEO SI SVOLGONO LE REAZIONI PER LA CREAZIONE DI ENERGIA.

LA FOTOSFERA È LA REGIONE CHE FILTRA E RICEVE L'ENERGIA PRODOTTA ALL'INTERNO DEL SOLE, È COSTITUITA PER IL 90% DA IDROGENO E PER CIRCA IL 10% DA ELIO,

LA CORONA SOLARE È LA PARTE PIÙ ESTERNA DELL'ATMOSFERA DEL SOLE. FORMATA DA GAS (SOPRATTUTTO IDROGENO) E VAPORI PROVENIENTI DAGLI ALTRI STRATI. LA CORONA SI ESTENDE PER MILIONI DI CHILOMETRI.

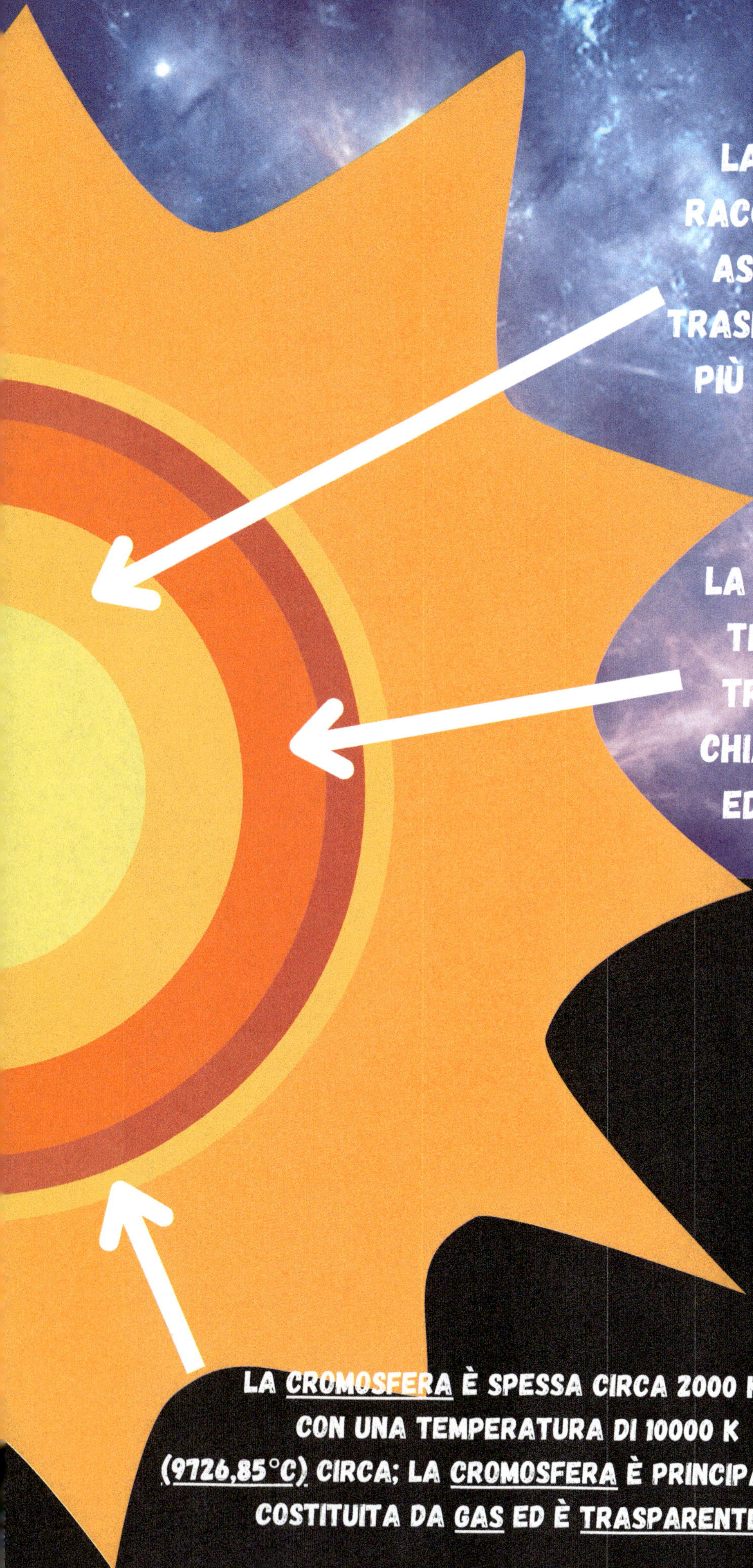

LA ZONA **RADIOATTIVA** RACCHIUDE IL **NUCLEO** E NE ASSORBE LE **RADIAZIONI** TRASFERENDOLE AGLI STRATI PIÙ ESTERNI ATTRAVERSO **IRRAGGIAMENTO.**

LA ZONA DOVE AVVIENE IL TRASPORTO DI **ENERGIA** TRAMITE **CONVEZIONE** SI CHIAMA **ZONA CONVETTIVA** ED HA UNA SPESSORE DI **CIRCA 200.000 KM.**

LA **CROMOSFERA** È SPESSA CIRCA 2000 KM CON UNA TEMPERATURA DI 10000 K (9726,85°C) CIRCA; LA **CROMOSFERA** È PRINCIPALMENTE COSTITUITA DA **GAS** ED È **TRASPARENTE.**

I dettagli

Per approfondire le conoscenze sul nostro Sistema Solare

QUALI SONO LE CURIOSITÀ DEL SISTEMA SOLARE?

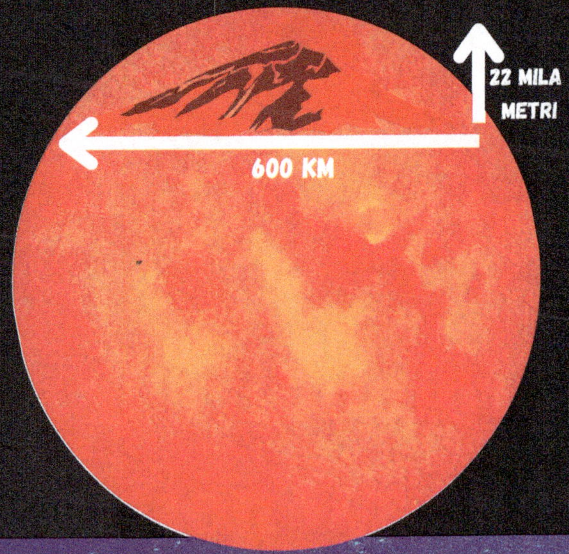

IL PUNTO PIÙ ELEVATO DEL SISTEMA SOLARE È IL MONTE OLIMPO, UN GIGANTESCO VULCANO LOCALIZZATO SU MARTE.

SU URANO E NETTUNO C'È UNA PARTICOLARE PIOGGIA DI DIAMANTI.

LA TERRA POTREBBE CONTENERE CIRCA 49 LUNE, GIOVE PUÒ CONTENERE CIRCA 1300 TERRE ED IL SOLE POTREBBE CONTENERE 10 GIOVE (QUINDI POTREBBE CONTENERE LA LUNA CIRCA 65 MIIONI DI VOLTE).

UN GIORNO SU GIOVE (IL PIANETA CON IL TEMPO DI ROTAZIONE PIÙ BREVE) DURA 10 ORE, MENTRE SU VENERE DURA CIRCA 243 GIORNI TERRESTRI.

SU PLUTONE I VULCANI ERUTTANO GHIACCIO, PROBABILMENTE PER L'ASSENZA DI ELEMENTI RADIOATTIVI.

SU MARTE I TRAMONTI SONO BLU, QUESTO PERCHÈ NELL' ATMOSFERA CI SONO SOTTILI POLVERI CHE FANNO PENETRARE SOLO LA LUCE BLU.

IN TOTALE NEL <u>SISTEMA SOLARE</u> SONO PRESENTI <u>CIRCA 200 LUNE.</u>

IL <u>SOLE</u> È IN REALTÀ <u>BIANCO,</u> INFATTI IL COLORE CHE NOI VEDIAMO È DOVUTO AI <u>RAGGI</u> CHE SONO GIALLI ED ARANCIONI CHE RIESCONO AD ARRIVARE AI NOSTRI <u>OCCHI</u> (GLI ALTRI RAGGI DI COLORI DIFFERENTI NON RIESCONO AD OLTREPASSARE <u>L'ATMOSFERA TERRESTRE</u>).

CI SONO ALTRI OGGETTI NEL SISTEMA SOLARE?

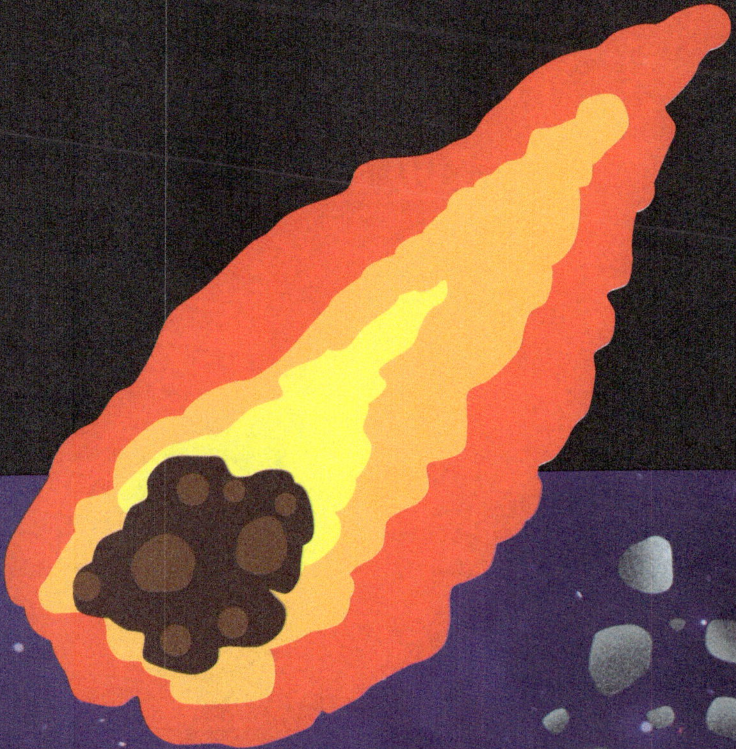

I METEORITI SONO FRAMMENTI DI ROCCIA CHE POSSONO RAGGIUNGERE LE SUPERFICI DI PIANETI O SATELLITI.

GLI ASTEROIDI SONO CORPI ROCCIOSI LA CUI GRANDEZZA È COMPRESA TRA QUALCHE CENTINAIO DI METRI A CIRCA 900 KM.

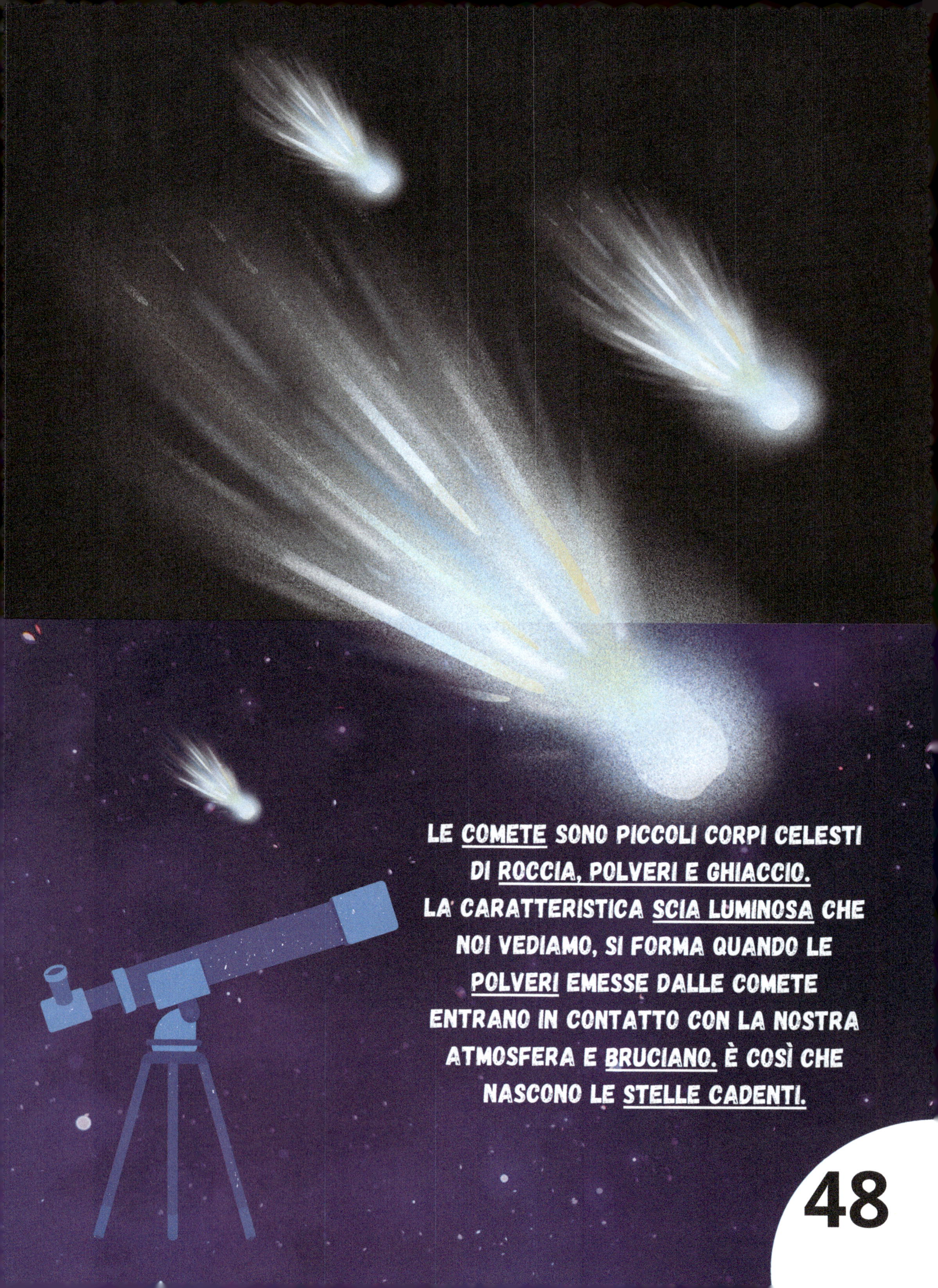

LE <u>COMETE</u> SONO PICCOLI CORPI CELESTI DI <u>ROCCIA, POLVERI E GHIACCIO.</u>
LA CARATTERISTICA <u>SCIA LUMINOSA</u> CHE NOI VEDIAMO, SI FORMA QUANDO LE <u>POLVERI</u> EMESSE DALLE COMETE ENTRANO IN CONTATTO CON LA NOSTRA ATMOSFERA E <u>BRUCIANO.</u> È COSÌ CHE NASCONO LE <u>STELLE CADENTI.</u>

QUANTO SONO GRANDI I PIANETI?

IL SOLE RAPPRESENTA LA MAGGIOR PARTE DELLA MASSA DEL SISTEMA SOLARE, MENTRE I PIANETI ROCCIOSI SONO L' 1% CIRCA, IL 99% SONO PIANETI GASSOSI

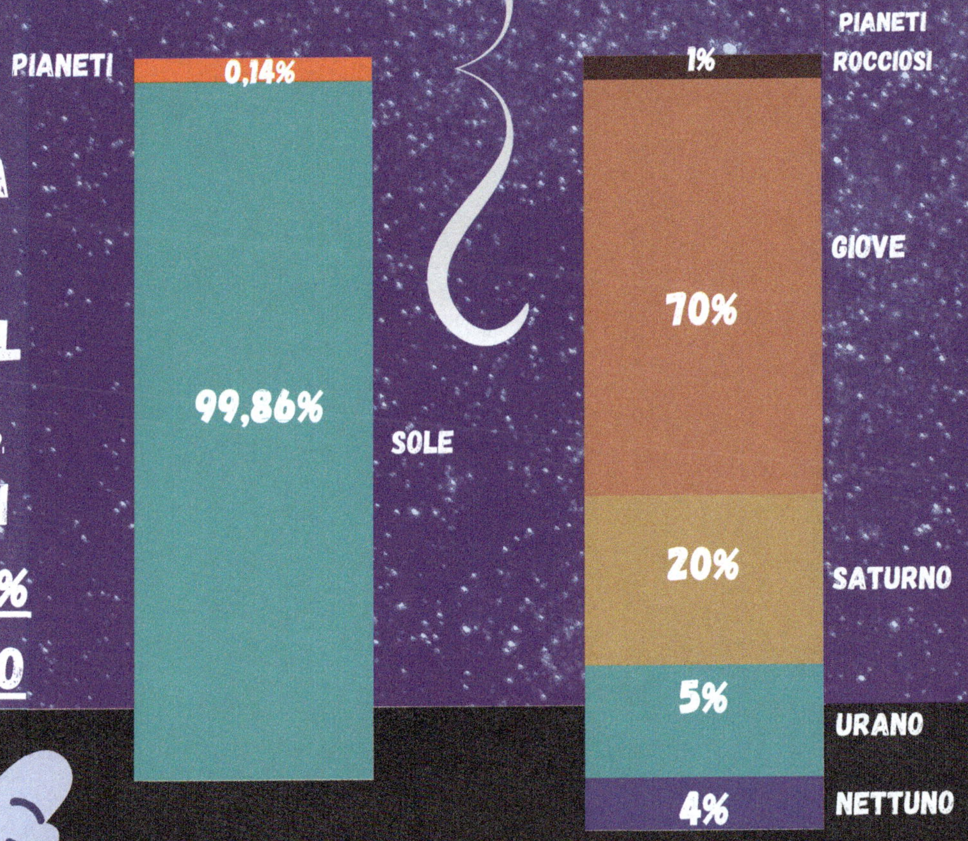

INSIEME AI PIANETI CI SONO LE LORO LUNE, PRINCIPALMENTE DEI PIANETI GASSOSI

MERCURIO	VENERE	TERRA	MARTE	GIOVE	SATURNO	URANO	NETTUNO
0	0	1	2	92	145	27	14

I PIANETI SONO MOLTO DIFFERENTI TRA LORO SOPRATTUTTO PER LA LORO DIMENSIONE, MA UN'ALTRA CARATTERISTICA CHE LI RENDE UNICI SONO LE LORO LUNE.

Esperimento

POSSO CREARE UN MIO SISTEMA SOLARE IN CASA?

PRIMA DI TUTTO, PER REALIZZARE QUESTO PROGETTO, ABBIAMO BISOGNO DI QUESTI MATERIALI: VARI FOGLI DI CARTA COLORATA, COLLA, FORBICI, COLORI, UN GRANDE FOGLIO BLU.

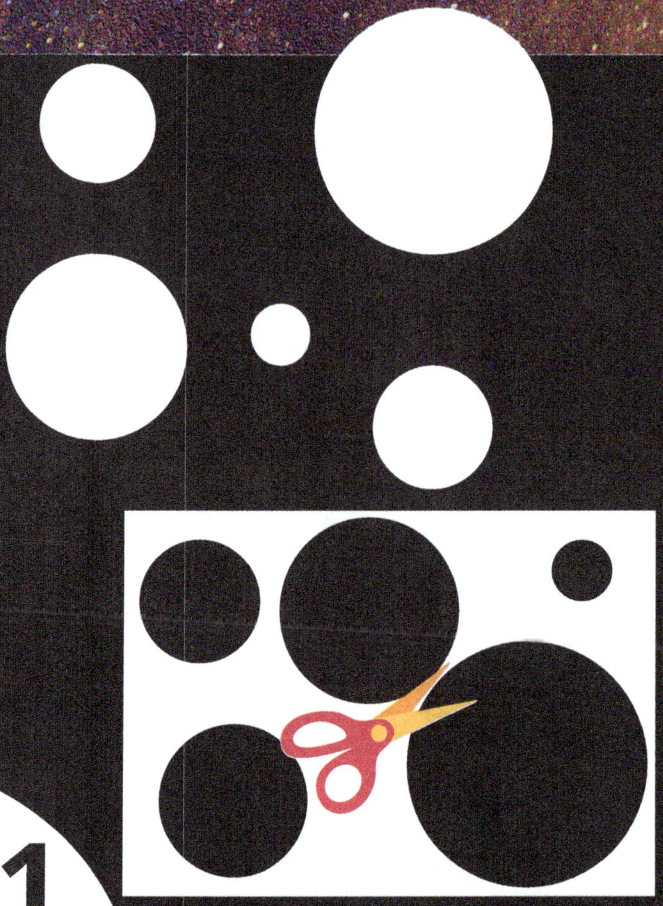

TRAMITE DEI TAPPI, CIOTOLE TAZZINE, PIATTI, COMPASSI ECC... CREIAMO DEI CERCHI DI VARIE DIMENSIONI: PER MERCURIO 1 CM, PER VENERE E LA TERRA 4 CM, PER MARTE 2 CM, PER GIOVE 48 CM, PER SATURNO 38 CM, PER URANO 20 CM E PER NETTUNO 20 CM (ANCHE SE NON SONO PRECISAMENTE DI QUESTE DIMENSIONE VANNO COMUNQUE BENE).

ADESSO DOBBIAMO COLORARE I NOSTRI CERCHI, MERCURIO GRIGIO, VENERE GIALLO, LA TERRA AZZURRO, MARTE ROSSO, GIOVE ARANCIONE, SATURNO COLOR CREMA, URANO VERDE ACQUA, NETTUNO BLU. POI DOBBIAMO FARE IL SOLE, SOLO UNO SPICCHIO, E IL COLORE SARÀ ROSSO-ARANCIO

ADESSO PRENDIAMO IL GRANDE FOGLIO BLU SCURO E INCOLLIAMOCI IL SOLE (SE VOLETE CI POTETE METTERE I RAGGI, POTETE UTILIZZARE OGNI COSA MA NON IL FUOCO !) E TUTTI I PIANETI PARTENDO DA MERCURIO E FINENDO DA NETTUNO

PER FINIRE METTI L'INIZIALE DEL PIANETA AL SUO INTERNO E SE VUOI PUOI AGGIUNGERE ASTEROIDI, STELLE, COMETE ECC...

Fonti

https://it.wikipedia.org pag.1,5,6,8-50

https://www.skuola.net pag. 3,4

https://www.treccani.it pag. 5,6

http://www.inaf.it pag. 6,26,30,33,35,39,40

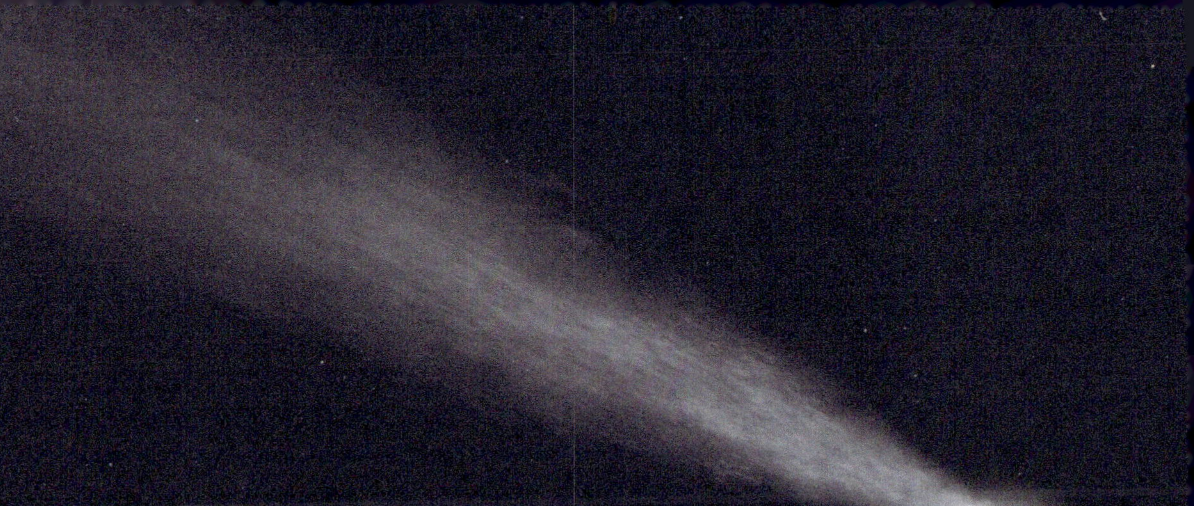

Cari lettori,

vorrei concludere il mio libro "Il Sistema Solare" con un sincero ringraziamento a tutti voi per avermi accompagnato in questo viaggio alla scoperta dei meravigliosi misteri dell'universo.

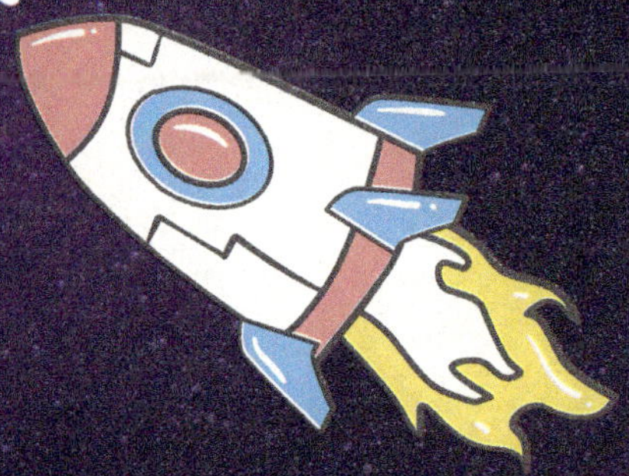

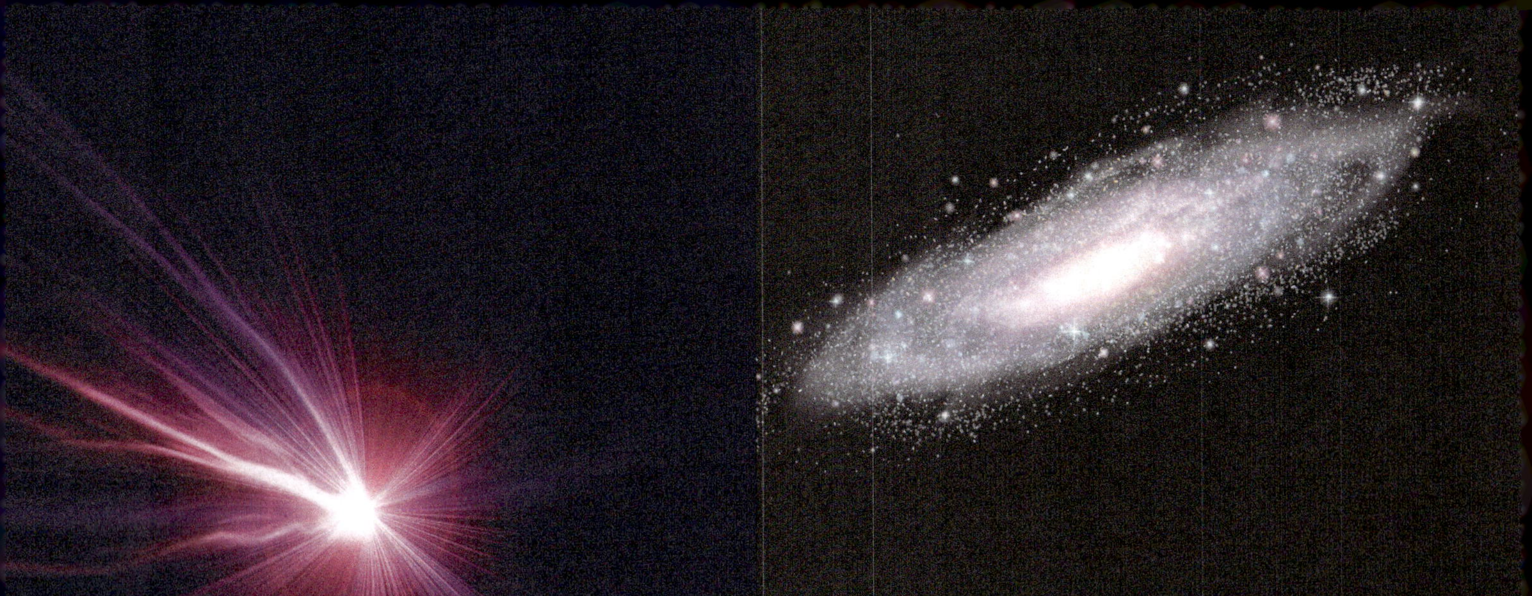

Sono grato per l'opportunità di condividere con voi la mia passione per l'astronomia e spero che questo libro vi abbia ispirato ad esplorare e ad imparare sempre di più.

Con affetto,

Gabriele Ciancuto

1 Los elementos químicos

1.1. Los elementos en la Naturaleza

Aunque se conocen más de un centenar de elementos, en la Naturaleza solo pueden encontrarse 90, los llamados **elementos naturales**. El resto de elementos ha sido creado en los laboratorios de física, y por eso se denominan **elementos artificiales** fig. 1.

Pocos de los elementos naturales se hallan en estado libre, casi todos se encuentran en la Naturaleza combinados con otros, formando compuestos.

Los elementos en la Tierra

El elemento más abundante en nuestro planeta es el hierro, aunque la mayor cantidad de este elemento se encuentra en el núcleo terrestre. En la capa más superficial del planeta, la corteza terrestre, los dos elementos más abundantes son el oxígeno y el silicio fig. 2.

Los elementos en los seres vivos

En los seres vivos, el 99 % de la materia está constituida únicamente por seis elementos: oxígeno, carbono, hidrógeno, nitrógeno, calcio y fósforo fig. 3.

El 1 % restante corresponde a una gran diversidad de elementos indispensables para que las funciones biológicas se realicen correctamente. Estos elementos se denominan **oligoelementos** porque se necesitan en cantidades mínimas y son, por ejemplo, el cobalto, el cobre, el cinc, el selenio y el flúor.

Los elementos en el universo

Los elementos más abundantes del universo son los más ligeros: el hidrógeno y el helio. Aproximadamente, el 90 % de los átomos del universo son de hidrógeno, el 9 % son de helio y el 1 % restante corresponde a los demás elementos fig. 4.

Fig. 1 Laboratorio del CERN. Los nuevos elementos químicos se obtienen en aceleradores de partículas.

Fig. 2 El oxígeno y el silicio de la corteza terrestre forman, por ejemplo, el dióxido de silicio de la arena.

Fig. 3 En los seres vivos, el 99 % en masa de la materia está formada por oxígeno (O), carbono (C), hidrógeno (H), nitrógeno (N), calcio (Ca) y fósforo (P).

Fig. 4 El 99 % de los átomos del Universo son de hidrógeno y de helio. La mayor concentración se da en las estrellas y en los planetas gigantes gaseosos, como Júpiter.

1.2. Tabla periódica de los elementos

En el siglo XIX, el progresivo descubrimiento de nuevos elementos químicos llevó a los científicos a intentar clasificarlos para así facilitar su estudio.

Se fueron elaborando diferentes criterios de clasificación que culminaron con la propuesta hecha por el químico ruso D. I. Mendeleiev (1834-1907) y el médico alemán J. L. Meyer (1830-1895).

Ambos científicos sugirieron, simultánea e independientemente, ordenar los elementos en orden creciente de masa atómica y agrupar en columnas aquellos que tuviesen propiedades químicas semejantes.

En 1869, Mendeleiev publicó una tabla de los elementos donde colocó los 63 elementos entonces conocidos ordenados en filas y columnas fig. 5. Mendeleiev reservó espacios vacíos para elementos todavía no descubiertos. Con el tiempo, estos elementos se descubrieron.

La tabla de los elementos utilizada actualmente, denominada **tabla periódica** o **sistema periódico**, deriva de aquella primera de 1869 pero modificada, ya que los elementos se ordenan según el número atómico y no por su masa atómica.

Fig. 5 El químico ruso D. I. Mendeleiev realizó una ordenación periódica de los elementos que es la precursora de la que se utiliza en la actualidad.

El descubrimiento de los elementos químicos

Los elementos químicos se han ido descubriendo a lo largo de la historia, aunque el mayor número lo ha sido a partir del año 1800, ya que en esa época empiezan a progresar rápidamente las técnicas de análisis físico-químico.

Justamente, la primera electrolisis tuvo lugar en 1800 y en 1807, Humphry Davy aisló potasio y sodio.

También se ha de tener en cuenta que desde 1940 hasta el año 2000 se sintetizaron en los laboratorios más de una veintena de elementos químicos (elementos artificiales), gracias al uso de unos nuevos equipos de investigación: los aceleradores de partículas. El primer elemento fue el tecnecio, en 1937.

En la gráfica adjunta se ha representado el número de elementos descubiertos en diferentes períodos (en intervalos de 25 años, excepto el primero). En la actualidad, el número de elementos descubiertos se eleva ya a 118.

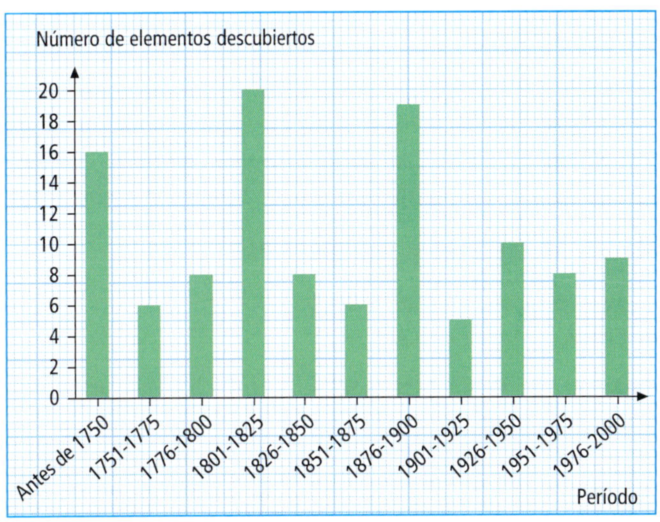

1. ¿Cuántos elementos químicos se conocen en la actualidad? ¿Cuántos de ellos son artificiales?

2. ¿Qué son los oligoelementos?

3. ¿Qué criterio se utiliza actualmente para ordenar los elementos químicos?

4. De los elementos químicos más abundantes, ¿cuáles son comunes a la corteza terrestre y los seres vivos?

5. Alrededor del 0,006 % de la masa de una persona es hierro. Calcula cuántos gramos de hierro tiene, aproximadamente, una persona de 60 kg.

2 Los elementos en la tabla periódica

2.1. Grupos y períodos

En la tabla periódica actual, los elementos están colocados en orden creciente de número atómico y dispuestos en 18 grupos (las columnas de la tabla periódica) y 7 períodos (las filas).

Generalmente, cada grupo de la tabla periódica contiene elementos con propiedades parecidas. Algunos de estos grupos tienen nombres distintivos:

- **Alcalinos**. Son los elementos del grupo 1 (salvo el hidrógeno). Se trata de metales de baja densidad (algunos son menos densos que el agua), blandos y que reaccionan enérgicamente con muchas sustancias, incluso con el agua.
- **Halógenos**. Son los elementos del grupo 17. Son muy corrosivos y reaccionan con los metales formando sales.
- **Gases nobles**. Son los elementos del grupo 18. Se les denomina así porque son extraordinariamente estables y raramente se combinan con otros elementos, solo lo hacen en condiciones muy extremas.

2.2. Propiedades periódicas

Algunas de las propiedades de los elementos varían de forma regular dentro de un grupo o un período.

Así, por ejemplo, el volumen de los átomos disminuye al desplazarse de izquierda a derecha en un período y aumenta al descender en un grupo fig. 1.

Carácter metálico

El **carácter metálico** está relacionado con las propiedades físicas y químicas de los elementos. Este carácter disminuye a medida que nos desplazamos hacia la derecha por un período, por lo que el de los primeros grupos es mucho mayor que el de los últimos.

Metales, no metales y semimetales

En función del carácter metálico podemos clasificar los diferentes elementos en tres familias:

- **Metales**. Tienen un aspecto reluciente (*brillo metálico*) y son fríos al tacto, ya que son muy buenos *conductores del calor*. Los metales también son buenos *conductores de la electricidad* (la plata es el mejor de todos ellos), *dúctiles* (se les puede dar forma de hilo) y *maleables* (forma de láminas) fig. 2.
- **No metales**. No tienen propiedades metálicas. Muchos de ellos son gases, como el oxígeno y el nitrógeno, pero también los hay con elevados puntos de fusión, como el carbono. Están agrupados a la derecha en la tabla periódica.
- **Semimetales**. Son elementos difíciles de clasificar, ya que poseen características intermedias entre metales y no metales. Algunos semimetales, como el silicio y el germanio, se utilizan ampliamente en la fabricación de componentes electrónicos.

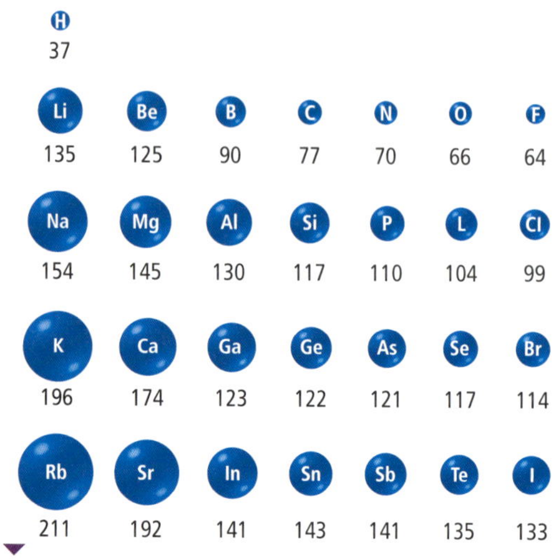

Fig. 1 Volúmenes atómicos relativos. Los valores de los radios atómicos están expresados en picómetros (1 pm = 10^{-12} m).

Fig. 2 Los metales son dúctiles (se les puede dar forma de hilo) y maleables (se les puede dar forma de lámina).

TABLA PERIÓDICA

CLAVE DE LA TABLA: Metales · No metales · Semimetales · Gases nobles

Número atómico — 1; *Símbolo* — H; *Nombre* — Hidrógeno

Período \ Grupo	1	2	3	4	5	6	7	8	9	10	11	12	13	14	15	16	17	18
1	1 H Hidrógeno																	2 He Helio
2	3 Li Litio	4 Be Berilio											5 B Boro	6 C Carbono	7 N Nitrógeno	8 O Oxígeno	9 F Flúor	10 Ne Neón
3	11 Na Sodio	12 Mg Magnesio											13 Al Aluminio	14 Si Silicio	15 P Fósforo	16 S Azufre	17 Cl Cloro	18 Ar Argón
4	19 K Potasio	20 Ca Calcio	21 Sc Escandio	22 Ti Titanio	23 V Vanadio	24 Cr Cromo	25 Mn Manganeso	26 Fe Hierro	27 Co Cobalto	28 Ni Níquel	29 Cu Cobre	30 Zn Cinc	31 Ga Galio	32 Ge Germanio	33 As Arsénico	34 Se Selenio	35 Br Bromo	36 Kr Kriptón
5	37 Rb Rubidio	38 Sr Estroncio	39 Y Itrio	40 Zr Circonio	41 Nb Niobio	42 Mo Molibdeno	43 Tc Tecnecio	44 Ru Rutenio	45 Rh Rodio	46 Pd Paladio	47 Ag Plata	48 Cd Cadmio	49 In Indio	50 Sn Estaño	51 Sb Antimonio	52 Te Telurio	53 I Yodo	54 Xe Xenón
6	55 Cs Cesio	56 Ba Bario	57 La Lantano	72 Hf Hafnio	73 Ta Tantalio	74 W Wolframio	75 Re Renio	76 Os Osmio	77 Ir Iridio	78 Pt Platino	79 Au Oro	80 Hg Mercurio	81 Tl Talio	82 Pb Plomo	83 Bi Bismuto	84 Po Polonio	85 At Ástato	86 Rn Radón
7	87 Fr Francio	88 Ra Radio	89 Ac Actinio	104 Rf Rutherfordio	105 Db Dubnio	106 Sg Seaborgio	107 Bh Bohrio	108 Hs Hassio	109 Mt Meitnerio	110 Ds Darmstadtio	111 Rg Roentgenio	112 Cn Copernicio	113 Uut Ununtrio	114 Fl Flerovio	115 Uup Ununpentio	116 Lv Livermorio	117 Uus Ununseptio	118 Uuo Ununoctio

Tierras raras

6	58 Ce Cerio	59 Pr Praseodimio	60 Nd Neodimio	61 Pm Prometio	62 Sm Samario	63 Eu Europio	64 Gd Gadolinio	65 Tb Terbio	66 Dy Disprosio	67 Ho Holmio	68 Er Erbio	69 Tm Tulio	70 Yb Iterbio	71 Lu Lutecio
7	90 Th Torio	91 Pa Protactinio	92 U Uranio	93 Np Neptunio	94 Pu Plutonio	95 Am Americio	96 Cm Curio	97 Bk Berkelio	98 Cf Californio	99 Es Einstenio	100 Fm Fermio	101 Md Mendelevio	102 No Nobelio	103 Lr Laurencio

Calcio, Ca

Titanio, Ti

Bromo, Br

@ Amplía en la Red...

Conoce mejor las características de los elementos de la tabla periódica en:
www.tiching.com/115880

1. ¿Cómo varía el volumen atómico a lo largo de las filas y columnas de la tabla periódica?
2. ¿En qué lado de la tabla periódica es más acentuado el carácter metálico de los elementos: en el derecho o en el izquierdo?
3. ¿Qué elementos forman el grupo de los halógenos? ¿Y el de los gases nobles?
4. Cita cuatro elementos no metálicos con su uso cotidiano.
5. Escribe el nombre y el símbolo de ocho elementos químicos que sean metales de uso corriente.
6. Consulta la tabla periódica y clasifica estos elementos en metales, no metales y semimetales: bario, yodo, cobalto, nitrógeno, hierro, hidrógeno, germanio, plomo, cromo, bromo, arsénico, azufre, rubidio, cadmio y uranio.
7. Calcula el porcentaje de elementos metálicos, no metálicos y semimetálicos que forman la tabla periódica.
8. Los números atómicos de los elementos artificiales son el 43, el 61 y del 93 en adelante. Busca en la tabla periódica el símbolo y el nombre de estos elementos y escríbelos. ¿Se podrán obtener nuevos elementos artificiales?

DESCUBRE

3 Los metales en los seres vivos

Hemos visto que el 99 % de los seres vivos está formado por seis elementos y solo uno de ellos, el calcio, es un metal. Sin embargo, los oligoelementos, muchos de ellos metales, son indispensables.

A ¿QUÉ ELEMENTOS METÁLICOS HAY EN NUESTRO CUERPO?

En nuestro cuerpo encontramos muchos elementos metálicos, pero parece que solo hay 14 metales realmente esenciales para que funcione saludablemente.

Metal	Masa aproximada de metal en una persona de 70 kg (g)
Calcio	1000
Potasio	140
Sodio	100
Magnesio	25
Hierro	4,2
Cinc	2,3
Cobre	0,072

Metal	Masa aproximada de metal en una persona de 70 kg (g)
Estaño	0,020
Vanadio	0,020
Cromo	0,014
Manganeso	0,012
Molibdeno	0,005
Cobalto	0,003
Níquel	0,001

El resto de metales que hay en nuestro cuerpo no parecen tener ninguna función específica. Su presencia se debe a que los incorporamos con los alimentos que comemos, el agua que bebemos o el aire que respiramos. Algunos de ellos, como el plomo o el mercurio, son muy peligrosos para la salud.

El calcio, el potasio, el sodio, etc. son esenciales para nuestro organismo. En cambio, otros metales como el plomo o el mercurio son venenosos.

B EL MERCURIO, UN METAL PELIGROSO PARA LA SALUD

Los alimentos que comemos son la principal fuente de entrada de mercurio (en forma del compuesto metilmercurio) a nuestro organismo.

La concentración de mercurio en los alimentos es normalmente baja, pero en algunas especies de peces muy voraces y longevos (atún, emperador, cazón...) pueden darse concentraciones elevadas porque acumulan en sus cuerpos el mercurio de los peces que devoran.

Aunque un consumo moderado de estas especies no representa un riesgo para la salud de la población en general, las autoridades sanitarias recomiendan que las embarazadas limiten su consumo, ya que los compuestos orgánicos de mercurio atraviesan la placenta y se concentran en el feto, con lo que se compromete seriamente su desarrollo físico e intelectual.

1. En el cuerpo humano tenemos hasta oro, pero en una proporción realmente pequeña, aproximadamente un 0,000 01 %. ¿Qué masa de oro expresada en miligramos hay en tu cuerpo?

2. La Autoridad Europea para la Seguridad de los Alimentos (EFSA) recomienda que la ingesta semanal de metilmercurio no supere los 0,0013 mg por kg de peso de la persona.
   a. Calcula la masa de metilmercurio que según tu peso puedes ingerir semanalmente como máximo.
   b. En una lata de atún en conserva hay unos 65 g de atún.
   Si cada 100 g de ese atún contienen 0,045 mg de mercurio, calcula cuántas latas de ese atún te puedes comer a la semana sin peligro.

C EL HIERRO EN LA DIETA

El hierro es uno de los elementos metálicos que cumplen funciones bioquímicas en nuestro organismo.

El hierro tan solo es un 0,006 % de la masa de una persona, pero su papel es muy importante ya que interviene en la formación de la hemoglobina de la sangre, responsable del transporte del oxígeno.

La necesidad diaria de hierro es del orden de 10 mg a 12 mg, aunque las mujeres necesitan mayor cantidad, unos 18 mg, y mucho más si están embarazadas.

La carencia de hierro en la dieta produce anemia, cuyos principales síntomas son cansancio, tanto físico como mental, y sensación de frío.

Muchos alimentos contienen hierro, como puedes ver en la tabla de la derecha, pero no todo es igualmente aprovechable.

El hierro contenido en los alimentos de origen animal (hierro hémico) se absorbe fácilmente, entre un 20 % y un 30 %, mientras que el hierro de origen vegetal (hierro no hémico) se absorbe tan solo entre un 3 % y un 8 %.

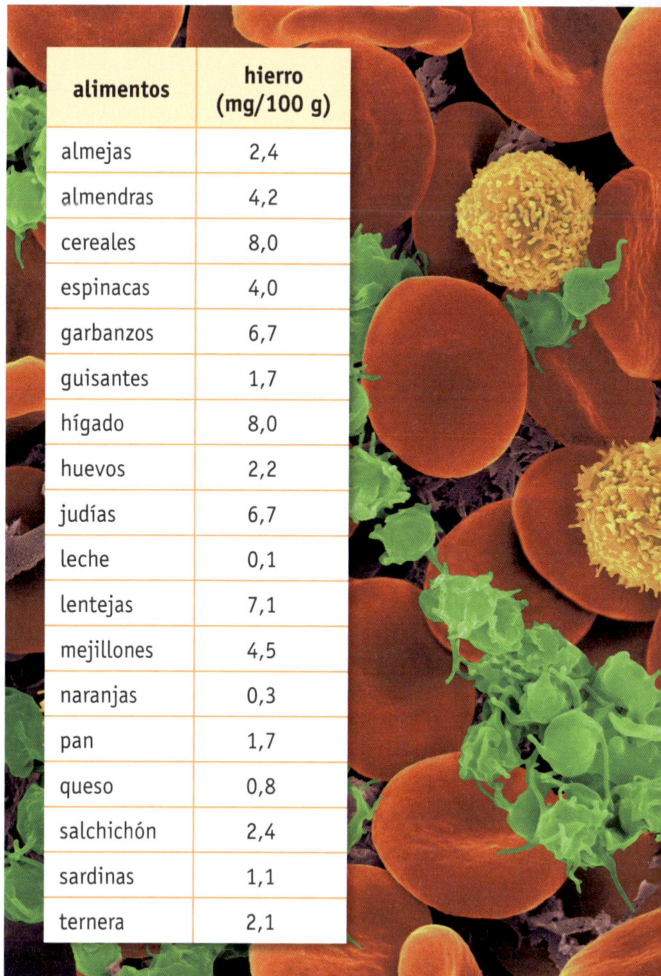

alimentos	hierro (mg/100 g)
almejas	2,4
almendras	4,2
cereales	8,0
espinacas	4,0
garbanzos	6,7
guisantes	1,7
hígado	8,0
huevos	2,2
judías	6,7
leche	0,1
lentejas	7,1
mejillones	4,5
naranjas	0,3
pan	1,7
queso	0,8
salchichón	2,4
sardinas	1,1
ternera	2,1

1. ¿Para qué sirve el hierro en el organismo?
2. ¿Qué masa de hierro es necesario ingerir cada día?
3. Según su capacidad para ser absorbido, ¿cómo se denomina el hierro presente en los alimentos?
4. Es raro que tengamos carencia de hierro porque, aunque se absorba poco, cada día ingerimos una cantidad mucho mayor de la que normalmente necesitamos y, además, disponemos de una reserva de hierro en el hígado.

   ¿Qué masa de hierro tienes en el cuerpo?
5. ¿Por qué los deportistas necesitan un mayor aporte de hierro?
6. Es creencia popular que comer espinacas aporta mucho hierro, pero en realidad su importancia como fuente de hierro es muy baja porque contienen sustancias que dificultan la absorción por el organismo. Pese a todo, la ingesta de espinacas y verduras es muy saludable por su aporte de fibra.

¿Cómo se denomina el hierro presente en las espinacas?

7. Divide los alimentos de la tabla de arriba en dos grupos, según su origen vegetal o animal. A continuación, ordénalos en dos tablas de mayor a menor contenido en hierro.
8. Calcula la masa de hierro que ingieres en una comida cuyo menú es:
   1. 150 g de guisantes
   2. 100 g de pan
   3. Un bistec de ternera de 150 g
   4. Una naranja de 100 g

4 Enlace químico

4.1. Enlace químico

Se conocen millones de sustancias químicas y todas están formadas únicamente por los pocos elementos químicos de la tabla periódica fig. 1.

Esa enorme variedad de sustancias es posible gracias a que los átomos de la mayoría de elementos tienen una gran capacidad para unirse a otros átomos, ya sea con átomos del mismo elemento o de elementos distintos, mediante fuerzas de atracción conocidas como **enlaces químicos**.

Moléculas y redes cristalinas

El resultado de los enlaces químicos abarca desde una agrupación discreta de átomos, llamada **molécula**, hasta una estructura de millones y millones de átomos ordenados regularmente en el espacio, formando una **red cristalina** o **cristal**.

Si los átomos que se unen son del mismo elemento, se formará una **sustancia química elemental**, mientras que si son de diferentes elementos, tendremos un **compuesto químico**.

Las propiedades de las sustancias químicas son consecuencia de los elementos constituyentes, del número de átomos que participan y de la forma en que dichos átomos se hallan unidos entre sí.

Fig. 1 Con diez cifras construimos todos los números, y con unos pocos elementos, todas las sustancias químicas.

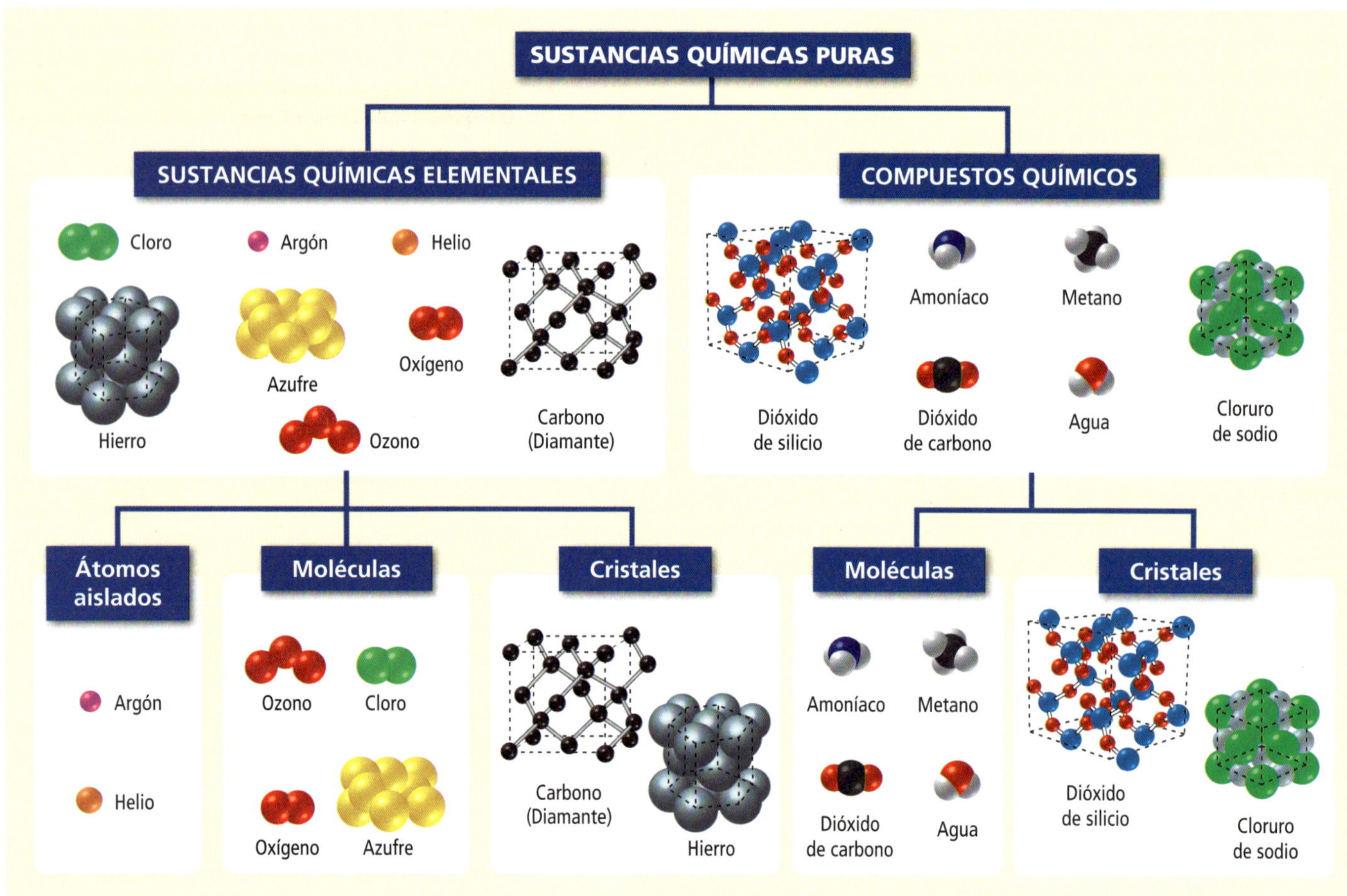

4.2. Fórmulas químicas

Una fórmula química es la representación de una sustancia química, que informa de las clases de elementos que componen la sustancia y, mediante subíndices numéricos, de la proporción en la que se encuentran en dicha sustancia.

Fórmula de una molécula

La fórmula química que representa una sustancia formada por moléculas recibe el nombre de *fórmula molecular*.

Una **fórmula molecular** indica el número exacto de átomos de cada elemento que hay en la molécula. Así, por ejemplo, las fórmulas de algunas moléculas comunes son: Cl_2 (cloro), S_8 (azufre), NH_3 (amoníaco), CH_4 (metano), H_2O (agua)... fig. 2.

Fórmula de una red cristalina

La fórmula química que representa una sustancia formada por una red cristalina recibe el nombre de *fórmula empírica*.

Una **fórmula empírica** indica solo la proporción relativa entre los átomos de cada elemento que hay en la red cristalina. Así, por ejemplo, el dióxido de silicio se representa por la fórmula SiO_2, lo que indica que la proporción en la red cristalina es de un átomo de silicio por cada dos átomos de oxígeno.

Si una red cristalina está formada por un solo tipo de átomos, su fórmula es el símbolo del elemento. Por ejemplo, la fórmula del hierro es simplemente Fe.

Reglas de escritura

Cuando se escribe una fórmula química, deben seguirse una serie de reglas:

- Nunca se escribe el subíndice 1. Por ejemplo, se escribe KCl y no K_1Cl_1.
- Cuando hay un grupo de átomos que se repite más de una vez, se escribe el grupo encerrado entre paréntesis y con un subíndice que indica cuántas veces está repetido dicho grupo de átomos.

  Por ejemplo, la fórmula $Ca(NO_3)_2$ indica que por cada átomo de calcio (Ca) hay dos grupos de átomos NO_3. Así, en total, hay un átomo de Ca, dos átomos de N y seis átomos de O.
- Como norma general, en la fórmula siempre se escribe a la izquierda el símbolo del elemento de carácter más metálico.

  Por ejemplo, $MgCl_2$ y no ~~Cl_2Mg~~.
- Cuando los compuestos estén formados solo por dos elementos no metálicos, se escribe a la izquierda el elemento situado más a la izquierda de esta escala:

B, Si, C, Sb, As, P, N, H, Te, Se, S, I, Br, Cl, O, F

Por ejemplo, se escribe SO_3 y no ~~O_3S~~.

Fig. 2 El azufre se presenta en la naturaleza en forma de moléculas de 8 átomos, S_8.

@ Amplía en la Red...

Amplía lo que sabes sobre los enlaces covalente, iónico y metálico en: www.tiching.com/115882

1. ¿En qué consiste un enlace químico?
2. ¿Qué diferencia existe entre una molécula y una red cristalina?
3. ¿Qué indica una fórmula molecular? ¿Y una fórmula empírica?
4. Considera estas fórmulas moleculares: H_2SO_4, $C_6H_{12}O_6$, HNO_3, $CH_2(COOH)_2$, H_2O.
   a. ¿Qué elementos constituyen cada uno de estos compuestos?
   b. Indica el número total de átomos que hay en una molécula de cada compuesto.

5 Sustancias moleculares y atómicas

5.1. Sustancias moleculares

Las moléculas se constituyen por unión de un número discreto de átomos de elementos no metálicos, los situados a la derecha de la tabla periódica.

Las sustancias que están formadas por moléculas reciben el nombre de **sustancias moleculares**.

Las moléculas pueden estar formadas por átomos de un mismo elemento (O_2, N_2, O_3...) o de diferentes elementos (H_2O, CO_2, CO, SO_2...), pudiendo llegar a ser muy complejas, en función de la variedad de elementos que se combinan y del número de átomos que se enlazan.

La estructura de una molécula es estable porque los átomos que la constituyen comparten electrones, de manera que compensan la fuerza de repulsión entre los núcleos con fuerzas de atracción entre los electrones compartidos y los núcleos.

La unión de átomos mediante el uso compartido de electrones recibe el nombre de **enlace covalente** fig. 1.

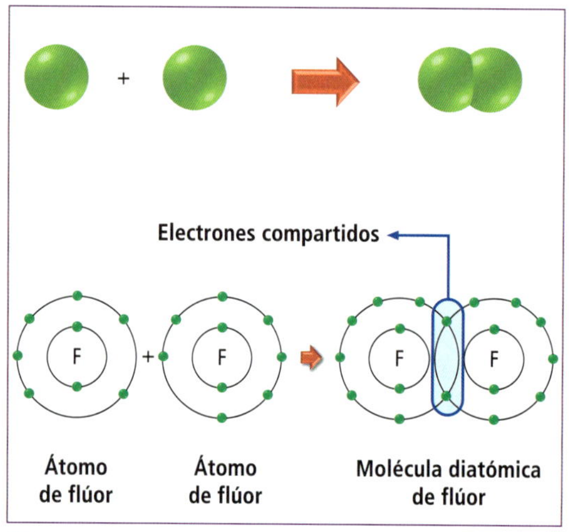

Fig. 1 En una molécula diatómica de flúor (formada por dos átomos de flúor), ambos átomos comparten un par de electrones.

Masa molecular

La suma de las masas de todos los átomos de una molécula será la masa de la molécula.

Las sustancias moleculares se caracterizan por su **masa molecular relativa, M_r**, que se calcula sumando las masas atómicas relativas de los elementos que las forman. Se escribe, al igual que la masa atómica, sin unidades.

@ **Amplía en la Red...**

Construye moléculas mediante una simulación en: www.tiching.com/115883

Ejemplo

Calcula la masa molecular del sulfuro de hidrógeno (H_2S).

1. Identificamos los elementos que forman la molécula: hidrógeno (H) y azufre (S).
2. Hallamos la masa atómica (A_r) de los elementos en la tabla periódica:

$$A_r\,(H) = 1{,}0;\ A_r\,(S) = 32{,}1$$

3. Sumamos las masas atómicas, teniendo en cuenta el número de átomos que participan en la fórmula:

$$M_r\,(H_2S) = (2 \cdot 1{,}0) + (1 \cdot 32{,}1) = 34{,}1$$

Propiedades de las sustancias moleculares

Las fuerzas que mantienen unidos los átomos de la molécula son muy fuertes, pero las fuerzas de atracción entre las moléculas suelen ser débiles, y son estas las que explican las propiedades de las sustancias moleculares fig. 2.

A continuación puedes observar las propiedades de este tipo de sustancias con la explicación de cada una.

Fig. 2 Las propiedades de las sustancias moleculares nos son muy familiares porque algunas de las sustancias más comunes, como el agua y los componentes del aire, son sustancias moleculares.

propiedad	explicación	modelo
A temperatura ambiente son gases, líquidos o sólidos de punto de fusión bajo.	Las fuerzas de atracción entre las moléculas son débiles o muy débiles.	 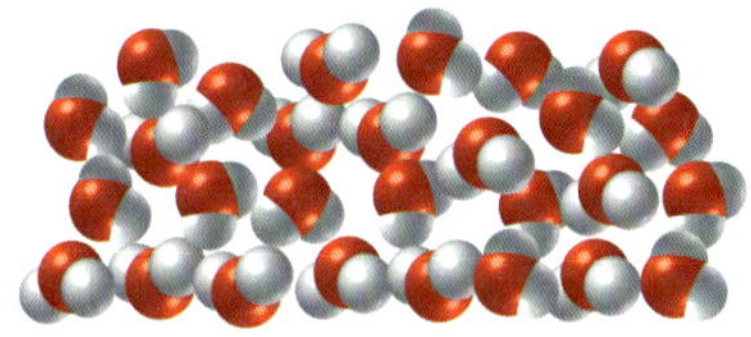
Cambian de estado fácilmente.	Aportando poca energía se pueden vencer las débiles fuerzas de atracción que hay entre las moléculas.	
Su solubilidad en agua es variable, pero suelen ser solubles en etanol y en disolventes semejantes.	Solo se disuelven en disolventes de su misma naturaleza química.	
No conducen la electricidad en estado puro o en disolución acuosa.	Como los electrones compartidos están muy sujetos en el enlace, no hay cargas eléctricas que puedan desplazarse (excepto si las moléculas reaccionan con el agua y se forman especies nuevas que sí conducen).	

5.2. Sustancias atómicas

La unión de átomos mediante enlace covalente no siempre produce moléculas; a veces se forman redes cristalinas, y entonces se habla de **sustancias atómicas**.

Este es el caso, por ejemplo, del carbono en forma de diamante ($C_{diamante}$). Un átomo de carbono se enlaza a cuatro átomos de carbono y estos, a su vez, con otros cuatro átomos, y así sucesivamente, por lo que se forma una estructura gigante de átomos unidos muy fuertemente entre sí.

Fig. 3 Las herramientas de corte utilizan sustancias atónicas por dureza.

Propiedades de las sustancias atómicas

Las propiedades de las sustancias atómicas fig. 3 derivan de la naturaleza de esa red cristalina, denominada **cristal atómico**, formada por una infinidad de átomos unidos mediante enlaces covalentes:

propiedad	explicación	modelo
Son sólidos densos, duros, insolubles y con elevados puntos de fusión (por encima de 1400 °C).	Los enlaces covalentes son muy fuertes y hacen que el cristal atómico sea muy compacto y difícil de destruir.	 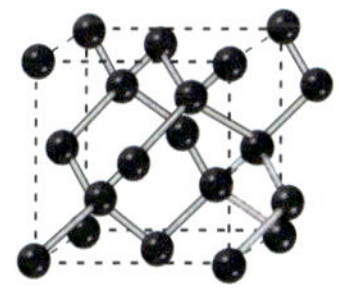
No conducen la corriente eléctrica.	Como los electrones compartidos están muy sujetos en el enlace, no hay cargas eléctricas que puedan desplazarse (excepto en una forma del carbono denominada grafito).	

1. ¿Qué es un enlace covalente?

2. Explica qué diferencia hay entre una sustancia covalente molecular y otra atómica.

3. En un laboratorio se determina el punto de fusión de una sustancia, y se obtiene un valor de 143 °C.

   a. ¿Puede ser una sustancia covalente atómica?

   b. ¿Y molecular? ¿Por qué?

4. Calcula la masa molecular de los siguientes compuestos: $C_6H_{12}O_6$, H_3PO_4, C_6H_6.

5. La sacarina es un compuesto de cristales blancos, solubles en agua caliente y de bajo punto de fusión (224 °C). Su fórmula es $C_7H_5NO_3S$ y tiene un poder edulcorante 550 veces superior al del azúcar.

   Indica qué elementos y qué número de átomos de cada elemento forman su molécula, y calcula su masa molecular.

6 Sustancias metálicas e iónicas

6.1. Sustancias metálicas

Una **sustancia metálica** (Na, Fe, Al, Au...) está formada solo por átomos de elementos metálicos fig. 1. En estas sustancias, los electrones más externos, débilmente unidos al núcleo, forman una **nube electrónica** que permanece alrededor de los átomos del metal aunque puede desplazarse entre ellos con gran libertad.

El **enlace metálico** se da entre elementos metálicos y se caracteriza por una estructura ordenada de iones positivos inmersa en una nube de electrones muy débilmente sujetada.

La estructura del metal es estable porque la nube electrónica contrarresta las fuerzas de repulsión entre los núcleos con fuerzas de atracción entre los electrones y los núcleos.

Fig. 1 Casco cretense de bronce del 600 a.C. Los metales son conocidos desde la Antigüedad.

Propiedades de las sustancias metálicas

La matriz de átomos cohesionada por la nube electrónica forma una red cristalina compacta y ordenada llamada **cristal metálico**. Dicha nube, común a todos los metales, es la responsable principal de las propiedades y el aspecto tan parecido de los metales:

propiedad	explicación	modelo
La mayoría son sólidos densos de elevados puntos de fusión.	La nube electrónica hace que el cristal metálico sea muy compacto.	
Son insolubles en cualquier disolvente.	Los metales solo pueden disolverse en otros metales porque también tienen nube electrónica (amalgamas con metales líquidos).	
Son maleables y dúctiles.	La fluidez de la nube electrónica permite adaptarse a cualquier deformación del metal.	
Conducen el calor y la corriente eléctrica en estado sólido o fundido.	Los electrones de la nube electrónica pueden desplazarse fácilmente por todo el metal.	

6.2. Sustancias iónicas

Cuando un elemento metálico se une con un elemento no metálico se forman **sustancias iónicas** (NaCl, CaS, MgF_2...) cuya peculiaridad es que están formadas por redes cristalinas de iones, es decir, de átomos o grupos de átomos cargados eléctricamente:

- Un ion con carga positiva o **catión** se produce cuando un átomo pierde electrones.
- Un ion con carga eléctrica negativa o **anión** se produce cuando un átomo gana electrones.

Los iones se representan por el símbolo del elemento y un superíndice que indica la carga eléctrica neta. Algunos de los más comunes se encuentran en la tabla 1.

Los elementos metálicos tienen electrones débilmente unidos al núcleo, de forma que sus átomos pueden desprenderse de ellos con relativa facilidad y formar cationes. Estos electrones pueden ser tomados por átomos de elementos no metálicos para formar aniones.

Tabla 1

fórmula	nombre	fórmula	nombre
Na^+	ion sodio	O^{2-}	ion óxido
K^+	ion potasio	S^{2-}	ion sulfuro
Mg^{2+}	ion magnesio	F^-	ion fluoruro
Ca^{2+}	ion calcio	Cl^-	ion cloruro
Al^{3+}	ion aluminio	Br^-	ion bromuro

Naturalmente, como los iones formados tienen cargas opuestas, se atraen y quedan unidos. Este tipo de enlace se conoce como **enlace iónico** fig. 1.

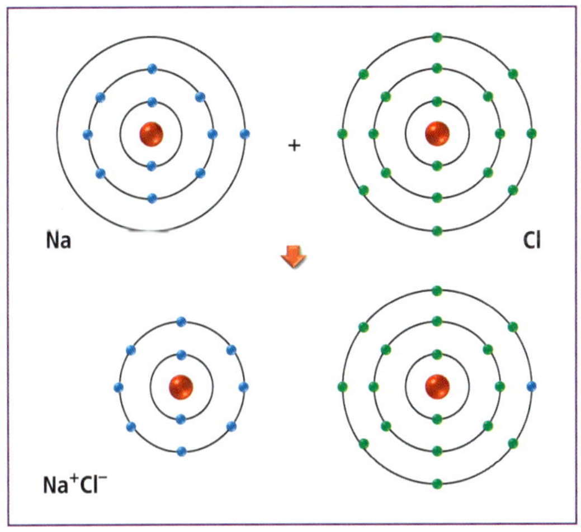

Fig. 1 La atracción electrostática entre los cationes sodio y los aniones cloruro forma el cloruro de sodio.

Ejemplo

¿Cuántos protones y electrones tienen los iones Al^{3+} y S^{2-}?

Los iones ganan o pierden electrones respecto al átomo neutro, pero el número de protones es invariable. Los núcleos de aluminio y de azufre tienen, respectivamente, 13 y 16 protones.

El 3+ del Al^{3+} indica que el aluminio ha perdido 3 electrones y, en consecuencia, el número de protones supera en 3 al de electrones. El Al^{3+} tiene 13 protones y 10 electrones.

El 2– del S^{2-} indica que el azufre ha ganado 2 electrones y, en consecuencia, el número de electrones supera en 2 al de protones. El S^{2-} tiene 16 protones y 18 electrones.

Propiedades de las sustancias iónicas

Como cada ion atrae iones de signo contrario, un primer ion quedará rodeado de iones de signo opuesto y estos, a su vez, se rodearán de más iones de signo opuesto y así sucesivamente, pero siempre conservando entre los iones la proporción adecuada para mantener la neutralidad eléctrica.

De esta manera se forma un conglomerado ordenado de iones llamado **cristal iónico** cuyas propiedades son:

propiedad	explicación	modelo
Son sólidos con puntos de fusión elevados.	En el cristal iónico, los cationes y los aniones están unidos muy fuertemente por tener cargas de signo opuesto.	
Son duros pero frágiles.	Al desplazar muy poco una capa de iones, se encaran iones de signo opuesto que se repelen, por lo que el cristal se rompe.	
Si son solubles, lo son en agua.	El agua es capaz de separar los iones y el cristal iónico se desmorona.	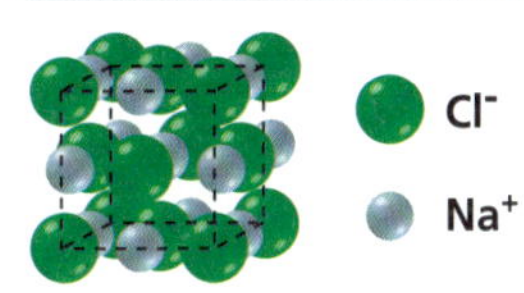
No conducen la electricidad en estado sólido, pero sí fundidos o en disolución.	Los iones están muy sujetos en el cristal iónico, solo habrá conducción eléctrica si los iones se pueden mover libremente.	

@ Amplía en la Red...

Observa una simulación a escala microscópica de la disolución de la sal en: www.tiching.com/115884

1. ¿Qué es un ion? Describe los tipos de iones que hay, y pon algún ejemplo de cada uno.
2. ¿Qué características deben tener dos átomos para que se forme un enlace iónico entre ellos?
3. ¿Qué significa que un compuesto iónico debe mantener la neutralidad eléctrica?
4. ¿Qué es la nube de electrones de los metales?
5. ¿Es posible que existan elementos diatómicos iónicos?
6. La fórmula del cloruro de potasio es KCl, y la del sulfuro de potasio, K_2S. ¿Por qué razón la proporción de átomos de potasio es diferente en ambos compuestos?
7. Unos pocos metales son líquidos en condiciones ambientales. Busca en la tabla periódica sus nombres y símbolos y escríbelos.

Moléculas e iones

A mediados del siglo XIX, la electrolisis era una técnica experimental empleada habitualmente en los laboratorios químicos, pero lo cierto es que se desconocía qué sucedía realmente a escala atómico-molecular cuando se hacía pasar corriente eléctrica por las sustancias.

Svante A. Arrhenius (1859-1927).

A. En 1884, el químico sueco Svante A. Arrhenius defendió en su tesis doctoral su teoría de la disociación iónica, según la cual algunas sustancias se disuelven dando moléculas sin carga eléctrica y otras, en cambio, se rompen en forma de átomos o grupos de átomos con carga eléctrica opuesta, los llamados iones.

La teoría de la disociación eléctrica explicaba muchas evidencias experimentales, entre ellas por qué las disoluciones de algunas sustancias conducen la electricidad y otras no. Pese a ello, esta teoría no fue bien aceptada en su momento, ya que por entonces los químicos aún pensaban que los átomos carecían de estructura subatómica.

Tuvieron que pasar veinte años para que Arrhenius fuese debidamente reconocido y recompensado por su trabajo. En 1903 recibió el Premio Nobel de química.

(1) La teoría de la disociación iónica no fue bien recibida en 1884 porque todavía no se había descubierto el electrón. ¿Qué científico inglés y en qué año identificó el electrón?

B. Las sustancias solubles en agua pueden disolverse en forma de moléculas o de iones. En el primer caso, la disolución no será conductora de la corriente eléctrica porque las moléculas tienen carga eléctrica neutra, mientras que sí lo será en el segundo, ya que los iones son átomos o grupos de átomos con cargas eléctricas negativas o positivas.

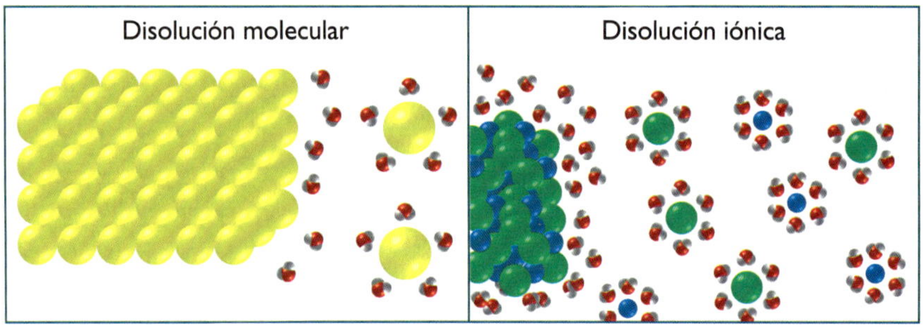

Identificación de sustancias moleculares e iónicas por conductividad eléctrica

1. Busca las sustancias que vas a ensayar: cloruro de sodio (sal común), azúcar, nitrato de cobre (II), etanol, glicerina e hidrogenocarbonato de sodio o bicarbonato (nombre común comercial).
2. Elabora una ficha para cada sustancia que incluya el nombre, la fórmula, los pictogramas de seguridad, si tienen, y la descripción (aspecto, color, olor...).
3. Prepara disoluciones de las sustancias disolviendo unos 3 g de cada una en 50 g de agua destilada.
4. Haz el montaje que se muestra en la figura de la derecha.

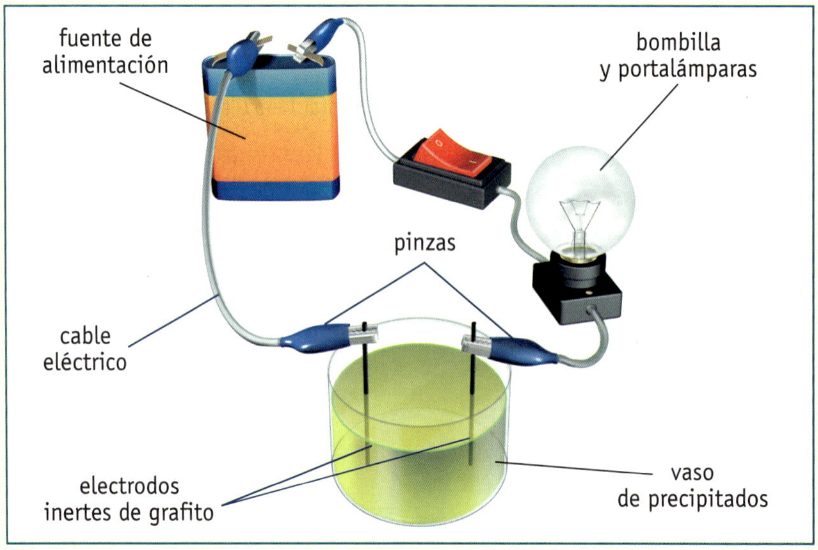

Montaje experimental

5. Cuando conectes los cables a la fuente de alimentación pueden darse dos casos:
   - Si la bombilla comienza a brillar, significa que la disolución es conductora porque la sustancia se ha disuelto en forma de iones.
   - Si la bombilla no se enciende, es señal de que la disolución no es conductora porque la sustancia se ha disuelto en forma de moléculas.
6. Con los resultados experimentales completa una tabla como la de la derecha.

   ¿Por qué has preparado las disoluciones con agua destilada y no con agua del grifo?

Sustancia disuelta	Conduce la electricidad (Sí/No)	Tipo de sustancia (molecular/iónica)
Cloruro de sodio (sal común)		
Azúcar		
Nitrato de cobre (II)		
Etanol		
Glicerina		
Bicarbonato de sodio (comercial)		

C. El ensayo de la conductividad eléctrica sirve también para identificar metales porque tales sustancias conducen la corriente eléctrica en estado sólido, y las sustancias moleculares e iónicas no lo hacen.

Ensayar la conductividad eléctrica de materiales sólidos

1. Busca las sustancias que vas a ensayar y que puedes leer en la tabla.
2. Elabora una ficha para cada sustancia como la pedida en el primer experimento.
3. Haz el ensayo de conductividad con las sustancias de la tabla. En estos ensayos no utilices los electrodos, tan solo debes hacer presión con las pinzas de cocodrilo para hacer contacto.

Material que se ensaya	Conduce la electricidad (Sí/No)	Metal (Sí/No)
Papel de aluminio		
Bolígrafo de plástico		
Cristal de sal gema (halita)		
Trozo de azufre mineral		
Varilla de vidrio		
Clip metálico		

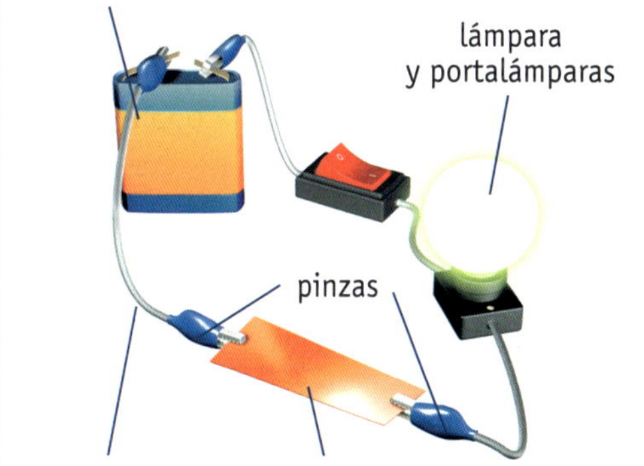

Montaje experimental.

D. Una sustancia que es conductora en estado sólido sin ser un metal es el grafito, el carbón que se emplea en la fabricación de minas de lápiz.

Ensayo de la conductividad del grafito

1. Haz punta por los dos extremos de un lápiz y efectúa el ensayo de conductividad.
2. Repite el ensayo con un lápiz de color.
3. Busca información sobre los ingredientes de los lápices de color para justificar por qué el ensayo de conductividad resulta negativo.

8 El lenguaje químico

8.1. El lenguaje químico

La Química, como cualquier rama del conocimiento, tiene un lenguaje específico para nombrar instrumentos, sustancias, procedimientos, etc.

En los primeros tiempos de la Química, los científicos nombraban arbitrariamente las nuevas sustancias a medida que las iban descubriendo fig. 1.

Los nombres dados podían referirse a su descubridor (*sal admirable de Lémery*, por Nicolas Lémery, químico francés nacido en 1645), al lugar de procedencia (*sal de Inglaterra*), a alguna característica (*sal amarga*) e incluso a su posible aplicación como medicamento (*sal purgante*).

Primeros intentos de sistematización

Hasta que Dalton enunció su teoría atómica no se comenzó a pensar en sistematizar la nomenclatura y formulación de las sustancias químicas.

Dalton propuso un primer sistema de formulación, que posteriormente fue modificado por el químico sueco J. J. Berzelius (1779-1848) en la línea empleada actualmente: *los elementos se simbolizan por letras, y los subíndices de las fórmulas indican el número de átomos* fig. 2.

Más dificultad presentó convenir una nomenclatura común. La variedad de nombres que recibía una misma sustancia era enorme. Por ejemplo, los cuatro nombres de compuestos mencionados anteriormente eran nombres que correspondían todos a una misma sustancia: el sulfato de magnesio.

Unificación de las nomenclaturas

En 1919 se fundó la IUPAC (Unión Internacional de Química Pura y Aplicada) que, entre otros objetivos, se propuso unificar la enrevesada nomenclatura química. En la actualidad, casi un siglo después, aunque se ha avanzado mucho, todavía coexisten diversos sistemas fig. 3.

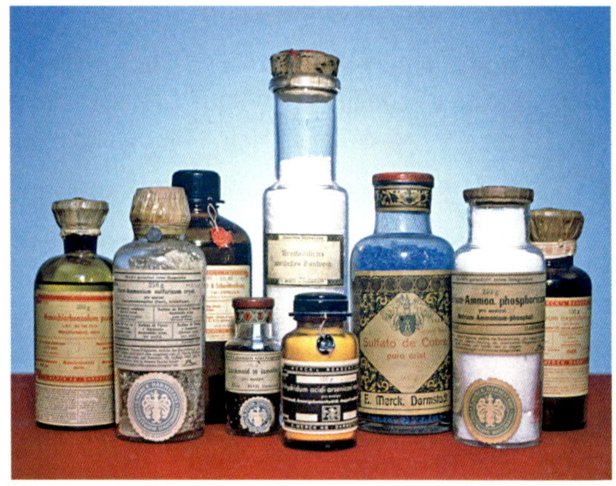

Fig. 1 Antiguamente, una misma sustancia química podía recibir nombres distintos.

Fig. 2 J. J. Berzelius.

Fig. 3 La comunicación entre los profesionales de la química se facilita con un lenguaje químico común.

8.2. Nomenclatura sistemática estequiométrica de compuestos binarios

La nomenclatura sistemática estequiométrica es la más sencilla de todas las nomenclaturas aceptadas por la IUPAC porque solo es necesario memorizar el nombre y el símbolo de los elementos químicos.

La Química inorgánica estudia los elementos de la tabla periódica y los compuestos que forman, salvo la mayoría de los compuestos del carbono. Estos, por su gran número y peculiaridad química, se estudian en la denominada Química orgánica o Química del carbono.

Los compuestos inorgánicos más simples son los binarios, es decir, aquellos que están formados por dos elementos diferentes, cualquiera que sean.

Los principales tipos de compuestos binarios son:

- **Óxidos**. Son compuestos del oxígeno y cualquier otro elemento. Por ejemplo: CO_2, Fe_2O_3, P_2O_5, etc.
- **Hidruros**. En ellos intervienen el hidrógeno y cualquier otro elemento. Por ejemplo: CaH_2, HCl, CoH_3, etc.
- **Sales**. Intervienen un elemento metálico y otro no metálico. Por ejemplo: NaCl, CaS, $AlCl_3$, etc.
- **Combinación de no metales**. Están formados por dos elementos no metálicos. Por ejemplo: CS_2, CCl_4, NBr_3, etc.

Nomenclatura sistemática

Se dan los nombres de los elementos químicos y se indican, mediante prefijo, el número de átomos de cada elemento que existen en la fórmula tabla 1.

Pese a la simplicidad del sistema, hay que tener en cuenta:

- Generalmente se omite el prefijo *mono-*.
- El elemento situado a la derecha en la fórmula es nombrado con la terminación *-uro*, excepto si es oxígeno, en cuyo caso se denomina *óxido* tabla 2.

Nombres propios

Algunos compuestos binarios más comunes y cotidianos conservan su nombre tradicional: agua (H_2O), amoníaco (NH_3), metano (CH_4)...

Tabla 1

prefijos numerales	
uno	mono-
dos	di-
tres	tri-
cuatro	tetra-
cinco	penta-
seis	hexa-
siete	hepta-

Tabla 2

ejemplos de nomenclatura	
CO_2	dióxido de carbono
Fe_2O_3	trióxido de dihierro
P_2O_5	pentaóxido de difósforo
CaH_2	dihidruro de calcio
HCl	cloruro de hidrógeno
CoH_3	trihidruro de cobalto
NaCl	cloruro de sodio
CaS	sulfuro de calcio
$AlCl_3$	tricloruro de aluminio
CS_2	disulfuro de carbono
CCl_4	tetracloruro de carbono
NBr_3	tribromuro de nitrógeno

1. Escribe la fórmula de los siguientes compuestos:

a. monóxido de carbono
b. tricloruro de hierro
c. tetracloruro de silicio
d. pentaóxido de diarsénico
e. hexafluoruro de azufre
f. heptaóxido de dicloro
g. dióxido de azufre
h. hidruro de sodio
i. dicloruro de bario
j. pentaóxido de diyodo
k. óxido de calcio
l. dihidruro de berilio

2. Escribe el nombre de los siguientes compuestos:

a. $PbCl_4$
b. H_2S
c. I_2O_3
d. MgH_2
e. KCl
f. P_2O_3
g. NO_2
h. HBr
i. AgCl
j. $PbBr_4$
k. K_2O
l. TiO_2
m. PCl_5
n. Na_2S
o. LiH
p. AlF_3
q. ZnO
r. NaBr

1. En el organismo humano, el 18 % en masa de los átomos son de carbono. Calcula cuántos kilogramos de carbono tiene, aproximadamente, una persona que pese 60 kg.

2. ¿Cuáles de los siguientes elementos tienen propiedades químicas parecidas al calcio? Carbono, magnesio, litio, azufre, estroncio y boro.

3. Busca en la tabla periódica el nombre y el símbolo de los elementos no metálicos.

4. Clasifica estos elementos según sean metales, no metales o semimetales: cromo, bromo, oxígeno, azufre, silicio, sodio, cinc, cloro, antimonio, manganeso y calcio.

5. Completa en tu cuaderno una tabla como la siguiente:

nombre	símbolo	grupo	período
oxígeno			
		17	4
	Al		
bario			
	Kr		
		12	6

6. Observa los siguientes modelos. Indica cuáles representan elementos y cuáles, compuestos.

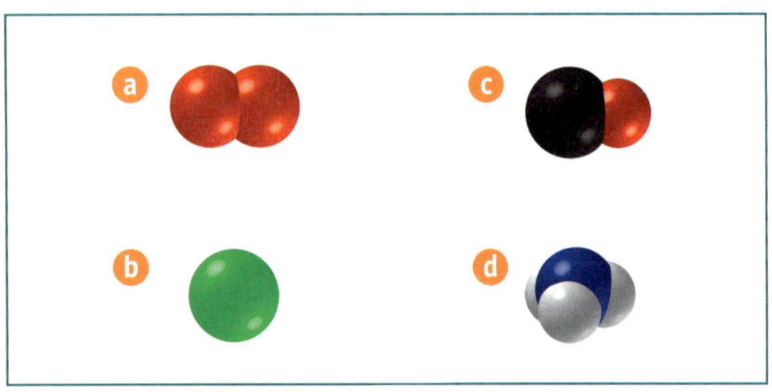

7. Indica cuáles de estos pares de elementos pueden formar compuestos iónicos:

a) hidrógeno y oxígeno
b) aluminio y oxígeno
c) potasio y azufre
d) azufre y cloro
e) yodo y plomo
f) bromo y litio

8. Indica cuáles de estos pares de elementos pueden combinarse formando moléculas:

a) cloro y cloro
b) hidrógeno y oxígeno
c) aluminio y oxígeno
d) azufre y cloro
e) yodo y plomo
f) carbono y azufre

9. Calcula la masa molecular de las fórmulas siguientes:

CO_2, $CaSO_4$, NH_4Br, H_2S, Ni_2O_3, $Ba(OH)_2$, NH_3 y KF

10. La aspirina es un medicamento basado en el compuesto químico ácido acetilsalicílico. El modelo molecular de este compuesto es:

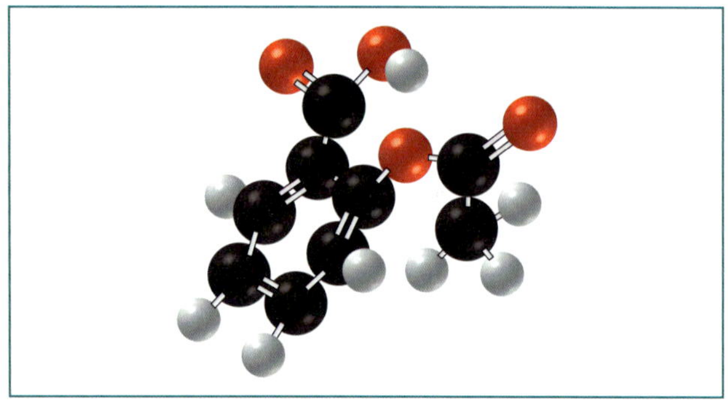

Teniendo en cuenta que los átomos de color negro son de carbono; los rojos, de oxígeno; y los blancos, de hidrógeno; ¿cuál es la fórmula molecular del ácido acetilsalicílico? Calcula su masa molecular.

11. Completa la tabla en tu cuaderno escribiendo las fórmulas de los iones, tal como se muestra en el ejemplo:

número de protones	número de electrones	ion
11	10	Na^+
20	18	
47	46	
35	36	
16	18	
28	25	

12. Explica por qué esta frase es incorrecta: "El cloruro de sodio (NaCl) es un compuesto iónico y, por tanto, está formado por una red cristalina de moléculas de NaCl".

13. Se tienen y se analizan cuatro sustancias: *A*, *B*, *C* y *D*.

A partir de los datos recogidos en la tabla, identifica cuál de las cuatro sustancias es covalente molecular, cuál es covalente atómica; cuál, iónica, y cuál, metálica:

	estado (25 °C)	dureza	solubilidad en agua	conductividad eléctrica
A	líquido	-	soluble	no
B	líquido	-	insoluble	sí
C	sólido	muy elevada	insoluble	no
D	sólido	elevada	insoluble	sí (fundido)

14. Clasifica los símbolos y fórmulas siguientes según representen átomos, iones o moléculas: H_2, HCl, Co, H^+, H^{2-}, Br, CO, O_2, H_2O, O, F^-, NO, Pb.

15. Explica por qué al tocar un metal se experimenta una sensación de frío.

Comprueba lo que has aprendido • Comprueba lo que

1. Define los siguientes conceptos:
   a) Elemento natural.
   b) Elemento artificial.
   c) Oligoelemento.

2. ¿Cómo estaban ordenados los elementos en la antigua tabla periódica de Mendeleiev?

3. Completa en tu cuaderno:
   a) En la tabla periódica actual, los ... están colocados en orden creciente de ... y dispuestos en 18 ... y 7 ... .
   b) Por norma general, cada grupo contiene elementos con unas propiedades ... . Algunos de estos grupos tienen nombres distintivos: grupo 1 (...), grupo 17 (...) y grupo 18 (...).
   c) El volumen de los átomos ... al desplazarse de izquierda a derecha en un ... y aumenta al descender en un ... .

4. Escribe el nombre y el símbolo de los gases nobles. ¿Por qué característica química reciben este apelativo?

5. Prepara en tu cuaderno una tabla periódica vacía y escribe en ella los símbolos y los nombres de los elementos más abundantes en:
   a) El universo
   b) La corteza terrestre
   c) Los seres vivos

6. ¿Qué es un enlace químico? ¿En qué consiste?

7. ¿Qué distingue una sustancia química elemental de un compuesto químico?

8. ¿Qué es una molécula? ¿Y una red cristalina?

9. ¿Qué diferencia hay entre una fórmula molecular y una fórmula empírica?

10. ¿En qué consiste el enlace covalente?

11. Indica si son verdaderas o falsas estas afirmaciones sobre las sustancias covalentes moleculares y atómicas:
    a) Las sustancias moleculares son sólidos de elevado punto de fusión.
    b) Las fuerzas que unen las moléculas en un sólido molecular son débiles.
    c) Las sustancias moleculares en estado puro son buenos conductores de la electricidad.
    d) Las sustancias moleculares son de densidad elevada.
    e) Las sustancias atómicas son gases, líquidos o sólidos de bajo punto de fusión.
    f) Las sustancias atómicas están formadas por redes cristalinas.

12. ¿Qué nombre reciben los átomos o grupos de átomos cargados positivamente? ¿Y aquellos cargados negativamente?

13. Copia y completa en tu cuaderno:
    a) En un enlace iónico, los iones quedan unidos por atracción ... . Este tipo de enlace se da entre elementos metálicos (que tienden a formar ...) y elementos ... ... (que tienden a formar ...).
    b) El ordenamiento en el espacio de cationes y aniones, formando una estructura tridimensional gigante, da lugar a la formación de un ... .
    c) La proporción de aniones y cationes en un compuesto iónico ha de ser tal que se consiga la ... eléctrica.

14. Indica algunas propiedades de las sustancias iónicas.

15. ¿En qué consiste el enlace metálico? ¿Cuáles son las principales propiedades de los metales?

16. ¿Qué características comunes comparten los cristales atómicos, iónicos y metálicos?

17. ¿Por qué todos los metales tienen un brillo parecido?

18. ¿Qué científico propuso el sistema de formulación empleado actualmente?

19. ¿Qué es un compuesto binario? ¿Cuáles son los principales tipos de compuestos binarios?

20. ¿Qué prefijos numerales se emplean en la nomenclatura sistemática de los compuestos binarios?

21. ¿Qué significado tienen los subíndices en una fórmula química? Pon un ejemplo.

22. Busca en esta sopa de letras y copia en tu cuaderno los nombres de los elementos no metálicos de la tabla periódica.

Y	T	W	U	A	Z	U	F	R	E	D	S
N	C	A	R	B	O	N	O	J	Q	D	O
O	O	F	B	Z	B	R	O	M	O	M	H
O	X	I	B	U	Y	O	D	O	Y	L	I
S	I	U	F	O	S	F	O	R	O	P	D
C	G	I	C	R	R	G	G	U	Y	E	R
N	E	T	N	I	T	R	O	G	E	N	O
K	N	F	R	Q	Z	P	R	A	J	T	G
Q	O	L	O	U	G	O	F	O	T	P	E
X	L	U	X	O	Y	B	R	G	K	J	N
X	G	O	M	N	S	E	L	E	N	I	O
I	J	R	L	X	J	T	C	L	O	R	O

1 Utiliza. Fórmulas químicas

Observa las diferentes sustancias químicas dadas.

a) De ellas, indica cuáles representan sustancias químicas elementales, compuestos químicos y sustancias moleculares.

b) Explica cuáles de las sustancias presentadas forman redes cristalinas.

c) Escribe la fórmula química de las sustancias moleculares. ¿Puedes escribir la fórmula química de las demás sustancias?

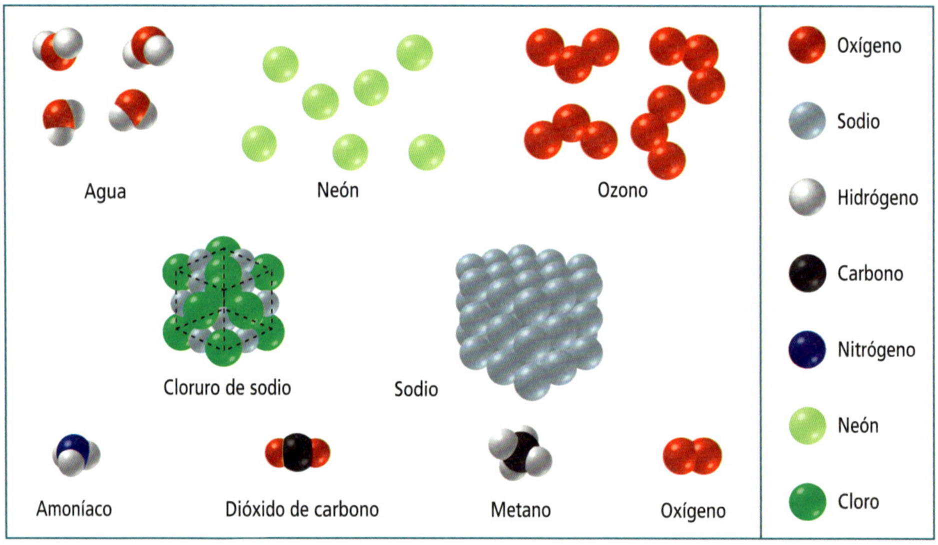

2 Razona. Alimentación variada

Comer pescado es necesario en una dieta equilibrada. No obstante, el excesivo contenido de mercurio que hay en algunas especies de peces puede representar un problema de salud.

La solución al problema no es fácil y pasa por unas políticas de protección del medioambiente por parte de los poderes públicos, pero también de la implicación de la ciudadanía.

Por lo pronto, para minimizar el riesgo, es imprescindible que el consumo de pescado sea variado y reducir el consumo de aquellas especies (tiburón, atún, emperador...) que por encontrarse en los puestos más elevados de la cadena trófica presenten mayor bioacumulación.

Pregunta 1

La siguiente secuencia de dibujos representa esquemáticamente el problema del mercurio en el pescado que consumimos. Copia la secuencia de dibujos y redacta un texto para cada uno que explique lo que se representa en el mismo.

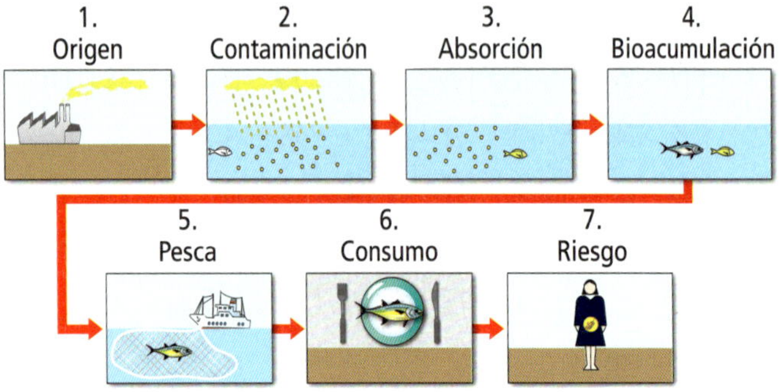

Pregunta 2

¿Qué entiendes por bioacumulación?

A. La acumulación de mercurio disuelto en el mar.

B. La acumulación de mercurio en los microorganismos que hay en el mar (plancton).

C. La acumulación de mercurio en los peces que se alimentan de otros peces.

D. La acumulación de mercurio en todos los seres vivos.

Pregunta 3

Un grupo de alumnos propone las siguientes medidas al problema del mercurio. Comenta hasta qué punto crees que serían eficaces las medidas propuestas:

A. No comer pescado hasta que no se reduzca el contenido de mercurio en el mar.

B. Que se prohíba totalmente el uso de mercurio en todas las industrias.

C. Que en las etiquetas de los productos se indique el contenido de mercurio.

D. Extraer el mercurio del mar.

Pregunta 4

El problema no tiene una solución fácil. Reflexiona sobre el problema y propón una medida que los ciudadanos podamos llevar a cabo para paliar el problema.

Síntesis. Estructura de la materia

Los elementos químicos y su clasificación

- En la Naturaleza se encuentran 90 elementos químicos, los **elementos naturales**. Los demás son **elementos artificiales**. Casi todos se encuentran en la Naturaleza, combinados con otros elementos, formando **compuestos**.
- Los elementos químicos se ordenan según su número atómico en la **tabla periódica** de los elementos.

  Algunas de las propiedades de los elementos varían de forma regular dentro de un grupo o un período de la tabla. Por ejemplo, el volumen y el carácter metálico.
- En función del carácter metálico los diferentes elementos se pueden clasificar en tres familias: **metales**, **no metales** y **semimetales**.
- El 99% de los seres vivos está formado por seis elementos y solo uno de ellos, el calcio, es un metal. Sin embargo, los oligoelementos, muchos de ellos metales, son indispensables.

El enlace químico

- El **enlace químico** es el conjunto de fuerzas de atracción que permiten unir a los átomos con otros átomos para formar moléculas y redes cristalinas.
- Si los átomos que se unen son del mismo elemento, se formará una **sustancia química elemental**, mientras que si son de diferentes elementos, tendremos un **compuesto químico**.
- La unión de átomos mediante el uso compartido de electrones recibe el nombre de **enlace covalente**.
  - Las **sustancias moleculares** están constituidas por moléculas unidas por enlaces intermoleculares.
  - Las **sustancias atómicas** están formadas por redes cristalinas de átomos unidos mediante enlace covalente.
- Las **sustancias metálicas** están formadas por átomos de elementos metálicos. El **enlace metálico** se caracteriza por una estructura ordenada de iones positivos inmersa en una nube de electrones muy débilmente sujetada.
- Los **iones** son átomos o grupos de átomos cargados eléctricamente. Las **sustancias iónicas** están formadas por redes cristalinas de iones unidos por fuerzas de atracción electrostática formando un **cristal iónico**.

Formulación y nomenclatura

- Una **fórmula química** es la representación de una sustancia química, que informa de las clases de elementos que componen la sustancia y, mediante subíndices numéricos, de la proporción en la que se encuentran en dicha sustancia.
  - Si indica el número exacto de átomos de cada elemento que hay en la molécula es una **fórmula molecular**.
  - Si indica solo la proporción relativa entre los átomos de cada elemento que hay en la red cristalina es una **fórmula empírica**.
- La **nomenclatura sistemática estequiométrica** es la más sencilla de las aceptadas por la IUPAC porque solo hace falta memorizar el nombre y el símbolo de los elementos químicos.

Consolidación de competencias

RESPONDE A LA PREGUNTA INICIAL

Después de haber estudiado este tema, puedes responder a la pregunta inicial:

¿Con qué ladrillos se construye el universo?

Redacta un texto de entre 10 y 20 líneas que resuma las conclusiones a las que hayas llegado sobre la cuestión.

AFIANZA LO APRENDIDO

Para consolidar los conocimientos adquiridos a lo largo de la unidad puedes efectuar las actividades que encontrarás en la siguiente dirección web:

www.tiching.com/730013

Estas actividades se han preparado en un documento en formato pdf que puedes descargarte.

Al final del documento hallarás las soluciones de manera que puedas comprobar si has cumplido los objetivos del tema.

APRENDER PARA EMPRENDER

Las etiquetas de los recipientes con sustancias químicas advierten sobre su peligrosidad y sobre cómo han de manipularse para reducir riesgos. Para ello emplean una serie de pictogramas y frases establecidos.

En la siguiente web del instituto nacional de seguridad e higiene en el trabajo encontrarás una base de datos con las fichas de muchas sustancias químicas:

www.tiching.com/730021

Elige algunas de las sustancias que hay en el laboratorio de tu escuela y compara la información de su etiqueta con la que contiene la ficha de seguridad. A continuación, elabora una ficha con la información más destacable dado el uso escolar del producto.

TÉCNICAS DE ESTUDIO

Entra en: www.tiching.com/727162 y practica una técnica de estudio a partir de la síntesis.

6 Reacción química

¿Cómo cambia la materia que nos rodea?

En la antigüedad, la metalurgia parecía cosa de magia. Los herreros conocían técnicas para extraer hierro de minerales de aspecto terroso y forjarlo en herramientas y armas, pero desconocían la naturaleza profunda de las transformaciones que llevaban a cabo.

1750-1799

Combustión. El químico francés A. Lavoisier publica en 1777 la *Memoria sobre la combustión* donde explica esta reacción desde una perspectiva plenamente moderna.

1777

1778

Fotosíntesis. El médico holandés Jan Ingenhusz (1730-1799) descubre los aspectos esenciales de la fotosíntesis de las plantas.

Catálisis. El químico sueco J. Berzelius (1779-1848) revisa todo lo conocido de la catálisis química, describe sus características, le da el nombre actual y define su campo de estudio.

1836

1840

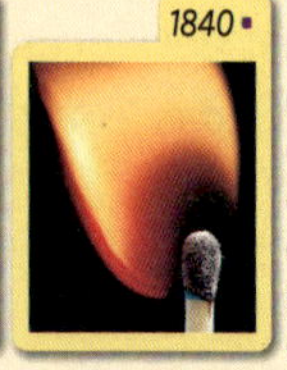

Termoquímica. El químico ruso G. H. Hess (1802-1850) lleva a cabo una serie de experimentos que ponen los cimientos de la termoquímica.

Una característica de la naturaleza humana es el empeño en transformar los materiales disponibles para hacerlos más provechosos. En un principio fueron simples cambios físicos, principalmente talla y pulido.

Mucho tiempo después el descubrimiento del fuego condujo a alterar profundamente la naturaleza de las sustancias y transformarlas en otras distintas.

La manufactura química era un trabajo artesanal cimentado en la acumulación de saberes prácticos cuyo fundamento científico se ignoraba o, en el mejor de los casos, era muy superficial. La naturaleza del cambio químico comenzó a comprenderse hace poco más de doscientos años, gracias al desarrollo de la química como disciplina científica.

¿Qué sabemos?

Las reacciones químicas son fenómenos muy corrientes. Identifica las reacciones químicas de la siguiente lista de transformaciones:

- Un helado se deshace por el calor.
- La cera de una vela encendida se consume.
- La luz es reflejada en un espejo.
- La leche se agría fuera del frigorífico.
- El pan es horneado.
- Una ensalada es aliñada con sal y aceite.

¿Qué aprenderemos?

1. **Leyes ponderales**
2. **Laboratorio. Evidencias de la reacción química**
3. **Energía y velocidad de la reacción química**
4. **Laboratorio. Factores que influyen en la velocidad de reacción**
5. **Representación de una reacción química**
6. **Descubre. Reacciones químicas cotidianas**

1800-1899

1889 • Energía de activación.

El químico sueco S. Arrhenius (1859-1927) formula una ecuación que introduce el concepto de energía de activación en relación a la velocidad de reacción.

1900-1950

• *1916-1918*

Teoría de las colisiones.
Los químicos Max Trautz (1880-1969) y William Lewis (1885-1956) proponen, de manera independiente, entre 1916 y 1918 la teoría de las colisiones como modelo de la reacción química.

1 Leyes ponderales

1.1. Cambio físico

Como ya sabes, el etanol se evapora fácilmente. Si en una botellla sin tapón pones algo de etanol, al cabo de poco tiempo habrá desaparecido.

Sin embargo, sabes que la desaparición es aparente: el etanol solo ha pasado al estado gaseoso. Las moléculas de etanol continúan siendo idénticas pero ahora están dispersadas en el aire.

Cuando una sustancia experimenta alguna transformación que cambia su estado de agregación o su aspecto, pero continúa teniendo idéntica naturaleza química, decimos que ha experimentado un **cambio físico**.

Para comprobar que solo ha sido un cambio físico, puede evaporarse el etanol en una botella cerrada. Si una vez evaporado se enfría el recipiente, se observa que el etanol se vuelve a condensar fig. 1.

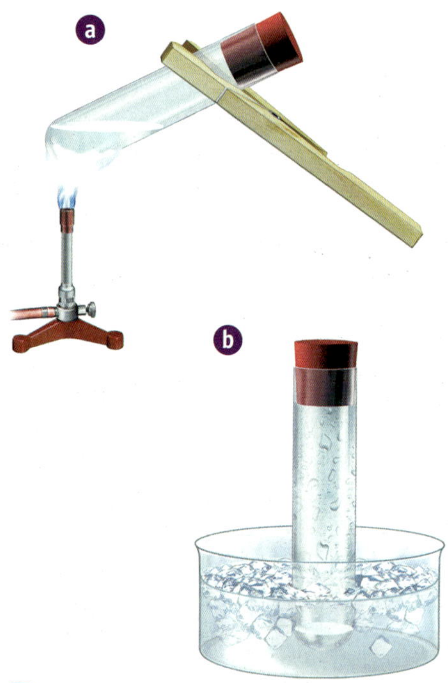

Fig. 1 a) Cuando calentamos etanol, este da la impresión de desaparecer, ya que pasa al estado gaseoso. b) Si enfriamos el vapor formado, se vuelve a condensar a etanol líquido, por lo que deducimos que se trata de un cambio físico.

1.2. Cambio químico

Si se pone un poco de etanol en una cápsula y se acerca una cerilla encendida, el etanol se inflamará y al cabo de poco tiempo habrá desaparecido completamente. Pero ¿ahora también se trata de un cambio físico?

Esto puede comprobarse enfriando los gases producidos: también se condensa un líquido pero, al analizarlo, se observa que es agua. Es decir, al quemar etanol aparecen sustancias nuevas.

Cuando una sustancia experimenta una transformación que cambia su naturaleza química, decimos que ha experimentado un **cambio químico** o **reacción química** fig. 2.

Así, la combustión del etanol es una reacción química en la que el etanol reacciona con el oxígeno del aire, y se forman dos sustancias nuevas: agua y dióxido de carbono.

Las sustancias iniciales (etanol y oxígeno) reciben el nombre de **reactivos**, y las sustancias obtenidas (agua y dióxido de carbono), de **productos**.

Fig. 2 a) Aunque el aspecto del hierro fundido sea muy diferente al del hierro sólido, continúa siendo hierro. b) Por el contrario, la aparición de herrumbre en las piezas de hierro se debe a la transformación de este en otra sustancia: el óxido de hierro.

1.3. Modelo de la reacción química. Teoría de colisiones

Una reacción química se interpreta fácilmente a partir de un modelo muy sencillo, llamado **teoría de colisiones**, fundamentado en las teorías atómico-molecular y cinético-molecular de la materia. Dicho modelo fue propuesto, de manera independiente y casi simultánea, por dos químicos, el alemán M. Trautz (1880-1960) en 1916 y el británico W. Lewis (1885-1956) en 1918.

Según la teoría de colisiones, las partículas de los reactivos (moléculas, átomos o iones) chocan continuamente entre ellas y, como consecuencia del impacto, algunos enlaces pueden llegar a romperse. En tal caso, los átomos o grupos de átomos quedan momentáneamente desligados y tienden a enlazarse de nuevo, pero si lo hacen en disposición distinta a la del original se formarán nuevas sustancias, los productos, y la reacción química habrá tenido lugar.

El choque entre partículas es una condición indispensable para que se produzca la reacción, pero no es el único requisito. Para que la reacción se produzca es indispensable que el choque sea eficaz y para ello deben darse las siguientes circunstancias fig. 3:

- Que las partículas choquen con una orientación adecuada, de forma que en el punto de colisión haya enlaces débiles que puedan romperse.
- Que las partículas tengan un mínimo de velocidad. Cuanto más elevada sea la temperatura, tanto mayor será la velocidad de las partículas y, por tanto, habrá mayor probabilidad de que cuando choquen se rompan los enlaces.

Energía de activación

La **energía de activación** es la energía mínima necesaria para que se inicie una reacción química.

Por ejemplo, para encender una cerilla es necesario rasparla ligeramente, ya que el calor generado en la fricción con la superficie rugosa es la energía de activación de la reacción de ignición. A su vez, el calor desprendido por la cerilla al arder puede ser la energía de activación necesaria para iniciar la quema de un papel o cualquier otra sustancia combustible.

1. ¿En qué se diferencian los cambios físicos de los cambios químicos?
2. Clasifica estas transformaciones según sean cambios físicos o químicos:
   a) Quemar un papel.
   b) Dilatación del alcohol en el interior de un termómetro.
   c) Secado de la pintura.
   d) Freír una hamburguesa.
   e) Extraer la sal del agua de mar en una salina.
   f) Un café se enfría poco a poco en la taza.
   g) La maduración de la fruta.

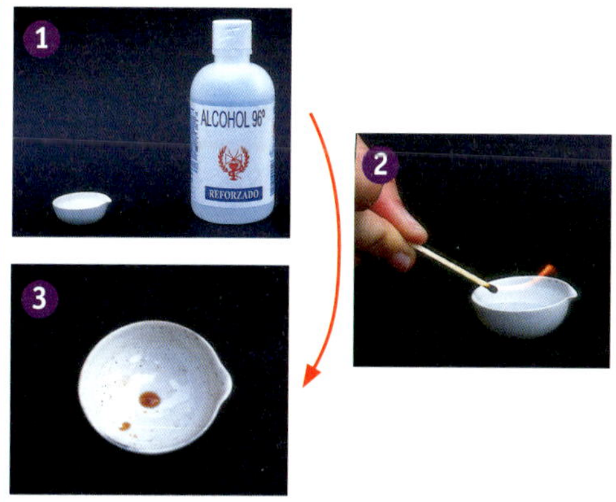

1 A temperatura ambiente, los choques entre las moléculas de etanol y las de oxígeno del aire no tienen suficiente energía para romper los enlaces entre sus átomos.

2 El calor de la cerilla proporciona suficiente energía para que las moléculas próximas a la llama rompan sus enlaces.
Los átomos se recombinan para producir agua y dióxido de carbono.

3 La reacción iniciada genera calor que permite continuar el proceso.
Se forman más moléculas de agua y de dióxido de carbono, hasta que no queda más etanol.

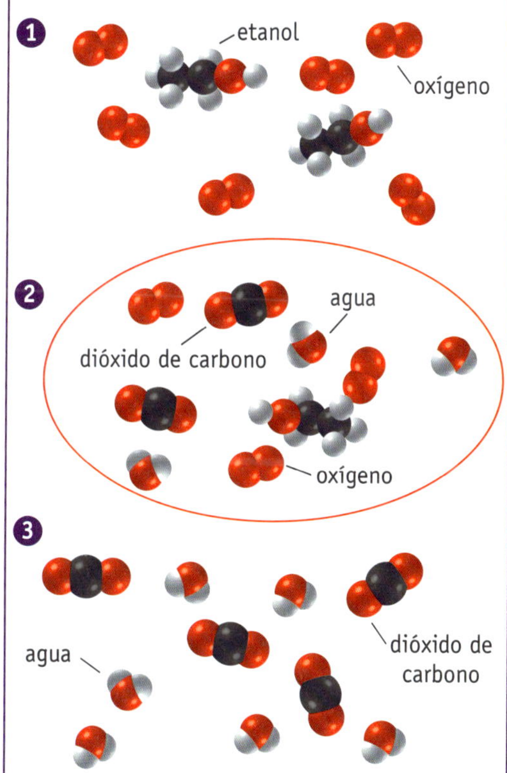

Fig. 3 Reacción de combustión del etanol. Modelo según la teoría de colisiones.

LABORATORIO

2 Evidencias de la reacción química

En la novela *El misterio del valle de Boscombe*, de Arthur Conan Doyle, el famoso detective Sherlock Holmes mantiene con el doctor Watson una conversación sobre el aspecto clave de su método de indagación:

Conoce usted mi método. Se fundamenta en la observación de las cosas más insignificantes.

Los científicos coinciden plenamente con esta afirmación. En cualquier investigación es necesario observar todos los detalles y, muy especialmente, aquellos que suelen pasar por alto a miradas poco experimentadas por parecer insignificantes.

Seguridad en el laboratorio

En todas las experiencias debes emplear bata de laboratorio y gafas de seguridad.

Los residuos no se han de tirar por el fregadero; debes echarlos en los contenedores correspondientes siguiendo las instrucciones de tu profesor o profesora.

A. El microbiólogo escocés Alexander Fleming (1881-1955) recibió en 1945 el Premio Nobel de Medicina por el descubrimiento de la penicilina en 1928. Lee el texto de la derecha sobre las circunstancias del descubrimiento de la penicilina y valora el mérito de Fleming en dicho descubrimiento.

En septiembre de 1928 Fleming estaba realizando varios experimentos en su laboratorio y el día 22, al inspeccionar sus cultivos antes de destruirlos, notó que la colonia de un hongo había crecido espontáneamente, como un contaminante, en una de las placas de Petri sembradas con *Staphylococcus aureus.*

Fleming observó más tarde las placas y comprobó que las colonias bacterianas que se encontraban alrededor del hongo (más tarde identificado como *Penicillium notatum*) eran transparentes debido a una lisis bacteriana.

Para ser más exactos, *Penicillium* es un moho que produce una sustancia natural con efectos antibacterianos: la penicilina. La lisis significaba la muerte de las bacterias, y en su caso, la de las bacterias patógenas (*Staphylococcus aureus*) crecidas en la placa. Aunque él reconoció inmediatamente la trascendencia de este hallazgo sus colegas lo subestimaron.

Fleming comunicó su descubrimiento sobre la penicilina en el *British Journal of Experimental Pathology* en1929.

B. Una de las principales facetas que debe cultivar un científico es la capacidad de observación.

Seguidamente llevarás a cabo una serie de reacciones químicas en tubo de ensayo, el objetivo de las cuales será que observes atentamente y tomes nota de aquellos detalles que, por insignificantes que a primera vista te parezcan, puedan ser indicios de que se hayan formado sustancias nuevas en el curso de la reacción.

Las principales manifestaciones de la formación de sustancias son:

- Cambio de color
- Apreciación de olor
- Desprendimiento gaseoso
- Formación de precipitado

Experimento 1

1. Los reactivos son un clavo de hierro (que no sea de acero inoxidable) y disolución de sulfato de cobre. Describe el aspecto inicial de los reactivos e identifica sus pictogramas de seguridad.
2. Pon en un tubo de ensayo unos 5 mL de disolución de sulfato de cobre. Introduce el clavo de hierro limpio. Después de media hora observa y anota los cambios en el color del clavo y en la disolución.
3. Extrae el clavo del líquido y observa su superficie. Puedes mejorar la observación empleando una lupa.
4. Explica cómo interpretas los cambios observados sabiendo que el cobre es un metal de color rojizo y que ha tenido lugar la siguiente reacción:

sulfato de cobre + hierro ⟶ sulfato de hierro + cobre

Experimento 2

1. Los reactivos son disoluciones de nitrato de plomo y de yoduro de potasio. Describe el aspecto inicial de los reactivos e identifica sus pictogramas de seguridad.
2. Pon en un tubo de ensayo unos 5 mL de disolución de nitrato de potasio y con ayuda de un gotero añade gota a gota disolución de yoduro de potasio.
3. Toma nota de los cambios que observes. Deja el tubo de ensayo en una gradilla y después de unos minutos observa que se ha depositado un precipitado de color amarillo en el fondo del tubo.
4. Explica cómo interpretas los cambios observados sabiendo que el yoduro de plomo es un sólido insoluble y que ha tenido lugar la siguiente reacción:

nitrato de plomo + yoduro de potasio ⟶ nitrato de potasio + yoduro de plomo

Experimento 3

1. Los reactivos son carbonato de calcio (fragmentos de mármol) y disolución de ácido clorhídrico. Describe el aspecto inicial de los reactivos e identifica sus pictogramas de seguridad.
2. En un erlenmeyer pequeño introduce unos trozos de mármol y añade un poco de disolución de ácido clorhídrico. Toma nota de los cambios que observes.

   Si cesa el burbujeo, añade un poco más de ácido clorhídrico.
3. Puedes hacer un segundo ensayo para comprobar que el aire del erlenmeyer ha sido desplazado. Acerca una cerilla encendida en la boca interior del erlenmeyer y observa qué sucede.
4. Explica cómo interpretas los cambios observados sabiendo que el carbonato de calcio reacciona con el ácido clorhídrico según:

carbonato de calcio + ácido clorhídrico ⟶ dióxido de carbono + cloruro de calcio + agua

Experimento 4

1. Los reactivos son cloruro de amonio y disolución concentrada de hidróxido de sodio. Describe el aspecto inicial de los reactivos e identifica sus pictogramas de seguridad.
2. En un tubo de ensayo introduce unos 5 mL de disolución de hidróxido de sodio y con una espátula añade un poco de cloruro de amonio sólido. Toma nota de los cambios que se produzcan y presta atención si percibes algún olor reconocible.
3. Explica cómo interpretas los cambios observados sabiendo que el cloruro de amonio reacciona con el hidróxido de sodio produciendo amoniaco y cloruro de sodio:

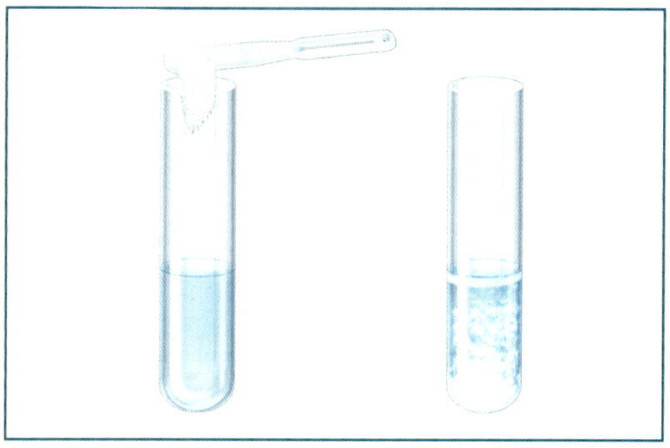

cloruro de amonio + hidróxido de sodio ⟶ amoniaco + cloruro de sodio + agua

3 Energía y velocidad de la reacción química

3.1. Energía en las reacciones químicas

Durante el curso de una reacción química siempre se produce, en mayor o menor medida, un desprendimiento o una absorción de energía fig. 1.

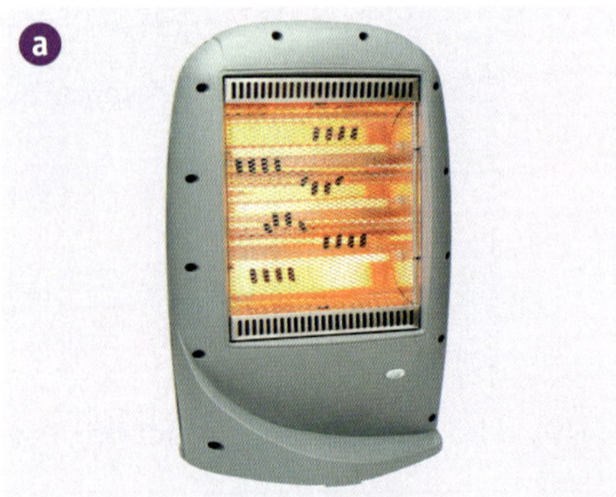

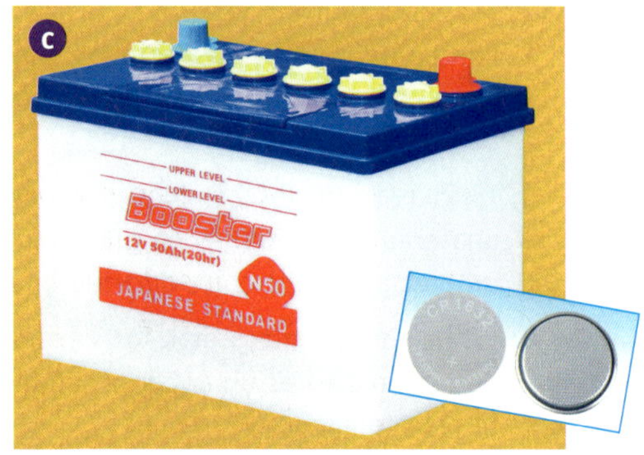

Fig. 1 Desprendimiento energético en forma de: a) calor; b) luz; c) electricidad.

Generalmente, esta energía se manifiesta en forma de calor.

- **Reacciones exotérmicas**: Se produce un desprendimiento de calor porque la energía de los enlaces de los productos es menor que la energía de los enlaces de los reactivos fig. 2a.
- **Reacciones endotérmicas**. Se produce una absorción de calor porque la energía de los enlaces de los productos es mayor que la energía de los enlaces de los reactivos fig. 2b.

3.2. Velocidad de reacción

Las reacciones químicas suceden con velocidades muy diversas. Algunas necesitan millones de años, como la formación natural del petróleo, y otras son tan rápidas que suceden en un instante, como las explosiones.

Para calcular la velocidad de una reacción se mide la cantidad o concentración de producto que se forma, o de reactivo que desaparece, por unidad de tiempo.

3.3. Factores que afectan la velocidad de reacción

La velocidad de una reacción depende de la naturaleza misma de la reacción pero también de las condiciones en las que se lleva a cabo. A continuación veremos los principales factores que influyen en la velocidad.

Concentración de los reactivos

En las reacciones en estado gaseoso o en disolución, *la velocidad de reacción se incrementa cuando aumenta la concentración de los reactivos.* La explicación es que a mayor concentración de reactivos, más choques se producirán.

Superficie de contacto

En las reacciones en las cuales los reactivos presentan estados de agregación diferentes, por ejemplo un sólido que reacciona con un líquido o un gas, la velocidad de reacción depende de la extensión de la superficie de contacto entre los reactivos: *a mayor superficie de contacto, mayor será la frecuencia de los choques.*

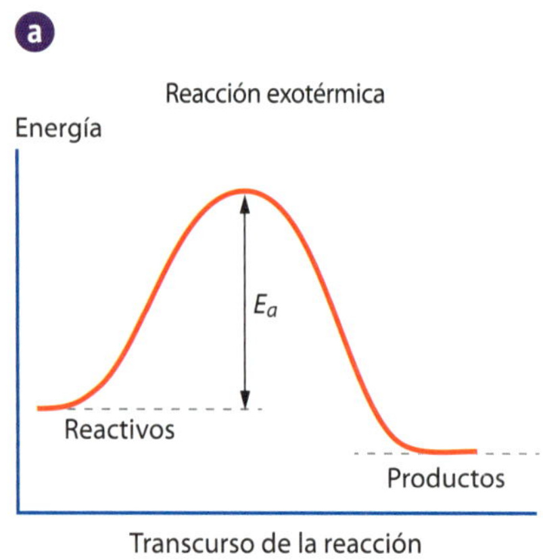

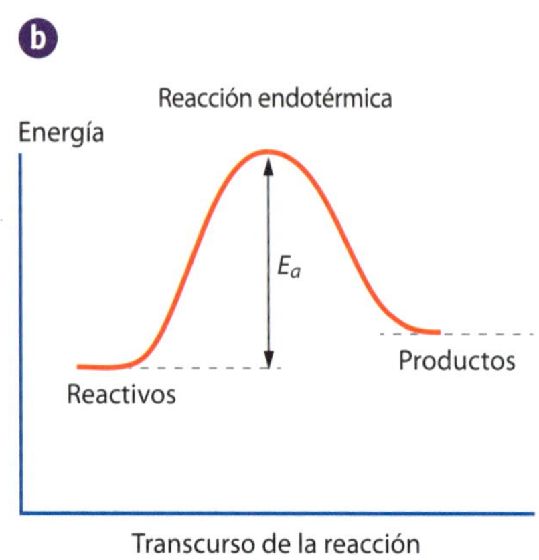

Fig. 2 Perfil energético de una reacción: a) exotérmica; b) endotérmica.

Temperatura

La velocidad de reacción aumenta si se incrementa la temperatura, y disminuye si desciende fig. 3. La explicación es que la velocidad de las partículas depende directamente de la temperatura:

- Por un lado, cuanto mayor sea la temperatura, con mayor velocidad se moverán las partículas de los reactivos y, por tanto, aumentará la frecuencia de los choques.
- Un segundo efecto, mucho más decisivo, es que habrá un número mayor de partículas con energía suficiente para que sus choques sean eficaces y consigan romper los enlaces, es decir, habrá un mayor número de choques que superen la barrera de la energía de activación.

Una regla aproximada sobre la influencia de la temperatura establece que un incremento de 10 °C provoca que la velocidad de reacción se produzca el doble de rápido.

Fig. 3 Las bajas temperaturas favorecen la conservación de los alimentos porque las reacciones de descomposición suceden mucho más lentamente.

Catalizadores y enzimas

Un **catalizador** es una sustancia que, sin ser un reactivo, aumenta la velocidad de una reacción química.

Muchos de los catalizadores utilizados por la industria química son metales (platino, paladio, rodio…) o sus compuestos, finamente pulverizados para aumentar su superficie de contacto, y fijados a un material inerte y poroso de naturaleza cerámica, que actúa como soporte material.

Los tubos de escape de los automóviles llevan catalizadores que transforman los gases contaminantes de los humos de combustión, principalmente gasolina no quemada, monóxido de carbono y óxidos de nitrógeno, en otros inocuos, como son nitrógeno, dióxido de carbono y agua.

Los **enzimas** son catalizadores biológicos indispensables para llevar a cabo las reacciones bioquímicas necesarias para el ser vivo.

Se calcula que los seres humanos tenemos alrededor de 3000 enzimas diferentes, y que cada uno de ellos cataliza una reacción determinada con una increíble eficacia (pueden conseguir que la velocidad de una reacción sea entre un millón y un billón de veces más rápida). No obstante, son muy sensibles a los aumentos de temperatura y se destruyen rápidamente a temperaturas superiores a 40 °C fig. 4.

Fig. 4 En la pasteurización el aumento de la temperatura destruye los microorganismos que estropean los alimentos.

1. ¿Cómo se denominan las reacciones que absorben energía? ¿Y las que desprenden?
2. ¿Qué factores conoces que puedan influir en la velocidad de una reacción? Explica por qué una mayor concentración de reactivos aumenta la velocidad de reacción.
3. ¿Cómo influye la temperatura en la velocidad de reacción?
4. ¿Qué es un catalizador? ¿Y un enzima?
5. ¿Qué función tienen los catalizadores que llevan los tubos de escape de los automóviles?
6. Al mezclar dos disoluciones, se observa que se forma un precipitado y el recipiente se calienta. ¿Ha sucedido una reacción química? ¿De qué tipo?
7. Los alimentos congelados se conservan durante mucho tiempo, pero pasado un cierto límite, también acaban estropeándose. ¿Por qué?
8. La fiebre se considera un mecanismo de defensa del organismo frente a las infecciones. Pese a todo, no es conveniente que sea demasiado alta. ¿Por qué?

Factores que influyen en la velocidad de reacción

Un modo habitual de presentar preparados farmacéuticos es en forma de comprimidos efervescentes. Cuando el comprimido se introduce en agua se produce un desprendimiento gaseoso y la rápida disgregación del comprimido.

El gas que se desprende es dióxido de carbono y se produce por la reacción de algunos componentes del comprimido, usualmente hidrogenocarbonato o carbonato de sodio y algún ácido orgánico, ácido cítrico o ácido ascórbico.

Material

- Tubos de ensayo gruesos
- Mortero
- Vasos de precipitados

A. Busca en el etiquetado de algunos comprimidos efervescentes que tengas en casa su composición química. Identifica las sustancias mencionadas que son responsables de la efervescencia. Puedes acceder al etiquetado de muchos preparados farmacéuticos en la siguiente página: www.tiching.com/730602 con el texto de búsqueda *comprimidos efervescentes*.

En el comprimido los componentes se hallan en estado sólido y, como apenas están en contacto, la reacción no es apreciable. Sin embargo, cuando el comprimido se disuelve en agua los componentes entran en contacto y se produce la reacción.

La presencia de agua es determinante en la velocidad de reacción, pero hay algunos factores que influyen con los que puedes experimentar.

Velocidad de reacción de referencia

1. Introduce 30 mL de agua del grifo en un tubo de ensayo grueso.
2. Mide la temperatura del agua.
3. Toma un comprimido efervescente e introdúcelo en el tubo de ensayo.
4. Mide el tiempo que tarda en disolverse la pastilla, es decir, el tiempo hasta que cesa la efervescencia.
5. Toma nota de los resultados:

   Líquido: agua

   Temperatura: ... °C

   Tiempo de reacción: ... s

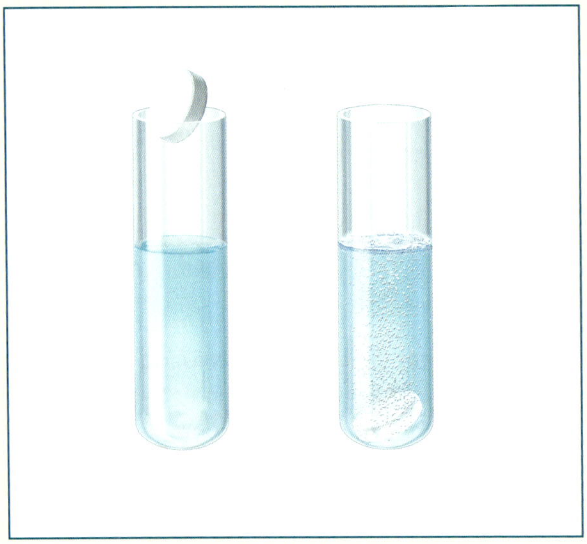

Influencia de la superficie de contacto

1. Pon 30 mL de agua en un tubo de ensayo grueso.
2. Toma una pastilla efervescente y pártela por sus diámetros en cuatro trozos.
3. Echa los cuatro trozos en el tubo de ensayo y mide el tiempo que tardan en disolverse.

   Tiempo de reacción (cuatro fragmentos): ... s
4. Pulveriza otro comprimido con un mortero y repite el experimento con el polvo obtenido.

   Tiempo de reacción (pulverizada): ... s
5. ¿En qué caso es más rápida la reacción? ¿Cuántas veces es más rápida respecto de la velocidad de referencia?

Dependencia de la temperatura

1. Dispón de dos tubos de ensayo y llena cada uno con 30 mL de agua.
2. Toma dos vasos de precipitados para preparar dos baños de agua. En uno pon trozos de hielo y un poco de agua, así tendrás un baño frío. En el otro vaso añades agua hasta la mitad y lo calientas hasta llevarlo a ebullición, así tendrás una baño caliente.
3. Introduce en cada baño uno de los tubos. Después de un rato, una vez la temperatura se haya estabilizado, mide la temperatura de cada uno.
4. Seguidamente echa un comprimido efervescente en el baño caliente y mide el tiempo de reacción. Repite la operación con el baño frío. Anota los resultados.

Baño caliente	*Baño frío*
Temperatura del baño: ... °C	Temperatura del baño: ... °C
Tiempo de reacción: ... s	Tiempo de reacción: ... s

5. ¿Cómo afecta la temperatura del baño en la velocidad de reacción? ¿Cuántas veces es más rápida la velocidad de reacción en el baño caliente respecto de la velocidad de referencia? ¿Y en el baño frío?

Dependencia de la concentración

1. Dispón de dos tubos de ensayo. En uno pon 15 mL de agua y 15 mL de etanol. En el otro tubo pon 5 mL de agua y 25 mL de etanol.
2. Seguidamente echa una pastilla efervescente en uno de ellos y mide el tiempo de reacción. Repite la operación con el otro tubo.

   Tubo con agua/etanol (15 mL/15 mL)

   Tiempo de reacción: ... s

   Tubo con agua/etanol (5 mL/25 mL)

   Tiempo de reacción: ... s

3. ¿Cómo explicas la variación en la velocidad de reacción respecto de la velocidad de referencia? ¿Cuántas veces es más lenta la reacción en cada disolución respecto de la velocidad de referencia?

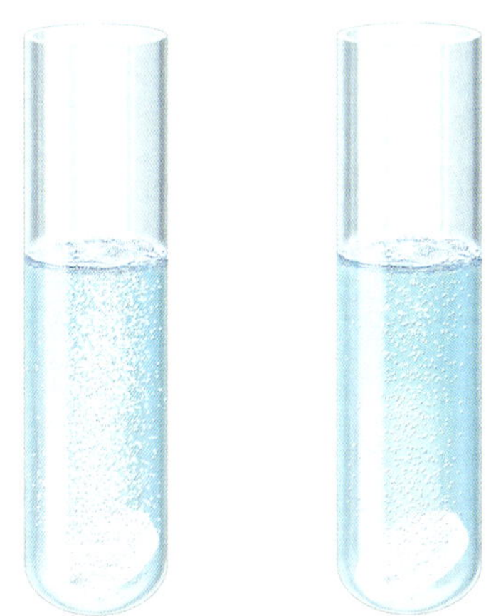

Simulación interactiva

El siguiente programa de simulación estudia la velocidad de reacción y los factores que la afectan:

www.tiching.com/730599

La simulación permite una buena visualización de las reacciones químicas según el modelo de la teoría de colisiones.

Se puede elegir entre una o más colisiones, observar el perfil energético y analizar los resultados obtenidos.

Se pueden hacer experimentos de cinética química fijando algunas condiciones:

a) Concentración de reactivos

b) Temperatura de reacción

Además, permite seleccionar el tipo de reacción según su perfil energético y ver los cambios que con el tiempo se van produciendo en las cantidades de reactivos y productos.

5 Representación de una reacción química

5.1. La ecuación química

Si se añade carbonato de calcio ($CaCO_3$) a una disolución de ácido sulfúrico (H_2SO_4), sucede una reacción química que produce sulfato de calcio ($CaSO_4$), dióxido de carbono (CO_2) y agua fig. 1.

La frase anterior es una descripción de la reacción química que tiene lugar, pero esa descripción puede simplificarse y mejorarse mediante una representación simbólica llamada **ecuación química**:

$$CaCO_3 \text{ (s)} + H_2SO_4 \text{ (aq)} \rightarrow CaSO_4 \text{ (aq)} + CO_2 \text{ (g)} + H_2O \text{ (l)}$$

Fig. 1 En la reacción del carbonato de calcio con ácido sulfúrico, destaca la producción de dióxido de carbono gas.

La escritura de una ecuación química sigue unas normas:

- A la izquierda se escriben, separados por signos +, las fórmulas químicas de los reactivos, y a la derecha, dispuestos de igual modo, los productos.
- Una flecha → separa los reactivos de los productos y simboliza el sentido de la reacción.
- Suelen indicarse los estados de agregación de las sustancias: sólido (s), líquido (l), gas (g) y disolución acuosa (aq).
- La ecuación química se escribe ajustada, es decir, con el mismo número y tipo de átomos al inicio que al final. Ha de ser así porque siempre se cumple la ley de conservación de la masa.

La ecuación química entre el carbonato de calcio y el ácido sulfúrico ya está casualmente ajustada, pero no siempre resulta tan simple tabla 1.

Tabla 1

elementos	n.º de átomos en los reactivos	n.º de átomos en los productos
Ca	1	1
C	1	1
O	7	7
H	2	2
S	1	1

Coeficientes estequiométricos

Si hubiesen reaccionado el carbonato de calcio y el ácido clorhídrico, la ecuación habría sido:

$$CaCO_3 \text{ (s)} + HCl \text{ (aq)} \rightarrow CaCl_2 \text{ (aq)} + CO_2 \text{ (g)} + H_2O \text{ (l)}$$

Al contar el número de átomos de cloro (Cl) y de hidrógeno (H) vemos que no están igualados: hay más en los productos.

Para ajustar una ecuación no podemos *cambiar los subíndices ni de los reactivos ni de los productos*, ya que sería cambiar la naturaleza de las sustancias fig. 2.

Fig. 2 El agua y el agua oxigenada están formadas por los mismos elementos, pero en distinta proporción.

Lo que se debe hacer es *cambiar el número de moléculas participantes* de manera que haya el mismo número de átomos de cada elemento en ambos lados de la ecuación.

Para igualarlos se añaden a la ecuación **coeficientes estequiométricos**, números que se colocan delante de las fórmulas para indicar que esas especies químicas participan en la reacción en una proporción mayor que la unidad. Así, la ecuación anterior ajustada es:

$$CaCO_3 \text{ (s)} + 2\ HCl \text{ (aq)} \rightarrow CaCl_2 \text{ (aq)} + CO_2 \text{ (g)} + H_2O \text{ (l)}$$

Los coeficientes estequiométricos de todas las especies son 1 (número que no se escribe), excepto para el HCl que es 2. Ahora la ecuación química sí que está ajustada tabla 2.

Tabla 2

elementos	n.º de átomos en los reactivos	n.º de átomos en los productos
Ca	1	1
C	1	1
O	3	3
H	2	2
Cl	2	2

5.2. Escritura de una ecuación química

Imagina que quieres escribir, por ejemplo, la ecuación correspondiente a la combustión del metano fig. 3.

Debes seguir estos pasos:

1. Reconocer todos los reactivos y los productos implicados en la reacción.

   En este caso, los reactivos son el metano y el oxígeno del aire, y los productos, dióxido de carbono y agua:

   metano + oxígeno → dióxido de carbono + agua

2. Escribir la fórmula de los reactivos y de los productos:

   $$CH_4 + O_2 \rightarrow CO_2 + H_2O$$

3. Ajustar la ecuación química.

   La ecuación no está ajustada porque hay dos átomos de oxígeno al principio y tres al final, y cuatro átomos de hidrógeno al principio y dos al final fig. 4.

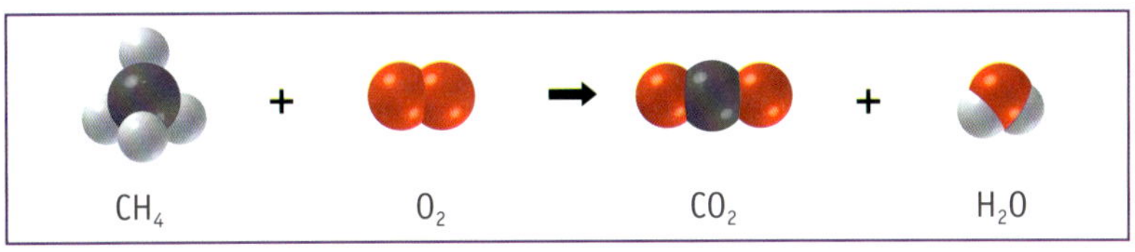

Fig. 4 Hay más átomos de oxígeno y menos de hidrógeno a la derecha.

- Para comenzar el ajuste es conveniente igualar primero los átomos de aquellos elementos que aparecen solo en un reactivo y también solo en un producto. En el ejemplo, se igualan los átomos de H poniendo un 2 como coeficiente estequiométrico del H_2O:

  $$CH_4 + O_2 \rightarrow CO_2 + 2\ H_2O$$

- Finalmente, se igualan los átomos de los elementos que están libres, ya sea como reactivos o como productos. En el ejemplo, se añade un 2 como coeficiente estequiométrico del O_2 para igualar los átomos de O fig. 5:

  $$CH_4 + 2\ O_2 \rightarrow CO_2 + 2\ H_2O$$

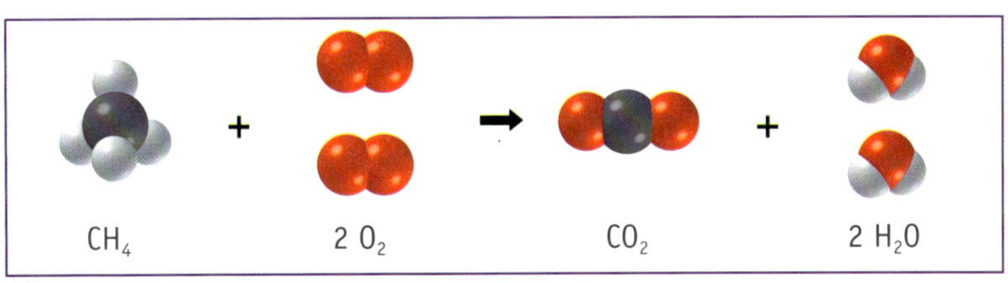

Fig. 5 Tanto el número de átomos como su clase es el mismo.

4. Escribir el estado de agregación de todos los reactivos y de todos los productos:

   $$CH_4\ (g) + 2\ O_2\ (g) \rightarrow CO_2\ (g) + 2\ H_2O\ (l)$$

Fig. 3 El gas natural (formado principalmente por metano) se guarda en grandes depósitos. Es uno de los combustibles de uso doméstico más habituales.

Amplía en la Red...

Practica el ajuste de ecuaciones químicas mediante un simulador en: www.tiching.com/115900

1. ¿Qué representa una ecuación química?
2. ¿Qué pasos hay que seguir para ajustar una ecuación química?
3. Completa cada ecuación química con los coeficientes estequiométricos que faltan:
   a) $2\ NO + O_2 \rightarrow \square\ NO_2$
   b) $Zn + \square\ HCl \rightarrow ZnCl_2 + H_2$
   c) $4\ HCl + O_2 \rightarrow \square\ H_2O + \square\ Cl_2$
   d) $Na_2SO_4 + 4\ C \rightarrow Na_2S + \square\ CO$
   e) $C_2H_2 + \square\ O_2 \rightarrow \square\ CO_2 + \square\ H_2O$

DESCUBRE

6 Reacciones químicas cotidianas

Muchas personas piensan que las reacciones químicas solo suceden en los laboratorios o en las industrias químicas, pero lo cierto es que se producen continuamente en nuestro entorno y en nuestro propio organismo.

A COMBUSTIÓN

La combustión es una reacción en la que una sustancia, llamada combustible, reacciona con otra, llamada comburente, y se produce un gran desprendimiento de energía.

Las reacciones de combustión de materia orgánica producen dióxido de carbono y agua. Por ejemplo, la combustión del etanol es:

$$C_2H_5OH + 3\ O_2 \rightarrow 2\ CO_2 + 3\ H_2O$$

Si en una combustión hay poco oxígeno se produce monóxido de carbono (CO), un gas muy tóxico. Por esta razón es necesario revisar periódicamente los quemadores de gas en cocinas, estufas y calderas, para comprobar que no tienen problemas de combustión.

1. ¿Es correcto afirmar que el oxígeno puro es mejor combustible que el aire? ¿Qué dirías tú al respecto?
2. Dados los productos de reacción de las combustiones, ¿qué puede ser la estela blanca que dejan los aviones a reacción en el cielo?

B RESPIRACIÓN

La mayoría de los organismos conseguimos nuestra energía mediante la respiración celular, una combustión lenta, controlada bioquímicamente, que sucede en el interior de las células.

El combustible más común es la glucosa ($C_6H_{12}O_6$) y los productos de la respiración, dióxido de carbono y agua:

$$C_6H_{12}O_6 + 6\ O_2 \rightarrow 6\ CO_2 + 6\ H_2O$$

Puedes comprobar la producción de dióxido de carbono en la respiración con un sencillo experimento. Haz burbujear aire espirado en el interior de una disolución de hidróxido de calcio saturada mediante una caña. Al poco tiempo observarás que la disolución se enturbia por la presencia de carbonato de calcio insoluble:

$$Ca(OH)_2 + CO_2 \rightarrow CaCO_3 + H_2O$$

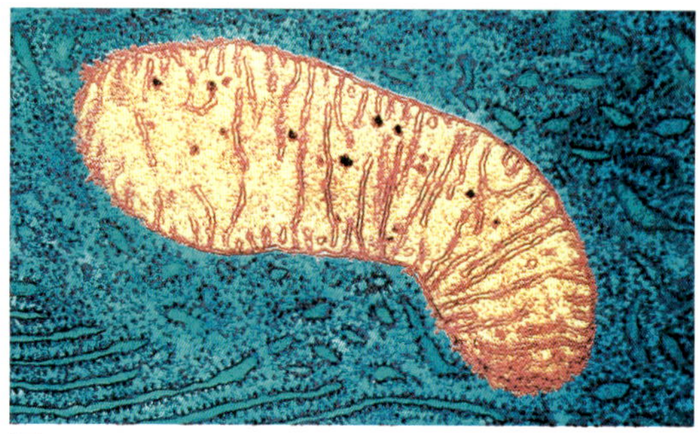

La mitocondria es el orgánulo celular encargado de la respiración.

1. ¿Cómo podríamos comprobar que cuando respiramos producimos vapor de agua?

C FOTOSÍNTESIS

Las plantas utilizan la luz del Sol para fabricar las sustancias que necesitan mediante un proceso llamado fotosíntesis.

Esta reacción sustenta la vida del planeta, tanto de las plantas como, indirectamente, del resto de los seres vivos. Los reactivos empleados en la fotosíntesis son dióxido de carbono y agua, y los productos son compuestos orgánicos complejos y oxígeno:

$$6\ CO_2 + 6\ H_2O \rightarrow C_6H_{12}O_6 + 6\ O_2$$

Todos los organismos que requieren oxígeno para respirar necesitan que las plantas lo fabriquen mediante fotosíntesis.

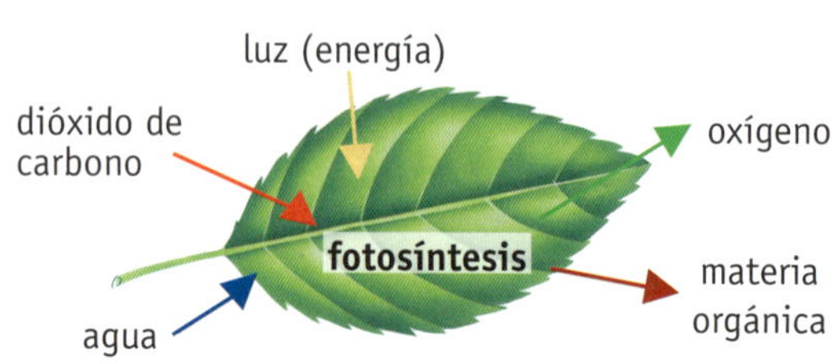

1. ¿La fotosíntesis es una reacción exotérmica o endotérmica?

D FERMENTACIÓN

Algunos microorganismos, como las levaduras, consiguen energía mediante fermentaciones, procesos bioquímicos que no necesitan oxígeno (o muy poco), pero que producen menos energía que la respiración.

Muchas sustancias de interés alimentario o farmacéutico se preparan por fermentaciones. Por ejemplo:

Fermentación alcohólica: $C_6H_{12}O_6 \rightarrow 2\ C_2H_5OH + 2\ CO_2$

Fermentación acética: $C_2H_5OH + O_2 \rightarrow CH_3COOH + H_2O$

E OXIDACIÓN DE METALES

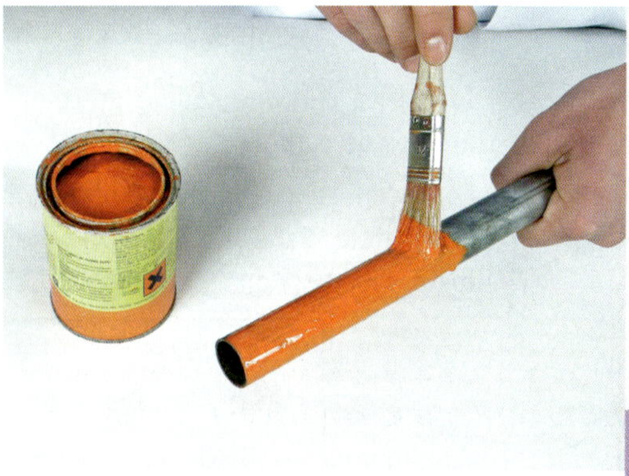

La mayoría de los metales reaccionan con el oxígeno del aire formando los correspondientes óxidos. El hierro es el metal más corriente y se oxida fácilmente, sobre todo en ambientes húmedos:

$$2\ Fe + 3\ O_2 \rightarrow Fe_2O_3$$

El hierro se recubre de una capa de óxido de color marrón y consistencia pulverulenta, que por ser porosa permite el paso del oxígeno y, en consecuencia, que la pieza continúe oxidándose hasta la totalidad.

El aluminio, el segundo metal por magnitud de producción, también se oxida y se recubre de una capa de óxido, pero a diferencia del óxido de hierro no es porosa, y así la oxidación de la pieza no continúa.

1. Una forma de proteger las piezas de hierro es pintarlas, pero no sirve cualquier pintura. Una de las protectoras más tradicionales es el minio, que se identifica fácilmente por su color naranja brillante.

   a) Busca información sobre la composición química del minio.

   b) A efectos prácticos, valora las ventajas y las desventajas de proteger el hierro con minio.

F NEUTRALIZACIÓN ÁCIDO-BASE

Los *ácidos* son un extenso grupo de sustancias conocidas porque forman parte de muchos alimentos: ácido cítrico en naranjas y limones, ácido láctico en el yogur, ácido acético en el vinagre. Incluso encontramos en nuestro estómago un ácido muy fuerte, el ácido clorhídrico, ya que es un componente de los jugos gástricos.

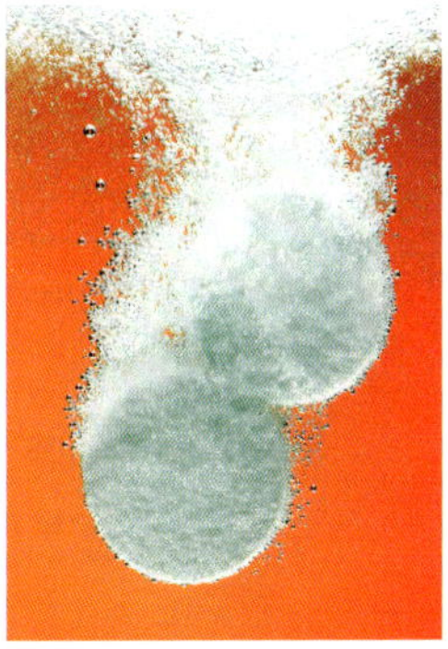

Otro grupo de sustancias, las *bases*, tienen la propiedad de contrarrestar las características de los ácidos. Por eso la reacción entre un ácido y una base recibe el nombre de *reacción de neutralización*.

Cuando tenemos acidez de estómago tomamos bases, que llamamos antiácidos, para que reaccionen con el exceso de ácido clorhídrico y neutralicen su efecto.

1. El antiácido más tradicional es el bicarbonato de sodio, que reacciona con el ácido clorhídrico según:

$$NaHCO_3 + HCl \rightarrow NaCl + H_2O + CO_2$$

Justifica por qué después de tomar bicarbonato resulta inevitable eructar.

1. Clasifica las siguientes transformaciones según sean cambios físicos o químicos:
   - a) La oxidación del hierro.
   - b) La congelación del aceite.
   - c) La combustión de la gasolina.
   - d) La disolución del azúcar en el café.
   - e) Cocinar un huevo frito.
   - f) La evaporación de un perfume.
   - g) Exprimir naranjas para extraer el zumo.
   - h) La fotosíntesis de las plantas.

2. El eteno (C_2H_4) es un gas combustible que reacciona con el oxígeno (O_2) y produce dióxido de carbono y agua.

   Observa la representación atómico-molecular inacabada de la combustión del eteno.
   - a) Identifica con qué código de colores se representan los átomos de carbono, de hidrógeno y de oxígeno.
   - b) Copia en tu cuaderno la representación inacabada y complétala. Para ello dibuja las moléculas que faltan de los productos.

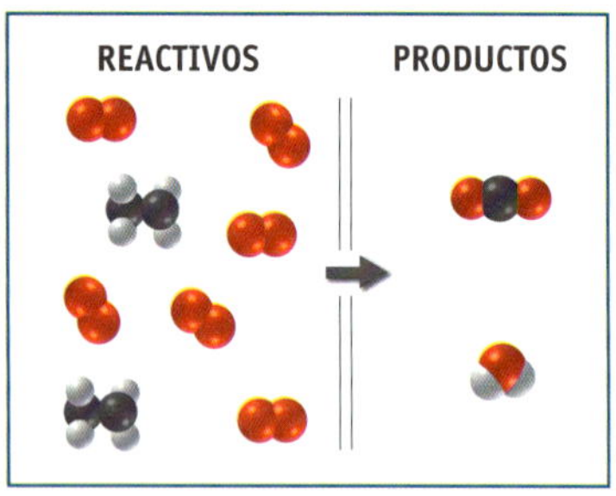

3. ¿Es lo mismo la energía de activación que la energía de reacción? Justifica tu respuesta con un ejemplo.

4. Ordena las siguientes transformaciones químicas de mayor a menor velocidad de reacción:
   - a) Oxidación del hierro.
   - b) Explosión de un petardo.
   - c) Descomposición del plástico.
   - d) Combustión de un papel.

5. En la imagen se muestran unos catalizadores empleados en la industria. Explica la razón por la cual los catalizadores industriales en estado sólido se preparan granulados.

6. Justifica si la frase siguiente es cierta o no:

   "Todos los automóviles deben llevar obligatoriamente tubos de escape con convertidores catalíticos para ahorrar gasolina".

7. El aire está formado por nitrógeno y oxígeno, pero en condiciones ambientales estas sustancias prácticamente no reaccionan. Sin embargo, en el interior de los motores de los automóviles sí que reaccionan y se producen óxidos de nitrógeno, que son sustancias muy contaminantes. Razona cuál de estas explicaciones puede justificarlo:
   - Porque la gasolina es un catalizador de la reacción.
   - Porque la temperatura en el interior de los cilindros llega a unos 2 000 °C.
   - Porque dentro del motor disminuye la energía de activación de la reacción.
   - Porque esa es precisamente la función de los convertidores catalíticos.

8. La capacidad frigorífica de los congeladores suele indicarse con estrellas: cuantas más tenga, mayor poder de congelación. Hoy en día todos son de tres o cuatro estrellas, que alcanzan, respectivamente, los −18 °C y los −24 °C:

N.º estrellas	Temperatura	Tiempo de conservación de los alimentos
*	Hasta −6 °C	1-2 días
**	Hasta −12 °C	Hasta 3 días
***	Hasta −18 °C	Hasta un mes
****	Hasta −24 °C	3 o más meses

   - a) ¿Por qué los alimentos se conservan más tiempo en frío?
   - b) Una regla aproximada indica que por cada 10 °C que disminuya la temperatura, la velocidad de reacción se reduce a la mitad. Si un alimento a temperatura ambiente (alrededor de 25 °C) se conserva durante una semana, ¿cuánto tiempo se conservará el alimento congelado a unos −25 °C? Justifica qué respuesta de las siguientes crees más acertada:
     - Dos semanas y media.
     - Cinco semanas.
     - Ocho meses.
     - Indefinidamente.

9. ¿Qué sustancia química es común a las siguientes reacciones: combustión, oxidación de metales y respiración?

10. La respiración y la fermentación son reacciones bioquímicas. ¿Qué tienen en común ambas reacciones y en qué se diferencian?

11. Ajusta las siguientes ecuaciones químicas:
    - a) $N_2 + O_2 \rightarrow N_2O_3$
    - b) $C + O_2 \rightarrow CO$
    - c) $SO_2 + O_2 \rightarrow SO_3$
    - d) $Al + O_2 \rightarrow Al_2O_3$
    - e) $Al + HCl \rightarrow AlCl_3 + H_2$
    - f) $C_6H_6 + O_2 \rightarrow CO_2 + H_2O$
    - g) $Na_2O + H_2O \rightarrow NaOH$
    - h) $N_2 + H_2 \rightarrow NH_3$

1. La materia se puede transformar mediante cambios físicos o químicos.
   a) ¿Cuáles son las diferencias más significativas entre un cambio físico y un cambio químico?
   b) Pon un ejemplo de cada tipo de cambio.
   c) ¿Qué otro nombre reciben los cambios químicos?
2. La teoría de colisiones es un modelo sencillo de la reacción química.
   a) Describe los aspectos principales de la teoría de colisiones.
   b) ¿Qué condiciones debe tener un choque para que se produzca la reacción química?
   c) ¿Qué es la energía de activación? Pon algún ejemplo con el que se observe su influencia.
3. ¿Qué indicios son señales de que se han producido sustancias nuevas en una reacción?
4. En una reacción química, ¿qué manifestaciones de energía son las más frecuentes?
5. Define los siguientes conceptos:
   a) Reacción exotérmica.
   b) Reacción endotérmica.
6. Indica qué factores influyen en la velocidad de una reacción química.
7. Explica en qué se parecen y en qué se diferencian los catalizadores de las enzimas.
8. La mayor parte de la energía que consumimos proviene de la combustión de materiales de origen orgánico.
   a) Define *reacción de combustión*.
   b) Cita el nombre de algunos combustibles de uso más habitual.
   c) ¿Qué comburente es el más habitual?
   d) ¿Qué dos compuestos se producen mayoritariamente en las reacciones de combustión?
9. ¿Qué es una ecuación química? Describe los pasos que deben seguirse para escribir correctamente una ecuación química.
10. De las siguientes ecuaciones químicas, indica cuáles están ajustadas y cuáles no lo están.
    a) $H_2 + O_2 \longrightarrow H_2O$
    b) $C + O_2 \longrightarrow CO_2$
    c) $KCl + Pb(NO_3)_2 \longrightarrow PbCl_2 + KNO_3$
    d) $Zn + H_2SO_4 \longrightarrow ZnSO_4 + H_2$
    e) $Zn + CuSO_4 \longrightarrow Cu + ZnSO_4$
    f) $HNO_3 + NaOH \longrightarrow NaNO_3 + H_2O$
11. Completa estas ecuaciones químicas:
    a) $2\ H_2O + O_2 \longrightarrow \ldots\ H_2O_2$
    b) $2\ CH_3OH + 3\ O_2 \longrightarrow \ldots\ CO_2 + 4\ H_2O$
    c) $Fe_2O_3 + 3\ CO \longrightarrow 2\ Fe + \ldots\ CO_2$
    d) $Mg + \ldots\ HCl \longrightarrow MgCl_2 + H_2$
    e) $H_2SO_4 + 2\ NaOH \longrightarrow Na_2SO_4 + \ldots\ H_2O$
    f) $2\ CH_3OH + \ldots\ O_2 \longrightarrow 2\ CO_2 + 4\ H_2O$
12. El nitrógeno y el hidrógeno son gases que al reaccionar producen amoniaco, también gas. Observa la representación atómico-molecular de esta reacción y escribe en tu cuaderno la ecuación química que le corresponde.

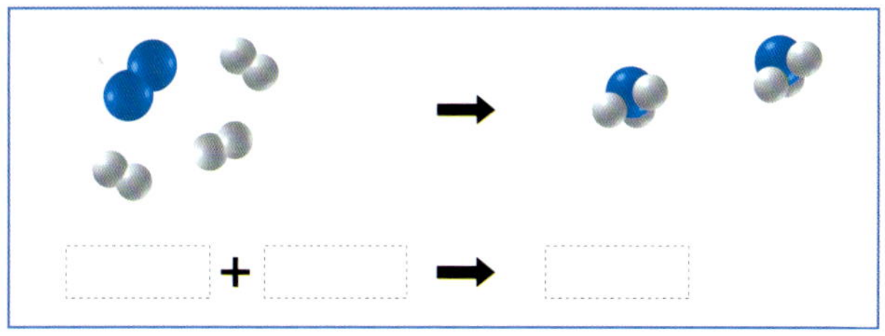

13. Completa el crucigrama en tu cuaderno, y en la columna señalada aparecerá el nombre de un científico francés que es considerado el fundador de la ciencia química:

Definiciones:

1. Sustancia que acelera la velocidad de una reacción pero que no es un reactivo.
2. Se rompen y se forman en una reacción química.
3. Aporte de energía inicial para comenzar una reacción química.
4. Reacción que desprende energía.
5. Elemento químico necesario para la respiración.
6. Oxidación muy intensa de un combustible.
7. Metal muy común que sufre fácilmente corrosión.
8. Sustancia que neutraliza la acción de un ácido.
9. Sustancias obtenidas en una reacción química.

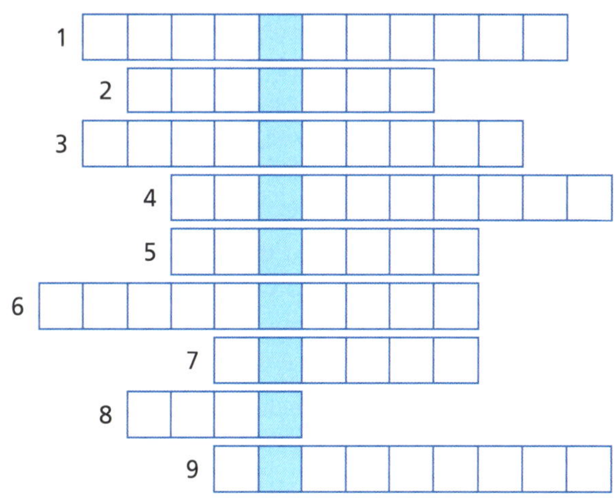

1 Analiza. Catalizadores

La mayor parte de los coches modernos están equipados con un catalizador. Este catalizador hace que los gases de escape del coche sean menos perjudiciales para las personas y para el medio ambiente.

Aproximadamente el 90 % de los gases tóxicos son transformados en gases menos perjudiciales.

A la derecha podemos ver los gases que entran y salen del catalizador.

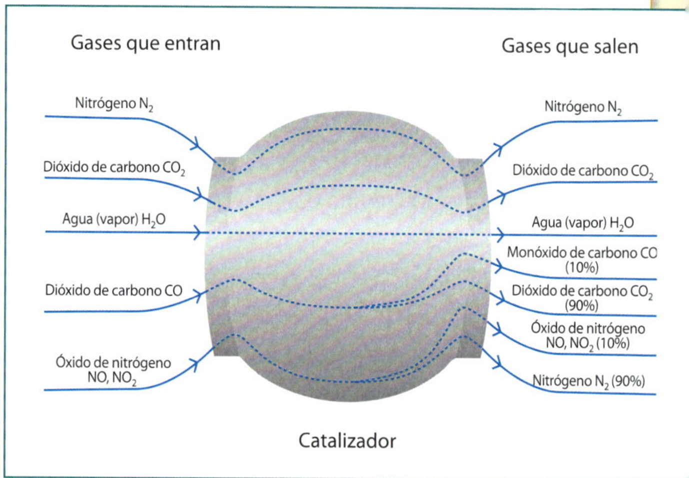

a) Utiliza la información de la figura para dar un ejemplo de cómo el catalizador hace que los gases de escape sean menos perjudiciales.

b) En el interior del catalizador, los gases sufren cambios. Explica qué es lo que sucede en términos de átomos y de moléculas.

c) Observa los gases que expulsa el catalizador. Señala un problema que los ingenieros y científicos que trabajan diseñando catalizadores deberían resolver para que los gases de escape producidos sean aún menos perjudiciales.

d) ¿Te interesa la información siguiente? Marca solo una casilla en cada fila.

Información	Me interesa mucho	Me interesa a medias	Me interesa poco	No me interesa
a) Saber las diferencias que existen entre los diversos carburantes de coches en cuanto a la cantidad de gases tóxicos emitidos.	☐ 1	☐ 2	☐ 3	☐ 4
b) Comprender mejor qué ocurre en el interior de un catalizador.	☐ 1	☐ 2	☐ 3	☐ 4
c) Conocer los vehículos que no emiten gases tóxicos por el tubo de escape.	☐ 1	☐ 2	☐ 3	☐ 4

2 Lee y responde. Escapes de gas

Lee el siguiente texto:

> *El carbón natural contiene gases adsorbidos superficialmente, el llamado gas grisú, que se desprenden durante los trabajos de extracción y se acumula en las galerías. El componente mayoritario del grisú es el metano.*
>
> *El gas metano es un gas incoloro e inodoro, de manera que su presencia no es detectable por los mineros. El riesgo del grisú es que el metano forma mezclas explosivas con el aire. Para que la mezcla sea explosiva es condición que la concentración de metano alcance proporciones entre el 5 % y el 14 %, y se requiere además la presencia de una fuente de calor.*

Las bombonas utilizadas en las cocinas contienen mayoritariamente gas butano.

a) Busca información sobre los gases que componen el gas grisú.

b) El gas natural de consumo doméstico es mayoritariamente metano y, sin embargo, hace un olor muy característico. La razón es que la compañía suministradora introduce componentes fuertemente olorosos. ¿Por qué lo hacen? Investiga qué sustancias introducen.

c) En las cocinas es donde hay mayor probabilidad de que se produzcan escapes de gas. ¿Cómo justificas que una acumulación de gas no explote al instante?

d) Si se detecta un escape de gas se debe ventilar rápidamente la habitación, pero nunca debe accionarse el interruptor de la luz. ¿Por qué?

Cambios en la materia

- Cuando una sustancia experimenta alguna transformación que cambia su estado de agregación o su aspecto, pero continúa teniendo idéntica naturaleza química, decimos que ha experimentado un **cambio físico**.
- Cuando una sustancia experimenta una transformación que cambia su naturaleza química, decimos que ha experimentado un cambio químico o **reacción química**.

Características de las reacciones químicas

- Según la **teoría de colisiones**, las partículas de los reactivos chocan continuamente entre ellas y, como consecuencia del impacto, algunos enlaces pueden llegar a romperse. Si se enlazan de nuevo en una disposición distinta a la del original se formaran nuevas sustancias, los productos, y la reacción química habrá tenido lugar.
- Para que se produzca la reacción, las partículas deben chocar y deben hacerlo:
  - Con una orientación adecuada.
  - Con un mínimo de velocidad.
- La **energía de activación** es la energía mínima necesaria para que se inicie una reacción química.
- Durante el curso de una reacción química siempre se produce en mayor o menor medida, un desprendimiento o una absorción de energía; generalmente en forma de calor.

  Reacciones **exotérmicas**: Se produce un desprendimiento de calor. Reacciones **endotérmicas**. Se produce una absorción de calor.

Velocidad de reacción

- Para medir la **velocidad de una reacción** se mide la cantidad o concentración de producto que se forma, o de reactivo que desaparece, por unidad de tiempo.
- Factores que afectan la velocidad de reacción:
  - Naturaleza de la reacción
  - Concentración de los reactivos
  - Superficie de contacto
  - Temperatura
  - Catalizadores y enzimas
- Una ecuación química es una representación simbólica de una reacción química:
  - A la izquierda se escriben, separados por signos +, las fórmulas químicas de los reactivos, y a la derecha, de igual modo, los productos.
  - Una flecha → separa los reactivos de los productos y simboliza el sentido de la reacción.
  - Suelen indicarse los estados de agregación: s, l, g o aq.
  - Se escribe ajustada. Para ello modificamos, si es necesario, el número de moléculas participantes.

Consolidación de competencias

RESPONDE A LA PREGUNTA INICIAL

Después de haber estudiado este tema, puedes responder a la pregunta inicial:

¿Cómo cambia la materia que nos rodea?

Redacta un texto de entre 10 y 20 líneas que resuma las conclusiones a las que hayas llegado sobre la cuestión.

AFIANZA LO APRENDIDO

Para consolidar los conocimientos adquiridos a lo largo de la unidad puedes efectuar las actividades que encontrarás en la siguiente dirección web:

www.tiching.com/730014

Estas actividades se han preparado en un documento en formato pdf que puedes descargarte.

Al final del documento hallarás las soluciones de manera que puedas comprobar si has cumplido los objetivos del tema.

APRENDER PARA EMPRENDER

Muchas pequeñas empresas químicas trabajan a un nivel casi artesanal para fabricar gamas de productos especializados que, por su limitada demanda, son desestimados por las grandes empresas.

Un ejemplo son los productos ecológicos de todo tipo: jabones, cosméticos, insecticidas, limpiacristales, etc. Puedes ver un caso concreto en este reportaje:

www.tiching.com/730600

Elige una receta en internet de un producto de limpieza ecológico que puedas elaborar, prepáralo y pruébalo. Elige además el tipo de recipiente donde se vendería y su capacidad, diseña la etiqueta del producto, calcula el precio al que podría venderse, etc.

TÉCNICAS DE ESTUDIO

Entra en: www.tiching.com/727162 y practica una técnica de estudio a partir de la síntesis.

7 ESTEQUIOMETRÍA

¿Cómo trabajamos con reacciones químicas?

1660-1699	1700-1799

• 1661

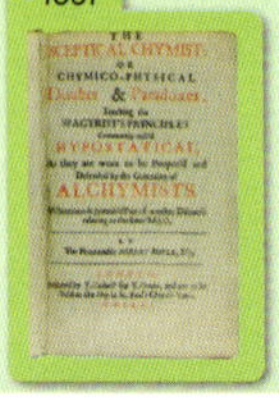

Química moderna.
El químico británico R. Boyle (1627-1691) publica el libro *The Sceptical Chymist*, donde reivindica que la química es una ciencia con entidad propia, tanto por su método de trabajo como por su objeto de estudio.

1789 •

Ley de la conservación de la materia.
El químico francés A. Lavoisier (1743-1794) establece la ley de la conservación de la materia, según la cual la materia ni se crea ni se destruye, solo se transforma.

Suele fecharse en el año 1661 el nacimiento de la química moderna, el año en que el científico británico R. Boyle (1627-1691) publicó el libro titulado *The Sceptical Chymist*.

Hasta entonces, la química había estado supeditada a otras disciplinas (medicina, farmacia…), pero en su libro Boyle la reivindicó como disciplina científica con entidad propia. Y, para diferenciarla, propuso cambiarle el nombre de "alquimia" por "química".

Sin embargo, el verdadero nacimiento de la química moderna se produjo cien años después, a finales del siglo XVIII, de la mano de científicos como A. Lavoisier o J. L. Proust.

Entonces se consolidó un sistema de trabajo cuantitativo de método riguroso y medida exacta. Fruto de este trabajo fue el desarrollo de la estequiometría, el cálculo matemático aplicado a las reacciones químicas.

¿Qué sabemos?

Los alquimistas se esforzaron por obtener oro a partir de azufre, mercurio y sal. Comenta estas afirmaciones al respecto:

- Los alquimistas fabricaron oro pero en la actualidad no sabemos cómo lo hicieron.
- Los alquimistas no lo consiguieron porque es químicamente imposible.
- En la actualidad, casi todo el oro se fabrica según ese procedimiento.
- Ya se ha fabricado oro con esas sustancias, pero no es rentable.

¿Qué aprenderemos?

1. **Leyes ponderales**
2. **Mol y masa molar**
3. **Cálculos de masa**
4. **Cálculos con volúmenes**
5. **Laboratorio. Conservación de la masa**

1800-1899

1792

1795

Ley de las proporciones definidas.
El farmacéutico y químico francés Louis Proust (1754-1826) descubrió que cuando se combinan dos o más elementos para dar un determinado compuesto, siempre lo hacen en una relación constante de masas.

Estequiometría.
El químico alemán J.B. Richter (1762-1807) estableció las bases de la estequiometria: "La ciencia que mide las proporciones cuantitativas o relaciones de masa de los elementos químicos que están implicados (en una reacción química)".

1865

Primera estimación del número de Avogadro.
El físico austriaco J. Loschmidt (1821-1895) determina la densidad de partículas en un gas, parámetro relacionado directamente con el número de Avogadro. Por tal motivo, el número de Avogadro también se simboliza, además de con N_A, con la letra L.

1 Leyes ponderales

Entre finales del siglo XVIII y comienzos del XIX, los químicos comienzan a estudiar las reacciones químicas de manera cuantitativa.

Los experimentos se diseñan cuidadosamente para medir muy exactamente las masas de reactivos y de productos. Se presta especial atención a las sustancias gaseosas, ya que por su naturaleza no resulta fácil pesarlas si no se toman las debidas precauciones.

Fruto de este trabajo es el descubrimiento de una serie de leyes, las llamadas **leyes ponderales**, que expresan las relaciones entre las masas de reactivos y productos en una reacción química o entre las masas de elementos en un compuesto químico.

Las leyes ponderales sentaron los fundamentos de la moderna ciencia química.

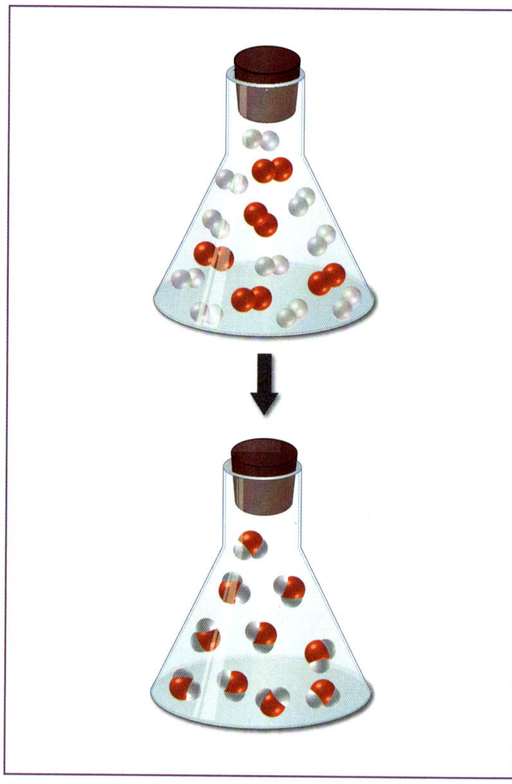

Fig. 1 El número de átomos y la masa total se conserva en una reacción química.

1.1. Ley de la conservación de la masa

Tras medir las masas de reactivos y productos en un gran número de reacciones químicas, el químico francés A. Lavoisier (1743-1794) enunció la **ley de la conservación de la masa** o ley de Lavoisier:

La masa de las sustancias presentes al principio de una reacción es igual que la masa de las sustancias presentes al final de la misma.

De esta ley se deduce que la masa de reactivos que desaparecen en el curso de la reacción es igual a la masa de productos que se forman.

Esta ley es consistente con el modelo atómico-molecular de la reacción química. Una reacción química es una recombinación de átomos: al principio estaban unidos de una manera en los reactivos y al final lo están de otra en los productos. Por tanto, los átomos no desaparecen, solo cambian de posición. Al principio y al final de una reacción química siempre hay el mismo número y tipo de átomos y, en consecuencia, la masa total se conserva fig. 1.

Ley de la conservación de la masa o ley de Lavoisier

Veamos un experimento que permite comprobar esta ley:

1. Introducimos un trozo de estaño en un recipiente de vidrio, lo cerramos y lo pesamos en una balanza. De esta forma tendremos la masa conjunta del recipiente, el aire que contiene y el estaño.
2. Calentamos el estaño, y observamos la formación de una sustancia nueva que, analizada posteriormente, resulta ser óxido de estaño.

   Pese a la reacción química, la masa continúa siendo la misma que la inicial.

1.2. Ley de las proporciones definidas

El químico francés J.L. Proust (1754-1826) enunció la **ley de las proporciones definidas** o ley de Proust a partir de numerosos experimentos en los que medía la relación entre las masas de los elementos que reaccionaban para formar un determinado compuesto.

Si dos o más elementos se combinan para dar un determinado compuesto, siempre lo hacen en una relación constante de masas.

Esta ley se explica a partir de la teoría atómico-molecular de la materia. Al formarse un compuesto determinado a partir de sus elementos, los átomos de cada elemento se unen en una proporción definida que, como los átomos de cada elemento tienen una masa fija, se traducirá en una proporción definida de masas.

Composición centesimal de un compuesto

Una consecuencia de la ley de Proust es que cualquier muestra de un determinado compuesto químico puro tiene igual composición centesimal, es decir, el porcentaje en masa de cada elemento que forma el compuesto toma un valor fijo fig. 2.

Para calcular el porcentaje en masa de un elemento A en una muestra de compuesto se aplica:

$$\text{Porcentaje de elemento A} = \frac{\text{masa de A}}{\text{masa de la muestra}} \cdot 100\,\%$$

a

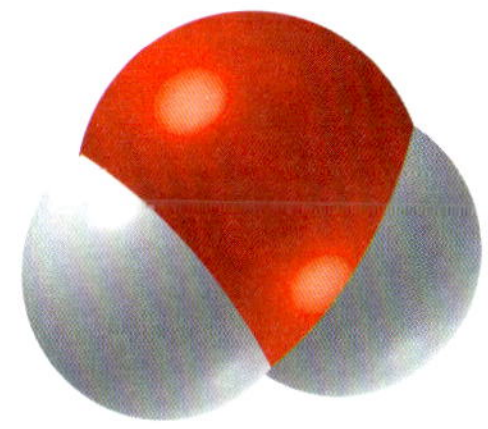

b

Fig. 2 a) La proporción de átomos en el agua es de 2 de hidrógeno por 1 de oxígeno. b) La proporción en masa es 11,1 % de hidrógeno por 88,9 % de oxígeno.

Si hay un líquido que parece agua, pero al analizarlo se determina que su composición es diferente a la anterior, es seguro que el líquido no es agua.

Ejemplo

1. En un laboratorio de análisis químico se analizan tres muestras de óxidos de hierro y se obtiene:

muestra	masa de la muestra (g)	masa de hierro (g)	masa de oxígeno (g)
A	22,3	17,4	4,9
B	17,6	12,3	5,3
C	25,5	19,8	5,7

a) Calcula el porcentaje de hierro en cada muestra.

b) ¿Son las tres muestras de un mismo compuesto?

a) El porcentaje de hierro de cada muestra es:

$$\text{Porcentaje de hierro en la muestra } A = \frac{17,4}{22,3} \cdot 100 = 78\,\%$$

$$\text{Porcentaje de hierro en la muestra } B = \frac{12,3}{17,6} \cdot 100 = 70\,\%$$

$$\text{Porcentaje de hierro en la muestra } C = \frac{19,8}{25,5} \cdot 100 = 78\,\%$$

b) Las muestras A y C tienen igual porcentaje de hierro, 78 %, por tanto son dos muestras de un mismo compuesto.

1. ¿Se produce una variación de masa durante una reacción química? Explícalo.

2. La sal común es cloruro de sodio (NaCl). Este compuesto se descompone en sus elementos por acción de la corriente eléctrica. Si en un experimento se descomponen 100 g de sal y se obtienen 39,3 g de sodio, ¿cuántos gramos de cloro se habrán obtenido? ¿En qué ley te has basado para hacer tus cálculos?

3. El análisis de cuatro muestras de óxidos de cromo dio los siguientes resultados:

muestra	masa de la muestra (g)	masa de cromo (g)
A	30,56	15,90
B	39,36	26,94
C	31,49	21,55
D	34,53	17,97

¿Corresponden las cuatro muestras a un mismo compuesto?

2 Mol y masa molar

2.1. El mol

Los átomos y moléculas son tan pequeños que, por poca cantidad de sustancia que haya, su número es enorme. Por ejemplo, ¿cuántas moléculas crees que hay en una pequeña gota de agua?

Si consideramos un volumen aproximado de 0,05 cm^3, es decir, 50 mm^3, hay aproximadamente 1 670 trillones de moléculas de agua o, en notación científica, $1{,}67 \cdot 10^{21}$ moléculas fig. 1.

Emplear números tan grandes resulta incómodo y, por eso, los científicos han acordado utilizar una unidad suficientemente grande para medir la cantidad de una sustancia.

Actualmente, la unidad de **cantidad de una sustancia** (*n*) en el Sistema Internacional de Unidades es el **mol**, que corresponde a la cantidad de una sustancia que contiene $6{,}02 \cdot 10^{23}$ partículas fig. 2.

Por ejemplo:

– 1 mol de átomos de cobre, (Cu) = $6{,}02 \cdot 10^{23}$ átomos de cobre

– 1 mol de moléculas de CO_2 = $6{,}02 \cdot 10^{23}$ moléculas de CO_2

– 1 mol de iones de sodio (Na^+) = $6{,}02 \cdot 10^{23}$ iones de sodio

Fig. 1 En una pequeña gota de agua hay unos 1 670 trillones ($1{,}67 \cdot 10^{21}$) de moléculas de agua: 1 670 000 000 000 000 000 000 moléculas

2.2. Masa molar

El número $6{,}02 \cdot 10^{23}$ se denomina número de Avogadro, en honor al científico italiano Amedeo Avogadro fig. 3 cuyo trabajo permitió desarrollar el concepto de mol, y se representa con N_A:

$$N_A = 6{,}02 \cdot 10^{23}$$

Los científicos han adoptado el número $6{,}02 \cdot 10^{23}$ como unidad, y no un número entero más sencillo (por ejemplo, 10^{20} o 10^{25}) porque:

- La masa de $6{,}02 \cdot 10^{23}$ átomos de un elemento coincide exactamente con el valor numérico de la masa atómica del elemento, pero expresada en gramos.

  Por ejemplo, la masa de 1 mol de átomos de cobre (Cu), es 63,5 g porque la masa atómica del cobre es 63,5.

- La masa de $6{,}02 \cdot 10^{23}$ moléculas de un compuesto químico coincide con su masa molecular.

  Por ejemplo, la masa de 1 mol de moléculas de agua (H_2O) es 18 g porque la masa molecular del agua es 18.

La masa de un mol de átomos, moléculas, etc., recibe el nombre de **masa molar**, se simboliza con *M* y tiene por unidad el gramo por mol, g/mol fig. 4.

$$1 \text{ mol de } A = M \text{ gramos de } A$$

Así, por ejemplo, *M* (Cu) = 63,5 g/mol significa que en 63,5 g de cobre hay exactamente N_A átomos de cobre.

El concepto de masa molar resulta muy útil a los químicos, porque les permite contar átomos y moléculas de las sustancias de una manera muy sencilla a partir de medidas de masa.

Fig. 2 El número $6{,}02 \cdot 10^{23}$ es inimaginablemente grande. Si hubiese tal cantidad de granos de arroz, 1 mol de granos de arroz cubriría toda la superficie de Europa hasta una altura de 1,7 km.

Fig. 3 Amedeo Avogadro (1776-1856).

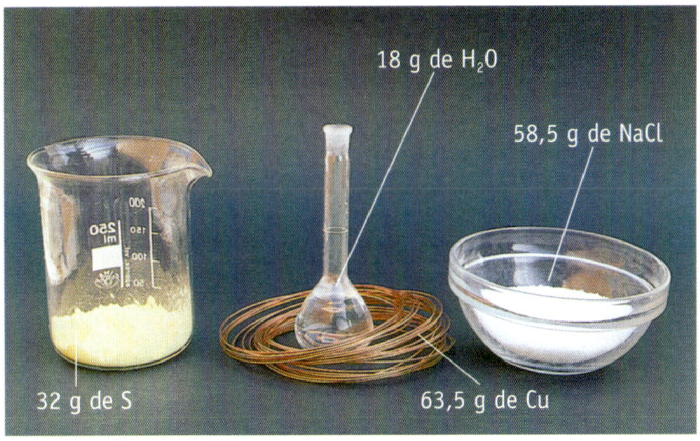

sustancia	fórmula	M (g/mol)
azufre	S	32
cobre	Cu	63,5
hierro	Fe	56
mercurio	Hg	200,6
agua	H_2O	18
cloruro de sodio	NaCl	58,5
etanol	C_2H_5OH	46
dióxido de carbono	CO_2	44

Fig. 4 Las masas de estas sustancias son diferentes entre sí, pero todas corresponden a un mol de la sustancia indicada.

Ejemplos

1. ¿Cuántos moles de moléculas de agua hay en 100 g?

La masa molar del agua es M (H_2O) = (2 · 1 + 16) g/mol = 18 g/mol, luego:

$$n_{H_2O} = 100 \text{ g } H_2O \cdot \frac{1 \text{ mol } H_2O}{18 \text{ g } H_2O} = 5{,}55 \text{ mol } H_2O$$

2. ¿Cuántos átomos hay en 8 g de azufre?

La masa atómica del azufre es 32. Eso significa que 1 mol de átomos de azufre tiene una masa de 32 g.

Primero se calcula cuántos moles son 8 g de azufre:

$$n_S = 8 \text{ g S} \cdot \frac{1 \text{ mol S}}{32 \text{ g S}} = 0{,}25 \text{ mol S}$$

Y como 1 mol de azufre contiene $6{,}02 \cdot 10^{23}$ átomos de S:

$$0{,}25 \text{ mol S} \cdot \frac{6{,}02 \cdot 10^{23} \text{ átomos de S}}{1 \text{ mol S}} = 1{,}5 \cdot 10^{23} \text{ átomos de S}$$

3. ¿Dónde hay más moléculas, en 100 g de agua (H_2O), o en 200 g de dióxido de carbono (CO_2)?

Para contar moléculas, basta calcular la cantidad de moles de cada sustancia a partir de la masa molar de ambas:

M (H_2O) = 18 g/mol y M (CO_2) = (12 + 2 · 16) g/mol = 44 g/mol

Seguidamente, calculamos los moles de cada sustancia:

$$n_{H_2O} = 100 \text{ g } H_2O \cdot \frac{1 \text{ mol } H_2O}{18 \text{ g } H_2O} = 5{,}55 \text{ mol } H_2O$$

$$n_{CO_2} = 200 \text{ g } CO_2 \cdot \frac{1 \text{ mol } CO_2}{44 \text{ g } CO_2} = 4{,}54 \text{ mol } CO_2$$

Hay más moléculas en 100 g de agua.

@ Amplía en la Red...

Practica el cálculo de masa molar mediante una balanza monoplato en: www.tiching.com/115901

1. ¿Cuál es la unidad para medir la cantidad de sustancia en el Sistema Internacional de Unidades?
2. ¿Cuántas partículas equivalen a un mol?
3. ¿Qué es la masa molar de una sustancia?
4. Calcula la masa molar de las siguientes sustancias: SO_2, N_2, NH_3, Ni y $Al(OH)_3$.
5. ¿Cuántos moles y moléculas hay en 100 g de azúcar (sacarosa), $C_{12}H_{22}O_{11}$?
6. Calcula la masa de 1,25 mol de cafeína, sustancia cuya fórmula es $C_8H_{10}N_4O_2$.
7. Ordena de mayor a menor estas cantidades de plata: 20 g, $5 \cdot 10^{22}$ átomos y 0,5 mol.

3 Cálculos de masa

3.1. Interpretación de una ecuación química

Una ecuación química puede interpretarse a diferentes escalas. Por ejemplo, vamos a considerar la ecuación que representa la reacción de combustión del metano:

$$CH_4\,(g) \quad + \quad 2\,O_2\,(g) \quad \rightarrow \quad CO_2\,(g) \quad + \quad 2\,H_2O\,(l)$$

Escala atómico-molecular

1 molécula de CH_4 reacciona con 2 moléculas de O_2 y se obtienen 1 molécula de CO_2 y 2 moléculas de H_2O

Esta interpretación sigue siendo válida para un número mayor de moléculas, siempre que su número se encuentre en la proporción dada por sus respectivos coeficientes estequiométricos: 1 : 2 : 1 : 2.

Así, 1 000 moléculas de CH_4 reaccionan con 2 000 moléculas de O_2 y se obtienen 1 000 moléculas de CO_2 y 2 000 moléculas de H_2O.

Escala molar

Como solo debe mantenerse la proporción, se puede llegar a un número tan grande de moléculas como es el número de Avogadro.

Así, $1 \cdot N_A$ moléculas de CH_4 reaccionan con $2 \cdot N_A$ moléculas de O_2 y se obtienen $1 \cdot N_A$ moléculas de CO_2 y $2 \cdot N_A$ moléculas de H_2O. Y escrito de otra manera:

1 mol de CH_4 reacciona con 2 mol de O_2 y se obtienen 1 mol de CO_2 y 2 mol de H_2O

Así, los coeficientes estequiométricos de una ecuación química indican la proporción en moles en que reaccionan los reactivos y se obtienen los productos fig. 1.

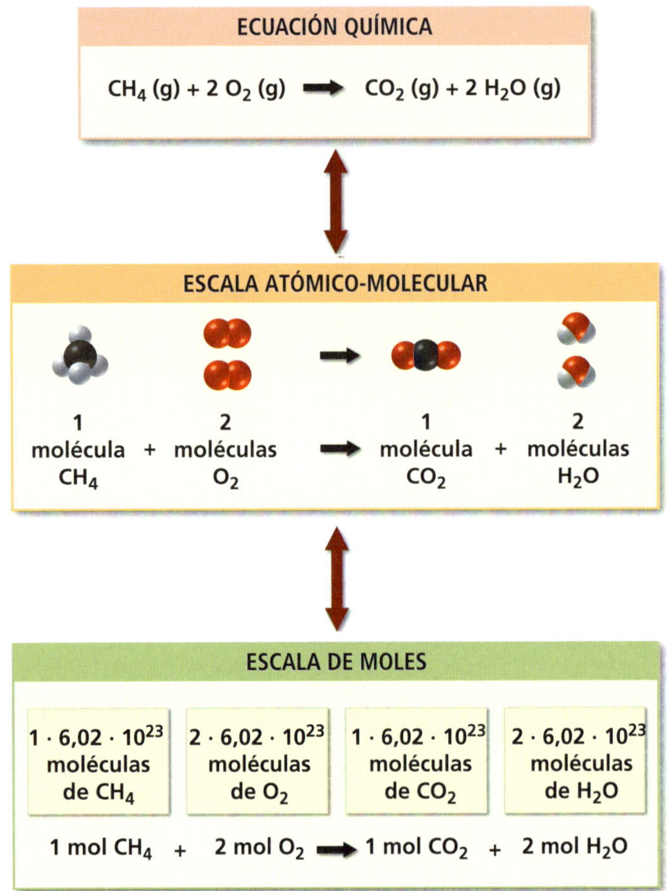

Fig. 1 Las proporciones estequiométricas se han de cumplir tanto a escala de pocos átomos y moléculas, como de moles de átomos y moléculas.

3.2. Cálculos estequiométricos

A partir de la ecuación química ajustada se hacen los **cálculos estequiométricos**, es decir, se halla la cantidad de producto que puede obtenerse a partir de cierta cantidad de reactivo o, inversamente, el reactivo necesario para obtener una cantidad de producto.

La estrategia más general para realizar cálculos de masa consta de tres pasos fig. 2:

1. Convertir la masa de A (producto o reactivo) en moles. Para llevar a cabo esa conversión, utilizaremos la masa molar de A.
2. A partir de los moles de A, calcular el número de moles de B (reactivo o producto) utilizando los coeficientes estequiométricos de la ecuación ajustada.
3. Convertir los moles de B en masa de B usando la masa molar.

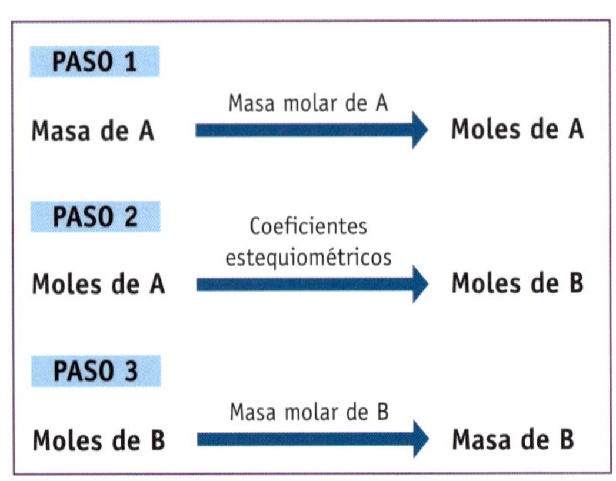

Fig. 2 Pasos del cálculo estequiométrico.

Ejemplo

1. **La electrolisis del cloruro de sodio fundido produce sodio y cloro según la reacción:**

$$2\ NaCl\ (l) \rightarrow 2\ Na\ (s) + Cl_2\ (g)$$

a) Calcula la masa de Cl_2 que se obtendría a partir de 500 g de NaCl.

b) Calcula la masa de NaCl necesaria para obtener 100 g de Na.

a) Calculamos la masa molar de cada sustancia presente en la reacción:

$$M\ (NaCl) = (23 + 35{,}5)\ g/mol = 58{,}5\ g/mol;\ M\ (Na) = 23\ g/mol;$$

$$M\ (Cl_2) = 2 \cdot 35{,}5\ g/mol = 71\ g/mol$$

Primero pasamos la masa de NaCl a moles, a partir de su masa molar:

$$n_{NaCl} = 500\ \cancel{g\ NaCl} \cdot \frac{1\ mol\ NaCl}{58{,}5\ \cancel{g\ NaCl}} = 8{,}5\ mol\ NaCl$$

Después, como por cada dos moles de NaCl se obtiene uno de Cl_2, tendremos que a partir de los 500 g de NaCl se obtienen:

$$n_{Cl_2} = 8{,}5\ \cancel{mol\ NaCl} \cdot \frac{1\ mol\ Cl_2}{2\ \cancel{mol\ NaCl}} = 4{,}25\ mol\ Cl_2$$

Finalmente, para saber a qué masa de Cl_2 corresponden estos moles:

$$m_{Cl_2} = 4{,}25\ \cancel{mol\ Cl_2} \cdot \frac{71\ g\ Cl_2}{1\ \cancel{mol\ Cl_2}} = 301{,}7\ g\ Cl_2$$

b) Para calcular la masa de NaCl necesaria para obtener 100 gramos de Na se utilizan unos pasos similares a los que acabamos de describir:

$$n_{Na} = 100\ \cancel{g\ Na} \cdot \frac{1\ mol\ Na}{23\ \cancel{g\ Na}} = 4{,}3\ mol\ Na$$

$$n_{NaCl} = 4{,}3\ \cancel{mol\ Na} \cdot \frac{2\ mol\ NaCl}{2\ \cancel{mol\ Na}} = 4{,}3\ mol\ NaCl$$

$$m_{NaCl} = 4{,}3\ \cancel{mol\ NaCl} \cdot \frac{58{,}5\ g\ NaCl}{1\ \cancel{mol\ NaCl}} = 251{,}4\ g\ NaCl$$

Cloruro de sodio.

Sodio.

Cloro.

1. El butano, de fórmula molecular C_4H_{10}, es un combustible de uso doméstico muy habitual que se comercializa en bombonas de diversos tamaños.

   La combustión del butano se describe en esta ecuación:

   $$2\ C_4H_{10}\ (g) + 13\ O_2\ (g) \rightarrow 8\ CO_2\ (g) + 10\ H_2O\ (l)$$

   a. Calcula la masa de agua producida en la combustión de 10 kg de butano.

   b. Determina la masa de oxígeno necesaria para quemar los 10 kg de butano.

   c. ¿Qué masa de dióxido de carbono se produce al quemar esos 10 kg de butano?

2. La pintura de minio se utiliza como protector antioxidante del hierro. El minio es un óxido de plomo, de fórmula empírica Pb_3O_4, de color naranja intenso. Se sintetiza industrialmente calentando monóxido de plomo (PbO), en presencia de aire a menos de 350 °C.

   La ecuación de la reacción es:

   $$6\ PbO\ (s) + O_2\ (g) \rightarrow 2\ Pb_3O_4\ (s)$$

   a. Calcula las masas de PbO y O_2 necesarias para obtener 5 kg de minio.

   b. Halla la masa de minio que puede obtenerse a partir de 1 g de PbO.

4 Cálculos con volúmenes

4.1. Sustancias líquidas

Cuando alguna de las sustancias que intervienen en una reacción química, reactivo o producto, es un líquido, puede expresarse su cantidad en forma de volumen.

La densidad (ρ) de la sustancia relaciona masa (*m*) y volumen (*V*):

$$V = \frac{m}{\rho} \Leftrightarrow m = V \cdot \rho$$

4.2. Sustancias gaseosas

En muchas reacciones químicas intervienen gases y, al igual que los líquidos, es usual expresar sus cantidades en forma de volumen.

Sin embargo, el volumen de una cantidad de gas determinada no es un valor fijo porque depende de la presión y de la temperatura. Por tal razón, para poder comparar cantidades de gases, es conveniente trabajar en unas mismas condiciones de presión y temperatura.

Una manera usual de trabajar con gases es a una presión de **1 atm** y a una temperatura de **0 °C** (273 K), las denominadas condiciones normales. En dichas condiciones, 1 mol de cualquier gas ocupa un volumen de **22,4 dm³** fig. 1.

Esta propiedad de los gases se debe a que entre sus moléculas hay mucho espacio vacío (que es verdaderamente lo que se considera como volumen del gas), de modo que el insignificante tamaño de las moléculas no tiene importancia.

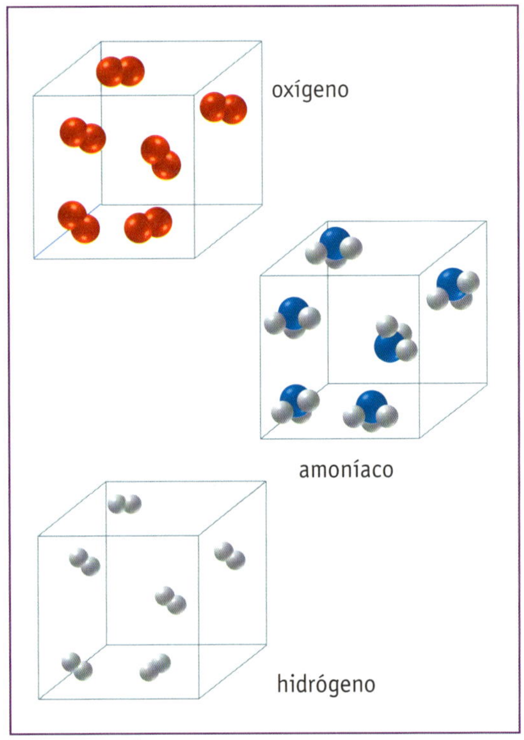

Fig. 1 Un mol de cualquier gas medido en condiciones normales ocupa un volumen de 22,4 L, que es la capacidad de un cubo de 28,2 cm de arista.

Ejemplos

1. La combustión del etanol (C_2H_5OH) produce dióxido de carbono (CO_2), y agua (H_2O) según la reacción:

$$C_2H_5OH\ (l) + 3\ O_2\ (g) \rightarrow 2\ CO_2\ (g) + 3\ H_2O\ (l)$$

Calcula la masa de agua que se obtendrá al quemar 100 cm³ de etanol (densidad: ρ = 0,79 g/cm³).

Primero calculamos la masa molar de los compuestos, y con la densidad, la masa de alcohol quemado:

$M\ (C_2H_5OH) = 46$ g/mol; $M\ (O_2) = 32$ g/mol;

$M\ (CO_2) = 44$ g/mol y $M\ (H_2O) = 18$ g/mol

$m_{C_2H_5OH} = V \cdot \rho = 100\ cm^3 \cdot 0{,}79\ g/cm^3 = 79$ g de C_2H_5OH

Hallamos los moles de producto y su masa:

$$n_{C_2H_5OH} = 79\ \cancel{g\ C_2H_5OH} \cdot \frac{1\ mol\ C_2H_5OH}{46\ \cancel{g\ C_2H_5OH}} = 1{,}7\ mol\ C_2H_5OH$$

$$n_{H_2O} = 1{,}7\ \cancel{mol\ C_2H_5OH} \cdot \frac{3\ mol\ H_2O}{1\ \cancel{mol\ C_2H_5OH}} = 5{,}1\ mol\ H_2O$$

$$m_{H_2O} = 5{,}1\ \cancel{mol\ H_2O} \cdot \frac{18\ g\ H_2O}{1\ \cancel{mol\ H_2O}} = 91{,}8\ g\ H_2O$$

2. Calcula el volumen de oxígeno, medido en condiciones normales, necesario para quemar 25 g de butano (C_4H_{10}), según la reacción:

$$2\ C_4H_{10}\ (g) + 13\ O_2\ (g) \rightarrow 8\ CO_2\ (g) + 10\ H_2O\ (l)$$

Como solo nos interesan los reactivos (butano y oxígeno) calculamos únicamente sus masas molares:

$M\ (C_4H_{10}) = 58$ g/mol y $M\ (O_2) = 32$ g/mol

Los moles de C_4H_{10} quemados son:

$$n_{C_4H_{10}} = 25\ \cancel{g\ C_4H_{10}} \cdot \frac{1\ mol\ C_4H_{10}}{58\ \cancel{g\ C_4H_{10}}} = 0{,}43\ mol\ C_4H_{10}$$

Para hallar el volumen de oxígeno, hemos de calcular antes los moles de O_2 necesarios en la combustión:

$$n_{O_2} = 0{,}43\ \cancel{mol\ C_4H_{10}} \cdot \frac{13\ mol\ O_2}{2\ \cancel{mol\ C_4H_{10}}} = 2{,}8\ mol\ O_2$$

El volumen de O_2 medido en condiciones normales es:

$$V_{O_2} = 2{,}8\ \cancel{mol\ O_2} \cdot \frac{22{,}4\ L\ O_2}{1\ \cancel{mol\ O_2}} = 62{,}7\ L\ O_2$$

4.3. Sustancias en disolución

El empleo de reactivos disueltos es muy habitual en química. En tal caso, para saber la cantidad de reactivo que reacciona es indispensable conocer la concentración de la disolución.

Ahora, a partir del concepto de mol, vamos a añadir una nueva forma de expresión de la concentración a las que ya conocemos:

La **concentración molar** o **molaridad** indica los moles de soluto disueltos en un litro de disolución (mol/L o mol/dm^3) fig. 2:

$$\text{Concentración molar (mol/L)} = \frac{\text{moles de soluto}}{\text{litros de disolución}}$$

Usualmente se emplean algunas abreviaturas:

- Una fórmula entre corchetes, [NaCl], significa que se trata de una disolución cuya concentración se expresa en molaridad.
- La unidad mol/L o mol/dm^3 se suele escribir con la letra M.

Así, una disolución acuosa de cloruro de sodio de concentración 0,2 mol/L se escribiría [NaCl] = 0,2 M.

Fig. 2 La unidad de la molaridad es mol/L, pero suele simbolizarse con la letra M.
Al disolver 3 g de hidróxido de sodio (NaOH) en agua, y añadir agua hasta obtener 0,5 L de disolución, la concentración resultante es [NaOH] = 0,15 M.

Ejemplo

3. **Se prepara una disolución de cloruro de sodio (NaCl) disolviendo 40 g de NaCl en agua hasta obtener dos litros de disolución. Halla la concentración molar.**

Primero calculamos cuántos moles son los 40 g de NaCl. Como *M* (NaCl) = 58,5 g/mol:

$$n_{NaCl} = 40\ \cancel{\text{g NaCl}} \cdot \frac{1\ \text{mol NaCl}}{58{,}5\ \cancel{\text{g NaCl}}} = 0{,}68\ \text{mol NaCl}$$

La molaridad será:

$$[\text{NaCl}] = \frac{n_{NaCl}}{V\ \text{dis.}} = \frac{0{,}68\ \text{mol NaCl}}{2\ \text{L dis.}} = 0{,}34\ \text{mol/L} = 0{,}34\ \text{M}$$

@ Amplía en la Red...

Practica los cálculos con masas y volúmenes en las reacciones químicas en: www.tiching.com/115902

1. El ácido nítrico, HNO_3, se puede preparar según:

$$N_2O_5\ (g) + H_2O\ (l) \longrightarrow 2\ HNO_3\ (l)$$

¿Qué volumen de HNO_3 se obtiene a partir de 500 g de N_2O_5? (La densidad del ácido nítrico es 1,5 g/cm^3.)

2. Calcula el volumen de CO_2, medido en condiciones normales, y el volumen de H_2O (d_{H_2O} = 1 g/cm^3) que se obtendrá en la combustión de 60 g de butano. La ecuación de la reacción es:

$$2\ C_4H_{10}\ (g) + 13\ O_2\ (g) \longrightarrow 8\ CO_2\ (g) + 10\ H_2O\ (l)$$

3. Disolvemos 25 g de hidróxido de sodio (NaOH) en agua hasta obtener 500 cm^3 de disolución. ¿Cuál es la concentración molar de la disolución?

4. Al reaccionar el hidróxido de sodio (NaOH) con HCl se obtiene NaCl, según:

$$NaOH + HCl \longrightarrow NaCl + H_2O$$

¿Qué volumen de disolución de NaOH 1 mol/L debe hacerse reaccionar para obtener 10 g de NaCl?

5. El yoduro de potasio (KI) reacciona con el nitrato de plomo ($Pb(NO_3)_2$) según:

$$KI\ (aq) + Pb(NO_3)_2\ (aq) \longrightarrow PbI_2\ (s) + KNO_3\ (aq)$$

a. Ajusta la ecuación química.

b. ¿Qué volumen de disolución 0,5 M de KI será necesario hacer reaccionar con exceso de $Pb(NO_3)_2$ para obtener 50 g de PbI_2?

Conservación de la masa

El químico francés A. Lavoisier descubrió a finales del siglo XVIII la ley de la conservación de la masa después de llevar a cabo numerosas reacciones en las que pesaba con gran precisión la masa de los reactivos antes de la reacción y la de los productos una vez finalizada fig. 1.

Cabría pensar que este descubrimiento no tuvo que ser tan difícil, ya que Lavoisier tan solo tenía que pesar masas con una balanza. Sin embargo, no todo se limitaba simplemente a pesar.

Los químicos tenían unas ideas bastante confusas sobre la naturaleza de los gases y, más en particular, del aire, aunque reconocían su intervención en muchas reacciones químicas.

Lavoisier se dio cuenta de que si quería medir exactamente la masa de reactivos y productos debía tener en cuenta la masa de los gases que intervenían, ya fuera como reactivos o como productos. Para hacerlo se esforzó en realizar sus experimentos en recipientes cerrados y así evitar intercambios de gases con el exterior.

Fig. 1 Sobre el retrato de Lavoisier y su esposa puedes observar una de sus balanzas de precisión (*Musée des arts et métiers*, Paris) y a sus pies, en el cuadro, uno de sus matraces.

A. Ahora llevarás a cabo dos reacciones para comprobar la conservación de la masa. En una de las reacciones se producirá un desprendimiento gaseoso y, como la reacción la harás en un recipiente abierto, observarás una disminución aparente de la masa. En la otra reacción no intervienen gases y, por tanto, no importa que la reacción se haga en un recipiente abierto para verificar la conservación de la masa.

Primero debes preparar 100 mL de disolución de carbonato de sodio de concentración 1 mol · L^{-1}, ya que la emplearás en los dos experimentos.

Preparación de una disolución de concentración molar determinada

1. El soluto sólido que se va a disolver es carbonato de sodio anhidro. Primero se calcula la masa de soluto que se necesitará para preparar los 100 mL de disolución de concentración 1 mol · L^{-1}:

$$m_{Na_2CO_3} = 100 \text{ mL sol.} \cdot \frac{1 \text{ L}}{1000 \text{ mL}} \cdot \frac{1 \text{ mol } Na_2CO_3}{1 \text{ L sol.}} \cdot \frac{106 \text{ g } Na_2CO_3}{1 \text{ mol } Na_2CO_3} =$$

$$= 10{,}6 \text{ g } Na_2CO_3$$

2. Se toma un vidrio de reloj y se pesa la masa.
3. Se deposita la masa pesada en un vaso de precipitados limpio de 100 mL y se vierten unos 70 mL de agua destilada. Se remueve el líquido con una varilla de vidrio hasta la completa disolución del soluto.
4. Se toma un matraz aforado de 100 mL y, con la ayuda de un embudo, se vierte la disolución preparada. Se lava el vaso de precipitados con unos 20 mL de agua y se añaden al matraz aforado.
5. En este momento el volumen de la disolución preparada será casi 100 mL. Se añadirá el agua que falta empleando un cuentagotas hasta llegar a la línea de aforo.
6. La disolución preparada se guarda en una botella, y en la etiqueta se escribe el nombre y la fórmula del soluto, la concentración molar y la fecha de preparación.

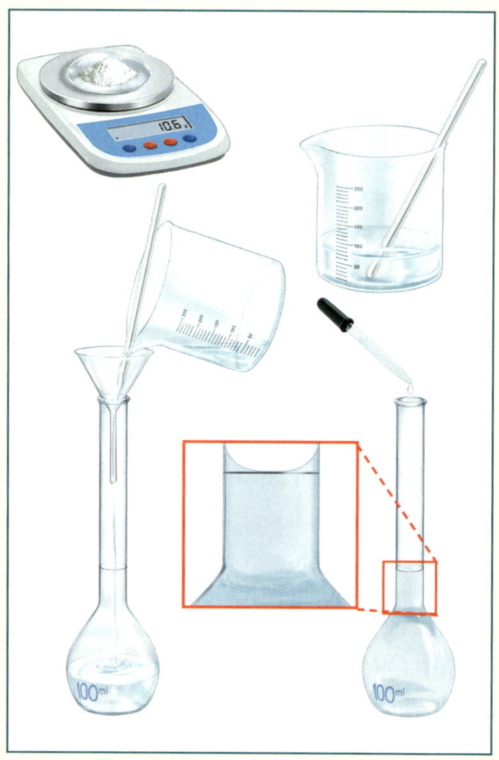

Pérdida aparente de masa por desprendimiento gaseoso

El carbonato de sodio (Na_2CO_3) reacciona con el ácido clorhídrico (HCl) según la ecuación química:

$$Na_2CO_3\ (aq) + 2\ HCl\ (aq) \longrightarrow 2\ NaCl\ (aq) + H_2O\ (l) + CO_2\ (g)$$

1. Pon en una probeta 25 mL de disolución de Na_2CO_3 1 M.
2. En un vaso de precipitados de 250 mL pon 50 mL de solución de HCl 1 M.
3. Pesa el conjunto de la probeta y el vaso de precipitados y toma nota del valor obtenido.

   Masa inicial (recipientes + reactivos): ... g
4. A continuación, vierte poco a poco la solución de carbonato de sodio sobre la del ácido. Observarás un intenso burbujeo por el desprendimiento de dióxido de carbono. Cuando acabe el burbujeo, pesa otra vez todo el conjunto y anota el valor obtenido:

   Masa final (recipientes + reactivos): ... g
5. Calcula la pérdida aparente de masa.

   Pérdida aparente de masa = masa final − masa inicial = ... g

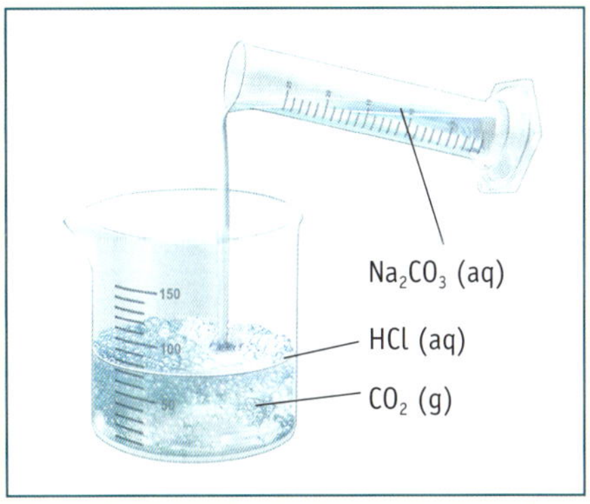

Reacción de ácido clorhídrico con carbonato de sodio.

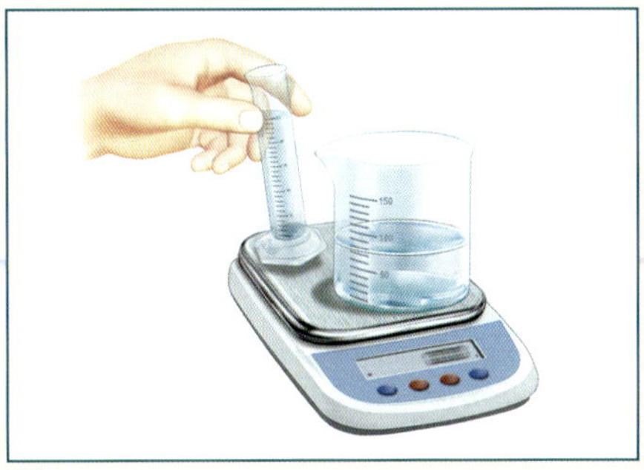

Se deben pesar, conjuntamente, el vaso de precipitados y la probeta con las disoluciones antes y después de la reacción.

Conservación de la masa en una reacción de precipitación

El carbonato de sodio reacciona con el hidróxido de bario según la ecuación química:

$$Na_2CO_3\ (aq) + Ba(OH)_2\ (aq) \longrightarrow BaCO_3\ (s) + 2\ NaOH\ (aq)$$

1. Pon en una probeta 25 mL de disolución de Na_2CO_3 1 M.
2. En un vaso de precipitados de 250 mL pon 50 mL de solución saturada de hidróxido de bario.
3. Pesa el conjunto de la probeta y el vaso de precipitados y anota el valor obtenido.

   Masa inicial (recipientes + reactivos): ... g
4. A continuación, vierte poco a poco la solución de carbonato de sodio sobre la del hidróxido de bario. Observarás que se forma un precipitado de color blanco de carbonato de bario. Pesa de nuevo todo el conjunto y toma nota del valor obtenido:

   Masa final (recipientes + reactivos): ... g
5. Calcula la pérdida aparente de masa.

   Pérdida aparente de masa = masa final − masa inicial = ... g

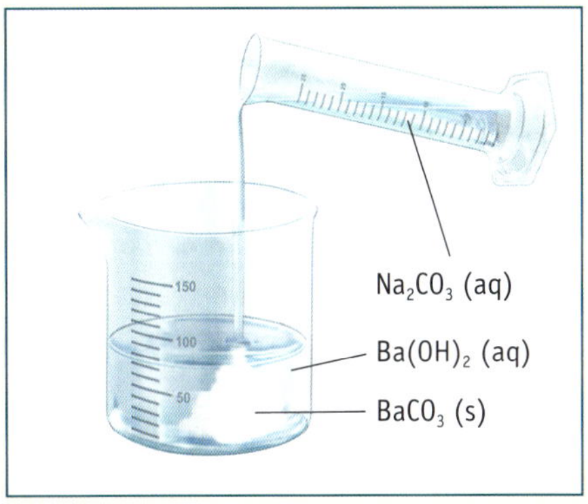

El carbonato de bario precipita en forma de un sólido de color blanco.

1. ¿Crees que en los 100 mL de disolución que has preparado hay 100 mL de agua?
2. ¿Por qué se enjuaga el vaso de precipitados con un poco de agua destilada, y esta se añade a la disolución del matraz?
3. ¿Ha habido pérdida de masa significativa en alguna de las reacciones?
4. ¿Qué condiciones deben darse en una reacción realizada en recipiente abierto para que no se produzca una pérdida aparente de masa?
5. ¿Crees que puede darse el caso de alguna reacción que realizada en recipiente abierto mostrase un aumento aparente de masa?

1. Explica por qué esta frase no es cierta: "La descomposición electrolítica de 100 g de bromuro de potasio (KBr) produce 39 g de potasio y 80 g de bromo".

2. A partir de una muestra de 42,5 g de un óxido de plomo se obtuvieron 36,8 g de plomo. Calcula la composición centesimal del óxido de plomo de la muestra.
   a) ¿Qué masa de plomo se podría obtener a partir de 472 g de óxido de plomo?
   b) ¿Qué masa de óxido de plomo debería tratarse para obtener 1 kg de plomo?

3. Calcula la masa molar de las siguientes sustancias: O_2, NH_3, HCl, K_2CO_3 y $Ca(OH)_2$.

4. Completa en tu cuaderno la tabla siguiente:

fórmula	cantidad de sustancia (mol)	masa (g)
H_2O	2,50	
CO_2		186
NH_3	1,24	
H_2SO_4		450
NaOH	0,92	

5. Calcula:
   a) Cuántos átomos de oro hay en un gramo del metal.
   b) Cuántas moléculas hay en 20 g de O_2. ¿Y átomos?
   c) Cuántos moles de Cl_2O_3 hay en 100 g de Cl_2O_3.
   d) La masa de 4 moles de $CaCO_3$.

6. Ordena de mayor a menor las siguientes cantidades de oro: 100 g, 1,5 mol y 10^{22} átomos.

7. ¿Qué masa de nitrato de potasio (KNO_3) hay en 0,5 mol de KNO_3? ¿Y qué masa de cada elemento: K, N y O?

8. ¿De dónde se puede extraer más plata, de 100 g de Ag_2O o de 130 g de AgCl?

9. Calcula, para la preparación de dicloruro de calcio:

$$CaO + 2\ HCl \longrightarrow CaCl_2 + H_2O$$

   a) Los moles de $CaCl_2$ que se obtendrán a partir de 0,25 moles de CaO y HCl en exceso. ¿Y de 0,25 moles de HCl y CaO en exceso?
   b) Los moles de CaO y de HCl que harán falta para obtener 4 moles de $CaCl_2$.

10. Calcula, para la reacción de formación del agua:

$$2\ H_2 + O_2 \longrightarrow 2\ H_2O$$

   a) La masa de agua que se obtendrá a partir de 20 g de H_2 y O_2 en exceso.
   b) ¿Qué masa de O_2 ha reaccionado con los 20 g de H_2?

11. El nitrato de amonio (NH_4NO_3) se descompone fácilmente por calentamiento, según:

$$2\ NH_4NO_3\ (s) \longrightarrow 4\ H_2O\ (l) + 2\ N_2\ (g) + O_2\ (g)$$

   a) Calcula la masa de oxígeno que se obtendrá en la descomposición de 200 g de nitrato de amonio.
   b) ¿Qué masa de nitrato de amonio se debería descomponer para obtener 500 g de oxígeno?

12. Calcula, para la reacción de formación del trióxido de azufre, $2\ S + 3\ O_2 \longrightarrow 2\ SO_3$:
   a) La masa de SO_3 que se obtendrá a partir de 50 g de S y O_2 en exceso.
   b) Las masas de S y de O_2 necesarias para obtener exactamente 100 g de SO_3.

13. El dióxido de azufre (SO_2) es un contaminante que se produce en la combustión del carbón en las centrales térmicas. Un método para limpiar de SO_2 los humos expulsados a la atmósfera consiste en tratarlos con H_2S, produciéndose azufre sólido y agua:

$$SO_2\ (g) + H_2S\ (g) \longrightarrow S\ (s) + H_2O\ (l)$$

   a) Ajusta la ecuación química.
   b) Si en una central se producen 500 kg de azufre cada día, calcula la masa de dióxido de azufre que se ha conseguido extraer de los humos.

14. La respiración consiste en la combustión bioquímica del azúcar glucosa ($C_6H_{12}O_6$). Esta reacción se puede expresar mediante la siguiente ecuación química:

$$C_6H_{12}O_6\ (s) + 6\ O_2\ (g) \longrightarrow 6\ CO_2\ (g) + 6\ H_2O\ (l)$$

Un deportista que desarrolla actividad física intensa puede quemar hasta 600 gramos de glucosa al día. Calcula:
   a) La masa de agua que se producirá.
   b) Los moles de CO_2 que se producirán.
   c) La masa de oxígeno que se necesitará para completar la combustión.

15. Se prepara una disolución de 10 g de cloruro de potasio (KCl) en agua hasta completar un litro de disolución.
   a) Calcula la concentración molar de la disolución.
   b) Si para un experimento se necesitan 0,025 moles de KCl, ¿qué volumen deberíamos extraer de la disolución preparada?

16. Calcula, para la reacción de formación del dióxido de carbono, $C\ (s) + O_2\ (g) \longrightarrow CO_2\ (g)$:
   a) La masa de CO_2 producida al quemar 100 g de C en exceso de O_2.
   b) Los moles de CO_2 producidos.
   c) El volumen de dicho CO_2 en condiciones normales.

Comprueba lo que has aprendido • Comprueba lo que

1. ¿Qué son las leyes ponderales? ¿Por qué son importantes para la historia de la química?

2. Enuncia en tu cuaderno y explica la ley de Lavoisier o ley de la conservación de la masa.

   Pon un ejemplo en el que no se cumpla aparentemente la ley de Lavoisier y refútalo, es decir, di a qué es debida la diferencia de masas.

3. Al quemar algodón se producen gases y ceniza. Aparentemente desaparece masa porque las cenizas pesan mucho menos que el algodón. Describe un procedimiento experimental para demostrar que en la combustión del algodón se cumple la ley de la conservación de la masa.

4. Las siguientes ecuaciones representan reacciones químicas. Indica las reacciones en las que se podría comprobar la ley de la conservación de la masa, aunque la reacción se hiciese en un recipiente abierto:

   a) $2\ Cu\ (s) + O_2\ (g) \longrightarrow 2\ CuO\ (s)$

   b) $CaO\ (s) + H_2O\ (l) \longrightarrow Ca(OH)_2\ (s)$

   c) $CaCO_3\ (s) \longrightarrow CaO\ (s) + CO_2\ (g)$

   d) $Zn\ (s) + H_2SO_4\ (aq) \longrightarrow ZnSO_4\ (aq) + H_2\ (g)$

   e) $NaCl\ (aq) + AgNO_3\ (aq) \longrightarrow AgCl\ (s) + NaNO_3\ (aq)$

5. La descomposición electrolítica del agua produce oxígeno e hidrógeno, según la reacción $2\ H_2O \longrightarrow 2\ H_2 + O_2$. Al descomponer 27 g de agua (H_2O), ¿qué se obtiene?

   a) Se obtienen 13,5 g de hidrógeno y 13,5 g de oxígeno.

   b) Se obtienen 18 g de hidrógeno y 9 g de oxígeno.

   c) Se obtienen 3 g de hidrógeno y 24 g de oxígeno.

6. Escribe el enunciado de la ley de las proporciones definidas de Proust y justifícala desde el punto de vista de la teoría atómico-molecular de la materia.

7. ¿Qué es la composición centesimal de un compuesto? ¿Cómo se calcula?

8. ¿Qué son los cálculos estequiométricos? ¿Cuáles son los tres pasos fundamentales de cualquier cálculo estequiométrico?

9. Define los siguientes conceptos:

   a) Mol. c) Masa molecular.

   b) Número de Avogadro. d) Masa molar.

10. ¿Qué unidad tiene la masa molar? ¿Cómo se calcula la masa molar?

11. Empareja en tu cuaderno cada fórmula con su correspondiente masa molar:

a) SO_3	1) 17 g/mol
b) PH_3	2) 28 g/mol
c) NaOH	3) 34 g/mol
d) CO	4) 34 g/mol
e) H_2SO_4	5) 40 g/mol
f) H_2S	6) 44 g/mol
g) CO_2	7) 80 g/mol
h) NH_3	8) 98 g/mol

12. Indica en tu cuaderno si las siguientes afirmaciones son verdaderas o falsas para esta ecuación química:

$$2\ C_2H_2 + 5\ O_2 \longrightarrow 4\ CO_2 + 2\ H_2O$$

   a) Al hacer reaccionar 2 g de C_2H_2 con 5 g de O_2 se obtienen 4 g de CO_2 y 2 g de H_2O.

   b) Por cada molécula de C_2H_2 que reacciona se forma una molécula de agua.

   c) Por cada dos moles de C_2H_2 que reaccionan se necesitan cinco moles de O_2.

   d) Se necesitan cinco moléculas de O_2 para obtener cuatro moles de CO_2.

13. Indica en tu cuaderno si son verdaderas o falsas estas afirmaciones: "En una reacción química siempre...

   a) ... se desprende calor".

   b) ... se conserva la masa".

   c) ... se conserva el número de moles".

   d) ... se conserva el número de átomos".

   e) ... se reorganizan los enlaces".

14. ¿Qué es la concentración molar? ¿En qué unidad se expresa esta magnitud?

15. ¿Qué característica de una sustancia líquida se debe conocer para poder utilizar el volumen de sustancia en vez de su masa?

16. ¿Cuáles son las condiciones normales de presión y temperatura? ¿Qué utilidad tienen en el cálculo químico?

17. Considera las siguientes cantidades de oxígeno (O_2) y ordénalas según el número de átomos que contengan, de mayor a menor número: 2 mol de O_2; 22,4 L medidos en condiciones nomales de presión y temperatura; 48 g de O_2.

1 Extrae conclusiones. El pan

Un cocinero hace el pan mezclando harina, agua, sal y levadura. Una vez mezclado todo, coloca la mezcla en un recipiente durante varias horas para que se produzca el proceso de la fermentación. Durante la fermentación, se produce un cambio químico en la mezcla: la levadura (un hongo unicelular) transforma el almidón y los azúcares de la harina en dióxido de carbono y alcohol.

1. La fermentación hace que la mezcla se hinche. ¿Por qué se hincha?
   a) Se hincha porque se produce alcohol, que se transforma en gas.
   b) Se hincha porque los hongos unicelulares se reproducen dentro de ella.
   c) Se hincha porque se produce un gas, el dióxido de carbono.
   d) Se hincha porque la fermentación transforma el agua líquida en vapor.

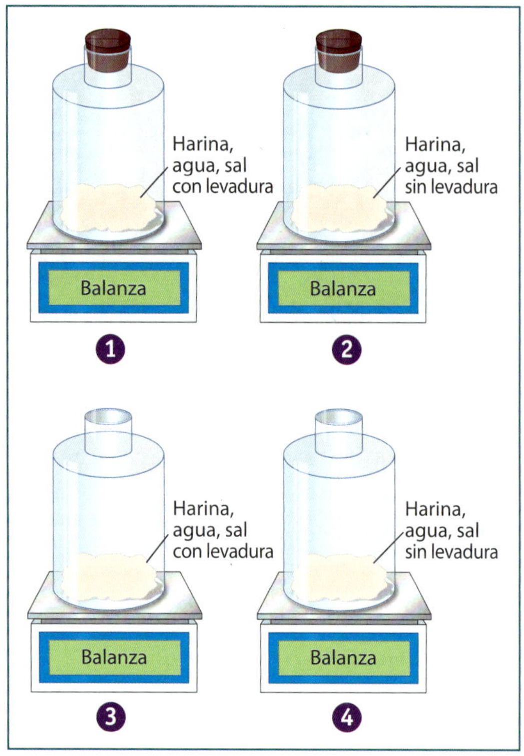

2. Algunas horas después de haber hecho la mezcla, el cocinero la pesa y observa que su masa ha disminuido.
   La masa de la mezcla es la misma al comienzo de cada uno de los cuatro experimentos que se muestran a la derecha. ¿Qué dos experimentos debería comparar el cocinero para determinar si la levadura es la responsable de la pérdida de masa?
   a) El cocinero debería comparar los experimentos 1 y 2.
   b) El cocinero debería comparar los experimentos 1 y 3.
   c) El cocinero debería comparar los experimentos 2 y 4.
   d) El cocinero debería comparar los experimentos 3 y 4.
3. En la mezcla, la levadura transforma el almidón y los azúcares de la harina mediante una reacción química en la que se producen dióxido de carbono y alcohol.
   ¿De dónde provienen los átomos de carbono que forman parte del dióxido de carbono y del alcohol?
   Marca con un círculo la respuesta, Sí o No, para cada una de las posibles explicaciones siguientes:

¿Es correcta esta explicación sobre la procedencia de los átomos de carbono?	¿Sí o No?
Algunos átomos de carbono provienen de los azúcares.	Sí / No
Algunos átomos de carbono formaban parte de las moléculas de sal.	Sí / No
Algunos átomos de carbono provienen del agua.	Sí / No

4. Cuando la mezcla de pan hinchada (fermentada) se cuece en el horno, las burbujas de gas y vapor que hay en la mezcla se dilatan. ¿Por qué se dilatan los gases y los vapores al calentarse?
   a) Sus moléculas se hacen más grandes.
   b) Sus moléculas se mueven más deprisa.
   c) Aumenta su número de moléculas.
   d) Sus moléculas entran en colisión con menos frecuencia.

Síntesis. Estequiometría

Leyes ponderales

- **Ley de la conservación de la masa o ley de Lavoisier**

  La masa de la sustancias presentes al principio de una reacción es igual que la masa de las sustancias presentes al final de la misma.

- **Ley de las proporciones definidas o ley de Proust**

  Si dos o más elementos se combinan para dar un determinado compuesto, siempre lo hacen en una relación constante de masas.

- Cualquier muestra de un compuesto químico puro determinado tiene igual **composición centesimal**, es decir, el porcentaje en masa de cada elemento que forma el compuesto toma un valor fijo.

Cálculos estequiométricos

- El **mol** es la unidad de cantidad de sustancia y se trata de la cantidad de sustancia que contiene $6{,}02 \cdot 10^{23}$ partículas.
- La **masa molar** de una sustancia es la masa de 1 mol de dicha sustancia.
  - La masa de 1 mol de átomos coincide numéricamente con la masa atómica del elemento, pero expresada en gramos.
  - La masa de $6{,}02 \cdot 10^{23}$ moléculas de un compuesto químico coincide numéricamente con su masa molecular.
- Una ecuación química puede interpretarse a diferentes escalas: escala molecular o escala molar.
- Los **cálculos estequiométricos** se efectúan a partir de la ecuación química ajustada; se halla la cantidad de producto que puede obtenerse a partir de cierta cantidad de reactivo o, inversamente, el reactivo necesario para obtener una cantidad de producto.
- Cuando alguna de las sustancias que intervienen en una reacción química, reactivo o producto, es un líquido, puede expresarse su cantidad en forma de volumen.

  En este caso, se utiliza la densidad (ρ) de la sustancia, es decir, la relación entre su masa (m) y su volumen (V).

- Para trabajar con gases, es conveniente tenerlos en unas mismas condiciones de presión y temperatura.

  Las **condiciones normales** son una presión de 1 atm y una temperatura de 0 °C (273 K). En dichas condiciones, 1 mol de cualquier gas ocupa un volumen de 22,4 dm^3.

- Si se trabaja con sustancias en disolución, para saber la cantidad de reactivo que reacciona es indispensable conocer la **concentración** de dicha disolución (en gramos por litro, porcentaje...).

  La **concentración molar** o molaridad indica los moles de soluto disueltos en un litro de disolución (mol/L o mol/dm^3).

Consolidación de competencias

RESPONDE A LA PREGUNTA INICIAL

Después de haber estudiado este tema, puedes responder a la pregunta inicial:

¿Cómo trabajamos con reacciones químicas?

Redacta un texto de entre 10 y 20 líneas que resuma las conclusiones a las que hayas llegado sobre la cuestión. A continuación, elabora un esquema de los contenidos.

AFIANZA LO APRENDIDO

Para consolidar los conocimientos adquiridos a lo largo de la unidad puedes efectuar las actividades que encontrarás en la siguiente dirección web:

www.tiching.com/730015

Estas actividades se han preparado en un documento en formato pdf que puedes descargarte.

Al final del documento hallarás las soluciones de manera que puedas comprobar si has cumplido los objetivos del tema.

APRENDER PARA EMPRENDER

Las empresas químicas transforman unas sustancias químicas en otras más elaboradas.

1. Selecciona, con ayuda de internet, varias empresas químicas de tu municipio o comarca.
2. Elabora un cuestionario con preguntas sobre:
   - Qué materias primas usan y qué cantidades anuales.
   - Qué productos fabrican y su producción anual.
   - Las aplicaciones de los productos.
   - El número de personas que trabajan y sus funciones.
   - Otras preguntas importantes que se te ocurran.
3. Contacta, ya sea por correo electrónico o, mejor, en una visita a la empresa organizada por la escuela, con alguna persona de la empresa que pueda responderlo.

TÉCNICAS DE ESTUDIO

Entra en: www.tiching.com/727162 y practica una técnica de estudio a partir de la síntesis.

8 QUÍMICA, TECNOLOGÍA Y SOCIEDAD

¿Cómo influye la química en la sociedad?

Los plásticos son materiales que hoy en día se emplean para fabricar casi cualquier objeto; por ejemplo, una gran mayoría de los envases. Aunque estos nuevos productos nos ayudan a vivir mejor, su producción y consumo generan muchos problemas medioambientales.

1850-1899

1859 Petróleo. El primer pozo de petróleo se perforó en 1859 en la población de Titusville (Pensylvania) en USA.

1881 Vacuna. El químico francés Louis Pasteur (1822-1895) preparó la primera vacuna empleando gérmenes infecciosos debilitados.

1887 Aspirina. El farmacéutico alemán Felix Hoffmann (1868 - 1946) sintetiza el ácido acetilsalicílico, un compuesto analgésico y antipirético que en 1899 se comercializa con el nombre de aspirina.

1909 Plásticos. El químico belga Leo H. Baekeland (1863-1944) sintetiza un plástico resistente al calor al que llamó baquelita. Se inicia el desarrollo de la industria de los plásticos.

La humanidad siempre ha aprovechado los recursos naturales disponibles para mejorar su bienestar.

Sin embargo, pocas materias primas se utilizan tal como se encuentran en la naturaleza. Casi todas las sustancias que usamos a diario han sido modificadas, en mayor o menor medida, mediante transformaciones físicas y químicas. El ejemplo más notable es el petróleo, un líquido espeso y maloliente, del cual se puede obtener toda clase de sustancias.

En este tema estudiarás cómo los productos químicos contribuyen a mejorar nuestra calidad de vida, pero sin olvidar que su fabricación y consumo son causa de importantes problemas medioambientales, como el agujero de la capa de ozono, el aumento del efecto invernadero o el cambio climático.

¿Qué sabemos?

- Seguramente los nombres *aspirina* y *paracetamol* te serán bien conocidos porque son los dos analgésicos (fármacos que actúan contra el dolor) más habituales en cualquier botiquín doméstico. Busca información sobre cómo y cuándo se obtuvieron por primera vez.
- Investiga en tu hogar qué productos de limpieza utilizáis. Lee las etiquetas y anota el nombre de los compuestos químicos que contienen. ¿Son muy variados?

¿Qué aprenderemos?

1900-1999

1930 • Primera refinería española.
La primera refinería de petróleo en España fue construida por la Compañía Española de Petróleos S.A. (CEPSA) en Santa Cruz de Tenerife (Canarias).

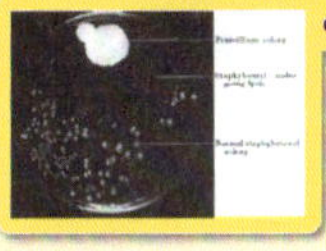

• 1928 Penicilina.
El bacteriólogo escocés Alexander Fleming (1881-1955) descubre la penicilina.

• 1931 Nailon.
El químico norteamericano W.H. Carothers (1896-1937) obtiene la primera fibra completamente sintética, comercializada con el nombre de nylon, que tuvo una gran aceptación por tener propiedades parecidas a la seda.

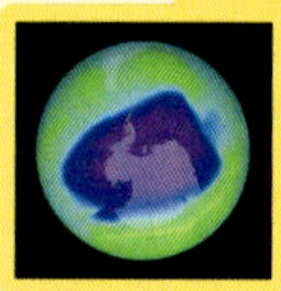

1985 • Agujero de ozono.
Se descubre que la concentración del ozono estratosférico está muy disminuida en la Antártida. El fenómeno se denomina agujero de la capa de ozono.

1 Materias primas de la industria química

1.1. Materias primas

La industria química tiene por objeto aprovechar las sustancias disponibles en el entorno natural, las **materias primas**, sometiéndolas a transformaciones físicas y químicas, con el fin de obtener unos productos adecuados para su utilización.

Existen distintos tipos de materias primas según su procedencia. A continuación veremos los más destacados.

1.2. Aire y agua

Algunos componentes del aire, como el oxígeno y el nitrógeno, tienen un gran interés industrial. Se pueden separar por destilación fraccionada del aire en estado líquido, es decir, licuando el aire y dejando evaporar sucesivamente los componentes fig. 1.

Muchos procesos industriales necesitan el agua por sus excelentes propiedades como disolvente, pero también como reactivo, refrigerante, limpiador…

El agua dulce es un recurso tan importante como escaso. Solo el 3 % del agua del planeta es agua dulce y, de esta, poco más del 20 % se encuentra en estado líquido, aunque no siempre es accesible ni tiene la calidad suficiente. Además, su distribución geográfica es muy desigual.

Fig. 1 La destilación fraccionada del aire separa sus componentes para usos diversos: nitrógeno para fabricar abonos y explosivos, oxígeno para soldadura...

1.3. Minerales y rocas

Los **minerales** son sustancias naturales inorgánicas de composición química definida, a partir de los que se obtienen los metales mediante *procesos metalúrgicos* tabla 1.

Tabla 1

MENAS DE ALGUNOS METALES		
mineral	**compuesto**	**metal**
hematites	Fe_2O_3	hierro
calcopirita	$CuFeS_2$	cobre
blenda	ZnS	cinc
bauxita	$Al_2O_3 \cdot 2\ H_2O$	aluminio
casiterita	SnO_2	estaño
cinabrio	HgS	mercurio
galena	PbS	plomo
sal gema	$NaCl$	sodio

Las **rocas** son agregados de partículas minerales de composición muy variable. Muchas se aprovechan directamente como *materiales de construcción* (granito, mármol, pizarra, etc.) o para fabricar otros materiales, como el cemento (mezcla de arcilla y roca caliza cocida a 1 700 °C) o las cerámicas (hechas con una arcilla de especial pureza, el caolín).

El carbón y el petróleo son rocas muy utilizadas por la industria química. En su mayor parte se emplean como combustible. Sin embargo, el carbón también sirve para obtener sustancias químicas y como reactivo en procesos metalúrgicos, y el petróleo es la materia prima de la industria petroquímica.

1.4. Biosfera

La industria química también utiliza muchas materias primas de origen vegetal o animal.

Por su importancia destacan los árboles, que se aprovechan como seres vivos productores de sustancias extraíbles (caucho, aceites, resinas, esencias…) y como fuente de madera, que es la materia prima para la fabricación de muchos productos (muebles, elementos de la construcción, papel, cartón, fibras…) fig. 2.

Fig. 2 A partir de la madera se puede obtener un gran número de productos.

COMBUSTIBLES

Alrededor del 80 % de la energía consumida en España proviene, directa o indirectamente, de quemar combustibles fósiles: carbón, petróleo y gas natural.

De los tres combustibles, destaca el petróleo porque aporta el 50 % del total de la energía.

Carbón

Se ha originado por la acumulación de restos de materiales vegetales que, cubiertos de sedimentos y sometidos a elevada temperatura y presión, se descompusieron y compactaron.

Durante este largo proceso se desprendieron poco a poco el agua y otras sustancias volátiles y, en consecuencia, aumentó la proporción de carbono.

De las minas se pueden extraer diversos tipos de carbón, cada uno de ellos con un porcentaje de carbono diferente: turba (60 %), lignito (70 %), hulla (80 %) y antracita (90 %).

En España hay minas de carbón pero la producción disminuye constantemente por diferentes causas (agotamiento y baja calidad de los yacimientos, escasas inversiones...) y por eso el 60% del carbón consumido es importado.

Petróleo

Es un líquido oleoso, espeso y oscuro que se acumula empapando estratos de rocas porosas a grandes profundidades. Es una mezcla compleja constituida principalmente por hidrocarburos (compuestos de carbono e hidrógeno) y algunos compuestos de azufre, oxígeno y nitrógeno. Son estos últimos compuestos la principal fuente de contaminación.

Gas natural

Es una mezcla gaseosa de composición variable, pero cuyo principal componente es el metano (CH_4), el cual, según el tipo de yacimiento, puede significar entre el 70 % y el 99 % del volumen.

Se suele emplear como combustible, y su consumo es cada vez mayor ya que se trata del combustible menos contaminante, por no contener azufre (que al quemarse formaría dióxido de azufre).

Fuentes de la energía generada en España

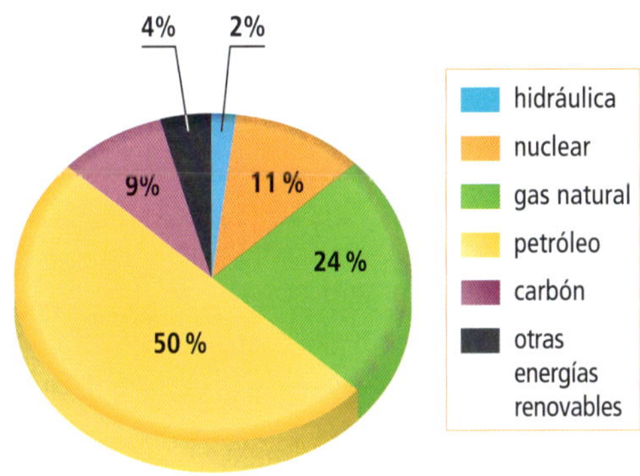

Mina de carbón a cielo abierto

@ Amplía en la Red...

Observa una infografía sobre el gas natural en: www.tiching. com/115908

1. ¿Qué es una materia prima?
2. ¿Cuáles son los principales grupos de materias primas? Cítalos y pon ejemplos.
3. ¿A partir de qué materiales se obtienen los metales? ¿Y las cerámicas?
4. ¿Qué materiales son las principales fuentes de energía? Explica si existen materiales alternativos a estos.
5. ¿Qué es un hidrocarburo?
6. El petróleo es un líquido, y, sin embargo, se dice que es una roca. ¿Por qué razón?
7. De los diferentes tipos de carbón, ¿cuál producirá más energía al quemarse? ¿Por qué?
8. Para obtener energía, ¿por qué es preferible quemar gas natural que petróleo?

2 El petróleo

¿Qué tienen en común la gasolina, los detergentes, las botellas de plástico y las fibras artificiales? Pues que todos ellos tienen como materia prima el petróleo.

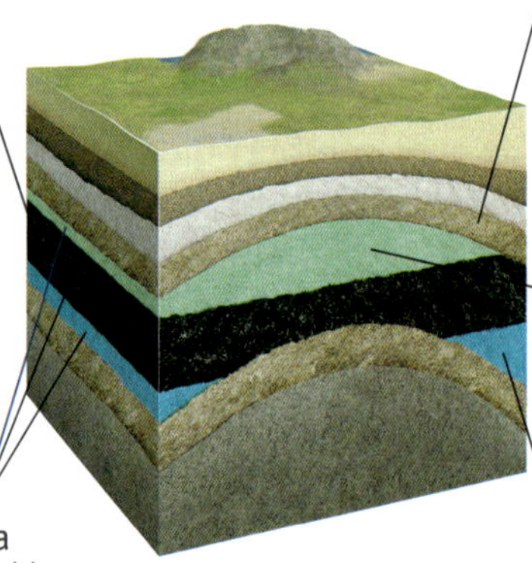

El petróleo se encuentra situado entre una capa de roca impermeable (que le impide ascender) y una capa de roca permeable con agua salada.

A ORIGEN

El petróleo es una compleja mezcla de hidrocarburos cuyo origen es la descomposición de restos de animales y algas, principalmente plancton, acumulados en fondos marinos de poca profundidad hace millones de años.

Con el transcurso del tiempo estos restos se cubrieron de sedimentos y, a causa de las condiciones de presión y temperatura y la actividad bacteriana, sufrieron transformaciones químicas hasta convertirse en petróleo.

B YACIMIENTOS

Los yacimientos de petróleo se encuentran en tierra firme o en el fondo de mares y océanos, pero siempre en terrenos sedimentarios.

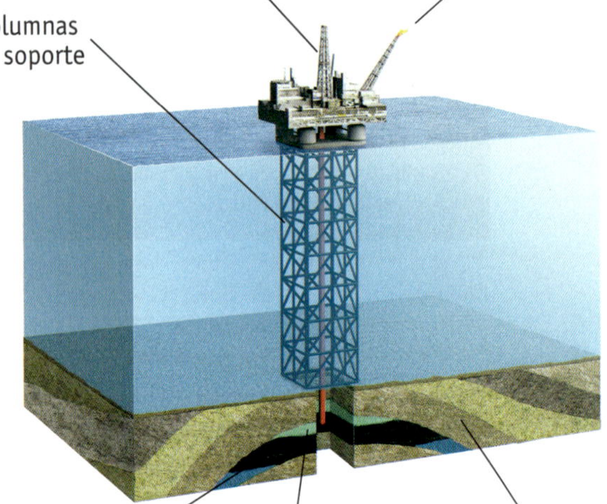

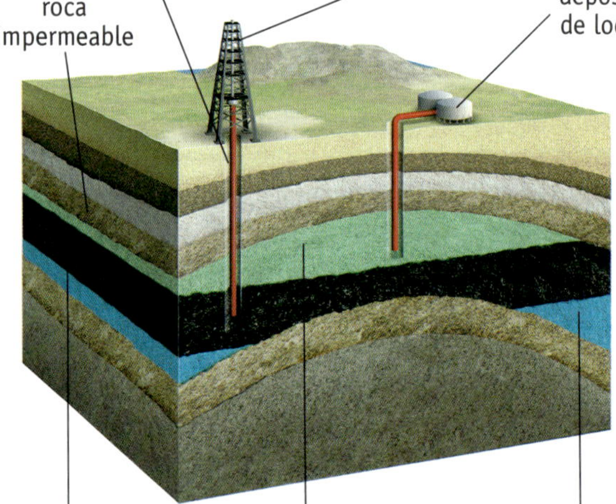

a) Plataforma petrolífera anclada en el fondo marino. b) Pozo petrolífero en tierra firme.

C TRANSPORTE

El petróleo que se extrae del yacimiento recibe el nombre de **petróleo crudo**, y no puede utilizarse directamente, sino que ha de ser sometido a diversas transformaciones físicas y químicas.

Este proceso, denominado **refino del petróleo**, se realiza en grandes instalaciones, las **refinerías de petróleo**, a donde el petróleo crudo llega a través de oleoductos o transportado en barcos petroleros.

D RIESGOS MEDIOAMBIENTALES

La extracción y el transporte del petróleo son actividades en las que se deben extremar las medidas de seguridad por el riesgo de vertidos al medioambiente.

Los primeros yacimientos que se explotaron eran muy accesibles porque estaban en tierra firme y llegaban a poca profundidad. Su agotamiento ha llevado a buscar el petróleo en el fondo marino, con perforaciones cada vez más profundas y, por tanto, más difíciles de explotar técnicamente.

Cuando se produce un vertido de combustible, muchos hidrocarburos quedan flotando en el agua porque su densidad es inferior a la de esta.

La plataforma *Deepwater Horizon* se hundió en el golfo de México en abril de 2010. Se calcula que ha llegado a expulsar $7 \cdot 10^{11}$ L de petróleo.

Como resultado el medio marino es el más directamente amenazado y el que sufre un mayor número de los peores episodios contaminantes. También el transporte en petroleros conlleva un gran riesgo, ya que cualquier percance puede suponer el vertido al mar de miles (incluso millones) de litros de petróleo.

1. En el mapa físico se indican las áreas regionales donde se encuentran los principales yacimientos petrolíferos.

Compáralo con un mapa político y localiza algunos de los países que tienen mayores recursos petrolíferos.

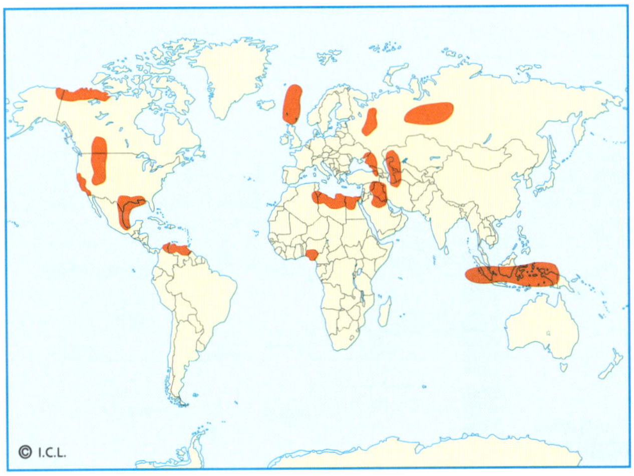

2. En España hay muy poco petróleo; solo algunos pozos en la costa de Tarragona con una producción aproximada de 8 000 barriles diarios. Sin embargo, en 2014 se iniciaron prospecciones en Canarias.

a. Busca información sobre la localización de las prospecciones y las expectativas de producción.

b. Estas prospecciones han generado una gran controversia pública. Busca en Internet qué argumentos a favor y en contra se han esgrimido y después redacta un escrito con tu opinión.

3. La producción del petróleo se mide en barriles. Un barril de petróleo equivale a una capacidad de 159 L.

a. Calcula la densidad del petróleo sabiendo que la masa de un barril de petróleo es de aproximadamente 140 kg.

b. Comparada con la densidad del agua, ¿cómo es la densidad del petróleo, mayor o menor? ¿Qué ocurre cuando se vierte petróleo en el mar?

4. La última gran catástrofe medioambiental por vertido de petróleo se produjo en la plataforma *Deepwater Horizon* en el golfo de México en abril de 2010. Consulta la página indicada para responder las siguientes preguntas: www.tiching.com/115910

a. ¿Qué accidente de los mostrados vertió un mayor volumen de petróleo?

b. ¿Hay algún vertido que afectase a las costas españolas?

3 La industria del petróleo

3.1. Refino de petróleo

El petróleo crudo extraído de los pozos y plataformas se somete a un proceso de refino en las refinerías de petróleo fig. 1. Este proceso consta, básicamente, de dos fases.

Primera fase

La primera operación del refino es la **destilación fraccionada** del petróleo fig. 2. Este proceso se lleva a cabo en las columnas o torres de fraccionamiento, en las que el petróleo se introduce, por la base, a una temperatura de 350 °C.

Los componentes más volátiles se vaporizan y suben a la parte superior de la columna, donde se condensan a diferentes alturas según su temperatura de ebullición.

El residuo de esta primera destilación se destila de nuevo, pero ahora a mayor temperatura y a presión reducida para facilitar su vaporización.

A lo largo de todo este proceso, el petróleo se separa en varias fracciones, formadas por grupos de hidrocarburos con puntos de ebullición parecidos.

Segunda fase

Las fracciones obtenidas en la destilación fraccionada se someten a una serie de transformaciones químicas con el fin de producir sustancias intermedias. Los principales procesos son:

- El **craqueo** o *cracking* es un proceso químico mediante el cual se rompen moléculas grandes, como las que forman el queroseno o el gasóleo, en otras más pequeñas, y que son la base de las gasolinas para automóviles.
- El **reformado** o *reforming* es un proceso químico que se emplea para mejorar la calidad de las gasolinas obtenidas por destilación fraccionada o por craqueo.

Fig. 1 Refinería de petróleo.

Fig. 2 Destilación fraccionada del petróleo.

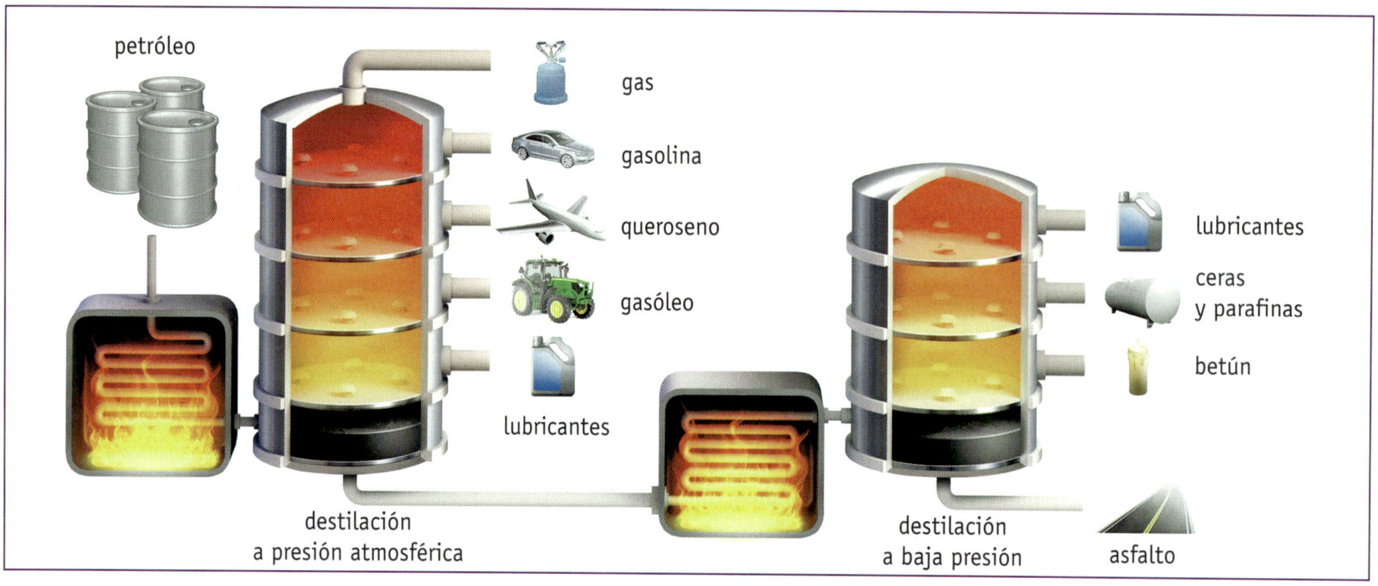

3.2. Petroquímica

La **petroquímica** es una rama de la industria química cuyo objeto es la obtención de sustancias mediante reacciones químicas a partir de las diversas fracciones del petróleo o del gas natural.

La industria petroquímica tiene actualmente una gran importancia por la enorme variedad de productos que sintetiza, más de 3000, y también por la cantidad de producción, equivalente a más del 50% del total de la producción química.

A partir del petróleo se puede llegar a obtener una amplia gama de productos tan diferentes entre sí como insecticidas, detergentes o plásticos tabla 1 y fig. 3.

Sin embargo, de todo el petróleo que se consume, solo un 8% se emplea como materia prima para sintetizar otras sustancias, y un 5% se utiliza en la preparación de aceites lubricantes y asfaltos. El restante 87% se dedica a la obtención de combustibles.

Tabla 1

Productos derivados del petróleo
anticongelantes, combustibles, aditivos para combustibles y aceites lubricantes
insecticidas
gomas y neumáticos
resinas, plastificantes y disolventes
plásticos de moldeo y espumas
fibras sintéticas
explosivos y detergentes

3.3. El consumo de petróleo

Cada año se consumen unos 4500 millones de toneladas de petróleo, de las que 60 millones de toneladas corresponden a España. Casi todo el petróleo que consumimos es importado, ya que en España solo hay algunos pozos petrolíferos en Tarragona, con una producción de 0,4 millones de toneladas.

A este ritmo de consumo, se calcula que las reservas de petróleo pueden durar unos 40 años (y 60 años el gas natural), pero es probable que a medida que se agote y se encarezca vaya sustituyéndose por otros combustibles que actualmente no resultan económicamente competitivos.

Un posible sustituto lo constituyen los **biocombustibles**, sustancias combustibles obtenidas de productos o residuos agrícolas:

- Algunos derivados de aceites vegetales, como el de colza, se han probado como eficaces carburantes en motores diésel.
- Los alcoholes producidos en la fermentación de residuos vegetales pueden emplearse como sustitutos de la gasolina.

Sus principales ventajas son que se trata recursos renovables y que contaminan menos porque contienen poco o nada de azufre.

Fig. 3 La materia prima de los plásticos es el petróleo.

1. ¿Cuáles son las fracciones más importantes del destilado del petróleo?
2. ¿Qué es la destilación fraccionada del petróleo?
3. Describe los principales procesos de la segunda fase del refino del petróleo.
4. ¿Podemos sustituir el petróleo que se dedica a la obtención de combustibles por otros materiales?
5. El precio del petróleo crudo viene dado en dólares por barril de petróleo (unidad de capacidad equivalente a 159 L).
   a. Infórmate del cambio del dólar frente al euro, es decir, de cuántos dólares vale un euro.
   b. Consulta el precio actual de un barril de petróleo y da su precio en euros por barril.
   c. Calcula el precio de un litro de petróleo crudo.

4 La industria farmacéutica

4.1. La salud y los medicamentos

Una de las grandes aportaciones de la química a la mejora de nuestra calidad de vida es la síntesis de medicamentos.

Así, mientras a principios del siglo XX, y debido a un gran número de enfermedades, no era de extrañar que la **esperanza de vida** de una persona no superase los 50 años, en la actualidad, la esperanza de vida en nuestro país está alrededor de los 80 años.

Esto ha sido posible gracias a que en los últimos cien años ha habido importantes avances en la medicina y en el desarrollo de nuevos fármacos:

- **Vacunas**. Previenen las enfermedades al estimular nuestro sistema inmunológico para que produzca sustancias de defensa, los denominados **anticuerpos**, que destruirán los agentes responsables de la enfermedad cuando esta se produzca fig. 1.

  Las vacunas actuales reproducen solo pequeños trozos del agente infeccioso, suficientes para estimular el sistema inmunológico, pero sin los riesgos asociados a la inoculación de un agente infeccioso completo.

- **Analgésicos**. Son fármacos que alivian el malestar causado por muchas dolencias, pero que no las curan. Cuando tenemos gripe, la fiebre nos produce un malestar que puede ser aliviado con un analgésico, pese a que este no destruye el agente infeccioso.
- **Antibióticos**. Son sustancias químicas que actúan contra las bacterias, un tipo de organismos responsables de muchas enfermedades infecciosas. El primer antibiótico, descubierto en 1928 por Alexander Fleming, fue la penicilina fig. 2.

Las primeras vacunas

La primera vacuna utilizó virus de una enfermedad, la viruela de las vacas, para inmunizar contra otra enfermedad, la viruela humana.

Las vacunas posteriores empezaron a utilizar los mismos agentes infecciosos que ocasionaban la enfermedad pero atenuados. Así se inició la inmunización, por ejemplo, contra el ántrax o la rabia.

En la actualidad se utilizan, siempre que es posible, los agentes infecciosos desactivados o pequeños fragmentos de los mismos con capacidad de generar la inmunidad.

Fig. 1 En 1881 un científico francés, Louis Pasteur (1822-1895), preparó vacunas empleando agentes infecciosos debilitados.

4.2. Obtención de medicamentos

Muchos de los ingredientes activos de los medicamentos podrían extraerse de productos naturales, pero seguramente se habrán sintetizado en un laboratorio por diversos motivos:

- **Técnicos**. Generalmente resulta más fácil controlar la pureza de un producto sintético que la de uno de origen natural, ya que este suele presentarse muy mezclado.
- **Económicos**. Por norma general, un producto que se puede sintetizar en el laboratorio tiene un coste menor que si se obtiene a partir de un producto natural.
- **Ecológicos**. Los ingredientes activos naturales se encuentran en bajas concentraciones, de modo que la obtención del medicamento implicaría la destrucción de muchos especímenes.

  Por ejemplo, el ácido acetilsalicílico, componente activo de la aspirina, se puede obtener a partir del ácido salicílico de la corteza del sauce. Pero ¿cuántos bosques de sauces se tendrían que destruir para obtener los 50 000 000 kg de ácido salicílico necesarios para fabricar las aspirinas que se consumen cada año en el mundo?

Fig. 2 Alexander Fleming (1881-1955) fue el descubridor del primer antibiótico: la penicilina.

4.3. Administración de medicamentos

Siempre se ha de tener cuidado al tomar medicamentos, y muy especialmente aquellos que nos resultan muy familiares y, por tanto, nos parecen inocuos fig. 3. Los medicamentos pueden provocar:

- **Efectos secundarios** y **alergias**. A una persona alérgica al ácido acetilsalicílico, tomar una aspirina le ocasiona graves perjuicios.
- **Interacciones**. El consumo de aspirina u otros analgésicos acompañado de la ingestión de bebidas alcohólicas inflama la mucosa del estómago, lo que puede provocar úlceras y sangrado.

Antibióticos y resistencia bacteriana

El consumo abusivo e incorrecto de antibióticos está gestando un problema para la salud pública global de incalculable magnitud: la resistencia bacteriana. Esto significa que las bacterias se adaptan a los antibióticos y estos dejan de tener efecto. Por ello algunas infecciones son cada vez más difíciles de combatir.

Los médicos deben recetar antibióticos solo en aquellos casos en que sean necesarios (y evitar suministrarlos en enfermedades causadas por virus, hongos o parásitos, ya que en estos casos los antibióticos no son eficaces), pero, además, los pacientes deben:

- No automedicarse. Muchas de las infecciones, como el resfriado o la gripe, son de origen vírico, y los antibióticos no son eficaces contra ellas. Por otro lado, aunque la infección tenga tratamiento antibiótico, solo el médico puede prescribir el más adecuado.
- Seguir la pauta de dosis y horarios prescritos. Si se toma menos, pueden provocarse resistencias bacterianas, y, si se toma más, graves efectos secundarios.
- Completar el tratamiento prescrito. Al abandonar el tratamiento antes del tiempo prescrito puede suceder que aún queden bacterias en el organismo que se hagan resistentes y reactiven la enfermedad: las llamadas *recaídas*.

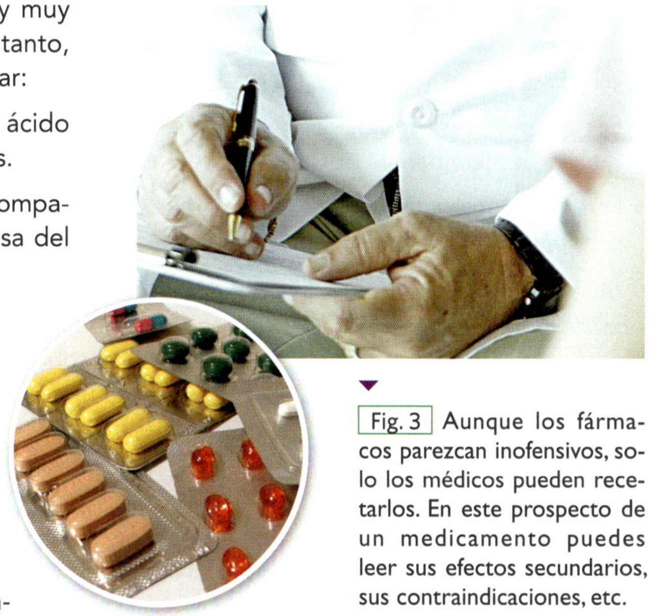

Fig. 3 Aunque los fármacos parezcan inofensivos, solo los médicos pueden recetarlos. En este prospecto de un medicamento puedes leer sus efectos secundarios, sus contraindicaciones, etc.

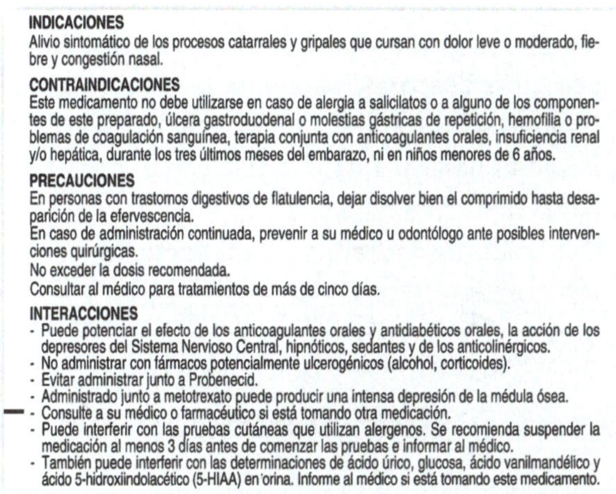

INDICACIONES
Alivio sintomático de los procesos catarrales y gripales que cursan con dolor leve o moderado, fiebre y congestión nasal.

CONTRAINDICACIONES
Este medicamento no debe utilizarse en caso de alergia a salicilatos o a alguno de los componentes de este preparado, úlcera gastroduodenal o molestias gástricas de repetición, hemofilia o problemas de coagulación sanguínea, terapia conjunta con anticoagulantes orales, insuficiencia renal y/o hepática, durante los tres últimos meses del embarazo, ni en niños menores de 6 años.

PRECAUCIONES
En personas con trastornos digestivos de flatulencia, dejar disolver bien el comprimido hasta desaparición de la efervescencia.
En caso de administración continuada, prevenir a su médico u odontólogo ante posibles intervenciones quirúrgicas.
No exceder la dosis recomendada.
Consultar al médico para tratamientos de más de cinco días.

INTERACCIONES
- Puede potenciar el efecto de los anticoagulantes orales y antidiabéticos orales, la acción de los depresores del Sistema Nervioso Central, hipnóticos, sedantes y de los anticolinérgicos.
- No administrar con fármacos potencialmente ulcerogénicos (alcohol, corticoides).
- Evitar administrar junto a Probenecid.
- Administrado junto a metotrexato puede producir una intensa depresión de la médula ósea.
- Consulte a su médico o farmacéutico si está tomando otra medicación.
- Puede interferir con las pruebas cutáneas que utilizan alergenos. Se recomienda suspender la medicación al menos 3 días antes de comenzar las pruebas e informar al médico.
- También puede interferir con las determinaciones de ácido úrico, glucosa, ácido vanilmandélico y ácido 5-hidroxiindolacético (5-HIAA) en orina. Informe al médico si está tomando este medicamento.

---

1. ¿Qué influencia han tenido los fármacos en la esperanza de vida de los seres humanos?
2. ¿Cuál es la utilidad de los antibióticos?
3. ¿Por qué la mayoría de medicamentos se fabrican en los laboratorios?

   ¿Qué sucedería si se extrajesen todos los medicamentos que se toman en la actualidad de las plantas silvestres?
4. ¿Es lo mismo *efectos secundarios* que *interacciones*? Lee el prospecto de algún analgésico que contenga paracetamol y extrae la información sobre sus posibles efectos secundarios e interacciones.
5. ¿Es correcto pedir a otra persona los medicamentos que toma si tienes una enfermedad con unos síntomas parecidos?
6. Si a mitad del tratamiento prescrito por el médico ya te encontrases bien, ¿seguirías el tratamiento o lo dejarías para ahorrar medicamento?
7. Actualmente, las autoridades sanitarias reducen costes recetando medicamentos genéricos, es decir, sin marca pero con igual composición química. ¿Por qué son más baratos que los medicamentos con marca?

   Argumenta dos razones por las que es conveniente que el coste de los medicamentos sea reducido.

5 Contaminación del medioambiente

5.1. Contaminación atmosférica

Los vertidos de residuos gaseosos y humos de combustión a la atmósfera son las principales causas de la **contaminación atmosférica** fig. 1. Esta contaminación nos afecta doblemente:

- Diariamente respiramos unos 15 kg de aire con más o menos sustancias contaminantes potencialmente nocivas.
- La acumulación de ciertos contaminantes en la atmósfera está produciendo un cambio climático global.

Muchos contaminantes, como el dióxido de azufre (SO_2), los óxidos de nitrógeno (NO y NO_2), el monóxido de carbono (CO), los clorofluorocarbonos... tienen diversos efectos sobre el medio ambiente: lluvia ácida, aumento del efecto invernadero o reducción de la cantidad de ozono.

Lluvia ácida

El agua de la atmósfera puede disolver los gases presentes. Esto es lo que ocurre con el dióxido de azufre (SO_2) y los óxidos de nitrógeno (NO y NO_2). Estas sustancias se disuelven en el agua de lluvia y reaccionan con ella, transformándose en ácido sulfúrico (H_2SO_4) y ácido nítrico (HNO_3).

De esta forma, el agua de lluvia se vuelve ácida y al caer causa:

- **Acidificación del suelo**. Esto ha supuesto la desaparición de algunas zonas boscosas, ya que las plantas no pueden vivir en esas condiciones de acidez.
- **Acidificación de ríos y lagos**, con el consiguiente efecto sobre la fauna que vive en ellos.
- **Corrosión de fachadas y esculturas**. Muchos elementos arquitectónicos están fabricados de roca caliza o arenisca, materiales que se descomponen por la acción de la lluvia ácida ya que contienen carbonato de calcio.

Aumento del efecto invernadero

La temperatura de nuestro planeta es confortable gracias a que poseemos una atmósfera gaseosa. De forma semejante al vidrio o al plástico aislante de un invernadero, la atmósfera terrestre deja pasar la luz solar pero, una vez convertida en calor en la superficie terrestre, no permite que este se escape.

Este fenómeno, que mantiene la temperatura de la Tierra, recibe el nombre de **efecto invernadero** fig. 2.

Uno de los principales gases de efecto invernadero es el dióxido de carbono (CO_2) que, en el último siglo, la humanidad ha generado en grandes cantidades al quemar combustibles fósiles.

Si la cantidad de CO_2 sigue incrementándose, se producirá un aumento de la temperatura media de la Tierra, el llamado **calentamiento global**, lo que conllevará efectos catastróficos: cambios del régimen de lluvias, fusión del hielo de los casquetes polares, elevación del nivel del mar, avance de los desiertos, etc.

Fig. 1 Muchas ciudades están recubiertas de niebla contaminante.

@ Amplía en la Red...

Observa una infografía sobre el efecto invernadero en: www.tiching.com/115917

Fig. 2 La atmósfera actúa como un invernadero, ya que no deja escapar parte del calor.

Reducción de la capa de ozono

En la franja atmosférica comprendida entre los 25 km y los 35 km de altura la concentración de ozono (O_3) es bastante elevada. Esta franja es la denominada **capa de ozono**. Esta tiene una importancia vital ya que filtra la radiación ultravioleta que proviene del Sol, lo que evita que gran parte de ella llegue a la Tierra y afecte al desarrollo de la vida.

Desde principios de los años ochenta se ha observado una disminución en la cantidad de ozono, sobre todo en las zonas de los polos.

Este fenómeno recibe el nombre de **agujero de la capa de ozono**. Esta disminución se debe principalmente a los clorofluorocarbonos, que durante mucho tiempo se utilizaron como refrigerantes, propelentes, etc., y que descomponen el ozono fig. 3.

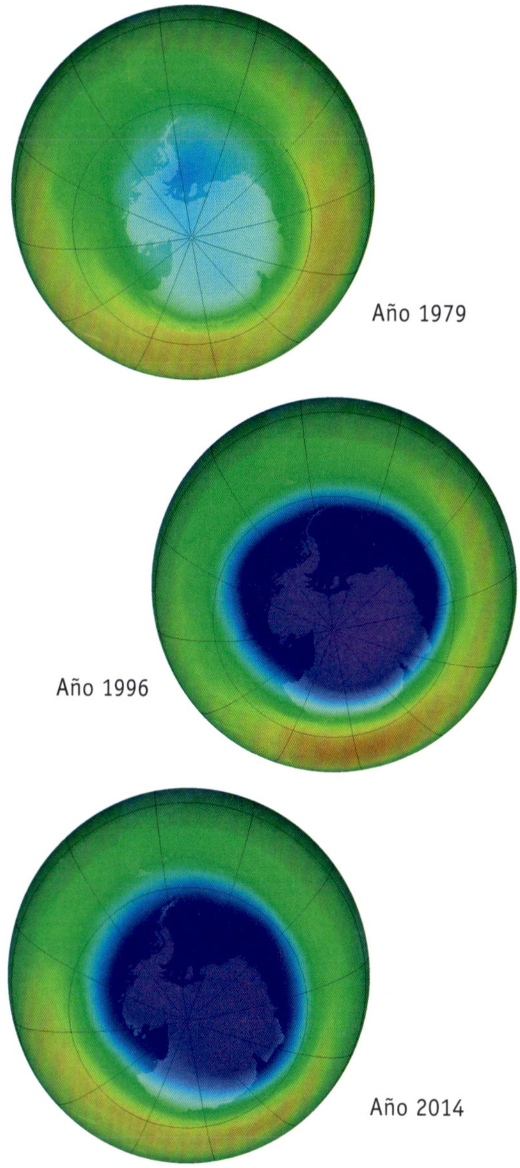

Fig. 3 *NASA Ozone Watch*. Evolución del agujero de la capa de ozono. La imagen del satélite está coloreada para marcar las zonas de menor a mayor proporción de ozono: púrpura, azul, verde y amarillo.

5.2. Contaminación del agua y del suelo

La utilización que hacemos del agua provoca su contaminación, de modo que si no es tratada en plantas depuradoras, el agua consumida vuelve contaminada a los ríos y, finalmente, al mar.

Los signos de la contaminación del agua son generalmente muy evidentes: color, olor, manchas oleosas, espumas, exceso de algas, ausencia de peces... Los contaminantes del agua son incontables, cada uno de ellos con un origen y unos efectos determinados: bacterias, metales pesados, cloro...

El suelo es la capa más superficial de la corteza terrestre; podríamos considerarlo como la piel del planeta. Es una mezcla heterogénea de materiales muy variados: sustancias minerales formadas por disgregación físico-química de las rocas, agua, aire y humus proveniente de la descomposición de la materia orgánica.

En el suelo crece la vegetación y, por consiguiente, es el punto en que se inicia la cadena trófica, que continúa con los animales que se alimentan de plantas y, siguiendo la cadena, con sus depredadores.

La contaminación del suelo perturba la cadena trófica y, dadas las complejas interdependencias entre especies, puede provocar efectos irreversibles en todo el ecosistema.

1. ¿Por qué se contamina el medioambiente?
2. Explica los efectos más destacados de la contaminación de la atmósfera.
3. ¿Qué es la lluvia ácida?
4. ¿Qué es el aumento del efecto invernadero?
5. ¿Qué es la capa de ozono?
6. La Organización Mundial de la Salud (OMS) recomienda que la concentración de cadmio en el agua potable no sea superior a 3 mg/m^3; la dosis letal de cadmio es de, aproximadamente, 1 g.

   Una persona bebe, por término medio, unos 2 L de agua diarios. Calcula la masa de cadmio que ingiere anualmente si la concentración de cadmio en el agua que bebe es de 3 mg/m^3.

6 Residuos y reciclaje

6.1. Producción de residuos

En la sociedad de consumo actual cada día se producen y se tiran toneladas de diferentes tipos de materiales: plástico, vidrio, papel y cartón, metal…

La fabricación de objetos con estos materiales consume materias primas y energía, mientras que cuando se desechan generan cantidades enormes de residuos, con el consiguiente problema medioambiental fig. 1.

Fig. 1 Los residuos generados a diario son un grave problema medioambiental.

El problema de los residuos no tiene una solución sencilla, pero podría paliarse en gran medida si los residuos se sometieran a un proceso de **reciclaje** para recuperar sus componentes y emplearlos de nuevo como materias primas en un nuevo ciclo de uso.

La mayoría de los residuos domésticos llevan impreso o grabado un símbolo informativo para indicar que cumplen una serie de requisitos técnicos: materiales fácilmente separables, bajas concentraciones de componentes tóxicos, etc.

Fig. 2a Un material que lleva este símbolo cumple unas normas que lo hacen idóneo para ser reciclado.

Todas estas características facilitan su reciclaje fig. 2a y 2b.

Fig. 2b Los residuos reciclables deben ser separados del resto y depositados en los correspondientes contenedores de recogida selectiva.

6.2. Reciclaje del plástico

Los plásticos son materiales que se emplean para fabricar todo tipo de cosas por sus excelentes propiedades: son ligeros, resistentes a la oxidación, impermeables, fáciles de moldear, aislantes, etc.

No obstante, algunas de esas propiedades tan útiles se tornan inconvenientes cuando el plástico acaba como residuo.

Los plásticos no se degradan fácilmente, por lo que, una vez utilizados, los residuos permanecen en el medioambiente durante mucho tiempo y, cuando finalmente se degradan, la mayoría desprenden sustancias contaminantes.

El plástico de desecho puede ser sometido a uno de los procesos siguientes:

- **Reciclaje**. Los materiales plásticos son fácilmente reciclables, pero plantean el problema de que existen de muchas clases.

  Por ello los residuos plásticos deben ser clasificados previamente según el tipo, algo que, en general, es laborioso y encarece bastante el coste económico del reciclaje fig. 3.

Fig. 3 La clasificación de los residuos plásticos encarece su reciclaje.

- **Incineración**. Un tratamiento alternativo al reciclaje es la incineración de los residuos en centrales térmicas para aprovechar la energía desprendida, ya que los residuos plásticos tienen un poder calorífico comparable al de cualquier otro combustible convencional.

  No obstante, la opción de la incineración tiene el problema de la emisión de los humos de combustión porque, como son muy contaminantes, deben limpiarse antes de ser liberados a la atmósfera.

@ Amplía en la Red…

Observa un video sobre el trabajo en una planta de reciclaje en: ticiching.com/115918

6.3. Reciclaje del vidrio

En el proceso de fabricación del vidrio se utiliza mucha energía, ya que la fusión de las sustancias que lo componen se lleva a cabo a altas temperaturas. Para reducir el uso de energía, el vidrio se puede reciclar, básicamente, de dos maneras diferentes fig. 4:

- Los envases de vidrio se pueden lavar y esterilizar para que sea posible utilizarlos otra vez.
- Los objetos de vidrio se pueden triturar y volver a fundir para formar nuevos objetos, ya que este proceso requiere menos energía que si se partiera de las materias primas.

Fig. 4 El reciclaje del vidrio permite el ahorro de grandes cantidades de energía.

6.4. Reciclaje del papel

El papel se obtiene a partir de la madera de los árboles, por lo que cuanto mayor sea el consumo de papel mayor será la cantidad de árboles talados (con el consiguiente efecto en el medioambiente).

Para reducir esta tala, el papel se puede reciclar fig. 5. El papel reciclado tiene los mismos usos que el nuevo y su producción va en aumento. En España la tasa de recuperación de residuos de papel y cartón se incrementa año tras año y ya alcanza el 77 %.

Fig. 5 El reciclaje de una tonelada de papel puede evitar la tala de trece árboles adultos.

6.5. Reciclaje del metal

Uno de los principales metales que se recicla, por el ahorro energético que conlleva, es el aluminio. Este material se obtiene por electrolisis de la bauxita (óxido de aluminio) fundida, lo que requiere grandes cantidades de energía, de manera que resulta más sencillo reutilizar el aluminio de latas y envases fig. 6.

El reciclaje de metales suele resultar bastante complicado, ya que generalmente están mezclados con otros materiales que dificultan su separación.

Fig. 6 El reciclaje de metales permite economizar materias primas y energía, con el consiguiente ahorro económico y de contaminación.

1. ¿Qué ventajas tiene el reciclaje de los residuos?
2. En España se consumen unos 161 kg de papel por habitante y año: 72 kg en cartón de embalajes, 47 kg en papel de escritorio, 16 kg en papel de prensa, 11 kg para uso higiénico y el resto para diversos usos.

   Calcula el porcentaje de cada uno de los grupos de consumo y dibuja un diagrama de barras o de sectores.

LABORATORIO

7 Pirólisis de madera y plástico

La mayor parte de la energía que se consume en España proviene de quemar combustibles fósiles. Estos recursos son no renovables y para ralentizar su agotamiento es necesario buscar otros alternativos.

A. Un recurso renovable es la biomasa. Desde un punto de vista energético, la biomasa es toda materia orgánica formada por procesos biológicos, naturales o fruto de la actividad humana, que puede ser utilizada como fuente de energía.

(1) ¿Qué es un combustible fósil? ¿Por qué reciben este nombre?

(2) Describe en qué tipo de actividades se genera la biomasa.

B. La biomasa forestal y los residuos agrícolas han sido los combustibles mayoritarios a lo largo de la historia, pero en las sociedades fuertemente industrializadas de la actualidad su aprovechamiento es marginal. Sin embargo, en los últimos tiempos comienza a despertar interés como recurso energético alternativo o, al menos, complementario de los combustibles fósiles.

(3) Los defensores de la biomasa vegetal como recurso energético argumentan que es un buen combustible porque tiene un escaso contenido en azufre, genera pocas cenizas y contribuye poco al calentamiento global por ser renovable. Explica con más detalle los beneficios para el medioambiente derivados de los tres argumentos

C. La biomasa no suele quemarse directamente. Normalmente se transforma antes de su aprovechamiento. Lo más frecuente es someterla a un calentamiento intenso con poco aire (gasificación) o sin aire (pirólisis). Los materiales generados son mezclas de combustibles sólidos, líquidos y gaseosos.

Principales tipos de biomasa valorizables energéticamente

- Residuos forestales y agrícolas
- Residuos ganaderos y lodos de depuradora
- Fracción orgánica de los residuos sólidos urbanos

Pirólisis de la madera

1. Pesa uno de los tubos de ensayo. Después, toma serrín de madera y llena un tubo de ensayo hasta la mitad, aproximadamente, y pésalo de nuevo. Por diferencia podrás determinar la masa de serrín que has introducido.

   $m_{tubo} = \ldots\ldots$ g ; $m_{tubo\ con\ serrín} = \ldots\ldots$ g $\Rightarrow m_{serrín} = m_{tubo\ con\ serrín} - m_{tubo} = \ldots\ldots$ g

2. Realiza el montaje de la derecha. A continuación, calienta fuertemente el serrín con el mechero Bunsen.
3. Observa el desprendimiento de gases y ensaya su inflamabilidad acercando una cerilla encendida.
4. También se puede ensayar la presencia de azufre en los gases desprendidos acercando un papel de filtro humedecido con una disolución concentrada de nitrato de plomo.

   El oscurecimiento del papel se debe a la formación de sulfuro de plomo.

5. Cuando se haya carbonizado la madera, deja de calentar, y, una vez frío, deshaz el montaje y separa los tubos.
6. Toma el tubo donde estaba el serrín y pésalo de nuevo para comprobar la pérdida de masa.

   $m_{tubo\ con\ residuo\ carbonizado} = \ldots$ g;

   $m_{residuo\ carbonizado} = m_{tubo\ con\ residuo\ carbonizado} - m_{tubo} = \ldots$ g

7. Toma el segundo tubo y observa el aspecto (color, olor, viscosidad...) del residuo condensado (alquitrán). Ensaya si el alquitrán es soluble en agua.

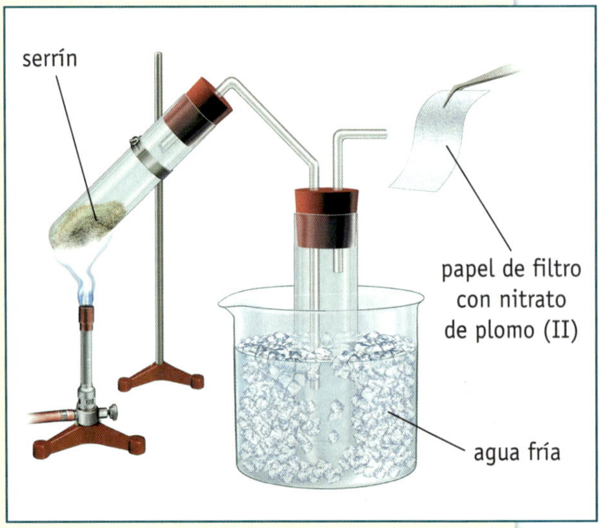

Montaje experimental para el estudio de la carbonización de la madera.

④ Por su aspecto, ¿qué sustancia crees que compone mayoritariamente el residuo del serrín?

⑤ El residuo pesa menos que el serrín. ¿A qué se debe la pérdida de masa? ¿Qué porcentaje de masa se ha perdido?

⑥ ¿Qué aspecto tiene el alquitrán? ¿Es soluble en agua? ¿Qué usos tiene el alquitrán?

D. Los residuos industriales y domésticos de plástico se recogen selectivamente para aprovecharlos. La mejor manera de valorizar los residuos de plástico es el reciclaje, pero en aquellos casos en que no sea posible también pueden emplearse como combustible.

La gasificación o pirólisis de los plásticos produce hidrocarburos gaseosos.

Pirólisis de plástico polietileno

En la pirólisis de los materiales plásticos se desprenden gases nocivos para la salud y por eso la experiencia debe hacerse en una vitrina de gases.

El polietileno (PE) es uno de los plásticos más utilizados en uso alimentario. Las bolsas de plástico transparentes empleadas para poner frutas y verduras son de polietileno.

1. Fragmenta una bolsa de plástico de uso alimentario.
2. En un tubo de ensayo grueso pon los fragmentos. Comprímelos bien para dejar el mínimo de aire posible.
3. Encima de los fragmentos de plástico pon trozos de cerámica porosa (también pueden emplearse fragmentos de ladrillo) que actuarán como catalizador. Para que el catalizador aumente su efectividad es necesario que la superficie de contacto sea grande. Procura que los tamaños de los trozos de cerámica no sean mayores que un guisante.
4. Se hace el montaje de la figura de la derecha.
5. El procedimiento de calentamiento consiste en calentar primero la zona de la cerámica y después la del plástico. Debe conseguirse que el plástico funda y que, al mismo tiempo, la cerámica esté muy caliente para que catalice la descomposición.
6. La descomposición del plástico produce un gas combustible. Puedes llevar a cabo un ensayo de combustibilidad acercando una cerilla encendida.

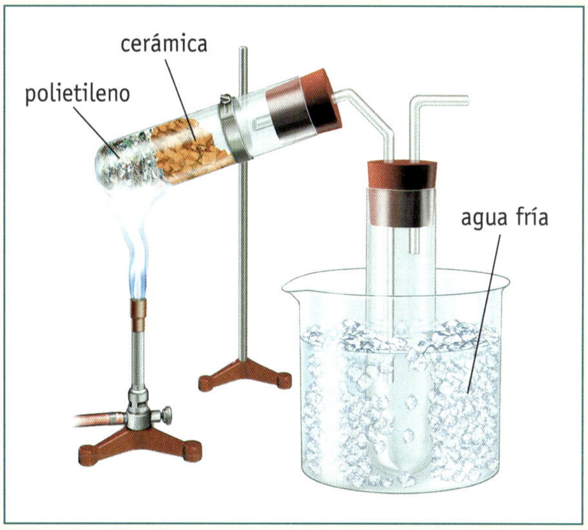

Montaje experimental para el estudio de la descomposición del polietileno.

Experimentación TIC

En la siguiente página web hay una noticia sobre la puesta en marcha de una planta de valorización de residuos plásticos en Jerez de la Frontera (Cádiz):

www.tiching.com/729912

En el texto se dice que el proceso aplicado "permite obtener combustible libre de productos contaminantes gracias a una fuente renovable". Explica por qué esta frase no es completamente cierta y merece una precisión.

1. Los gases nobles (helio, neón y argón) se obtienen por destilación del aire. Busca información sobre los gases nobles e indica algunas de sus aplicaciones.

2. ¿Por qué los metales se extraen de los minerales y no de las rocas? Explica con tus palabras las diferencias entre metal, mineral y roca.

3. A diario empleamos muchos tipos de combustibles. Elabora una lista y describe en qué circunstancias los empleas. Por ejemplo, el gas butano para cocinar.

4. En las minas de carbón se producen acumulaciones de gas grisú que pueden provocar explosiones. Busca información sobre la naturaleza del gas grisú.

5. Busca información sobre las diferentes refinerías de petróleo que hay en España e indica su posición en un mapa.

6. ¿Qué es más caro, 1 L de alcohol (etanol) o 1 L de gasolina? Infórmate en un supermercado del precio del etanol de 96°, y en una gasolinera, del precio de la gasolina.

7. Ingerir alcohol es siempre perjudicial para la salud, pero muy especialmente si se toman determinados medicamentos. ¿Cuál es la causa?

   Antes de recetar un medicamento, el médico averigua si el paciente toma ya alguna medicación. ¿Por qué?

8. ¿Actúan las vacunas directamente sobre los agentes responsables de las enfermedades? Si no es así, ¿de qué forma actúan?

9. ¿Por qué puede llegarse a un punto en el que un antibiótico deje de cumplir su función?

10. Los programas sanitarios públicos incluyen la vacunación obligatoria de la población infantil. Busca en tu cartilla de vacunación de qué enfermedades estás vacunado.

11. En las zonas polares se han encontrado evidencias de contaminación. ¿Cómo es posible si son zonas aisladas?

12. Los gases clorofluorocarbonos se utilizaron como propelentes en los aerosoles hasta que se demostró que eran perjudiciales para la capa de ozono. Busca envases de aerosoles y anota qué propelentes utilizan ahora.

13. Los neumáticos contienen azufre y por ello son muy contaminantes si se queman. ¿Qué tipo de contaminación producen?

14. Probablemente, el calentamiento global será uno de los problemas que más afectará a la humanidad en un futuro cercano. Aunque las principales medidas las deben tomar los gobiernos de todos los países, a nivel individual también podemos contribuir a reducir el problema.

    Explica qué acciones podrías llevar a cabo personalmente en este sentido.

15. En muchas poblaciones se recogen selectivamente los residuos de plástico. Haz una lista de los principales problemas que presenta el reciclaje del plástico.

    Considera que el proceso se inicia en el domicilio, donde se separa el plástico de los otros residuos, y termina en la industria que fabrica algún producto con el plástico reciclado.

16. El reciclaje de las latas de aluminio se encarece por el transporte, pues ocupan mucho aunque pesan poco.

    a) Calcula cuántas latas de aluminio puede transportar un camión cuyo contenedor tenga una capacidad de 8 m^3. Supón que cada lata plegada ocupa 30 mL.

    b) Determina experimentalmente el peso de una lata de aluminio y calcula la masa total de las latas que transporta el camión.

    c) Si cada transporte cuesta 250 euros, calcula cuánto cuesta (solo en transporte) el reciclaje de un kilogramo de aluminio.

17. Algunos comercios cobran las bolsas de plástico si los clientes las piden para llevar los artículos comprados.

    a) ¿Qué opinas sobre esta práctica?

    b) ¿Crees que el propósito del comerciante es solo ganar más dinero?

18. El consumo de petróleo es de unos $4{,}5 \cdot 10^{12}$ kg en el mundo, de los que $6{,}0 \cdot 10^{10}$ kg corresponden a España.

    Calcula el consumo medio por habitante de la Tierra y de España, si en la Tierra hay unos 7 250 millones de habitantes y en España aproximadamente 46,5 millones.

19. El aceite usado en freír alimentos no debe ser vertido al desagüe del fregadero porque impide la disolución del aire. ¿Cómo explicas tal efecto? ¿Qué consecuencias medioambientales provoca la falta de aire disuelto en el agua?

    Haz una estimación del volumen de aceite usado que se genera anualmente en tu casa y calcula el ahorro que significaría su reciclaje si por cada litro de aceite se puede obtener aproximadamente un litro de biodiesel.

Comprueba lo que has aprendido • Comprueba lo que

1. ¿Qué entiendes por materias primas naturales? ¿Cuáles son las materias primas naturales más utilizadas?

2. Copia en tu cuaderno y completa la gráfica sobre la proporción y el origen de la energía consumida en España.

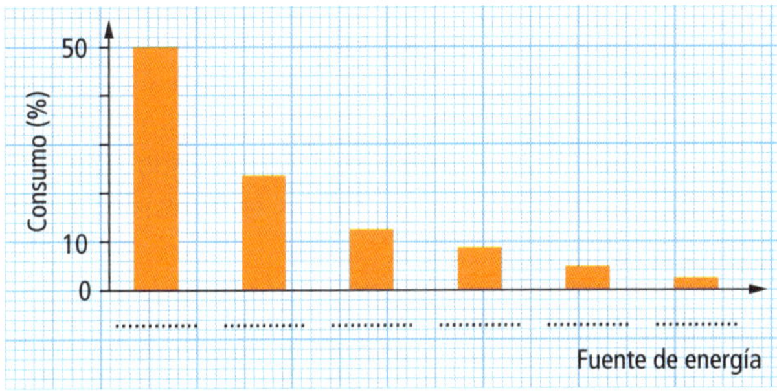

3. Explica cómo se originaron el petróleo y el carbón.

4. Explica en qué consiste la destilación fraccionada del petróleo. Escribe los nombres de los diferentes productos que se obtienen por la destilación fraccionada del petróleo en las columnas de fraccionamiento de las refinerías.

5. ¿Qué es el craqueo o *cracking*? ¿Y el reformado o *reforming*?

6. ¿Qué es un biocombustible?

7. ¿Cómo se explica que la esperanza de vida en nuestro país haya pasado de los 50 años a principios del siglo XX a los 80 años a principios del siglo XXI?

8. Completa:
   a) Los tres tipos de fármacos que han permitido mejorar los tratamientos médicos en el último siglo son los antibióticos, las … y los ….
   b) Los antibióticos son sustancias químicas que actúan contra las ….
   c) Las … sirven para estimular nuestro sistema ….
   d) Los … alivian el … que producen algunas enfermedades, pero no combaten sus causas.

9. Explica en qué consiste:
   a) La lluvia ácida.
   b) El agujero de la capa de ozono.
   c) El efecto invernadero.

10. ¿Qué entiendes por calentamiento global?

11. ¿En qué consiste el reciclaje? ¿Por qué es importante reciclar?

12. ¿A qué dos procesos puede ser sometido el plástico recuperado? ¿Qué problemas medioambientales presenta uno de los dos procesos?

13. Explica la importancia de reciclar el papel.

14. Completa en tu cuaderno un crucigrama como el que se muestra a continuación:

Definiciones

1. Fármaco que alivia el malestar.
2. Elemento químico cuya presencia en los combustibles causa lluvia ácida.
3. Combustible obtenido a partir de productos o residuos agrícolas.
4. Principal componente del gas natural.
5. Recuperación de los materiales de los residuos para aprovecharlos de nuevo.
6. Descomposición de una sustancia por calentamiento en ausencia de aire.
7. Petróleo sin refinar.
8. Instalación donde se destila el petróleo.
9. Operación llevada a cabo en las refinerías de petróleo para aumentar la producción de gasolinas.
10. Científico descubridor de la penicilina.
11. Carbón que tiene un alto contenido en carbono.
12. Mineral del que se obtiene aluminio.
13. Mezclas de minerales.
14. Fracción del petróleo que es usada como carburante de aviones.
15. Gas de la atmósfera que filtra la radiación ultravioleta procedente del sol.

1 Observa y analiza. El efecto invernadero: ¿realidad o ficción?

Los seres vivos necesitan energía para sobrevivir. La energía que mantiene la vida sobre la Tierra procede del Sol, que irradia energía al espacio. Una pequeña parte de esta energía llega hasta la Tierra.

La atmósfera de la Tierra actúa como una capa protectora de la superficie de nuestro planeta, evitando las variaciones de temperatura de los mundos sin aire.

La mayor parte de la energía radiada por el Sol pasa a través de nuestra atmósfera. La Tierra absorbe una parte de esta energía y otra parte es reflejada por su superficie. Parte de esta energía reflejada es absorbida por la atmósfera.

Como resultado de todo ello, la temperatura media en la superficie de la Tierra es más alta de lo que sería si no existiera atmósfera. La atmósfera de la Tierra funciona como un invernadero, de ahí el término *efecto invernadero*.

En la actualidad se dice, tanto en los medios de comunicación como en ámbitos científicos, que el efecto invernadero se ha acentuado en el siglo XX.

Es un hecho comprobado que la temperatura media de la atmósfera ha aumentado. En los periódicos y las revistas se afirma con frecuencia que la principal causa responsable del aumento de la temperatura en el siglo XX es la emisión de dióxido de carbono.

Un estudiante llamado Andrés se interesa por la posible relación entre la temperatura media de la atmósfera de la Tierra y la emisión de dióxido de carbono en la Tierra.

En una biblioteca Andrés encuentra estos dos gráficos y, a partir de ellos, concluye que es cierto que el aumento de la temperatura media de la atmósfera de la Tierra se debe al aumento de la emisión de dióxido de carbono.

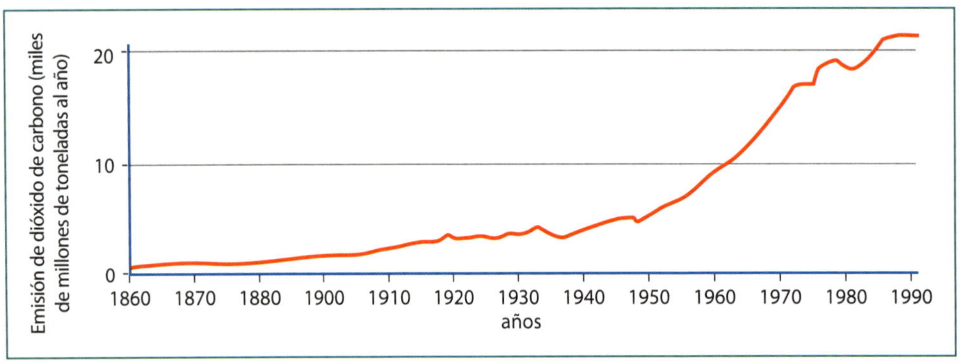

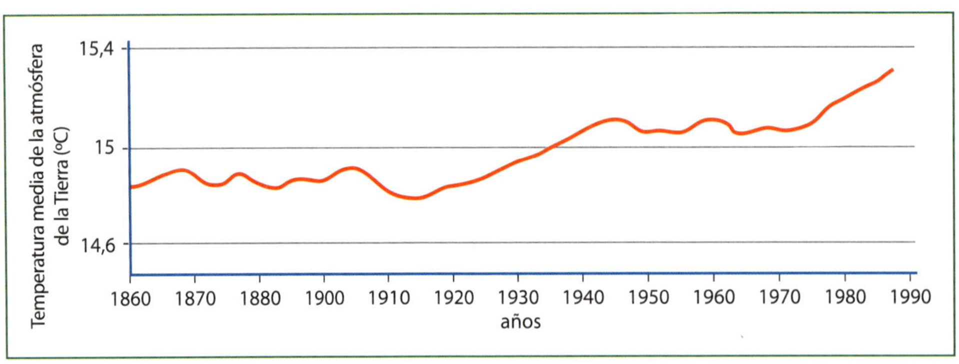

Fuente: CSTI Environmental Information Paper 1, 1992.

1. ¿Qué se observa en los gráficos que apoya la conclusión de Andrés?

2. Otra estudiante, Juana, no está de acuerdo con la conclusión de Andrés. Compara los dos gráficos y dice:

   "Algunas partes de los gráficos no apoyan la conclusión."

   Selecciona como ejemplo una zona de los gráficos que no confirme la conclusión de Andrés. Explica tu respuesta.

3. Andrés insiste en su conclusión de que el incremento de la temperatura media de la atmósfera de la Tierra se debe al aumento de la emisión de dióxido de carbono. Pero Juana piensa que su conclusión es prematura y argumenta: "Antes de aceptar esta conclusión, debes asegurarte de que los otros factores que pudieran influir en el efecto invernadero se mantienen constantes".

   Nombra uno de los factores en los que piensa Juana.

Síntesis. Química, tecnología y sociedad

Materias primas

- Las **materias primas** son las sustancias disponibles en el entorno natural. La industria química las transforma física y químicamente para obtener productos adecuados para su uso.
- Un 80% de la energía consumida en España proviene de quemar combustibles fósiles: carbón, petróleo y gas natural.
- El petróleo crudo se somete a un proceso de refino:

  Primera fase. Destilación fraccionada. El residuo se destila de nuevo, a mayor temperatura y menor presión.

  Segunda fase. Una serie de transformaciones químicas; las principales son el craqueo y el reformado.
- La **petroquímica** es una rama de la industria química que utiliza las diversas fracciones del petróleo o del gas natural.

Medicamentos

- Una de las grandes aportaciones de la química a la mejora de nuestra calidad de vida es la síntesis de medicamentos: **vacunas**, **analgésicos** y **antibióticos**.
- Los medicamentos pueden provocar efectos secundarios y alergias, e interaccionar con otras sustancias. Además, el consumo abusivo e incorrecto de antibióticos está gestando un grave problema de **resistencia bacteriana**.

Contaminación

- La **contaminación atmosférica** perjudica nuestra salud y provoca lluvia ácida, aumento del efecto invernadero, reducción de la capa de ozono y un cambio climático global.
- El **agua** se contamina al usarla y contamina el medioambiente si no se depura antes de verterla.
- La contaminación del **suelo** se traslada a la vegetación y de ahí a toda la cadena trófica.

Reciclaje

- Cada día se producen y se tiran toneladas de diferentes tipos de materiales: plástico, vidrio, papel y cartón, metal... Este problema podría paliarse en gran medida si los residuos se sometiesen a un proceso de **reciclaje**.
- El plástico de desecho puede ser sometido a reciclaje o incineración. La incineración tiene el problema de la emisión de los humos de combustión porque son muy contaminantes.
- El reciclaje del vidrio reduce la energía que se necesita para fabricarlo además de reducir el gasto de materias primas.
- El reciclaje del papel evita la tala de árboles.
- El reciclaje del metal es complicado porque suele estar mezclado con otros materiales que dificultan su separación.

Consolidación de competencias

RESPONDE A LA PREGUNTA INICIAL

Después de haber estudiado este tema, puedes responder a la pregunta inicial:

¿Cómo influye la química en la sociedad?

Redacta un texto de entre 10 y 20 líneas que resuma las conclusiones a las que hayas llegado sobre la cuestión.

AFIANZA LO APRENDIDO

Para consolidar los conocimientos adquiridos a lo largo de la unidad puedes efectuar las actividades que encontrarás en la siguiente dirección web:

www.tiching.com/730016

Estas actividades se han preparado en un documento en formato pdf que puedes descargarte.

Al final del documento hallarás las soluciones para que puedas comprobar si has cumplido los objetivos del tema.

TÉCNICAS DE ESTUDIO

Entra en: www.tiching.com/727162 y practica una técnica de estudio a partir de la síntesis.

APRENDER PARA EMPRENDER

Las empresas del sector farmacéutico invierten mucho dinero en investigación para descubrir nuevos medicamentos y vacunas.

El precio de los productos farmacéuticos no corresponde al coste de las sustancias activas que contienen sino al dinero invertido por la empresa en el proceso de investigación y desarrollo del producto.

Esto plantea un problema ético porque es difícil establecer un equilibrio entre el interés de las empresas farmacéuticas para obtener beneficios económicos (y poder así seguir invirtiendo en nuevas investigaciones) y el interés social de que los precios de los medicamentos sean asequibles para todas las personas que los necesiten.

Organiza un debate sobre esta problemática. Busca información y opiniones contrastadas en el sector empresarial y en asociaciones médicas o de consumidores y pacientes.

Un grupo de alumnos presentará los argumentos a favor de los intereses empresariales y otro presentará los argumentos a favor de los consumidores y pacientes.

FÍSICA

9 La energía

¿Qué energías nos rodean?

En la actualidad el consumo de fuentes de energía no renovables, como el petróleo o el gas natural, es enorme, con los problemas medioambientales que eso conlleva.

S. XVII

• S. XVII En 1687 Isaac Newton (1643-1727) publica la ley de la gravitación universal.

S. XVIII

• Siglo XVIII

Máquina de vapor y Revolución industrial (carbón).

1800-1899

• Siglo XIX Iluminación y motor de combustión interna (petróleo).

La primera central termoeléctrica del mundo fue construida en Baviera. 1878 •

• 1893

Tesla diseña la primera central hidroeléctrica del mundo en las cataratas del Niágara.

Hace 200 años las personas usaban como fuentes de energía el agua de los ríos, el viento, la leña y el carbón.

En la actualidad, a causa del descubrimiento de la electricidad en 1800 y de la aparición de los primeros automóviles en 1895, se necesitan muchas más fuentes de energía y en mayor cantidad.

El petróleo, del que se extrae la gasolina y el gasóleo, junto con el gas natural y el uranio son hoy en día las principales fuentes de energía (aunque no son renovables y contaminan).

Otro tipo de fuentes de energía que se van utilizando, aunque aún en poca cantidad, y que sí se regeneran y contaminan mucho menos, son las llamadas renovables. Estas son el viento, el agua, la biomasa, el calor interno de la Tierra y las mareas.

¿Qué sabemos?

- ¿Cuál es la principal fuente de energía de la mayoría de los vehículos de la imagen? ¿Es una fuente de energía renovable o no renovable?
- ¿Qué medidas se podrían tomar para reducir su consumo?

¿Qué aprenderemos?

1. **Descubre. La energía: formas y fuentes**
2. **Transmisión de la energía**
3. **Conservación y degradación de la energía**
4. **El ahorro energético**
5. **La energía y las fuerzas**
6. **Laboratorio. Construcción de una gráfica**

1900-1999

1954

Primera central nuclear del mundo (Obninsk, Rusia).

2000-2010

2005 Entrada en vigor del Protocolo de Kyoto.

1 La energía: formas y fuentes

DESCUBRE

La **energía** es lo que produce cambios en la materia o en su estado y posición.

La energía se manifiesta de diferentes formas, cada una de la cuales recibe un nombre distinto: energía cinética, energía potencial gravitatoria, energía química, energía térmica, energía eléctrica, energía nuclear, energía radiante...

Las **fuentes de energía** o **recursos energéticos** son todos los recursos de los que puede extraerse energía.

A FUENTES DE ENERGÍA NO RENOVABLES

Las fuentes de energía **no renovables** se agotarán en el futuro. Son las más empleadas hasta nuestros días aunque presentan diversos problemas:

- Mareas negras (con la desaparición de flora y fauna).
- Lluvia ácida, aumento del efecto invernadero, calentamiento global…
- Enfermedades derivadas de los contaminantes atmosféricos: respiratorias y pulmonares, de corazón, digestivas…
- Residuos nucleares, peligrosos para los seres vivos.

@ Amplía en la Red...

Puedes acceder a una infografía sobre las fuentes de energía no renovables en:
http://www.tiching.com/115452

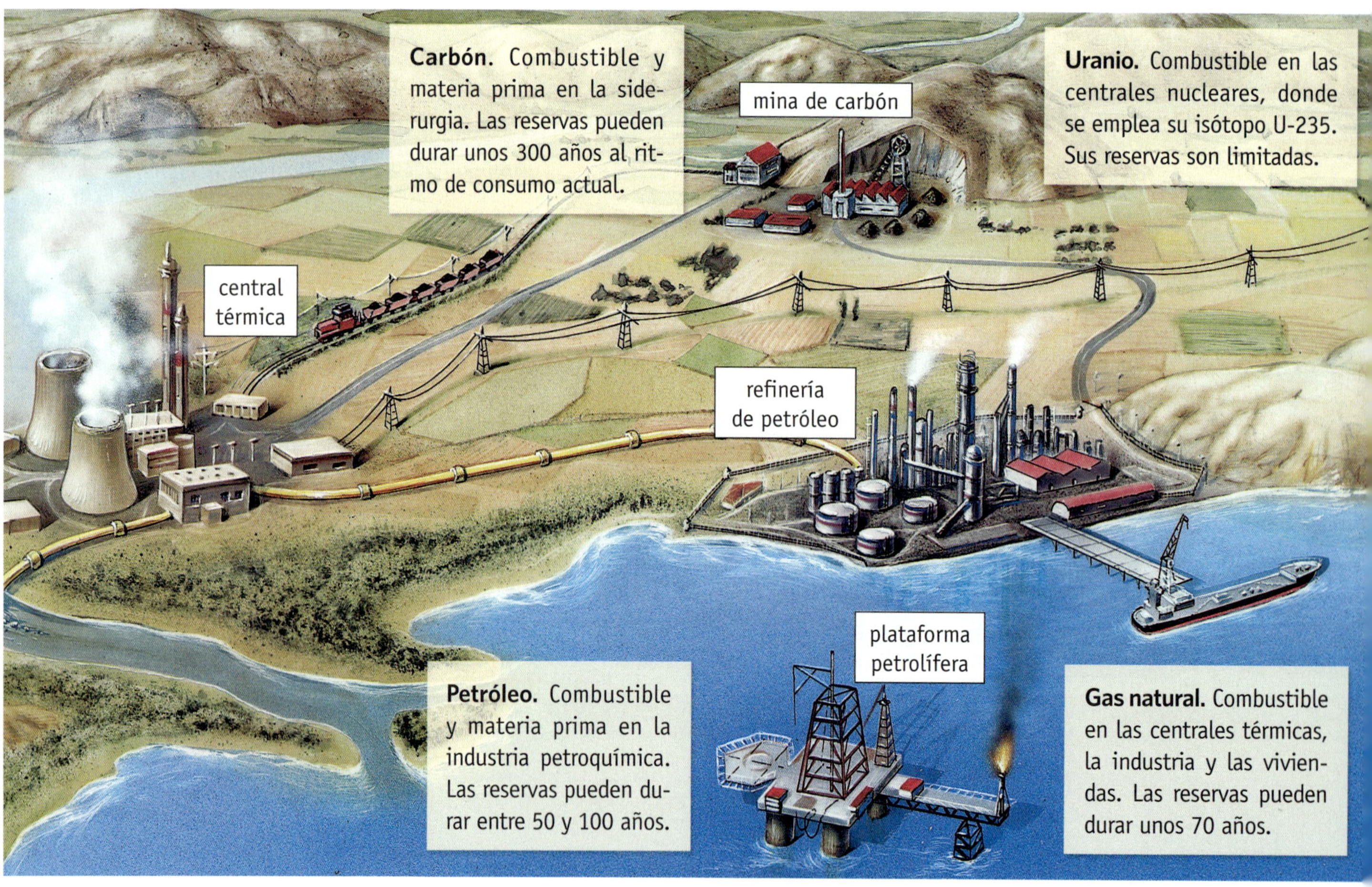

B FUENTES DE ENERGÍA RENOVABLES

Las fuentes de energía **renovables** son prácticamente inagotables, ya que se regeneran con la energía suministrada por el Sol. Algunas son tradicionales, como la energía hidráulica, y otras, **alternativas**, como los biocarburantes.

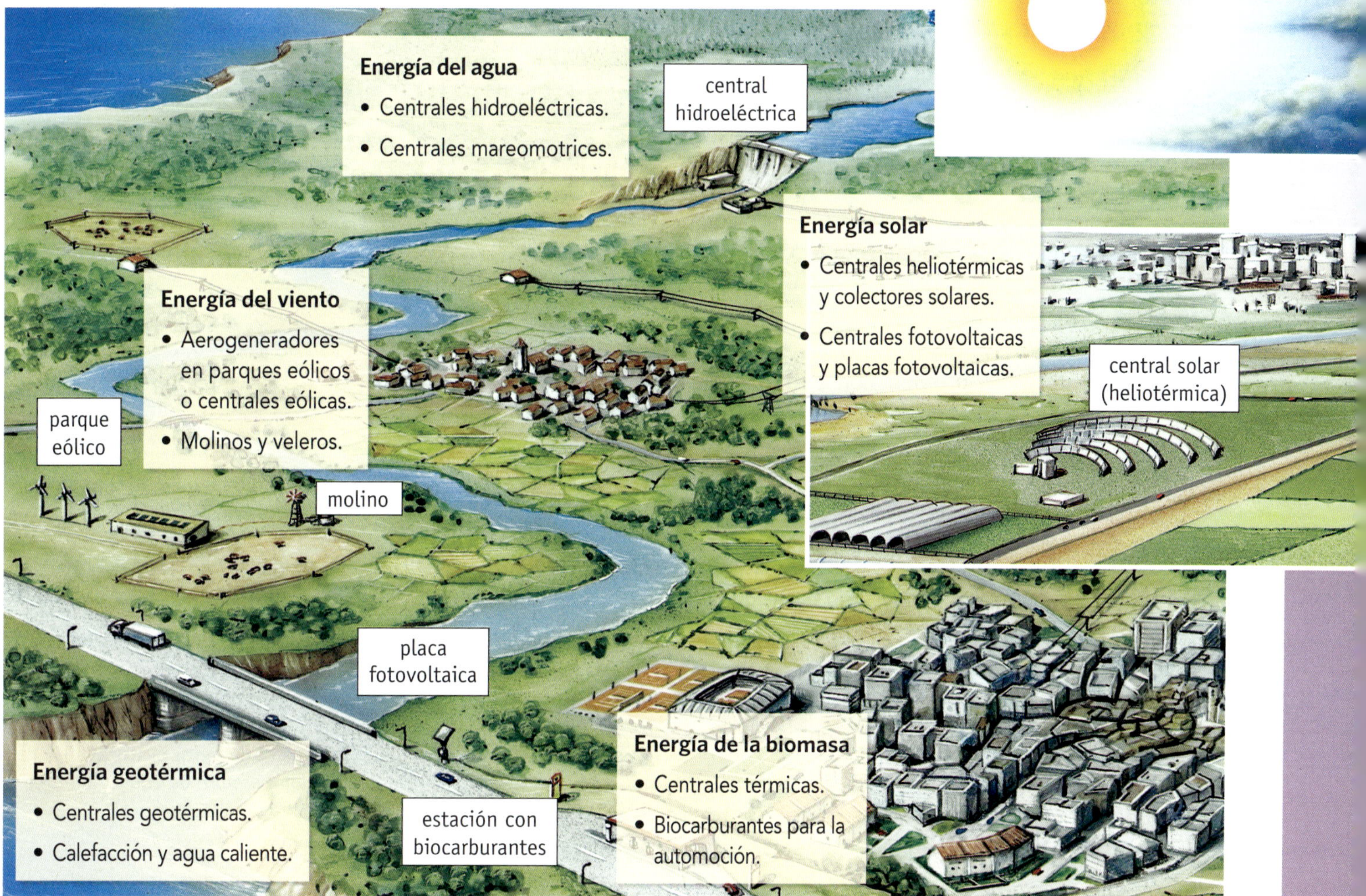

C ¿ENERGÍAS DEL FUTURO?

La energía procedente de la **fusión nuclear** es otro tipo de energía que proviene de los núcleos atómicos, pero sin peligro de residuos radiactivos. Aún se está investigando cómo usarla, pero hay muchas esperanzas puestas en ella.

También se están buscando nuevas maneras de aplicar la energía solar: se utiliza para romper moléculas de agua y obtener **hidrógeno**. Este se almacena y se usa como combustible, aprovechando que su combustión es poco contaminante.

@ Amplía en la Red...

Puedes acceder a una infografía sobre las fuentes de energía renovables en:
http://www.tiching.com/115453

1. Enumera y explica algunos efectos perjudiciales causados por determinadas fuentes de energía.

2. ¿A qué llamamos fuentes de energía renovables? ¿Qué quiere decir que sean renovables?

2 Transmisión de la energía

2.1. Energía transmitida mediante una fuerza

La energía produce cambios en el movimiento de los objetos: los pone en movimiento, aumenta y disminuye su velocidad, cambia la dirección de su movimiento, los para, etc.

Para cualquiera de estos cambios se debe aplicar una **fuerza** sobre el objeto. Así, por ejemplo, si empujamos el carrito de un supermercado, lo pondremos en movimiento fig. 1.

La energía que se transmite mediante fuerzas es el **trabajo**. Su valor es proporcional a la fuerza y a la distancia que recorre el objeto.

Fig. 1 Para mover el carrito ejercemos una fuerza sobre él.

2.2. Energía transmitida por diferencia de temperatura

Al mezclar agua caliente con agua fría, la primera cede energía a la segunda y al final toda el agua está a la misma temperatura.

¿Qué es la temperatura?

La **temperatura** es una magnitud que nos da idea de si un objeto va a adquirir energía en contacto con otro objeto o la va a perder.

En realidad es una medida de la energía interna del objeto, que es la suma de todas las energías cinéticas y potenciales de las partículas que lo forman.

Dos objetos a diferente temperatura puestos en contacto se transfieren energía hasta que ambos tienen igual temperatura. En ese momento se ha alcanzado el **equilibrio térmico** fig. 2.

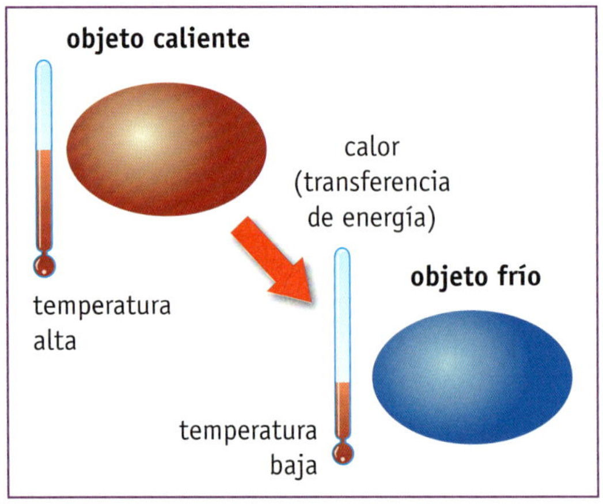

Fig. 2 Transferencia de calor de un cuerpo caliente a otro cuerpo más frío. La transferencia se produce hasta que ambos cuerpos alcanzan el equilibrio térmico (la temperatura final recibe el nombre de *temperatura de equilibrio*).

El calor

La transferencia de energía que se produce al poner en contacto dos objetos a diferente temperatura se efectúa en forma de **calor**.

Hay que tener en cuenta que:

- No puede haber transferencia de energía en forma de calor de los objetos fríos a los que están más calientes.
- Los objetos fríos no transmiten frío, sino que absorben calor.

Efectos del calor

Cuando suministramos energía a un objeto en forma de calor, este puede tener diversos efectos: *aumento de la temperatura*, *dilatación* y *cambio de estado*:

- El **aumento de temperatura** es directamente proporcional al calor transmitido e inversamente proporcional a la masa del objeto, y depende de la naturaleza de la sustancia. Es decir, la temperatura aumenta más cuanto más calor proporcionemos, aumenta menos cuanta más masa contenga el objeto y depende de si la sustancia necesita más o menos energía para aumentar su temperatura.
- La **dilatación** es directamente proporcional al calor transmitido y depende de la naturaleza de la sustancia que forma el objeto fig. 3.
- El **cambio de estado** depende también del calor transmitido y de la naturaleza de la sustancia que forma el objeto.

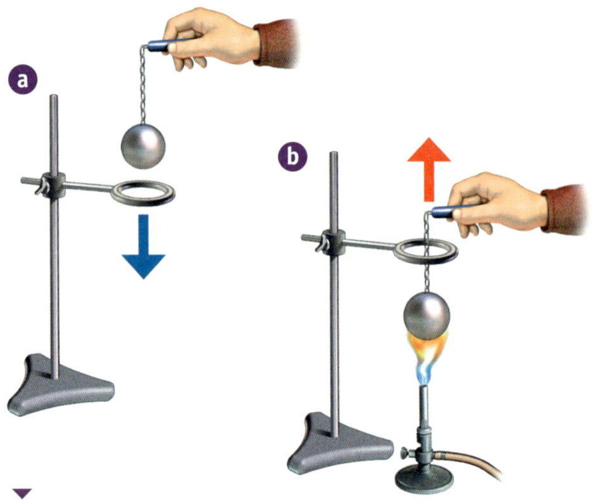

Fig. 3 a) A temperatura ambiente, la esfera metálica puede pasar a través de la anilla que sirve de calibre. b) Si la calentamos, la esfera se dilata y ya no puede pasar.

LA PROPAGACIÓN DEL CALOR

El calor se propaga de un lugar a otro por medio de tres mecanismos: *conducción*, *convección* y *radiación*.

Conducción

El calor se transmite por conducción a través de las sustancias sólidas. En este mecanismo de transmisión de calor no hay movimiento de materia.

Las partículas de un sólido que reciben calor adquieren mayor movilidad (vibración). Esta movilidad se va transmitiendo a las partículas que se encuentran en su proximidad, de forma que el calor acaba propagándose por todo el sólido.

Esta es la causa, por ejemplo, de que nos quememos al coger con la mano una cuchara metálica introducida en un cazo puesto al fuego.

Los metales, como el de esta sartén, son los materiales que tienen más capacidad de transmitir el calor por conducción.

Convección

La convección es la transmisión de calor por medio de transmisión de materia. Es la manera como se transmite el calor en los líquidos y en los gases.

El agua que se calienta en un cazo es un ejemplo de este proceso. El agua de la parte inferior del cazo (que está en contacto directo con la fuente de calor) es la primera en calentarse.

Esta masa de agua se dilata, disminuye su densidad y sube, y su lugar es ocupado por agua fría.

Al calentar la parte inferior del cazo, se forman las corrientes de convección en el líquido: el agua caliente sube y el agua fría desciende hasta calentar toda la masa.

Radiación

La propagación del calor por radiación no necesita el soporte de ningún medio material ni una transmisión de materia para realizarse.

El Sol emite su energía en forma de radiación, por lo que es capaz de atravesar el espacio (donde solo hay vacío).

De toda la energía emitida por el Sol, a la Tierra nos llega sobre todo la luz visible y la radiación infrarroja. La radiación infrarroja es la que detectamos como calor.

Todos los objetos calientes (el Sol, un radiador, una plancha, una hoguera, etc.) emiten radiación aunque no la veamos.

Los radiadores emiten calor por radiación.

1. ¿Qué dos formas hay de transferir energía?
2. ¿Qué nos indica la temperatura? ¿Qué ocurre si ponemos en contacto dos objetos a diferente temperatura?
3. Si calentamos dos recipientes con agua, uno con 1 litro y el otro con dos, durante el mismo tiempo, ¿alcanzarán la misma temperatura? ¿Por qué?
4. Supón que en verano te encuentras con que la ventana de tu habitación roza con el marco a la hora de abrirla o cerrarla (y el resto del año no ocurre este hecho). ¿Qué explicación le darías?
5. ¿De qué formas se puede propagar el calor? Pon un ejemplo de cada una de ellas.

3 Conservación y degradación de la energía

La energía es una propiedad de los objetos que se manifiesta porque se transmite de unos a otros, permitiendo *efectuar trabajo*, al mismo tiempo que **se transforma** en otros tipos de energía.

3.1. Conservación de la energía

Cuando interaccionan dos objetos, intercambian energía. Para cada uno, su energía aumenta o disminuye pero, para el conjunto, la energía se conserva.

La **energía total se conserva**, ni se crea ni se destruye, aunque se transforma de unos tipos en otros.

Por ejemplo, la gasolina aporta energía al motor de un coche. La energía química de la gasolina se transforma en la energía cinética que el coche adquiere gracias al funcionamiento del motor.

Otro ejemplo es el de los deportistas. La energía química de los alimentos que ingieren la transforman en energía de sus músculos con la que corren, saltan, esquían... fig. 1.

Fig. 1 La energía química de los alimentos se transforma en la energía que mueve los músculos de nuestro cuerpo.

3.2. Degradación de la energía

Aunque la energía total se conserva, no todos los tipos de energía son igual de útiles.

Por ejemplo, en el caso del motor de un coche, una parte importante de la energía aportada por la gasolina se utiliza para vencer el rozamiento de las partes mecánicas del motor, y se transforma en energía térmica, que no puede aprovecharse.

Si sumamos la energía aprovechada por el motor más la perdida en forma de calor, el resultado es el valor de la energía producida por la gasolina: la energía total se conserva, pero parte de ella al final ya no es útil. La energía se degrada.

Rendimiento energético

En todos los procesos, incluidos los del cuerpo humano, la energía se degrada. Si no hubiera pérdidas de energía, toda la energía inicial sería energía útil, pero esto nunca ocurre fig. 2.

La **energía útil** es la parte de la energía producida que llega a los lugares de consumo, o la parte de toda la energía aplicada en un proceso que no se pierde en forma de calor.

Para determinar cuánta energía se aprovecha definimos el **rendimiento energético** como:

$$\textit{Rendimiento energético} = \frac{\textit{energía útil}}{\textit{energía inicial}} \cdot 100$$

$$\textit{Energía inicial} = \textit{energía útil} + \textit{energía perdida}$$

El rendimiento del automóvil de la fig. 2, por ejemplo, es del 35%. Esto significa que de una energía inicial de 100 partes, solo aprovecha 35 para desplazarse, y el resto, 65, se pierden.

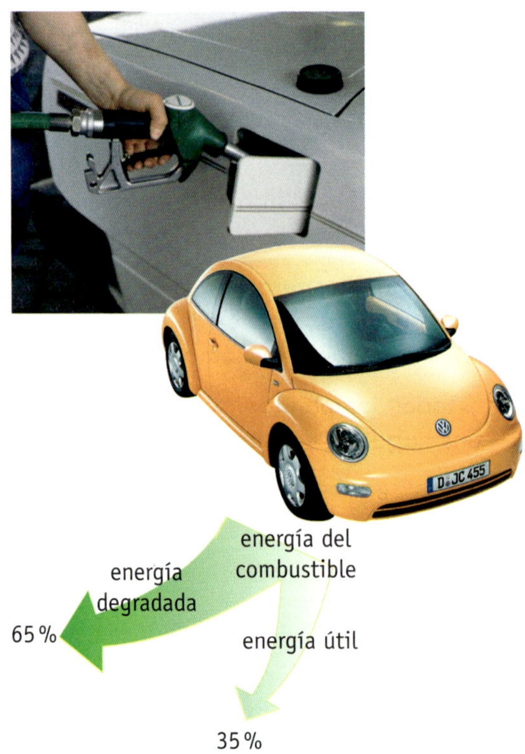

Fig. 2 Un automóvil aprovecha la energía de los combustibles para funcionar.

CÓMO REDUCIR LAS PÉRDIDAS DE ENERGÍA

Aunque la energía total se conserva, no todos los tipos de energía son igual de útiles.

En las casas se utilizan fuentes de energía para producir calor pero, si no están bien aisladas, gran parte de este calor se pierde por las ventanas, puertas, paredes... Esto supone un gasto energético que se puede evitar aislando bien la vivienda.

Los electrodomésticos, sobre todo los antiguos, experimentan grandes pérdidas de energía en su funcionamiento, lo cual aumenta el gasto reflejado en el recibo de la electricidad. Conviene ir renovándolos para reducir el consumo eléctrico.

Lo mismo ocurre con las bombillas de filamento, que ya no se fabrican porque sus pérdidas energéticas por calor son mucho mayores que su aprovechamiento para generar luz.

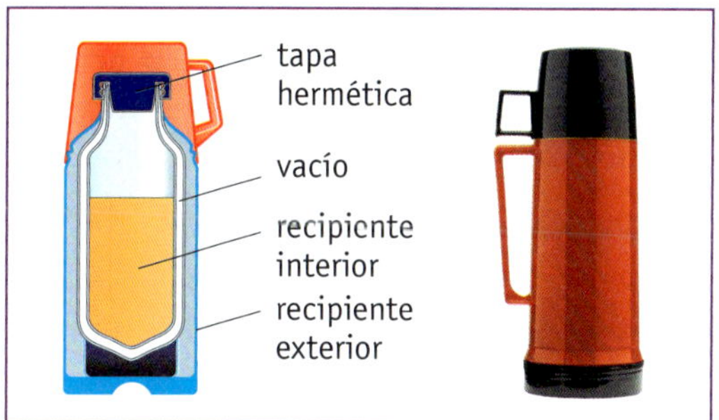

Los termos son recipientes que mantienen la temperatura de los líquidos y alimentos que contienen, ya que están construidos de forma que se han reducido al máximo las pérdidas de energía en forma de calor.

@ Amplía en la Red...

Visiona un video sobre energías renovables y sostenibilidad en:
http://www.tiching.com/730691

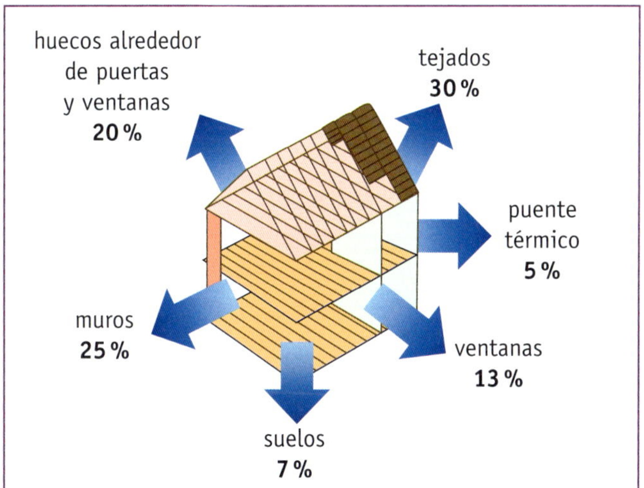

La energía térmica del interior de una casa se desaprovecha si no está bien aislada. Así, los tejados y los muros son los puntos por los que más calor se pierde.

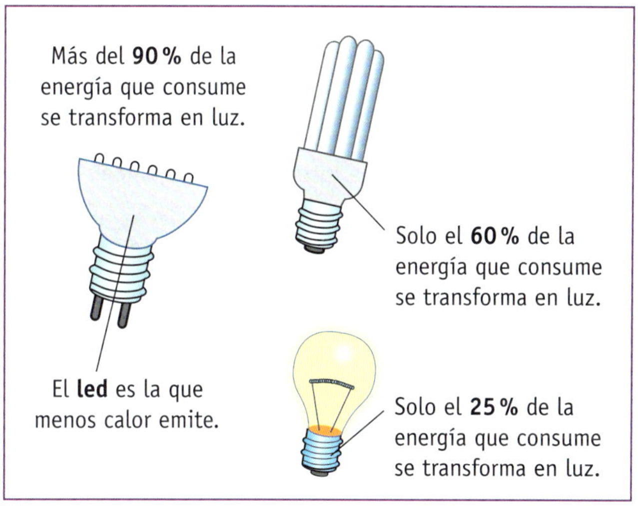

Las bombillas que más energía aprovechan son las led. Las de filamento solo aprovechan el 25 % de la energía eléctrica que gastan.

1. Explica por qué y para qué necesitamos:
   a. Comer.
   b. Enchufar el secador.
   c. Poner gasolina al coche.
   d. Cerrar bien las ventanas en invierno.
   e. No abrir el frigorífico si no es necesario.
   f. Abrigarnos en invierno.

2. Explica a qué llamamos energía útil, energía inicial y energía degradada.

3. ¿A qué llamamos rendimiento energético?

4. Describe cómo podemos evitar que haya pérdidas:
   a. De calor en nuestra casa.
   b. De energía eléctrica en los electrodomésticos.
   c. De calor en las bombillas.

4 El ahorro energético

El entorno que nos rodea y que todos los seres vivos necesitamos para nuestra supervivencia es el **medio ambiente**. Engloba la atmósfera y el aire que respiramos, los fenómenos meteorológicos, el paisaje natural con sus montañas, ríos, mares, océanos, bosques, desiertos…

En la actualidad, muchos países consumen las fuentes de energía para aumentar su bienestar sin conservarlas ni mejorarlas. Por el contrario, las están agotando, al mismo tiempo que degradan y contaminan el medio ambiente.

Fig. 1 La explotación de los bosques debe hacerse de forma racional para evitar la deforestación.

4.1. Medidas para frenar el agotamiento de los recursos

Para frenar el agotamiento de los recursos energéticos es necesario tomar dos medidas antes de que sea demasiado tarde:

- **Frenar el consumo** energético.
- Usar **recursos que sean renovables**, como el agua y el viento.

4.2. Desarrollo sostenible

Los seres humanos empezamos a darnos cuenta de que no podemos explotar los recursos naturales de manera ilimitada: las especies animales y vegetales se extinguen, los bosques desaparecen, las materias primas y las fuentes de energía se agotan, la contaminación amenaza con un cambio climático catastrófico…

El año 1988 apareció la expresión **desarrollo sostenible**, que es el desarrollo que satisface las necesidades actuales sin comprometer la capacidad de las generaciones futuras para satisfacer las suyas:

- Cuidar que los recursos energéticos no se agoten (para que las generaciones futuras puedan utilizarlos también).
- No contaminar el medio ambiente (conservar la vida del planeta) fig. 1.

Este desarrollo no se opone a que los ciudadanos incrementen su bienestar, pero entiende que para ello no hace falta poner en peligro el medio ambiente ni nuestro futuro.

El protocolo de Kyoto

Se trata de un compromiso que tomaron más de 100 países del mundo en 1997 para reducir en un 5 % la emisión de gases con efecto invernadero durante el período 2008-2012. Para ello se tomaron como referencia los gases emitidos en el año 1990 fig. 2.

En febrero de 2005 entró definitivamente en vigor, a pesar de que no suscribieron el pacto algunos de los países que más contaminan, como Estados Unidos.

Fig. 2 El protocolo de Kyoto pretende reducir el cambio climático.

4.3. Pérdidas inevitables de energía

Como ya sabes, la energía se transforma al pasar de unos cuerpos a otros, y en toda transformación energética, una parte de la energía se degrada de forma inevitable y ya no podemos reutilizarla.

Por ello, es importante utilizar únicamente la energía que realmente se necesita y, si es posible, ahorrarla.

PROPUESTAS PARA EL AHORRO DE ENERGÍA

El transporte público

El transporte por carretera, especialmente el transporte privado, origina una serie de costos personales y ambientales, como son ruido, humo, accidentes, aumento del efecto invernadero…

Para evitar, en la medida de lo posible, estas situaciones, las autoridades intentan desarrollar el transporte público y reducir el uso del vehículo privado.

En la planificación del transporte público se adoptan medidas para aumentar el número de usuarios, como por ejemplo:

- La potenciación de líneas interurbanas y las de los ferrocarriles de cercanías.
- El incremento del transporte urbano de superficie (más líneas y aumento de la frecuencia de paso).
- La implantación de una tarifa única que permita combinar diferentes modalidades de transporte público al mismo precio.

Ahorro de energía en el hogar

Durante nuestras tareas diarias podemos actuar para reducir el consumo energético y, de esta manera, ayudar a frenar el agotamiento de recursos naturales y mejorar el medio ambiente:

- Evita el uso innecesario o inadecuado de los electrodomésticos:
  - Las lavadoras y lavavajillas no deben funcionar si no están cargados completamente.
  - El frigorífico no se debe abrir ni demasiadas veces, ni demasiado tiempo.
  - En general, enciende y mantén funcionando los aparatos y lámparas únicamente cuando sea necesario.
  - Vigila la temperatura de los termostatos: no pongas el aire acondicionado demasiado fuerte en verano ni la calefacción muy alta en invierno.
- Aísla térmicamente tu vivienda: impedirás pérdidas de calor en invierno y entradas de aire cálido en verano.
- Utiliza el transporte público. Elude el automóvil siempre que puedas; si es posible, ve a pie o en bicicleta.
- Evita el exceso de velocidad en los automóviles: gastan mucho más combustible cuanto mayor sea su velocidad.
- Dúchate en vez de bañarte: ahorrarás electricidad o gas, al mismo tiempo que agua.

Recuerda que todas estas medidas producen beneficios en el medio ambiente y también reducirán tu factura energética.

1. ¿Los recursos energéticos son infinitos? ¿Qué medidas podemos tomar para evitar su agotamiento?
2. Cita ejemplos de medidas que podemos tomar para ahorrar energía en nuestras casas.
3. Pon ejemplos de casos que tú conoces en los que no se cuida el medio ambiente.
4. Redacta con tus propias palabras el significado de desarrollo sostenible.
5. ¿Qué es el protocolo de Kyoto? Busca información sobre este protocolo y redacta un informe con las medidas planteadas y cómo han ido evolucionando desde su establecimiento hasta la actualidad.

5 La energía y las fuerzas

La energía se transfiere en forma de calor o mediante la aplicación de una fuerza fig. 1. Las fuerzas se miden en **newtons** (N), y vamos a ver diferentes tipos.

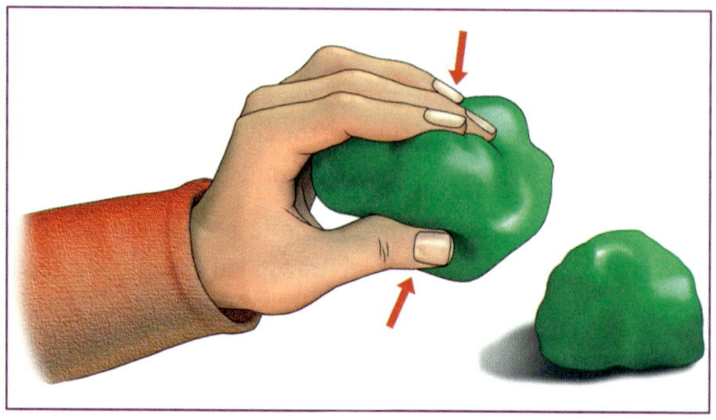

Fig. 1 Los dedos deforman más o menos la plastilina dependiendo del valor de la fuerza que ejercen sobre ella.

5.1. Peso

El **peso** de los cuerpos es la fuerza con que la Tierra los atrae.

El peso no es lo mismo que la masa: la masa es la cantidad de materia de un objeto.

El peso p (en N) de un cuerpo de masa m es igual al producto de dicha masa (en kg) por la aceleración de la **gravedad**, g, que en la superficie de la Tierra vale 9,8 m/s^2; es decir: $p = m \cdot g$ fig. 2.

Fig. 2 La báscula indica la masa de la fruta que tiene encima.

5.2. Fuerza motriz

La **fuerza motriz**, F_m, es la que hace que un objeto se mueva. Por ejemplo, el motor de un automóvil, las piernas de un atleta o las alas de un ave, ejercen fuerzas para hacer que se muevan el automóvil, el atleta y el ave.

Las fuerzas y las máquinas

La palanca, el plano inclinado, la polea, el torno, la rueda, etc. son algunas de las **máquinas simples** que ya conoces.

Su función es facilitarnos la tarea permitiéndonos hacer una fuerza menor (plano inclinado), de manera más sencilla (polea) o reduciendo las pérdidas de energía por rozamiento (rueda).

Cuando se combinan diversos elementos, la máquina se denomina **compuesta**.

5.3. Fuerza de rozamiento

¿Por qué un ciclista que deja de pedalear acaba deteniéndose? La responsable de esto es la **fuerza de rozamiento**, F_{roz}.

Al moverse, la superficie de las ruedas de la bicicleta ejerce, debido a las imperfecciones y rugosidades de su superficie, una fuerza de rozamiento con el suelo que se opone a la fuerza motriz que la provoca. Ambas tienen la misma dirección pero sentidos contrarios fig. 3.

Por ese motivo, si el ciclista deja de pedalear (deja de ejercer una fuerza motriz) la fuerza de rozamiento hace que la velocidad disminuya, hasta que el ciclista se detiene.

Fig. 3 Para desplazar los objetos debemos ejercer sobre ellos una fuerza motriz, F_m, que iguale o supere el valor de la fuerza de rozamiento, F_{roz}. La fuerza de rozamiento tiene una gran importancia en la vida diaria: sin ella, por ejemplo, no podríamos andar.

5.4. Fuerza normal

La **fuerza normal,** N, es la fuerza que ejerce una superficie sobre los objetos que se encuentran encima.

Por ejemplo, cuando colocamos un libro sobre la superficie horizontal de una mesa, la mesa ejerce una fuerza vertical y hacia arriba, cuyo valor es igual al peso del libro.

5.5. Tensión

La **tensión**, T, es la fuerza con la que un cable o una cuerda tensos tira del objeto que cuelga en su extremo, como, por ejemplo, el cable de una grúa que levanta una carga enganchada a dicho cable.

FUERZAS EN EL UNIVERSO

Las fuerzas que acabamos de ver, excepto el peso, se ejercen al ponerse en contacto los objetos. En la Naturaleza, sin embargo, las cuatro fuerzas fundamentales se ejercen a distancia. Las más conocidas son la electromagnética y la fuerza de la gravedad.

Fuerza de la gravedad

La fuerza de la gravedad es la fuerza de atracción que se establece entre dos cuerpos con masa, como un lápiz y la Tierra o el Sol y la Tierra. Esta fuerza se expresa mediante la ley de la gravitación universal, demostrada por Isaac Newton en el siglo XVII:

Todo par de masas, m_1 y m_2, separadas por una distancia, d, se atraen con fuerzas iguales y opuestas, que son directamente proporcionales al producto de las dos masas e inversamente proporcionales al cuadrado de la distancia que las separa:

$$F = G \cdot \frac{m_1 \cdot m_2}{d^2}$$

Aunque entre el Sol y la Tierra existe una fuerza de atracción, la velocidad con la que se mueve la Tierra alrededor del Sol hace que esta no caiga sobre el Sol. Igualmente la Luna es atraída por la Tierra, pero se mantiene en órbita por la velocidad que lleva.

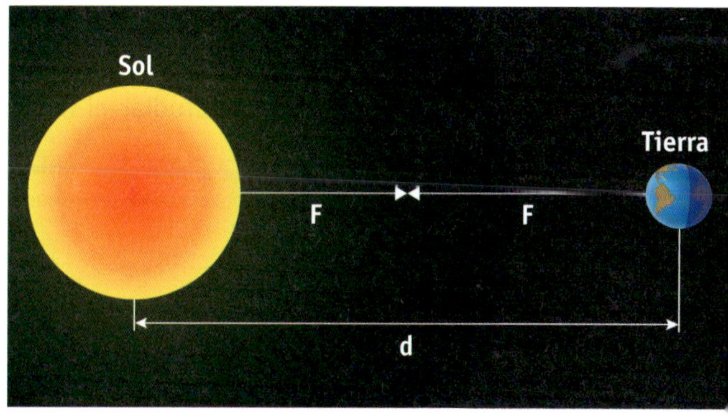

Existe una atracción gravitatoria entre la Tierra y el Sol. Ambos cuerpos ejercen fuerzas de atracción entre sí, que hacen que la Tierra gire continuamente en torno al Sol.

La fuerza de la gravedad en el Universo

La fuerza de la gravedad afecta a todos los cuerpos del Universo. Así, no solo entre el Sol y la Tierra o entre la Luna y la Tierra existen fuerzas de atracción, sino que también existen a mayor escala.

Por ejemplo, los planetas que forman el Sistema Solar interaccionan con el Sol a través de la fuerza de la gravedad, el Sistema Solar lo hace con el núcleo de la Vía Láctea (alrededor del que orbita) y la Vía Láctea interacciona con otras galaxías que forman el cúmulo de galaxias al cual pertenece (denominado Grupo Local).

Como estas fuerzas se ejercen a enormes distancias, la unidad de longitud más utilizada es el año luz, es decir, la distancia que recorre la luz en un año:

$$1 \text{ año luz} = 1 \cancel{\text{año}} \cdot \frac{365 \cancel{\text{días}}}{1 \cancel{\text{año}}} \cdot \frac{24 \cancel{\text{h}}}{1 \cancel{\text{día}}} \cdot \frac{3600 \cancel{\text{s}}}{1 \cancel{\text{h}}} \cdot \frac{300\,000 \text{ km}}{1 \cancel{\text{s}}} = 9{,}46 \cdot 10^{12} \text{ km}$$

La Vía Láctea, junto con unas 30 galaxias más, forma el denominado Grupo Local. La Vía Láctea tiene un diámetro de unos 100 000 años luz mientras que el del Grupo Local es de unos 4 millones de años luz.

1. Indica qué fuerzas actúan en los siguientes casos:
   a. Una persona sobre una báscula.
   b. Un coche que circula por una carretera.
   c. Un jarrón sobre una mesa.
   d. Un ascensor que asciende estirado por un cable.

2. Si tenemos dos esferas con la misma masa, explica cómo variará la fuerza de atracción entre ellas si:
   a. Duplicamos la distancia.
   b. Duplicamos la masa de cada una de ellas.
   c. Duplicamos su masa y reducimos la distancia que las separa a la mitad.

Construcción de una gráfica

Cuando aplicamos una fuerza sobre un objeto podemos cambiar su movimiento, tanto su dirección como su velocidad.

A continuación vamos a estudiar el movimiento de un objeto y su representación gráfica.

Material

- Canal.
- Cinta métrica.
- Bola de acero.
- Cronómetros o camara de video (o dispositivo que grabe video, como un teléfono móvil).

A. Un objeto cuando se mueve ocupa diferentes posiciones con el tiempo. ¿Cómo representarías el movimiento de dicho objeto?

Construcción de una tabla de datos

1. Realiza un montaje como el de la figura. A continuación, deja caer una bola por la rampa a la vez que enciendes el primer cronómetro.

   A medida que la bola vaya pasando por los diferentes puntos marcados de la rampa, se irán desconectando los diferentes cronómetros.
2. Si dispones de una cámara de video, puedes grabar cómo desciende la bola.

   Luego reproduces el video y anotas el tiempo que marca la grabación cuando la bola pasa por cada punto (recuerda descontar el tiempo inicial, en el que sueltas la bola).
3. Anota en una tabla los valores de la posición y del tiempo.
4. ¿Qué método crees que es más exacto? ¿Por qué?
5. Observa el tiempo que tarda la bola en desplazarse entre los mismos puntos. ¿Es el mismo? ¿Observas alguna diferencia?

   Si es así, ¿a qué crees que se puede deber?

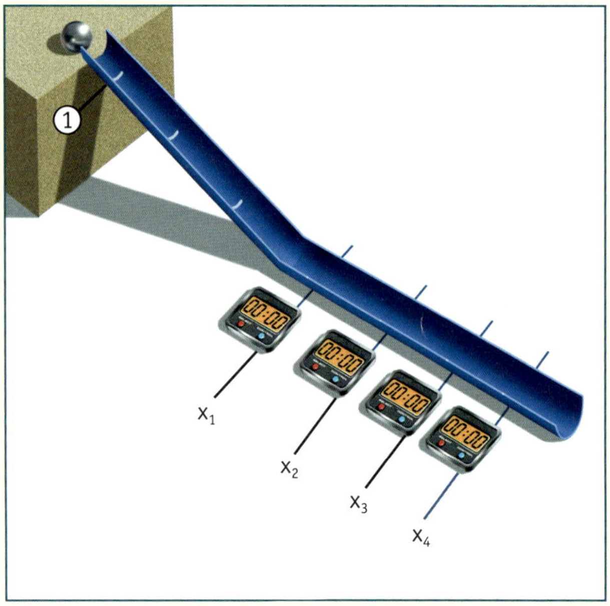

B. Una vez tenemos los datos tabulados pasaremos a representarlos gráficamente. ¿Qué información piensas que nos mostrará?

Representación gráfica de los datos

1. Toma papel milimetrado y dibuja una gráfica. En el eje *X* representa la distancia recorrida y en el eje *Y* representa el tiempo transcurrido.
2. Representa los diferentes datos obtenidos en la experiencia y recogidos en la tabla de datos.
3. Une los diferentes puntos mediante líneas.
4. ¿Qué forma tiene la línea que une todos los puntos?

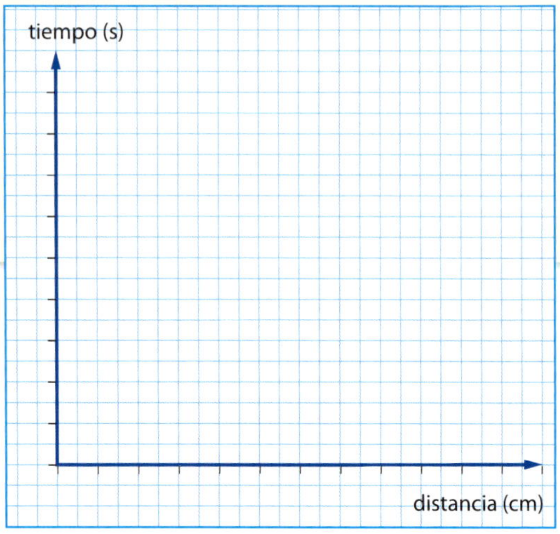

① La **velocidad media** de un móvil se define como el cociente entre la distancia recorrida y el tiempo empleado. Calcula dicho valor para cada tramo y para el trayecto completo.

② ¿Has obtenido el mismo valor de velocidad en todos los casos?

③ ¿Cómo es la evolución de la velocidad media en cada tramo?

C. Cuando efectuamos un trayecto en coche podemos calcular la velocidad media del trayecto a partir de la distancia recorrida y del tiempo transcurrido. Sin embargo, si nos hemos fijado en el velocímetro del coche durante el viaje, habremos visto que la velocidad que marca va cambiando: unas veces es alta, otras es baja; es cero al parar en un semáforo...

A la velocidad de un móvil en cada punto se la denomina **velocidad instantánea**. ¿Cómo podríamos calcularla?

Obtención de la velocidad instantánea

1. Para aproximarnos a la velocidad instantánea en un punto, vuelve a realizar la experiencia de la caída de la bola.
2. Acorta la distancia entre las marcas.

   Han de estar lo suficientemente cerca como para hacer una aproximación a un espacio muy corto (como si fuera un punto), pero han de permitir que el tiempo transcurrido en ese intervalo quede registrado.
3. ¿Qué valor has obtenido?
4. Calcula este valor en diferentes puntos y explica cómo varía.

Intervalo	Espacio (m)	Tiempo (s)	Velocidad instantánea (m/s)
1			
2			
3			
4			
...			

D. Tal y como habrás observado, la velocidad instantánea no es constante, sino que varía con el tiempo. ¿Qué concepto asociarías con el cambio de velocidad?

La **aceleración** de un objeto nos indica cómo cambia su velocidad a lo largo del tiempo. Se calcula como el cociente entre la diferencia de velocidad entre dos instantes determinados y el tiempo transcurrido entre esos dos instantes.

(4) Calcula el valor de la aceleración entre los diferentes puntos en los que has determinado la velocidad instantánea.

a) ¿Has obtenido el mismo valor de la aceleración en los diferentes puntos?

b) Si este experimento lo realizaras con un objeto que dejases caer libremente en vertical, ¿qué valor obtendrías para la aceleración?

Aceleración y frenado

Cuando un objeto aumenta su velocidad se dice que está acelerando, y la aceleración tiene un valor positivo. Sin embargo, cuando un objeto reduce su velocidad se dice que frena, y el valor de su aceleración tiene signo negativo.

Experimentación

Con la ayuda de gráficas podemos estudiar también las fuerzas que se aplican sobre un objeto. Para ello, realiza un montaje como el de la figura, con un soporte, un muelle (dinamómetro), diferentes pesas y una regla.

a. Anota la longitud del muelle sin ninguna pesa colgada.

b. A continuación, cuelga diferentes pesas y anota, en una tabla, el peso colocado (es decir, la fuerza que se le aplica al muelle) y el alargamiento del muelle.

c. Representa gráficamente el alargamiento del muelle (expresado en centímetros) frente al valor de la pesa aplicada (expresado en newtons). ¿Cómo es la gráfica obtenida?

La relación matemática entre la fuerza aplicada y el alargamiento experimentado recibe el nombre de *ley de Hooke*.

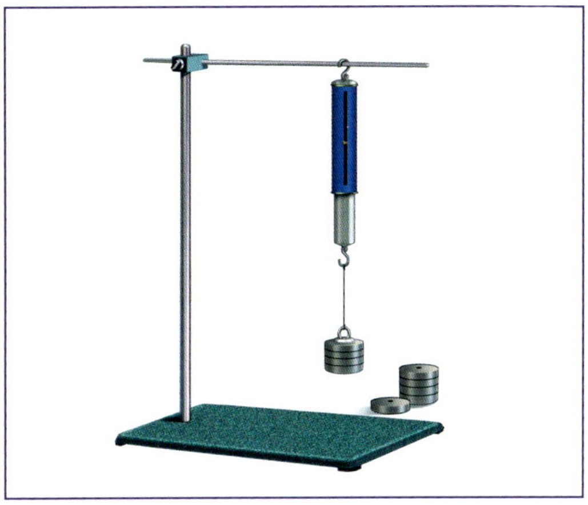

1. Escribe en tu cuaderno las frases falsas de esta serie y razona por qué lo son:
   a) El carbón y el petróleo son combustibles que, además de contaminar, se gastan y no se renuevan.
   b) El agua utilizada en las centrales hidroeléctricas no se renueva.
   c) Aunque se gaste todo el petróleo, siempre nos quedará la gasolina.
   d) La contaminación del aire es debida únicamente al CO_2 que emiten los coches.
2. Da un ejemplo en que intervenga cada una de las siguientes formas de energía:
   a) Energía cinética
   b) Energía radiante
   c) Energía potencial
   d) Energía química
3. Averigua qué tipo de energía tiene:
   a) Una corredora
   b) Un alpinista
   c) Un muelle
   d) Una pila
   e) Una estufa
   f) El núcleo de los átomos
4. Explica qué quiere decir que dos objetos a diferente temperatura puestos en contacto acaban llegando al equilibrio térmico.
5. Si en invierno se congela el agua que hay en el interior de una tubería, la tubería puede llegar a reventar. Razona por qué puede darse esta situación.
6. Explica por qué toda la energía, de cualquier tipo que sea, procede o ha procedido del Sol. Describe la relación del Sol con:
   a) Las plantas
   b) El carbón
   c) El petróleo
   d) El uranio
   e) El agua
   f) El viento
   g) Los animales
   h) Los alimentos
7. Explica en qué se transforma:
   a) La energía de la gasolina que un motorista pone en su moto.
   b) La energía de los alimentos que toma un tenista.
   c) La energía eléctrica que utiliza un frigorífico.
8. ¿Por qué debemos aislar bien las viviendas? ¿Por dónde se pierde la energía calorífica existente en el interior de un edificio?
9. ¿Por qué conviene ir renovando los electrodomésticos y las bombillas de filamento? ¿Qué tipo de bombillas conviene usar?
10. ¿Qué se entiende por desarrollo sostenible?
11. ¿Por qué debemos cuidar el medio ambiente? ¿Crees que se cuida lo suficiente? Pon ejemplos para explicarlo.
12. Indica qué tipo, o tipos, de fuerza interviene en cada caso:
    a) Un jarrón sobre una mesa.
    b) Una motocicleta circulando por la carretera.
    c) Un ascensor que desciende desde un octavo piso.
    d) Una persona pesando fruta en el supermercado.
13. Si la gravedad en la superficie de la Tierra es de $9{,}8\ m/s^2$, calcula el peso de los objetos que tienen las siguientes masas:
    a) 2,3 kg
    b) 103,5 kg
    c) 180,5 g
    d) 550 g
    e) 10 hg
    f) 0,15 kg
14. Representa en una gráfica los datos de la siguiente tabla, que indican la posición de un vehículo con el tiempo, y calcula la velocidad media que ha mantenido:

posición (m)	tiempo (s)
0	0
15	2
30	4
60	8
75	10
90	12
180	24

15. Observa la siguiente figura, en la que se muestra cómo varía la velocidad de un ciclista con el tiempo, y calcula la aceleración que llevaba el ciclista.

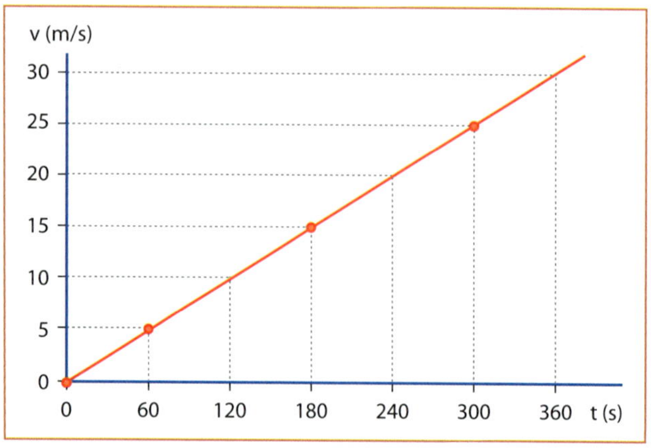

16. ¿A qué velocidad media (en km/h) se desplaza un automóvil que recorre 340 km en 3 h 30 min?

Comprueba lo que has aprendido • Comprueba lo que

1. ¿A qué llamamos fuentes de energía?
2. Cita tipos de energía.
3. ¿En qué dos tipos podemos dividir las fuentes de energía?
4. Rellena en tu cuaderno los huecos que hay en las frases siguientes:
   a) Las ... de energía no ... se van agotando y contaminan el ... ambiente.
   b) En las centrales nucleares se utiliza el ... como combustible.
   c) Las fuentes de ... renovables no se ... porque se regeneran con la energía producida por el Sol.
   d) La ... nuclear se considera una energía del futuro.
   e) La ... se puede utilizar para obtener biocarburantes usados en automoción.
5. ¿De qué dos formas se puede trasmitir la energía? Pon un ejemplo de cada una de ellas.
6. ¿Qué es la temperatura? ¿Cómo cambiará la temperatura de un objeto caliente que se pone en contacto con otro que está más frío?
7. ¿De qué formas puede propagarse el calor? Pon un ejemplo de cada una de ellas.
8. Explica qué son energía inicial, energía útil y energía perdida o degradada.
9. Resuelve el siguiente crucigrama:

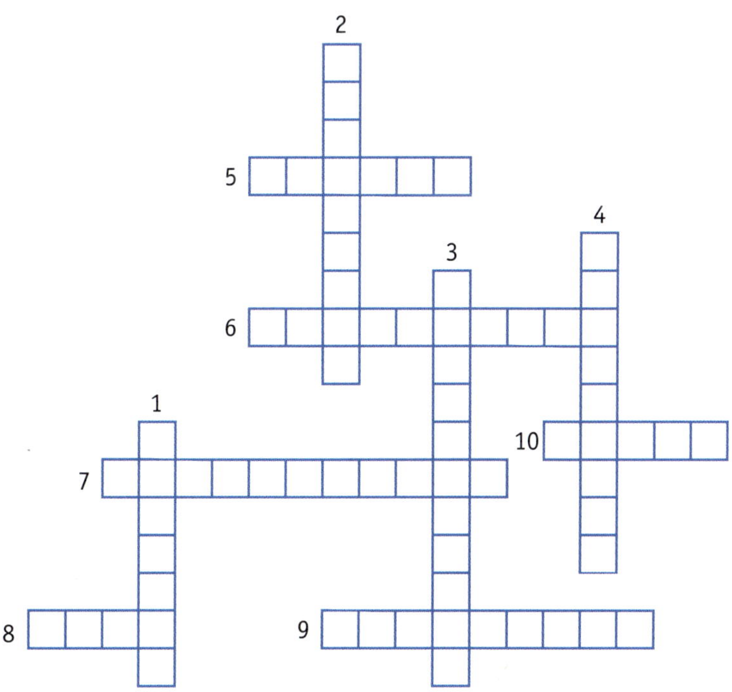

Vertical

1. Fuerza con la que estira una cuerda.
2. Combustible del futuro.
3. Indica cómo varía la velocidad.
4. Tipo de fuente de energía que no se agota.

Horizontal

5. Fuerza que ejerce una superficie horizontal sobre un objeto depositado encima.
6. Forma de transmitir el calor a través de los sólidos.
7. Da una idea de la energía interna que tiene un cuerpo.
8. Fuerza con que la Tierra atrae los cuerpos.
9. Cociente entre la distancia recorrida y el tiempo empleado.
10. Una forma de transferir energía.

10. Define qué es el rendimiento energético.
11. Indica si son verdaderas o falsas las afirmaciones que se indican a continuación. Escríbelas correctamente en caso de que sean falsas.
    a) Para llevar el estilo de vida en la actualidad necesitamos las mismas fuentes de energía que en la Antigüedad.
    b) Hay tres formas de energía: la química, la eléctrica y la nuclear.
    c) Necesitamos los alimentos para vivir, correr, jugar, hacer deporte...
    d) La energía calorífica en nuestras casas siempre se pierde, aunque las aislemos.
    e) Las bombillas de filamento ya no se venden, hay que cambiarlas por otras de menos consumo y menos eficiencia lumínica.
12. Indica medidas de ahorro energético que conviene tomar en nuestras viviendas.
13. Indica diferentes tipos de fuerzas y pon un ejemplo de cada uno de ellos.
14. ¿Qué establece la ley de la gravitación universal? ¿Quién la demostró?
15. ¿Qué es la velocidad instantánea? ¿Y la velocidad media?
16. ¿Qué nos indica la aceleración? ¿Qué diferencia hay entre acelerar y frenar?

1 Calcula. El consumo doméstico de energía

Observa la figura que muestra los porcentajes de consumo de los electrodomésticos de una casa y contesta las preguntas:

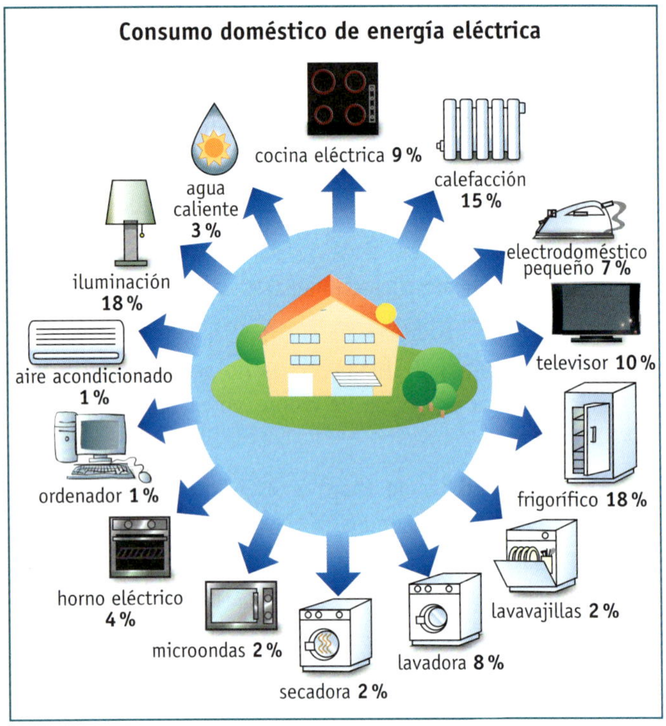

a) ¿Cuáles son los tres que más consumen?

b) ¿Cuáles son los dos que menos gastan?

c) Teniendo en cuenta que al abrir el frigorífico y el congelador les entra calor del exterior, ¿qué debemos hacer para disminuir su consumo?

d) Enumera las medidas de ahorro que debemos tomar con cada uno de los siguientes aparatos: lavadora, calefacción, luces y televisión.

Sin que nos demos cuenta, muchos aparatos eléctricos de nuestras viviendas gastan continuamente energía aunque aparentemente estén apagados. Es lo que se conoce como estar en espera o *stand by*. Los tenemos que desconectar del todo para que no gasten energía inútilmente.

	potencia	funcionamiento	consumo diario
en funcionamiento	40 W	2 horas cada día	
en espera	10 W	22 horas cada día	

e) Con los datos de esta tabla calcula cuánta energía ha consumido en un día un televisor en funcionamiento y en espera.

f) Calcula el tanto por ciento de la potencia perdida frente a la potencia total gastada.

2 Describe. Cambios energéticos

Describe los pasos y cambios energéticos que tienen lugar desde que se quema el combustible hasta que se produce electricidad.

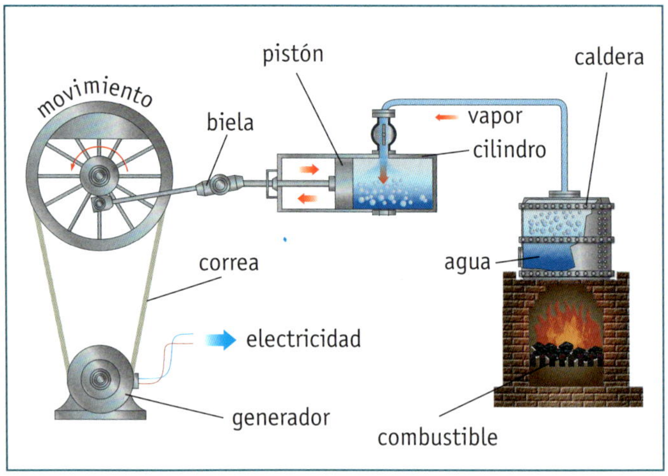

3 Investiga. La seguridad en los vehículos

Actualmente, una de las principales preocupaciones de los fabricantes de automóviles a la hora de comercializar un nuevo modelo es la seguridad, tanto de sus ocupantes como de los peatones.

Por eso, estos vehículos pasan unas pruebas de seguridad tanto internas como externas. Cabe destacar las realizadas dentro del programa Euro NCAP.

Redacta un informe sobre el programa Euro NCAP, y ten en cuenta, por ejemplo:

- ¿Quién forma parte de este programa?
- ¿Qué pruebas de seguridad realizan?
- ¿Cómo se valoran los vehículos que se prueban?

Síntesis. La energía

La energía: formas y fuentes

- ✔ La **energía** existe en muy diversas formas y unas se transforman en otras continuamente.
- ✔ Existen **fuentes de energía renovables**, que son prácticamente inagotables (se regeneran) y no contaminan, y **fuentes de energía no renovables**, que acabarán por agotarse y su uso contamina el medio ambiente.

Transmisión de la energía

- ✔ La energía se puede transmitir en forma de calor o mediante la aplicación de **fuerzas**.
- ✔ El **calor** es la energía que se transfiere entre dos cuerpos a diferente **temperatura** (del más caliente al más frío).
- ✔ La temperatura nos da una idea de la energía interna de las partículas que forman un cuerpo.
- ✔ Al aplicar calor sobre un cuerpo podemos aumentar su temperatura y su tamaño, o cambiarlo de estado físico.

Conservación y degradación de la energía

- ✔ La **energía total** ni se crea ni se destruye, se transforma y se conserva.
- ✔ La **energía inicial** es la que tienen las fuentes de energía y la **energía útil** es la que se aprovecha.
- ✔ El **rendimiento energético** es el porcentaje de energía útil frente a la inicial.

Las fuerzas

- ✔ Las **fuerzas** son las causantes de los cambios de forma o de movimiento en un cuerpo.
- ✔ Podemos clasificar las fuerzas en diferentes tipos:
  - **Peso**. Es la fuerza con que la Tierra atrae los cuerpos. Se calcula como el producto de la masa de un cuerpo por la aceleración de la gravedad (9,8 m/s^2).
  - **Fuerza motriz**. Es la que hace que un cuerpo se mueva.
  - **Fuerza de rozamiento**. Es la que se ejercen entre sí dos superficies en contacto.
  - **Fuerza normal**. Es la que ejerce una superficie sobre los cuerpos que hay sobre ella.
  - **Tensión**. Es la fuerza con la que una cuerda o cable tensos tira de un objeto.

Las fuerzas y el movimiento

- ✔ Para poder estudiar el efecto de una fuerza sobre el movimiento de un objeto hemos de tener en cuenta:
  - La **velocidad media**, que se calcula como el cociente entre el espacio recorrido y el tiempo empleado.
  - La **velocidad instantánea**, es decir, la velocidad en un instante determinado.
  - La **aceleración**, que nos dice cómo varía la velocidad.

Consolidación de competencias

RESPONDE A LA PREGUNTA INICIAL

Después de haber estudiado este tema, puedes responder a la pregunta inicial:

¿Qué energías nos rodean?

Redacta un texto de entre 10 y 20 líneas que resuma las conclusiones a las que hayas llegado sobre la cuestión.

AFIANZA LO APRENDIDO

Para consolidar los conocimientos adquiridos a lo largo de la unidad puedes efectuar las actividades que encontrarás en la siguiente dirección web:

www.tiching.com/730017

Estas actividades se han preparado en un documento en formato pdf que puedes descargarte.

Al final del documento hallarás las soluciones de manera que puedas comprobar si has cumplido los objetivos del tema.

APRENDER PARA EMPRENDER

Supón que el Ayuntamiento de tu ciudad quiere establecer un servicio de alquiler de bicicletas públicas, para que la gente reduzca el uso del transporte privado que utiliza combustibles fósiles (coches, motos...).

Trabajando en grupo, diseña y redacta un folleto explicativo sobre las ventajas del uso de este servicio de bicicletas.

Para hacerlo, busca información y ten en cuenta:

- Representar un plano de tu ciudad y dónde colocarías los puntos de alquiler.
- El combustible ahorrado con el uso de las bicicletas.
- La reducción en la contaminación...

TÉCNICAS DE ESTUDIO

Entra en: www.tiching.com/727162 y practica una técnica de estudio a partir de la síntesis.

10 CARGA ELÉCTRICA

¿Cómo es el interior de la materia?

Las descargas eléctricas, como los rayos durante una tormenta, ponen de manifiesto tanto la naturaleza eléctrica de la materia como la posibilidad de transferir la carga eléctrica.

700-599 a. C.

• 600 a. C.

Tales de Mileto (640 a. C.-546 a. C.) estudia los efectos del ámbar: cuando se frota un trozo de ámbar atrae a pequeños objetos.

1600-1699

• 1600 William Gilbert (1544-1603) da nombre al fenómeno de la electrización de los cuerpos a partir de la palabra griega para ámbar: *élektron*. Descubre la existencia de materiales conductores y aislantes.

1700-1799

1748 • Jean Antoine Nollet (1700-1770) inventa el primer electroscopio para detectar si un objeto está cargado o no.

1752 • Benjamin Franklin (1706-1790) inventa el pararrayos estudiando la naturaleza eléctrica de los rayos. También establece la existencia de dos tipos de carga, que llama positiva y negativa.

1754 • John Carton (1718-1772) inventa el primer péndulo eléctrico para estudiar los fenómenos de electrización.

Las primeras experiencias sobre la electricidad se remontan a la Antigua Grecia, realizadas por Tales de Mileto (640-546 a.C.).

Pero fue a partir del siglo XVIII cuando, ya desde un enfoque plenamente científico, resurgió el interés por los fenómenos eléctricos.

A finales del siglo XIX y principios del siglo XX, gracias al descubrimiento de la estructura interna de la materia (cuando se comprobó que había partículas cargadas eléctricamente en el interior de los átomos: protones y electrones), se pudo explicar cuál era la naturaleza de la carga eléctrica.

Además, los estudios realizados sobre la carga eléctrica permitieron explicar las circunstancias que hacen que esta pueda transferirse de unos cuerpos a otros, o que circule por su interior.

¿Qué sabemos?

- Frota un bolígrafo con un trozo de lana y acércalo a un chorrito fino de agua del grifo. ¿Qué observas?
- ¿Sabes cuál es el origen de los rayos? ¿Qué aparatos se colocan en los tejados para que los rayos no causen daños en los edificios?

¿Qué aprenderemos?

1. **Fenómenos eléctricos**
2. **Aislantes y conductores**
3. **Laboratorio. El electroscopio**
4. **Descubre. Rayos y truenos**
5. **Interacción entre cargas eléctricas**

1800-1899

1900-1999

• 1777

Charles Coulomb (1736-1806) determina, mediante la balanza electrostática, que la fuerza entre dos cargas es directamente proporcional al producto de las cargas e inversamente proporcional al cuadrado de la distancia entre ellas.

• 1897

J. J. Thomson (1856-1904) descubre el electrón.

• 1918 E. Rutherford (1871-1937) descubre el protón.

• 1932 J. Chadwick (1891-1974) descubre el neutrón.

1 Fenómenos eléctricos

1.1. Carga eléctrica: electrización de los cuerpos

Si frotas una regla de plástico con un jersey de lana y, después, la acercas a unos trozos pequeños de papel, verás que la regla es capaz de atraer estos trocitos de papel fig. 1.

Para explicar este fenómeno hemos de admitir que la regla ha adquirido, al frotarla con el jersey, una propiedad de la que carecía. Esta propiedad se denomina **carga eléctrica**.

Cuando un cuerpo adquiere carga eléctrica se dice que se ha **electrizado**.

De modo similar al caso de la regla y el jersey, podemos electrizar por frotamiento otros muchos materiales.

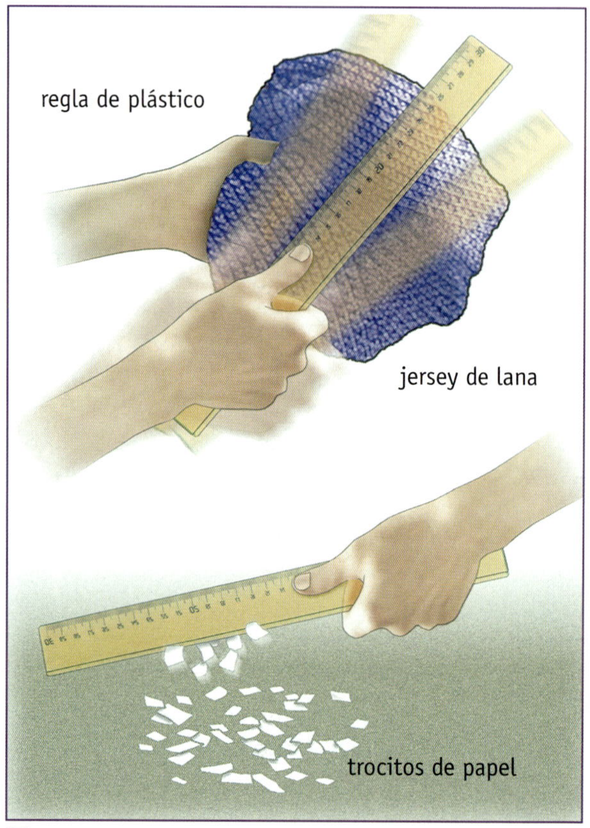

Fig. 1 Electrización de una regla de plástico.

1.2. Tipos de carga eléctrica

Si electrizamos una varilla de plástico frotándola con una prenda de lana y, a continuación, una varilla de vidrio frotándola con una prenda de seda, veremos que ambas atraen trocitos de papel. Por tanto, decimos que se han cargado eléctricamente.

Sin embargo, podemos deducir de un sencillo experimento que la carga eléctrica adquirida en cada caso es diferente. Así, si acercamos dos varillas electrizadas se observa que fig. 2:

- Dos varillas de vidrio se repelen.
- Dos varillas de plástico se repelen.
- Una varilla de plástico y una varilla de vidrio se atraen.

De aquí deducimos que el vidrio y el plástico poseen carga de diferente tipo.

Los cuerpos electrizados con carga del mismo tipo se repelen; los electrizados con carga de diferente tipo se atraen.

Por convenio, se llama **positiva** al tipo de carga que tiene el vidrio y **negativa** al tipo de carga que tiene el plástico.

El lenguaje de la ciencia

Según la tradición, debemos al filósofo griego Tales de Mileto la primera referencia a los fenómenos eléctricos. En concreto, observó que una pieza de ámbar frotada con una piel de animal podía atraer objetos ligeros, como plumas, pajas...

Precisamente, el término *electricidad* deriva del griego *élektron*, que significa *ámbar*.

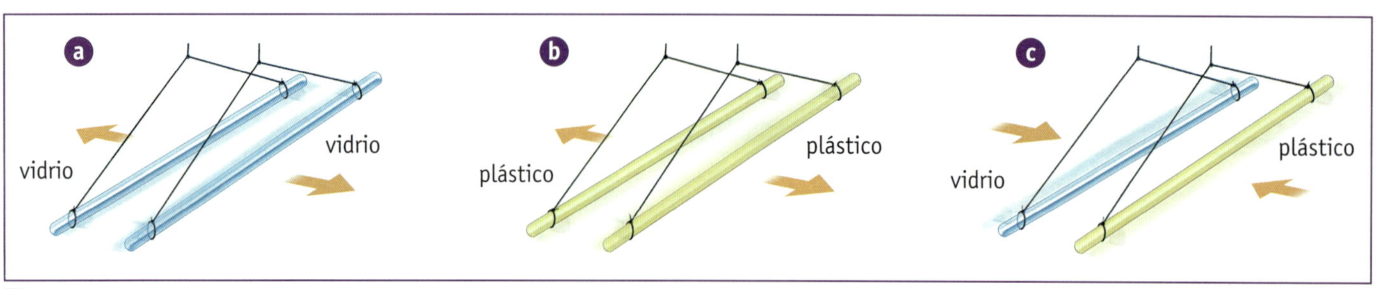

Fig. 2 Experimento con varillas electrizadas: a) dos varillas de vidrio se repelen; b) dos varillas de plástico se repelen; c) dos varillas, una de plástico y otra de vidrio, se atraen.

1.3. Naturaleza eléctrica de la materia

Los átomos no son indivisibles y tienen estructura interna. Poseen en su interior partículas cargadas positivamente, los **protones**; partículas cargadas negativamente, los **electrones**; y partículas sin carga, los **neutrones** fig. 3.

La cantidad de carga de los protones y los electrones es la misma. Como los átomos tienen igual número de electrones que de protones, en conjunto son eléctricamente **neutros**.

Ahora bien, un átomo deja de ser eléctricamente neutro si pasa a tener diferente número de protones que de electrones. Esto ocurre cuando gana o pierde electrones, pues al estar en la corteza son las únicas partículas que tienen facilidad para pasar de un átomo a otro.

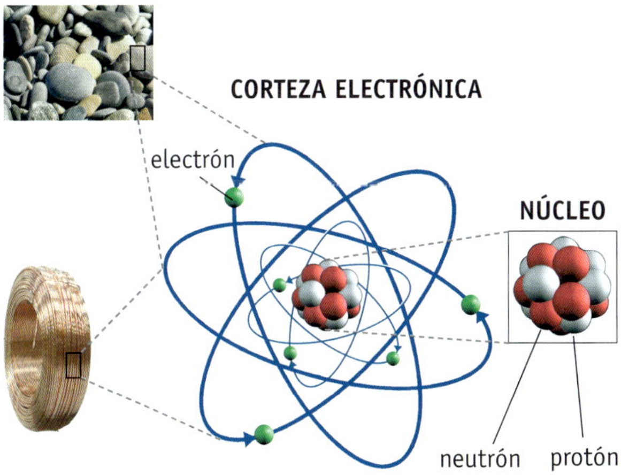

Fig. 3 En el núcleo del átomo se encuentran los protones y los neutrones; en la corteza electrónica, los electrones.

Interpretación del fenómeno de la electrización

Si tenemos en cuenta la naturaleza eléctrica de la materia, podemos explicar el fenómeno de la electrización fig. 4:

- Un cuerpo está **cargado positivamente** cuando tiene más carga positiva que negativa porque sus átomos han perdido electrones. Es el caso del vidrio, que queda cargado positivamente al ceder electrones a la seda, que queda cargada negativamente.
- Un cuerpo está **cargado negativamente** cuando tiene más carga negativa que positiva al ganar electrones. Es el caso del plástico, que queda cargado negativamente al tomar electrones de la lana, que queda cargada positivamente.

El vidrio tiene carga positiva por **ceder electrones** al paño de seda, que queda con carga negativa.

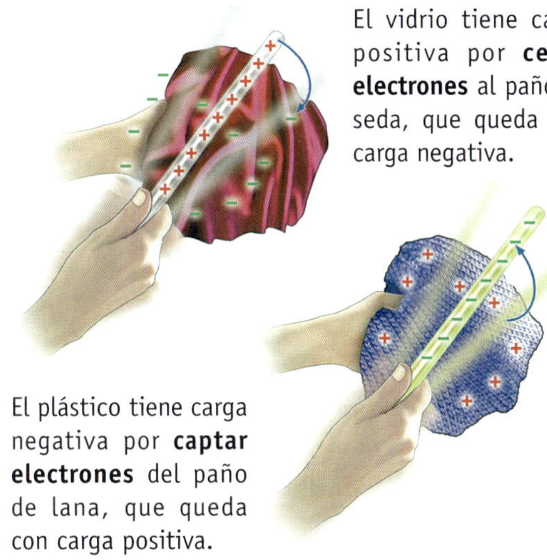

El plástico tiene carga negativa por **captar electrones** del paño de lana, que queda con carga positiva.

Fig. 4 Electrización por transferencia de electrones.

1.4. Ley de conservación de la carga

Puesto que los fenómenos de electrización se producen por transferencia de electrones entre los cuerpos, la misma cantidad de carga que gana uno la pierde el otro. De aquí se deriva la **ley de conservación de la carga**.

La carga eléctrica total en la naturaleza permanece constante.

Amplía en la Red...

Visualiza un video sobre la electrización por frotamiento en: www.tiching.com/724172

1. ¿Qué quiere decir que un cuerpo se ha electrizado? ¿Cómo comprobamos que una varilla de plástico y una de vidrio se han electrizado?
2. ¿Tienen el mismo tipo de carga la varilla de plástico y la de vidrio? ¿Cómo podemos comprobarlo?
3. ¿Qué signo se asigna a la varilla de vidrio electrizada? ¿Y cuál a la de plástico? ¿Con qué criterio se realiza esta asignación de signos?
4. Indica las partículas del átomo que tienen carga, así como el signo de sus cargas y la parte del átomo en que se encuentran.
5. Teniendo en cuenta que los átomos tienen partículas con carga, ¿están siempre cargados los átomos? ¿Por qué?
6. ¿Qué ha ocurrido con las partículas de un átomo que está cargado positivamente? ¿Y con las de uno cargado negativamente?

2 Aislantes y conductores

2.1. Materiales aislantes y conductores

Los átomos pueden ganar o perder electrones por frotamiento y se convierten en aniones o cationes. Además, según la facilidad con la que los electrones se mueven por el material del que está compuesto un objeto, dichos materiales se dividen en *aislantes* o *conductores* fig. 1.

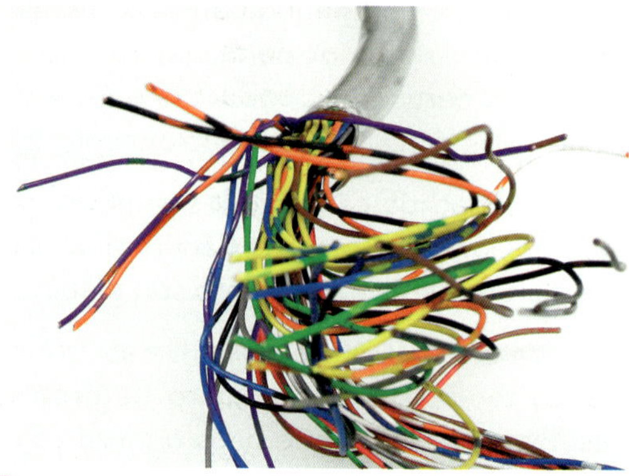

Fig. 1 Algunos objetos, como este conjunto de cables, presentan materiales aislantes (plástico) y conductores (cobre).

Materiales aislantes

Los **materiales aislantes** no permiten que los electrones se muevan por su interior.

Si un material de este tipo recibe electrones, estos se quedarán en el lugar al que han llegado, sin moverse de allí.

Materiales como los que hemos visto al estudiar la electrización (el plástico, el vidrio, la lana y la seda) son aislantes. También lo son la madera, el corcho, el cartón… fig. 2.

Fig. 2 La cinta aislante, el plástico que rodea los enchufes y clavijas o las botas con suela de goma, son ejemplos de objetos hechos con materiales aislantes de la electricidad.

Materiales conductores

Los **materiales conductores** permiten que los electrones se muevan por su interior.

Estos materiales tienen libres los electrones más alejados del núcleo, de forma que aquellos se mueven con movimiento desordenado entre los átomos formando una especie de *nube de electrones*. Si se carga este tipo de material, la carga se distribuye por el objeto quedándose toda en su superficie fig. 3.

Fig. 3 Movimiento desordenado de los electrones libres en un conductor de cobre que da lugar a una especie de nube electrónica.

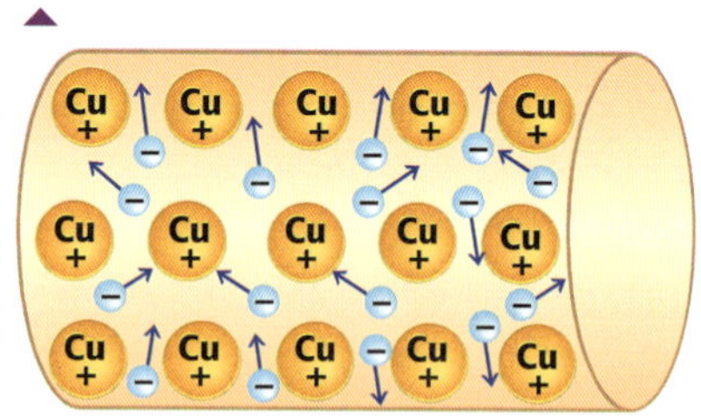

Los metales, como el oro, la plata, el cobre… fig. 4, son conductores. También lo son algunas disoluciones, como, por ejemplo, el agua del grifo y el agua del mar. El cuerpo humano también es conductor debido a que sus tejidos tienen agua con sales disueltas.

Fig. 4 Los utensilios metálicos, el cable de acero o el cobre conducen la corriente eléctrica.

2.2. Electrización de materiales conductores

Si sujetas con la mano una varilla metálica y la frotas con un paño, verás que no es capaz de atraer trocitos de papel. Así pues, parecería que los materiales conductores no se cargan.

Lo que sucede es que, si no tomamos las precauciones adecuadas, la carga transferida a la varilla circula por nuestro cuerpo, que es conductor, hasta el suelo. En suma, para cargar un conductor hemos de aislarlo y no tocarlo con la mano.

Un conductor se puede electrizar por:

- **Frotamiento**. Los conductores aislados se pueden cargar por frotamiento igual que los aislantes. La carga restante se reparte por el conductor fig. 5.
- **Contacto**. Al poner en contacto un conductor neutro con un cuerpo cargado, parte de la carga de este pasa al conductor. La carga de los dos cuerpos finalmente es del mismo signo fig. 6.
- **Inducción**. Al acercar un cuerpo cargado negativamente a un conductor neutro, la carga de signo opuesto, positiva, se sitúa enfrente. Si derivamos a tierra la carga negativa acumulada al otro lado, el conductor quedará cargado positivamente fig. 7.

Los coches se electrizan

Al salir de un coche y tocar la puerta para cerrarla, en muchas ocasiones se nota un calambre en la mano. Lo que ha ocurrido es que la carrocería se ha electrizado como consecuencia del rozamiento del vehículo con el aire, y la carga se transfiere a nuestro cuerpo.

Este fenómeno puede resultar muy peligroso si el vehículo transporta mercancías inflamables. Para evitar la electrización, se coloca en la parte trasera una cinta o cadena metálica que va del vehículo al suelo. Así, la carga que se acumula en la carrocería va descargándose al suelo a través de dicha cinta.

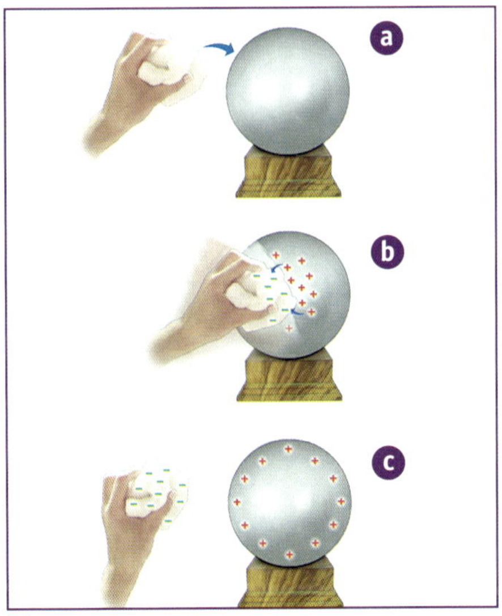

Fig. 5 Al acercar el paño (a) y **frotar** la esfera metálica con este (b), la esfera pierde electrones y queda cargada positivamente (c).

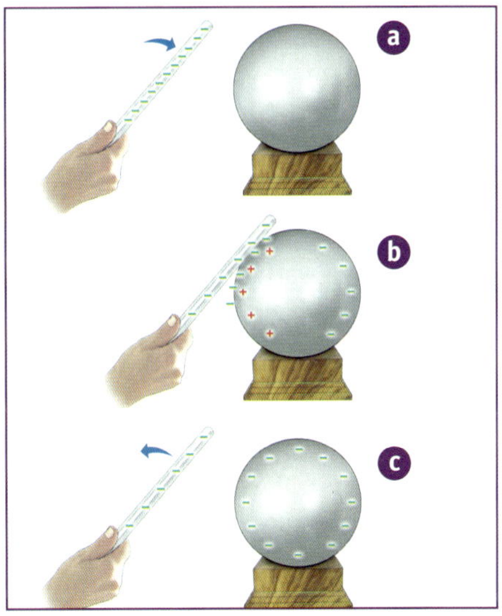

Fig. 6 Al **tocar** con una barra cargada negativamente (a) la esfera metálica (b), la barra transfiere parte de su carga negativa a la esfera (c).

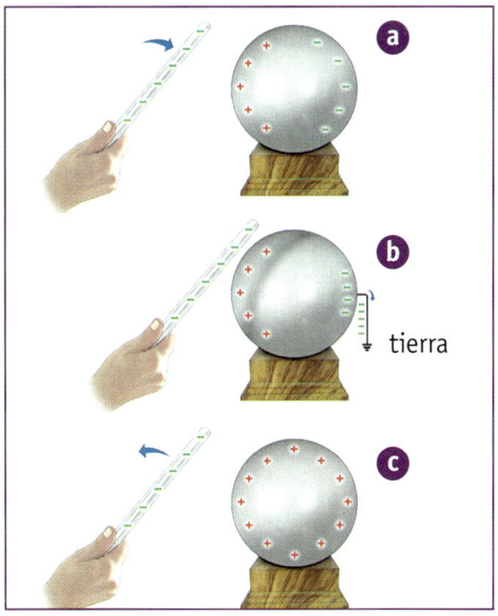

Fig. 7 Al **acercar** la barra cargada, la carga negativa de la esfera se desplaza (a). Al tocar con tierra (b), la esfera queda cargada positivamente (c).

1. ¿Qué tipos de materiales no dejan moverse algunos electrones por su interior?
2. Pon ejemplos de 5 materiales conductores y de 5 materiales aislantes.
3. ¿Por qué el cuerpo humano es conductor?
4. Si frotamos una varilla metálica sujetándola con la mano, ¿atraerá trocitos de papel? ¿Y si la sujetamos con una pinza de madera? Razona tus respuestas.
5. Explica el resultado de poner en contacto un conductor cargado con otro conductor neutro.

3 LABORATORIO

El electroscopio

En las experiencias sobre la existencia de las cargas y las fuerzas entre ellas hablamos de objetos electrizados. Pero, si la carga no se ve, ¿cómo sabemos si un cuerpo está cargado o no? ¿Cómo detectamos el signo y la cantidad de carga que tiene? Una de las formas de resolver estas preguntas es utilizar el electroscopio.

El **electroscopio** es un aparato que permite estudiar las características de los objetos electrizados. Fue inventado por el médico inglés William Gilbert (1544-1603) en el siglo XVI.

Material

- Un tarro de vidrio transparente (con tapa de plástico) y papel de aluminio.
- Dos varillas de plástico y una de vidrio.
- Plastilina y un punzón.
- Un trozo de alambre grueso.
- Un paño de lana y otro de seda.

A. En primer lugar necesitamos construir un electroscopio para realizar las experiencias.

Construcción del electroscopio

1. Agujerea con el punzón la tapa del tarro, haz pasar el alambre por el orificio y fija el alambre a la tapa con plastilina.
2. Dobla en forma de L el extremo del alambre que estará situado en el interior del tarro y cuelga del gancho una tira rectangular de papel de aluminio doblada por la mitad, en forma de dos láminas paralelas.
3. Inserta en el extremo del alambre que estará situado en el exterior del tarro una esfera compacta de papel de aluminio y cierra el tarro.

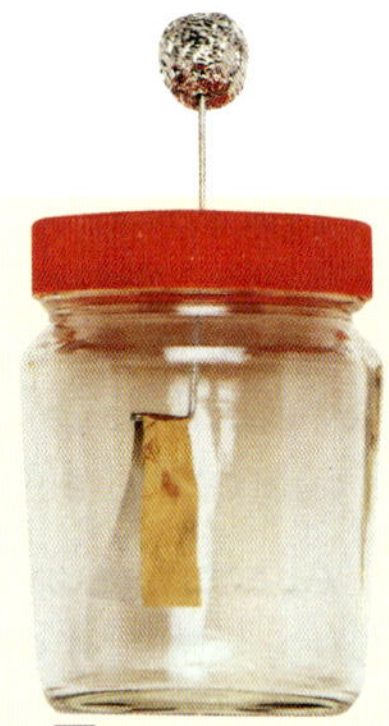

Electroscopio.

B. A continuación vas a detectar con el electroscopio si un objeto está cargado o no. Así comprenderás mejor el funcionamiento del electroscopio y sus diferentes partes.

Utilización del electroscopio para ver si un objeto está cargado

Por contacto:

1. Toca la esfera del electroscopio descargado con una varilla de plástico sin electrizar (a).
2. Electriza ahora la varilla de plástico por frotamiento. Fíjate en que en la varilla no se aprecia ningún cambio visible.
3. Toca la esfera del electroscopio descargado con la varilla (b).
4. Electriza la varilla metálica y repite el paso 3.
5. ¿Qué diferencia observas al tocar la esfera con la varilla sin electrizar y con la varilla electrizada?
6. Explica el efecto producido sobre el electroscopio a causa de la carga de la varilla. Indica la ley que explica el motivo por el que las láminas se separan.
7. ¿Por qué crees que tienen el mismo tipo de carga la varilla y el electroscopio?
8. Repite los procesos con la varilla de metal frotada y explica lo que observas. Explica por qué un electroscopio sirve para distinguir objetos aislantes de objetos conductores.

a

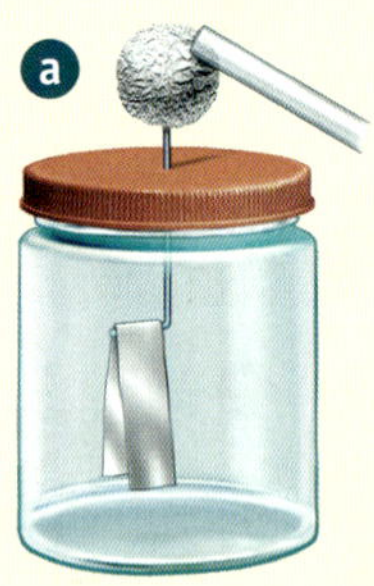

b

Por inducción:

1. Sigue los mismos pasos que en el caso anterior, pero no toques la esfera con la varilla cargada, solo debes aproximarla (c).
2. ¿Por qué se separan también las láminas?
3. ¿Por qué en este caso no tienen el mismo signo la carga de la esfera y la de las láminas?

c

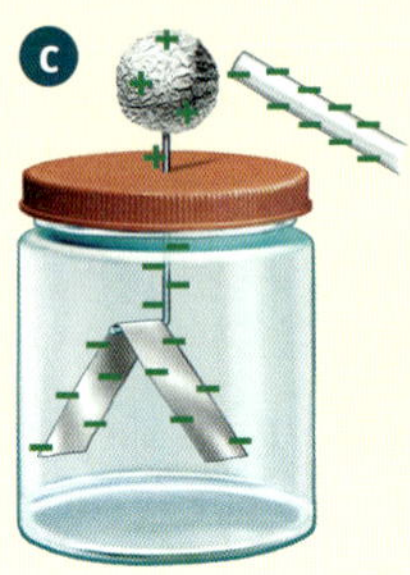

C. Ya conoces el funcionamiento del electroscopio y cómo comprobar si un objeto está cargado o no. Ahora lo utilizarás para algo igualmente importante: determinar si la cantidad de carga que presenta un objeto es grande o pequeña, así como qué signo tiene dicha carga.

Utilización del electroscopio para saber si una carga es grande o pequeña y su signo

1. Electriza dos varillas de plástico, la primera ligeramente y la segunda de una forma más intensa.
2. A continuación, toca la esfera del electroscopio descargado con la varilla que has electrizado ligeramente (a).
3. Con el electroscopio nuevamente descargado, toca la esfera del electroscopio descargado con la segunda varilla (b).
4. Describe la diferencia que observas al tocar con cada una de las dos varillas de plástico. ¿En qué caso se separan más las láminas?
5. ¿Hay alguna ley que justifique el hecho de que las láminas unas veces se separen poco y otras mucho?
6. Sin descargar el electroscopio en el caso anterior, toca su esfera con una varilla de vidrio electrizada. Para ello frota la varilla de vidrio con el paño de seda.
7. Al tocar con la varilla de vidrio cargada el electroscopio también cargado, ¿qué observas? ¿Por qué crees que sucede esto?
8. ¿Crees que has podido detectar en esta experiencia la existencia de cargas de dos signos diferentes?

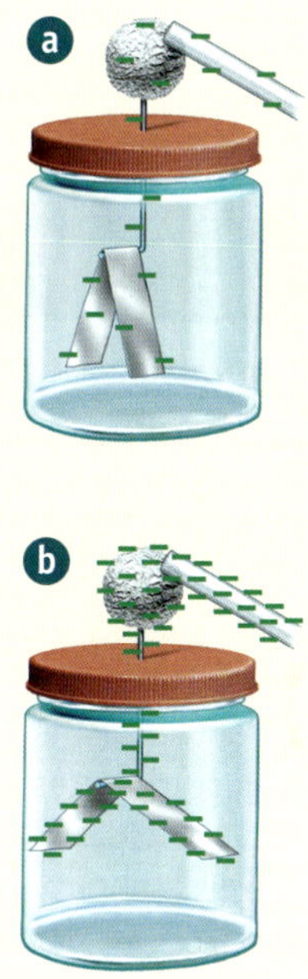

D. En casi todas las ocasiones en que vamos a utilizar el electroscopio debemos partir de su estado descargado, pero ¿cómo lo descargamos?

Descarga de un electroscopio

Teniendo en cuenta que el cuerpo humano es conductor, si tocamos con un dedo la esfera metálica de un electroscopio cargado, sus cargas se desplazarán por nuestra mano, nuestro brazo… hasta llegar al suelo, por donde se van a la tierra.

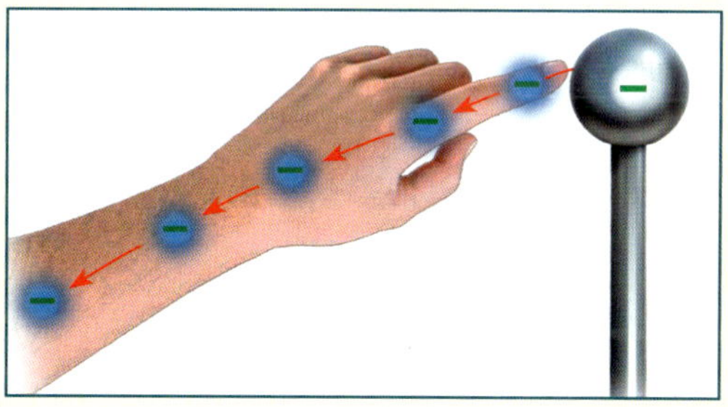

1. Explica por qué para empezar casi todas las experiencias debemos tener el electroscopio descargado.
2. Busca información para saber por qué el sistema de las varillas debe estar encerrado en un recipiente.
3. Visualiza en www.tiching.com/724173 un video sobre la construcción de un electroscopio y contesta:
   a. ¿Para qué explica que se utiliza el electroscopio?
   b. ¿En qué se diferencia este electroscopio del que has construido?
   c. ¿Qué forma de carga emplea el electroscopio que se muestra en el video?
   d. ¿Cómo descarga el aparato?
   e. ¿Cómo explica la separación que se produce entre las láminas?

4 Rayos y truenos

DESCUBRE

1 En la Antigüedad

Desde la Antigüedad el ser humano se ha preguntado por la naturaleza de los rayos y de los truenos que los acompañan. Al desconocer su origen, los explicaban como algo sobrenatural: castigos o señales de advertencia de los dioses.

2 Rayo, relámpago y trueno

La producción del rayo genera una enorme cantidad de energía que eleva la temperatura del orden de 30 000 °C, efecto que produce una onda de luz que es el *relámpago* y otra onda sonora que constituye el *trueno*.

3 Explicación científica de la formación de los rayos

Las nubes están formadas por gotitas de agua y trocitos de hielo. En las tormentas estas partículas se encuentran en continuo movimiento debido a corrientes verticales que se establecen en su interior.

El roce de estos dos elementos, gotas y cristales, a causa de su movimiento, genera la separación de las cargas de forma semejante al caso estudiado al frotar una barra de plástico con un trozo de piel: la parte superior de estas nubes queda cargada positivamente, mientras que la parte inferior se carga negativamente.

La descarga eléctrica entre cargas opuestas, esto es, el *rayo*, puede ocurrir bien dentro de la propia nube, entre dos nubes, o bien entre la nube y el suelo, cargado positivamente por inducción de la parte inferior de la nube.

4 Velocidades del rayo

Mientras que la velocidad de la luz es de 300 000 km/s, la del sonido es de 340 m/s.

Como vemos, las velocidades de la luz y del sonido son enormemente diferentes, y a eso se debe el que primero veamos el relámpago y, más tarde, oigamos el trueno correspondiente.

5 Tipos de rayos

Nube-tierra

Nube-nube

Tierra-nube

6 Experimento de Franklin

Fue Benjamin Franklin quien comprobó en 1752 la naturaleza eléctrica de los rayos que se producen en las tormentas experimentando con una cometa de estructura metálica a la que ató un cordel que sujetaba con su mano. Al cordel ató una llave metálica.

Observó que la llave producía chispas; dedujo que un rayo la había electrizado.

Realmente no fue un rayo el que cargó la llave como él creyó, pues en ese caso Franklin no hubiera vivido para contarlo. Lo que electrizó la llave fue la carga del aire que se produce durante una tormenta ya anteriormente a la presencia de rayos. Esta carga fue atraída y desviada hacia la llave por la cometa.

Con este experimento realizado con afán de investigar, pero con una total ignorancia del peligro que corría, Franklin avanzó muchos pasos en el conocimiento científico de las propiedades eléctricas de los rayos, así como en la forma como podemos defendernos de ellos.

7 Aplicación de la experiencia de Franklin. El pararrayos

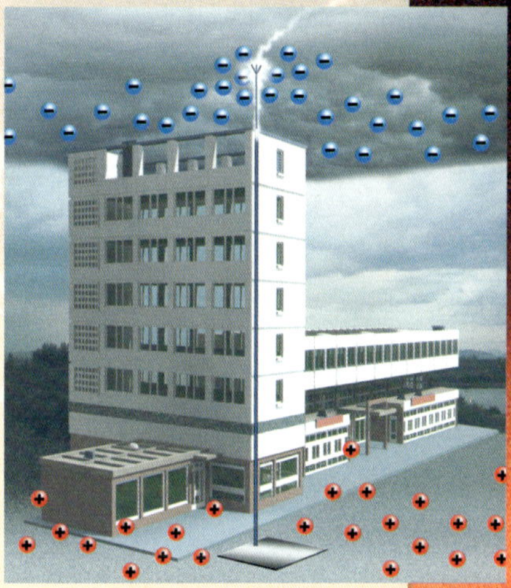

Basándose en la experiencia con una cometa, Franklin observó que las descargas eléctricas de los rayos se desviaban atraídas por puntas metálicas.

Diseñó el pararrayos que lleva su nombre con el fin de usarlo para atraer los rayos (a pesar del nombre del aparato) y desviarlos hacia el suelo donde se descargaban para, de esta forma, evitar que causaran daños. Se debía colocar sobre los edificios más altos para evitar que los rayos alcanzaran puntos a alturas inferiores.

En muy poco tiempo se utilizaron muchos de estos aparatos en Estados Unidos y en Europa.

Con el paso del tiempo se han ido construyendo diferentes modalidades de pararrayos.

8 Explicación del funcionamiento del pararrayos: el efecto de las puntas

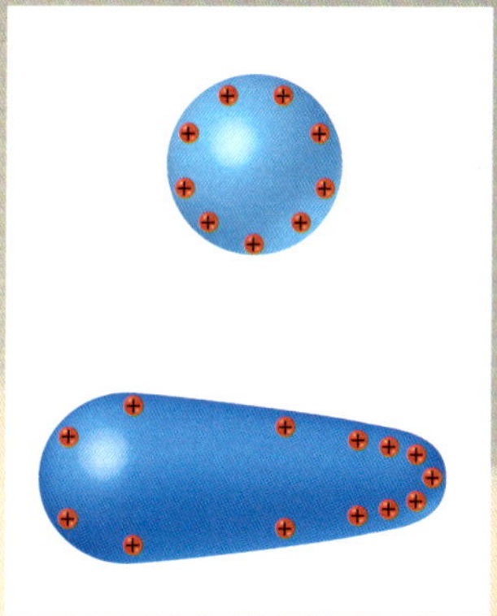

Los objetos conductores cargados tienen repartida la carga por su superficie, no por su interior. Si el objeto tiene forma de esfera la carga se distribuye uniformemente, pero si tiene puntas, la carga se acumula sobre todo en estas. Este hecho se conoce como el *efecto de las puntas* y en él está basado el funcionamiento del pararrayos.

La carga agrupada en las puntas de los pararrayos atrae a las enormes cargas de los rayos, y hace que estos se desvíen hacia ellas.

Si bien este efecto es de gran utilidad para defendernos de los rayos, constituye un gran inconveniente en los casos en que nos encontremos en el campo durante una tormenta.

1. Busca información sobre la fabricación e instalación de pararrayos (como, por ejemplo, la que encontrarás en www.tiching.com/724124) y contesta:

a. ¿De qué tipo de material son los soportes que sujetan el pararrayos en el suelo: aislante o conductor?

b. ¿Qué forma tiene la parte más alta del pararrayos? ¿Por qué?

c. ¿Qué crees que habría pasado con un rayo que capta el pararrayos si este no hubiera existido? Ten en cuenta que está colocado en el edificio más alto.

5 Interacción entre cargas eléctricas

5.1. Fuerzas entre cargas

Mediante un péndulo electrostático y unas barras aislantes cargadas, se puede comprobar que cuanto mayor es la carga que se acerca a un péndulo electrostático, es mayor la fuerza de repulsión fig. 1a.

También se puede comprobar que al aproximar la misma carga, cuanto más disminuye la distancia a la que se encuentre, mayores serán las fuerzas de repulsión o atracción fig. 1b.

5.2. Ley de Coulomb

Hemos comprobado cómo las cargas del mismo signo ejercen entre sí fuerzas de repulsión y las de signo opuesto ejercen fuerzas de atracción.

También hemos observado que el valor de la fuerza entre las cargas aumenta si el valor de las cargas aumenta, mientras que dicho valor aumenta si la distancia disminuye.

Coulomb realizó experimentos de este tipo haciendo, además, cálculos de los valores de las fuerzas conociendo los de las cargas y los de las distancias, llegando a enunciar la ley que lleva su nombre (**ley de Coulomb**).

La **fuerza** con que se atraen o repelen dos cargas es directamente proporcional al producto de los valores de las cargas e inversamente proporcional al cuadrado de la distancia que las separa.

Esta ley se expresa mediante la siguiente fórmula matemática:

$$F = K \cdot \frac{Q \cdot q}{d^2}$$

En esta expresión:

- F es el valor de la fuerza de atracción o de repulsión entre cargas, medida en *newtons* (N).
- Q y q representan el valor de cada una de las dos cargas, sin su signo, medidas en *culombios* (C).
- d representa la distancia que separa las cargas, en *metros* (m).
- K es una constante, llamada *constante de Coulomb*.

El valor de la constante K en el Sistema Internacional es:

$$K = 9 \cdot 10^9 \text{ N} \cdot \text{m}^2 \cdot \text{C}^{-2}$$

Entre cada par de cargas se ejercen siempre dos fuerzas iguales y opuestas. La dirección de las fuerzas es la de la línea que une las cargas, y el sentido depende de si las fuerzas son de atracción o de repulsión fig. 2.

La ley de Coulomb respecto a las cargas es semejante a la ley de la gravitación universal de Newton respecto a las masas:

Dos masas se atraen con fuerzas que son directamente proporcionales al producto de sus valores e inversamente proporcionales al cuadrado de la distancia que las separa.

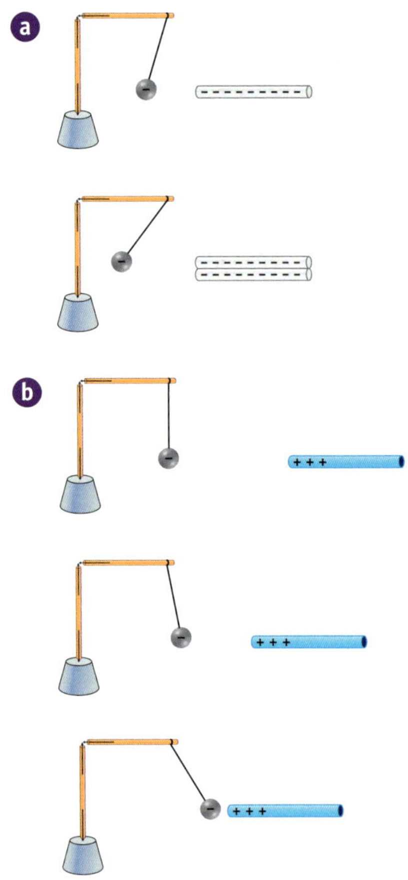

Fig. 1 Efectos de atracción y repulsión de las cargas eléctricas: a) al modificar la cantidad de carga; b) al modificar la distancia.

@ Amplía en la Red...

Visiona un video sobre varios experimentos de electricidad estática (incluida la ley de Coulomb) en: www.tiching.com/724177

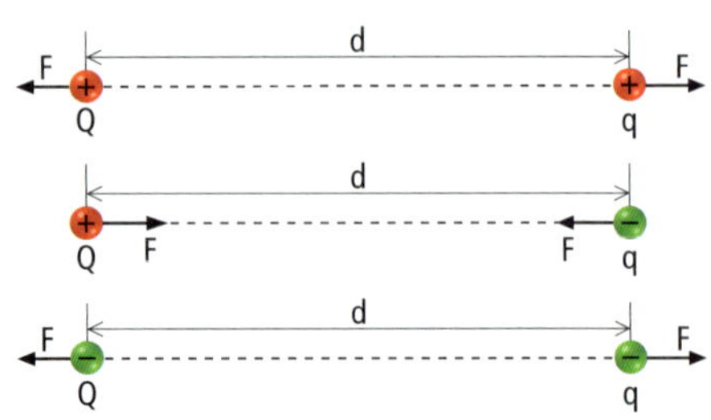

Fig. 2 Representación de las fuerzas entre dos cargas, Q y q, situadas a una distancia d. Observa que el sentido de las fuerzas depende del signo de las cargas Q y q.

Ejemplos

1. **Calcula cuántos electrones tienen 3 C, 5 mC y 20 μC.**

Expresamos en culombios y en potencias de 10 el valor de las dos cargas que están expresadas en forma de submúltiplos y multiplicamos el resultado por el valor del culombio en electrones, $1\ C = 6{,}25 \cdot 10^{18}\ e$:

$3\ C = 3\ C \cdot 6{,}25 \cdot 10^{18}\ e/C = 18{,}75 \cdot 10^{18}\ e$

$5\ mC = 5 \cdot 10^{-3}\ C = 5 \cdot 10^{-3}\ C \cdot 6{,}25 \cdot 10^{18}\ e/C = 31{,}25 \cdot 10^{15}\ e$

$20\ \mu C = 20 \cdot 10^{-6}\ C = 20 \cdot 10^{-6}\ C \cdot 6{,}25 \cdot 10^{18}\ e/C = 125 \cdot 10^{12}\ e$

2. **Ordena de menor a mayor las siguientes cargas:**

a) $q_1 = 5\ mC$ b) $q_2 = 0{,}08\ C$ c) $q_3 = 200\ \mu C$ d) $q_4 = 0{,}3\ mC$

Para comparar las cargas las expresamos en culombios y en potencias de 10:

a) $q_1 = 5\ mC = 5\ mC \cdot \dfrac{10^{-3}\ C}{1\ mC} = 5 \cdot 10^{-3}\ C$

b) $q_2 = 0{,}08\ C = 8 \cdot 10^{-2}\ C$

c) $q_3 = 200\ \mu C = 200\ \mu C \cdot \dfrac{10^{-6}\ C}{1\ \mu C} = 2 \cdot 10^{-4}\ C$

d) $q_4 = 0{,}3\ nC = 3 \cdot 10^{-1}\ nC \cdot \dfrac{10^{-9}\ C}{1\ nC} = 3 \cdot 10^{-10}\ C$

Por tanto, de menor a mayor el orden es: $q_4 < q_3 < q_1 < q_2$

3. **Calcula el valor de las fuerzas con las que se repelen dos cargas, $Q = 4\ mC$ y $q = 6\ mC$, cuando están separadas por una distancia de 3 m.**

Expresamos los datos en unidades SI:

$Q = 4\ mC = 4 \cdot 10^{-3}\ C$

$q = 6\ mC = 6 \cdot 10^{-3}\ C$

Sustituimos estos valores en la expresión de la ley de Coulomb:

$$F = K \cdot \frac{Q \cdot q}{d^2} = 9 \cdot 10^9\ N \cdot m^2 \cdot C^{-2} \cdot \frac{4 \cdot 10^{-3}\ C \cdot 6 \cdot 10^{-3}\ C}{(3\ m)^2} = 24 \cdot 10^3\ N$$

4. **Calcula la separación entre dos cargas $Q = 50\ C$ y $q = -10\ C$ sabiendo que el valor de las fuerzas con las que se atraen es de $18 \cdot 10^8\ N$.**

Sustituimos estos valores en la expresión de la ley de Coulomb sin incluir el signo de la carga negativa:

$$F = 18 \cdot 10^8\ N = K \cdot \frac{Q \cdot q}{d^2} = 9 \cdot 10^9\ N \cdot m^2 \cdot C^{-2} \cdot \frac{50\ C \cdot 10\ C}{d^2} = \frac{45 \cdot 10^{11}\ N \cdot m^2}{d^2}$$

Despejamos la incógnita distancia (d):

$$d^2 = \frac{45 \cdot 10^{11}\ N \cdot m^2}{18 \cdot 10^8\ N} = 2500\ m^2 \Rightarrow d = \pm\sqrt{2500\ m^2} = 50\ m$$

Unidad de carga eléctrica

En la práctica, un valor de 1 C representa una cantidad de carga muy grande, por lo que suelen usarse algunos de sus submúltiplos:

- 1 miliculombio (1 mC) = 10^{-3} C
- 1 microculombio (1 μC) = 10^{-6} C
- 1 nanoculombio (1 nC) = 10^{-9} C

La cantidad de carga más pequeña que se presenta libremente en la naturaleza es la de los electrones (–) o la de los protones (+), llamada **carga elemental**, *e*.

Se cumple que:

$$1\ C = 6{,}25 \cdot 10^{18}\ e$$

La carga de un cuerpo es siempre un número entero de veces la carga elemental.

1. Explica cómo varía la fuerza entre dos cargas si:
   a. Una de ellas duplica su valor.
   b. Las dos duplican su valor.
   c. La distancia entre ellas se hace cuatro veces mayor.
   d. La distancia entre ambas cargas se reduce a la mitad.
2. ¿Cuántos electrones hay en 0,2 C y en 35 mC?
3. Ordena de mayor a menor las siguientes cargas: 8 mC, 0,03 C, 500 μC y $2 \cdot 10^3$ nC.
4. Calcula el valor de las fuerzas con las que se atraen dos cargas de 2 mC y de 8 mC que se encuentran separadas por una distancia de 2 m.

1. ¿Por qué tienen diferente signo las cargas de una varilla de plástico y de una de vidrio que hemos frotado?

2. Los átomos tienen cargas positivas y negativas en su interior. Explica:

   a) El nombre de cada una de ellas.

   b) Cuáles tienen mayor carga.

   c) Por qué los átomos son neutros.

3. ¿Qué cargas pueden salir de los átomos: los protones o los electrones?

4. Conociendo la estructura del átomo, explica en qué consiste la electrización de una varilla de plástico al frotarla con un paño.

5. De entre los siguientes materiales indica cuáles son conductores y cuáles aislantes:

   a) Madera
   b) Tela
   c) Hierro
   d) Carbón
   e) Cartón
   f) Acero

6. Una experiencia sencilla sobre la electrización de los objetos la podemos efectuar con un globo hinchado.

   Tomamos el globo y lo frotamos por una zona con nuestro jersey de lana y podemos observar que: atrae nuestro pelo, se pega a la pared, atrae partículas de azúcar, desvía un chorrito de agua que cae de un grifo...

   A partir de estas observaciones contesta, razonando, las siguientes preguntas:

   a) ¿Qué tipo de carga ha adquirido el globo?

   b) ¿Atraerá o repelerá a otro globo que se encuentre igualmente electrizado?

   c) ¿Hará mover una lata de refresco tumbada al acercarlo a ella sin tocarla?

7. Disponemos de dos péndulos eléctricos de los cuales desconocemos si las bolitas se han electrizado. Los ponemos uno en presencia del otro.

   Indica el estado de estas bolitas en los casos que se presentan a continuación:

   a) Los hilos de ambos péndulos cuelgan en vertical sin moverse.

   b) Los hilos se inclinan porque las bolitas se separan.

   c) Los hilos se inclinan porque las bolitas se atraen.

8. Piensa y explica una experiencia en la que, mediante una varilla metálica, un paño y una pinza, puedas comprobar que tu cuerpo es conductor de las cargas.

9. Explica por qué en algunas ocasiones sentimos una descarga eléctrica al abrir un coche que ha estado en movimiento. Indica cómo se puede evitar este efecto.

10. Indica a cuántos electrones equivale:

    a) Una carga de 50 mC.

    b) Una carga de 25 μC.

    c) Una carga de 10^2 nC.

11. Ordena de menor a mayor las siguientes cargas:

    a) 0,3 mC
    b) 40 μC
    c) 0,02 C
    d) $5 \cdot 10^{-2}$ μC
    e) $4 \cdot 10^{-5}$ C
    f) $6 \cdot 10^2$ nC

12. Indica cómo varía el valor de las fuerzas que ejercen entre sí dos cargas cuando:

    a) Triplicamos la distancia que las separa.

    b) Reducimos a la mitad esta distancia.

    c) Duplicamos el valor de ambas cargas.

    d) Las cargas cambian de signo.

13. La siguiente figura muestra una varilla de vidrio y un péndulo cargado eléctricamente. Calcula el valor de la fuerza con que la varilla de vidrio, con una carga de $q_v = 5$ μC, atrae al péndulo, cargado con otra de $q = -10$ μC, si se encuentran separados por una distancia de 5 cm. Supón que ambos objetos cargados son muy pequeños.

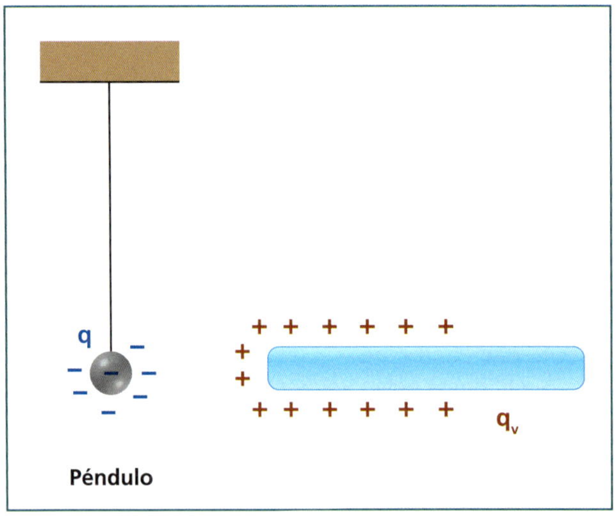

14. Calcula el valor de dos cargas iguales que, separadas por una distancia de 2 m, se repelen con una fuerza de 2 000 N.

15. A continuación se indican una serie de acciones. Justifica la conveniencia o no de llevarlas a cabo en caso de tormenta:

    a) Abrir bien las ventanas de casa para refrescarla.

    b) Ir a refugiarnos en el agua de una piscina que se encuentre al aire libre.

    c) Meternos en un coche y cerrar las ventanillas.

    d) Coger la bicicleta y ponernos debajo de un gran árbol en el campo.

1. ¿A qué llamamos electrización?

2. ¿De qué forma podemos electrizar una varilla de plástico y otra de vidrio? ¿Qué necesitamos en cada caso?

3. Razona si son ciertas o no las afirmaciones siguientes:
   a) Con el mismo paño se electriza el plástico y el vidrio.
   b) Dos varillas de plástico electrizadas se atraen.
   c) No es lo mismo electrizar un objeto que cargarlo.
   d) Hay dos tipos de carga y su origen está en los átomos.
   e) Un objeto cargado positivamente gana protones y otro cargado negativamente gana electrones.

4. Completa en tu cuaderno la siguiente tabla acerca de las partículas que forman los átomos:

Partícula	Carga	Situación
Protón	...	...
...	Negativa	...
...	...	Núcleo

5. Escribe correctamente las afirmaciones siguientes:
   a) Un cuerpo cuyos átomos son neutros está cargado porque tiene muchos electrones.
   b) Si los átomos de un cuerpo ganan protones que otro cuerpo le ha traspasado, queda cargado positivamente.
   c) Para que un objeto se electrice negativamente debe perder electrones.
   d) La única forma de electrizar un objeto es frotándolo con un paño de seda.
   e) Los conductores únicamente se cargan por frotamiento.

6. Completa en tu cuaderno las frases siguientes:
   a) Un material como el plástico es ... porque no deja moverse los electrones por su interior.
   b) El cobre es un material conductor porque sí deja moverse los ... por su interior.
   c) El corcho es un material ... y el acero es un material ... .
   d) Los materiales ... solo se cargan por ... .
   e) Los materiales conductores se cargan por ..., por ... o por ... .

7. Escribe la expresión matemática de la ley de Coulomb y explica el significado de cada término que en ella aparece.

8. ¿Por qué decimos que la fuerza entre cargas es directamente proporcional al valor de estas cargas e inversamente proporcional al cuadrado de la distancia que las separa? ¿Cómo podemos saberlo a partir de la expresión de la ley de Coulomb?

9. Completa en tu cuaderno la siguiente tabla con los submúltiplos del culombio (C):

Nombre	Símbolo	Equivalencia
...	...	10^{-3} C
Microculombio	...	...
...	nC	...

10. Explica las diferentes formas de cargar un conductor. Explica también por qué en el caso de los aislantes solo hay una forma de electrizarlos.

11. ¿Por qué usamos como unidad de carga el culombio en lugar de la del electrón?

12. Indica si las siguientes frases son verdaderas o falsas. En caso de que sean falsas escríbelas correctamente:
    a) Las cargas positivas se atraen entre sí y las negativas se repelen.
    b) Los materiales aislantes no se cargan, los conductores sí, al frotarlos.
    c) Algunos electrones pueden salir de sus átomos, sin embargo ningún protón puede hacerlo.
    d) Los pararrayos repelen a los rayos impidiendo que lleguen a los edificios.

13. Relaciona en tu cuaderno los textos de ambas columnas:

La carga más pequeña	Carga negativa
Balanza de torsión	Conductor
Cobre	Cargas de signo opuesto
Atracción	Constante de Coulomb
Madera	Cargas del mismo signo
Electrón	Aislante
Contacto	Descargas eléctricas
Repulsión	Carga de metales
Rayos	Coulomb
$9 \cdot 10^9$	La del electrón o la del protón

14. Contesta las preguntas siguientes:
    a) ¿Con qué signo se cargan los objetos de plástico al frotarlos? ¿De dónde procede esa carga?
    b) ¿Qué partículas hay en el núcleo de los átomos? ¿Y en la corteza?
    c) ¿En qué se diferencian los procesos de contacto e inducción para cargar un material conductor?
    d) ¿Para qué sirven los pararrayos? ¿Quién los descubrió?
    e) ¿Por qué decimos que la carga eléctrica total en la naturaleza permanece constante?

1 Contesta. Riesgos de la electrización

Entre dos objetos cargados con cargas de signo opuesto, puede saltar una chispa.

Las chispas son capaces de producir explosiones si se producen en proximidad de sustancias inflamables, como la gasolina.

Los conductores de vehículos, según la ropa que lleven, los coches, los teléfonos móviles... fácilmente tienen carga eléctrica.

Por este motivo se deben adoptar una serie de medidas de precaución en las gasolineras.

Busca información, como la del video del siguiente enlace, y contesta las preguntas:

http://www.tiching.com/724178

a) ¿De qué forma se puede electrizar la ropa que viste el conductor?

b) ¿Con qué roza el coche al moverse y por qué se electriza?

c) ¿Qué medidas de seguridad se te ocurren que se deben tomar en las gasolineras para que no se produzca ningún incendio?

d) ¿Qué se entiende por líquido inflamable y en qué lugares se acumulan este tipo de líquidos?

2 Analiza. Los efectos de la electrización

Analiza los efectos de la electrización de los objetos con la siguiente simulación:

http://www.tiching.com/724179

Activa la visualización de todas las cargas y frota el globo con el jersey de lana. Explica:

a) ¿Por qué se carga negativamente el globo y de qué modo se ha electrizado?

b) ¿De dónde salen los electrones que adquiere el globo y qué objeto los pierde?

c) ¿Por qué, a continuación, el globo es atraído por el jersey? ¿Qué diferencia hay entre la atracción del globo con poca carga y con mucha?

d) Al acercar el globo cargado a la pared, ¿qué cargas se desplazan y por qué no se mueven las otras?

e) Activa los dos globos y quita la pared. ¿Qué ocurre entre ambos globos cargados?

3 Investiga. Aplicaciones de la electrización

La electrización tiene muchas consecuencias negativas, como hemos visto en casos de descargas, de rayos, e incluso puede provocar incendios. Hay ocasiones en que, sin embargo, es muy útil. Busca información sobre los vinilos electrostáticos decorativos, por ejemplo, y explica sus utilidades.

4 Averigua. Cómo se producen los rayos

Los cumulonimbos son las nubes que caracterizan las tormentas eléctricas. Infórmate sobre este tipo de nubes y los rayos qe se generan (puedes visitar, por ejemplo, la siguiente dirección de internet: **http://www.tiching.com/724181**) y contesta las siguientes preguntas:

a) ¿Qué forma tiene una nube de tipo cumulonimbo?

b) ¿Qué tipo de carga se acumula en la parte superior de la nube? ¿Y en la inferior? ¿Y en el suelo?

c) ¿Se producen los rayos de arriba hacia abajo directamente?

d) ¿Cuál es el diámetro aproximado de un rayo y qué temperatura alcanza?

5 Observa. Los rayos

Visualiza el siguiente documental y contesta las preguntas:

http://www.tiching.com/724180

a) ¿Por qué crees que, además de los árboles, también hay que evitar estar cerca de objetos metálicos con puntas, como bicicletas, barandillas o palos de golf?

b) ¿Cuál es la explicación de que dentro de un coche con las ventanillas cerradas estemos protegidos de los rayos?

c) Teniendo en cuenta que el agua del mar y la del grifo son conductoras, ¿qué debemos hacer si estamos bañándonos en el mar o en una piscina?

Síntesis. Carga eléctrica

Fenómenos eléctricos

- Cargar o **electrizar** un objeto es hacer que los átomos de dicho objeto aumenten o disminuyan el número de sus electrones.
- Si un objeto gana algunos electrones queda cargado negativamente y si los pierde resulta cargado positivamente.
- Los objetos se pueden cargar por **frotamiento**, **inducción** y **contacto**.
- La explicación de los procesos de electrización de los objetos está en la estructura del átomo.
- Los electrones están en la corteza de los átomos; los protones y neutrones se encuentran situados en el núcleo.
- Únicamente los electrones pueden salir de sus átomos y ser captados por otros átomos.

Aislantes y conductores

- Son materiales **conductores eléctricos** los que dejan moverse los electrones entre sus átomos, mientras que **materiales aislantes** son los que no se lo permiten.
- En los materiales conductores la carga se mueve y se reparte por toda su superficie.
- En los materiales aislantes la carga se queda en reposo en el lugar en que ha sido adquirida.

Interacción entre cargas eléctricas

- Las cargas del mismo signo se repelen y las de signo opuesto se atraen.
- La **ley de Coulomb** establece que las fuerzas entre dos cargas son directamente proporcionales al producto de sus valores e inversamente proporcionales al cuadrado de la distancia que las separa:

$$F = K \cdot \frac{Q \cdot q}{d^2}$$

- La constante de proporcionalidad de la ley de Coulomb, K, tiene en el vacío un valor de $9 \cdot 10^9$ N · m²/C².
- Los vectores fuerza entre dos cargas eléctricas se sitúan sobre la línea que une ambas cargas y tienen sentidos opuestos.
- La unidad de carga del Sistema Internacional de Unidades es el **culombio**, C.
- El valor del culombio es $1\ C = 6{,}25 \cdot 10^{19}\ e$, siendo e la carga del electrón.

Consolidación de competencias

RESPONDE A LA PREGUNTA INICIAL

Después de haber estudiado este tema, puedes responder a la pregunta inicial:

¿Cómo es el interior de la materia?

Redacta un texto de entre 10 y 20 líneas que resuma las conclusiones a las que hayas llegado sobre la cuestión.

AFIANZA LO APRENDIDO

Para consolidar los conocimientos adquiridos a lo largo de la unidad puedes efectuar las actividades que encontrarás en la siguiente dirección web:

www.tiching.com/730018

stas actividades se han preparado en un documento en formato pdf que puedes descargarte.

Al final del documento hallarás las soluciones que te permitirán comprobar si has cumplido los objetivos.

TÉCNICAS DE ESTUDIO

Entra en: www.tiching.com/727162 y practica una técnica de estudio a partir de la síntesis.

APRENDER PARA EMPRENDER

La electrización de objetos y las fuerzas de atracción entre las cargas tienen muy diversas aplicaciones: vinilos decorativos, filtros para partículas contaminantes, impresoras por láser, fotocopiadoras, etc.

Otros dos ejemplos, sobre lectores de tinta electrónica y sobre la técnica la pintura electrostática en polvo, los tienes en:

www.tiching.com/730005 y **www.tiching.com/730007**

1. Busca información sobre las otras aplicaciones citadas de la electrostática y redacta un informe que recoja:
   - Lugares y situaciones en que se emplean las técnicas.
   - Descripción del uso de la atracción entre cargas eléctricas en cada una de ellas.
   - Ventajas de la incorporación de la electrostática en cada una de estas aplicaciones.
2. Repasa los conocimientos adquiridos en esta unidad y piensa si podrías plantear alguna otra aplicación y si sabrías llevarla a cabo.
3. Comenta tus resultados con tus compañeros y compañeras para contrastar y aumentar el número de aplicaciones.

11 CORRIENTE ELÉCTRICA

¿Cómo llega la corriente eléctrica a nuestras casas?

La iluminación nocturna de una gran ciudad es un claro ejemplo de la importancia de la corriente eléctrica y de los diferentes aparatos y electrodomésticos que utilizamos a diario.

1780-1799

• 1780

Luigi Galvani (1737-1798) descubre la electricidad en sus experiencias con ranas.

• 1800

Alessandro Volta (1745-1827) diseña la primera pila.

• 1827

Ley de Ohm. Georg Ohm (1787-1854) explica el resultado de sus investigaciones: la relación entre la intensidad de la corriente, el voltaje y la resistencia.

Hace poco más de dos siglos, Alessandro Volta inventó la pila eléctrica, y con ello abrió el camino a la obtención y al uso de la corriente eléctrica.

Desde entonces, los investigadores han ampliado y perfeccionado las formas de producir corriente eléctrica y han ideado un gran número de aplicaciones.

Hoy en día nos servimos de la electricidad en los electrodomésticos, que mejoran nuestra calidad de vida; en los aparatos médicos, que velan por nuestra salud; en los medios de comunicación y en los transportes, que acortan las distancias entre los países; en los ordenadores, que facilitan el trabajo…

¿Qué sabemos?

- Haz una lista con aquellas cosas que podrías hacer y que no podrías hacer durante un día si no hubiera corriente eléctrica.
- Enumera aparatos y lugares donde hay cobre. Busca más información, comprobarás que es imprescindible.

¿Qué aprenderemos?

1. Corriente eléctrica
2. Circuitos eléctricos
3. Resistencia eléctrica y ley de Ohm
4. Laboratorio. Corriente eléctrica
5. Asociación de resistencias
6. Energía y potencia de la corriente eléctrica
7. El consumo eléctrico en el hogar
8. La electricidad en el hogar

1800-1899

• 1844  Samuel Morse (1791-1872) envía su primer telegrama. Desarrolla el telégrafo y utiliza el código Morse.

• 1855 Primera línea de telegrafía eléctrica en España entre Madrid e Irún.

• 1876  Graham Bell (1847-1922) patenta el teléfono.

• 1879  Thomas Edison (1847-1931) consigue que una bombilla esté encendida durante 48 h seguidas.

• 1882 Se empiezan a instalar las primeras líneas telefónicas en España.

• 1890 Haro (La Rioja) y Jerez de la Frontera (Cádiz) son las primeras ciudades españolas que cuentan con alumbrado público eléctrico en las calles.

1 Corriente eléctrica

1.1. La corriente eléctrica

Como recordarás, los metales son materiales conductores, a diferencia de los materiales aislantes, porque permiten el movimiento de las cargas eléctricas.

Cada átomo de un metal ha perdido algún electrón, que queda libre entre los átomos. El conjunto de los electrones libres forma una especie de *nube electrónica* que los rodea y en la que se mueven aleatoriamente.

Si suministramos energía a estos electrones, se moverán de manera ordenada y en un mismo sentido.

La **corriente eléctrica** es el movimiento ordenado de los electrones libres de un metal como consecuencia de la energía que se les aporta.

1.2. Intensidad de corriente

En un tiempo dado, por un conductor puede atravesar más o menos cantidad de carga. Es decir, la corriente eléctrica puede ser más o menos *intensa*.

La **intensidad de corriente**, *I*, mide la cantidad de carga que atraviesa la sección de un conductor en la unidad de tiempo:

$$I = \frac{Q}{t}$$

La unidad de intensidad de corriente en el Sistema Internacional (SI) es el **amperio** (A). Corresponde al transporte de una carga de 1 C en 1 s.

Dos submúltiplos usuales son el **miliamperio** (mA), 1 mA = 10^{-3} A, y el **microamperio** (μA), 1 μA = 10^{-6} A.

1.3. Generadores de corriente

Llamamos **generadores de corriente** a los aparatos que producen la energía necesaria para que exista corriente eléctrica en un conductor.

Independientemente del tipo de generador, estos constan siempre de dos polos, el **positivo** (+) y el **negativo** (–), que van unidos al cable metálico por el que circulan los electrones.

Los electrones salen del polo negativo y vuelven al generador entrando por el polo positivo.

Cada generador está caracterizado por la **tensión** o **voltaje** que proporciona, que se representa como *V* o $V_{1\text{-}2}$ (1 y 2 son sus polos) y se mide en **voltios** (V). Esta magnitud también se denomina **diferencia de potencial** entre los puntos 1 y 2.

EL COBRE: METAL IMPRESCINDIBLE PARA LA CORRIENTE ELÉCTRICA

El cobre es un mineral que se extrae de la Tierra.

Con el cobre se fabrican hilos de diferentes grosores.

Los átomos del cobre están empaquetados ordenadamente.

Cada átomo de cobre tiene algún electrón que es libre para poder salir y moverse al azar entre los diversos átomos.

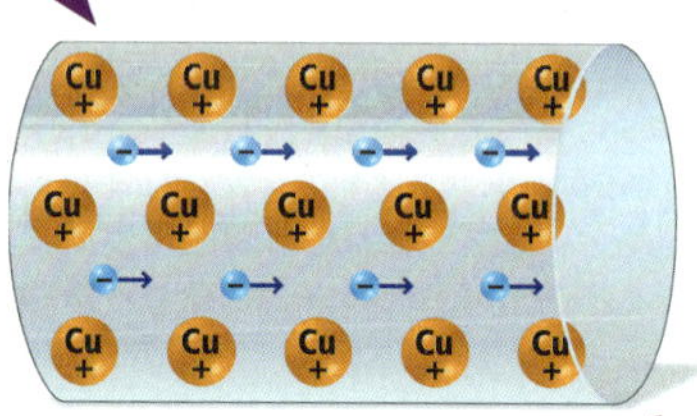

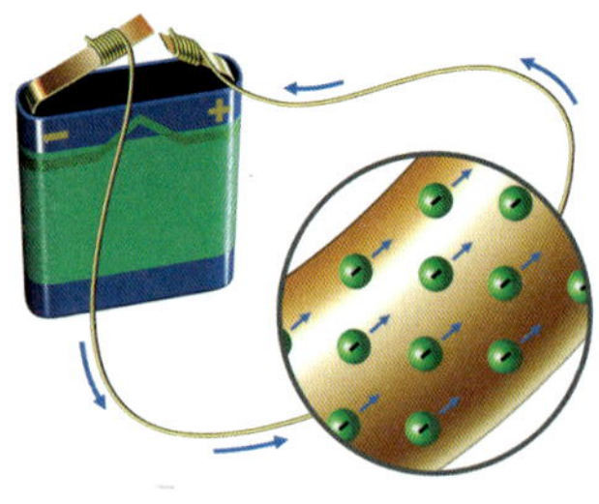

La corriente eléctrica es el movimiento ordenado de los electrones libres de un metal gracias a la energía que les proporcionan los generadores de corriente.

DESCUBRIMIENTO DE LA CORRIENTE ELÉCTRICA

El experimento de Galvani

Galvani, médico italiano, experimentaba en 1780 con patas de rana y observó que al tocar los nervios de la pata con el bisturí metálico, los músculos se movían. Atribuyó este fenómeno a un tipo de electricidad animal que se desplazaba por los nervios fig. 1.

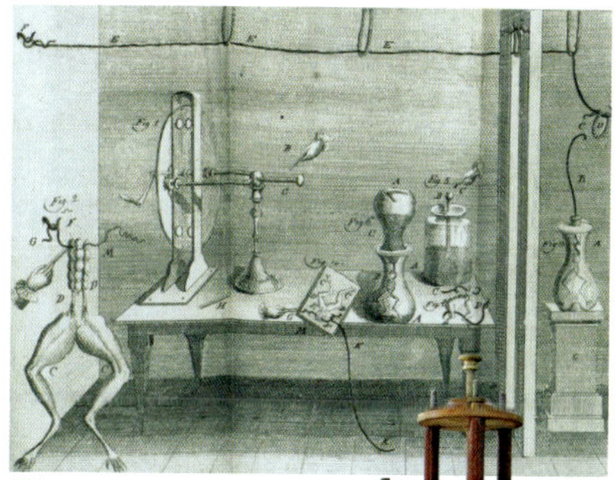

Fig. 1 Experimento de Galvani en un grabado de la época.

Pila de Volta

El investigador Volta, también italiano, atribuyó el hecho descubierto por Galvani a que el metal del bisturí y el de la placa sobre la que reposaba la pata eran de metales diferentes y entre ellos se establecía un potencial que generaba la corriente eléctrica.

Basándose en este hecho construyó en 1800 el primer generador de corriente eléctrica de la historia. Colocó discos alternados de cinc y cobre (una *pila* de discos), poniendo entre cada pareja otro disco de cartón humedecido con agua salina. Comprobó que entre el primer disco y el último se establecía una corriente eléctrica fig. 2.

Fig. 2 Pila de Volta.

La función de un generador es comparable a la de una bomba de agua

El generador da energía a los electrones para que vayan al polo negativo.	La bomba da energía al agua para que suba de nivel fig. 3.
La diferencia de potencial entre los polos del generador pone en movimiento los electrones por los cables conductores.	El desnivel del agua desde el depósito a la balsa permite al agua bajar y desplazarse por las tuberías.

Fig. 3 Bomba de agua.

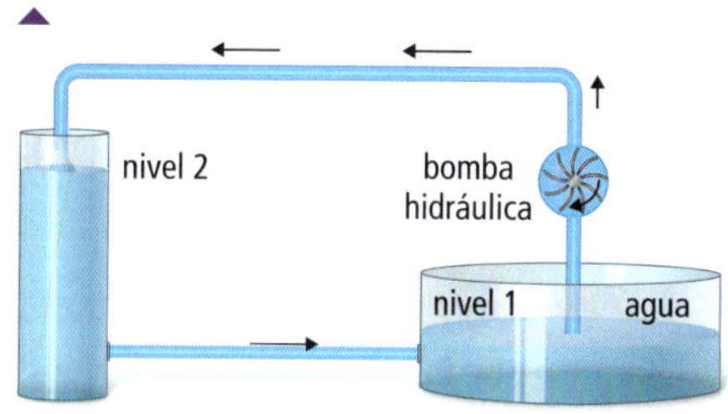

Ejemplos

1. Determina la intensidad de corriente que circula por un cable eléctrico sabiendo que cada hora pasan por este 4 mC.

Expresamos los datos en unidades SI:

$4\ \text{mC} = 4 \cdot 10^{-3}\ \text{C};\ 1\ \text{h} = 3600\ \text{s}$

Sustituimos estos valores en la expresión de la intensidad:

$$I = \frac{Q}{t} = \frac{4 \cdot 10^{-3}\ \text{C}}{3600\ \text{s}} = 0{,}0011 \cdot 10^{-3}\ \text{A} =$$

$$= 0{,}0011\ \text{mA} = 1{,}1\ \mu\text{A}$$

2. Calcula el valor de la carga que pasa por un cable eléctrico durante 25 min sabiendo que la intensidad de corriente es de 6 mA.

Expresamos los datos en unidades SI:

$25\ \text{min} = 25\ \text{min} \cdot 60\ \text{s/min} = 1500\ \text{s}$

$6\ \text{mA} = 6 \cdot 10^{-3}\ \text{A}$

Despejamos la carga en la expresión de la intensidad y sustituimos estos valores:

$$I = \frac{Q}{t} \Rightarrow Q = I \cdot t = 6 \cdot 10^{-3}\ \text{A} \cdot 1500\ \text{s} = 9\ \text{C}$$

1. ¿Hay electrones libres en un metal por el que no circula corriente eléctrica?
2. ¿Qué hace falta para que los electrones libres de los átomos de un metal se muevan ordenadamente y formen la corriente eléctrica?
3. ¿Son generadores de corriente las pilas?
4. ¿De qué polo de una pila salen los electrones? ¿A qué polo llegan?
5. Calcula cuánta carga en C y cuántos electrones pasan cada segundo por un conductor si:
   a. $I = 20$ mA b. $I = 30$ A c. $I = 5$ A
6. Calcula la intensidad de corriente que circula por un cable eléctrico por el que pasan 8 mC cada media hora.
7. ¿Cuánto tiempo ha de transcurrir para que por un cable eléctrico con una intensidad de corriente de 10 μA pasen 5 mC?

2 Circuitos eléctricos

2.1. Circuito eléctrico elemental

La corriente eléctrica sirve para hacer funcionar los **aparatos eléctricos**. Estos usan la energía eléctrica que produce un generador.

Hay diversos tipos de aparatos eléctricos: bombillas, electrodomésticos, ordenadores, motores... Para que estos aparatos funcionen es indispensable que estén conectados a un **circuito** eléctrico por el que les llegue la corriente.

Los elementos básicos de un circuito son: el **generador**, los **receptores** (**aparatos eléctricos**) y los **cables conductores** que unen los diversos elementos. Para simplificar su estudio, supondremos un circuito eléctrico sencillo con un único receptor, por ejemplo, una bombilla fig. 1. Los elementos del circuito se representan gráficamente mediante **símbolos** tabla 1.

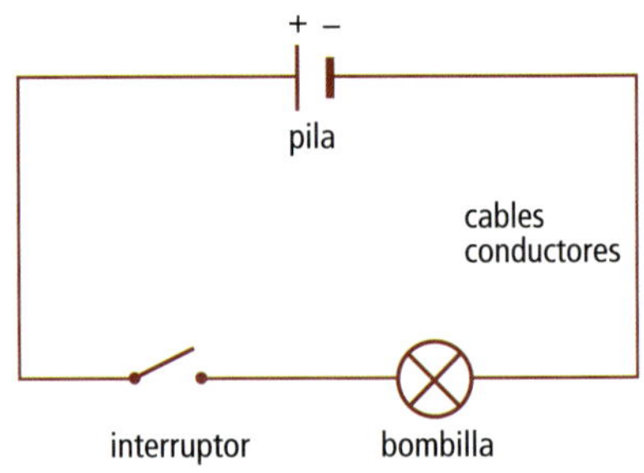

Fig. 1 Circuito elemental.

Tabla 1

nombre	símbolo
conductor	
bombilla	
pila	
resistencia	
resistencia variable	
interruptor	
amperímetro	A
voltímetro	V
generador	G

Sentido de la corriente

La corriente eléctrica se estudió antes de conocer la existencia del electrón y de la estructura del átomo. En ese momento se ignoraba qué cargas transportaba la corriente y se supuso que serían cargas positivas.

Hoy en día, por convenio, se mantiene ese criterio para representar el sentido de la corriente, aunque no es el sentido real del movimiento de los electrones.

El **sentido convencional** de la corriente es el que va del polo positivo al negativo, pero el **sentido real** de los electrones es el que va del polo negativo al positivo fig. 2.

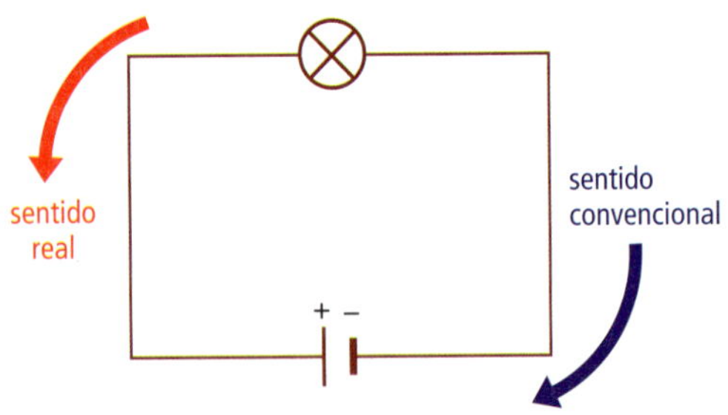

Fig. 2 Sentido de la corriente en un circuito: en azul, el sentido convencional, del polo positivo al negativo. En rojo, el movimiento real de los electrones, del polo negativo al positivo.

2.2. Circuito abierto y circuito cerrado

Para que los aparatos conectados a un circuito funcionen, este debe estar **cerrado**, es decir, la corriente que sale de un polo del generador debe llegar al otro polo después de haber recorrido los diversos cables y aparatos eléctricos.

Un **circuito abierto** está cortado en algún punto y la corriente no puede circular fig. 3a. Al **cerrar un circuito** los electrones empiezan a moverse desde el generador y los aparatos conectados funcionan fig. 3b.

Para abrir o cerrar un circuito se dispone del **interruptor**. Por tanto, el interruptor es un elemento de control que nos permite cortar o establecer el paso de la corriente.

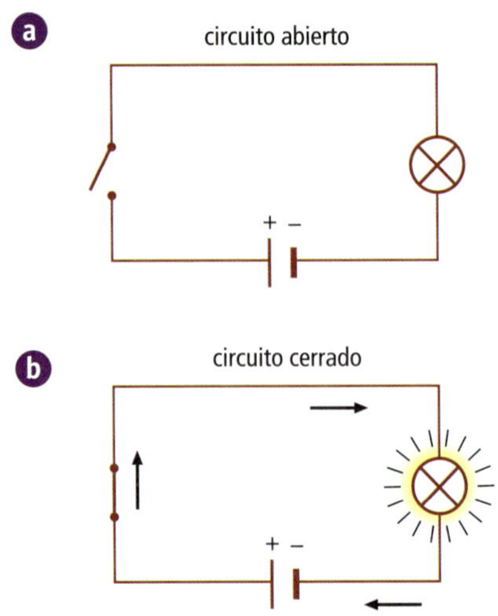

Fig. 3 Representación de un circuito abierto (a), y del mismo circuito, pero cerrado (b).

2.3. Aparatos de medida

Voltímetro y amperímetro

Para medir la diferencia de potencial entre dos puntos de un circuito se utiliza el **voltímetro**, y para medir la intensidad de corriente que circula se utiliza el **amperímetro**.

Estos aparatos los podemos encontrar tanto **analógicos** como, más modernos, **digitales**. Los modelos analógicos constan de una escala y una aguja que indica el valor de cada magnitud; los digitales muestran el valor en una pantalla fig. 4.

Para realizar una medida con un voltímetro o con un amperímetro hay que tener en cuenta que:

- El voltímetro mide diferencias de potencial entre dos puntos, por lo que sus dos polos deben conectarse sobre los dos puntos cuya diferencia de potencial desea medirse. Esta forma de conectar un aparato se llama conexión **en paralelo** fig. 5a.
- El amperímetro mide la intensidad de paso de la corriente por un punto del circuito, por lo que debe intercalarse en ese punto del circuito. Esta forma de conectar un aparato o elemento se llama conexión **en serie** fig. 5b.

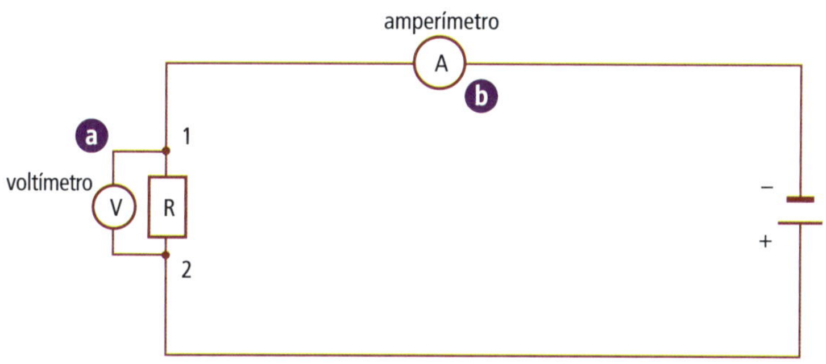

Fig. 5 Conexión correcta de un voltímetro y un amperímetro. El primero se conecta en paralelo (a), y el segundo, en serie (b).

Actualmente las mediciones eléctricas suelen hacerse con instrumentos llamados **polímetros** o **multímetros** que permiten medir varias magnitudes, principalmente, intensidad de corriente, diferencia de potencial y resistencia de corriente. Los hay tanto analógicos como digitales fig. 6.

@ Amplía en la Red...

Para visualizar un video sobre el uso de un voltímetro y un amperímetro, entra en: www.tiching.com/726210

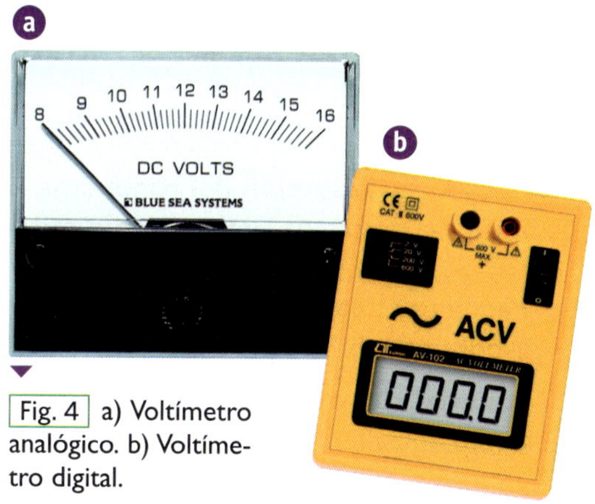

Fig. 4 a) Voltímetro analógico. b) Voltímetro digital.

Fig. 6 Polímetro digital. Permite medir diferencias de potencial, resistencias e intensidades de corriente.

1. Indica los elementos básicos que forman un circuito eléctrico.
2. Explica si el sentido de la corriente es el mismo que el de los electrones.
3. Describe la utilidad que presenta un interruptor en el interior de un circuito eléctrico.
4. Explica por qué los aparatos de medida se conectan de forma diferente.
5. Dibuja un circuito eléctrico con los siguientes elementos y sus símbolos correspondientes: pila, bombilla, interruptor, hilos conductores, amperímetro y voltímetro.
6. Explica la utilidad del multímetro.

3 Resistencia eléctrica y ley de Ohm

3.1. Resistencia eléctrica

La intensidad de la corriente depende de la cantidad de carga que circula por un circuito, pero esta, a su vez, depende de una magnitud llamada *resistencia*.

La **resistencia** de un circuito representa la dificultad que encuentran los electrones al moverse por él debida a los choques con otros electrones y con los núcleos de los átomos.

La resistencia de un conductor depende de:

- La **longitud** y la **sección del conductor**. La resistencia eléctrica será mayor cuanto más largo y cuanto más fino sea el cable. Se puede comparar el paso de corriente por un cable conductor con el del agua por una tubería: el agua encontrará mayor dificultad para fluir por una tubería larga y estrecha fig. 1.
- El **material con que está hecho el cable**. Cuanto mejor conductor sea este, más fácilmente pasarán por él las cargas eléctricas.

Esto podemos verlo de forma matemática con la siguiente relación para calcular la resistencia *R* de un **conductor**:

$$R = \rho \cdot \frac{L}{S}$$

es decir, la resistencia del cable es directamente proporcional a su longitud *L* e inversamente proporcional a su sección *S*. La constante ρ es la **resistividad**, que depende del metal del conductor tabla 1.

La resistencia se mide en **ohmios**, Ω, en el SI. La resistividad, ρ, se expresa en Ω · m; la sección en m^2, y la longitud, en m.

Resistencia y resistores

En un circuito eléctrico, tanto los receptores como los cables eléctricos presentan resistencia al paso de la corriente eléctrica.

Sin embargo, la resistencia de los cables eléctricos que unen aparatos eléctricos y generadores es muy inferior a la de estos, por lo que la supondremos despreciable.

También se suelen utilizar unos componentes electrónicos, los **resistores**, con unos valores de resistencia conocidos e indicados por los colores de las rayas pintadas y el orden de dichos colores fig. 2.

Ejemplo

1. **El cobre tiene una resistividad de 1,67 · 10^{-8} Ω · m. Determina la resistencia de un hilo de este metal que tiene 30 m de longitud y 4 mm^2 de sección.**

   Expresamos la sección en unidades SI: $4\ mm^2 = 4 \cdot 10^{-6}\ m^2$

   Sustituimos los datos en la expresión de la resistencia:

   $$R = \rho \cdot \frac{L}{S} = 1{,}67 \cdot 10^{-8}\ \Omega \cdot m \cdot \frac{30\ m}{4 \cdot 10^{-6}\ m^2} = 12{,}5 \cdot 10^{-2}\ \Omega = 0{,}125\ \Omega$$

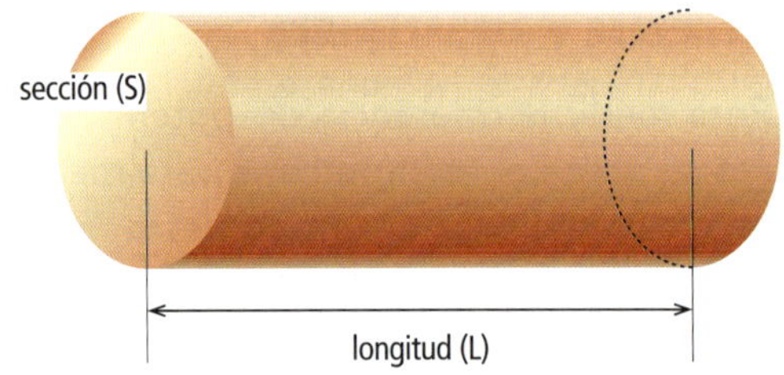

Fig. 1 Tanto la sección como la longitud de un conductor influyen en su resistencia.

@ Amplía en la Red...

Calcula el valor de la resistencia variando diferentes parámetros en la simulación que encontramos en: www.tiching.com/726211

Tabla 1

RESISTIVIDAD (ρ) DE ALGUNOS MATERIALES	
material	**10^{-8} Ω · m**
plata	1,59
cobre	1,67
oro	2,4
aluminio	2,8
hierro	10,0
plomo	22,0
constantán	49,0
carbón de arco	≃ 6 000

Fig. 2 Resistor en un circuito.

3.2. Ley de Ohm

Para que haya movimiento de cargas entre dos puntos de un circuito, 1 y 2, debe haber una tensión o diferencia de potencial, $V_1 - V_2$, entre ambos.

Si las cargas se mueven, hay corriente eléctrica de intensidad *I* que debe vencer la resistencia *R* que encuentren dichas cargas en su camino.

Parece lógico, por tanto, que debe haber una relación entre las tres magnitudes: la diferencia de potencial, la intensidad y la resistencia.

El físico alemán George Simon Ohm demostró experimentalmente en 1827 la siguiente relación entre ellas:

$$V_{1-2} = I \cdot R$$

Esta expresión resume el enunciado de la **ley de Ohm**:

La diferencia de potencial y la intensidad de corriente son directamente proporcionales, siendo la resistencia la **constante de proporcionalidad**.

Si anotamos los valores que toma la intensidad para diversas diferencias de potencial y llevamos cada pareja de valores sobre dos ejes, *I* en el horizontal y *V* en el vertical, encontramos que definen una línea recta que pasa por el origen fig. 3.

La pendiente de esta recta es, precisamente, el valor de la resistencia.

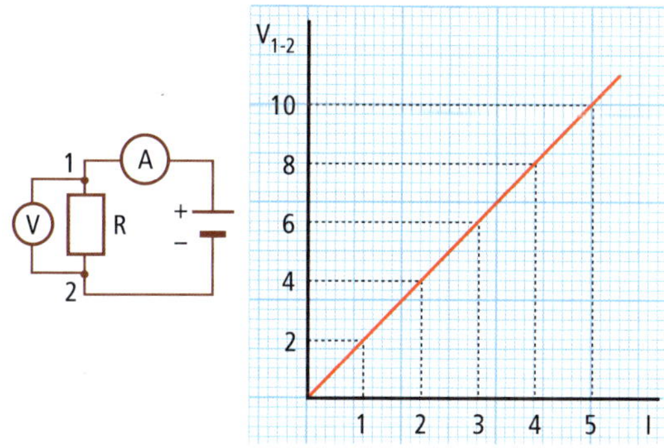

Fig. 3 Diseño del montaje experimental y expresión gráfica de la ley de Ohm. Se ha medido la intensidad de corriente que circulaba por el circuito al variar la diferencia de potencial aplicada.

@ Amplía en la Red...

Trabaja la ley de Ohm en www.tiching.com/726212 con una simulación o visiona un video de dicha ley en www.tiching.com/726213.

Ejemplos

1. **Determina la diferencia de potencial entre los extremos de una resistencia de 20 Ω por la que pasa una intensidad de corriente de 3 mA.**

   Expresamos la intensidad en unidades SI:

   $3 \text{ mA} = 3 \cdot 10^{-3} \text{ A}$

   Sustituimos los datos en la ley de Ohm:

   $V_{1-2} = I \cdot R = 3 \cdot 10^{-3} \text{ A} \cdot 20\ \Omega = 6 \cdot 10^{-2} \text{ V} = 0{,}06 \text{ V}$

2. **Calcula la intensidad que pasa por una bombilla de 500 Ω conectada a la red de 230 V.**

   Despejamos la intensidad de la ley de Ohm y sustituimos los datos:

   $$V_{1-2} = I \cdot R \Rightarrow I = \frac{V_{1-2}}{R} = \frac{230 \text{ V}}{500\ \Omega} = 0{,}46 \text{ A}$$

   Es decir, por la bombilla circula una corriente eléctrica de 0,46 A.

1. ¿Qué es la resistividad de un material y qué unidades tiene?
2. Explica el concepto de resistencia eléctrica.
3. ¿Cómo comprobarías la ley de Ohm?
4. Calcula, con los datos de la tabla 1, la resistencia de un cable de constantán que mide 10 cm y tiene una sección de 2 mm^2.
5. ¿A qué diferencia de potencial está conectada una bombilla en el laboratorio si por ella pasa una corriente de 0,2 mA y tiene una resistencia de 30 Ω?
6. Determina la intensidad de corriente que pasa por una tostadora eléctrica que está conectada a la red de 230 V y tiene una resistencia de 10 Ω.

4

LABORATORIO

Corriente eléctrica

La corriente eléctrica se genera en las centrales eléctricas y se distribuye a poblaciones, industrias, y viviendas donde se reparte por los diferentes circuitos eléctricos.

En las siguientes experiencias vamos a entender este complejo y enorme conjunto de circuitos mediante unos mucho más reducidos.

Material

- Pila y generador de CC variable
- Bombilla, interruptor
- Cables eléctricos, pinzas de conexión
- Resistencias
- Dos polímetros
- Diversos materiales: madera, corcho, vidrio, plástico, grafito (mina de lápiz), cobre, plata, estaño, plomo, hierro, papel de aluminio...

A. Los circuitos eléctricos constan de unas partes básicas, que vamos a ver.

Construcción de un circuito elemental

1. Realiza un montaje como el de la figura, conectando un polímetro como voltímetro y el otro como amperímetro. Seguidamente, conecta el interruptor.

2. Describe y explica lo que observas en la bombilla y en los polímetros.

3. Sustituye a continuación la pila por un generador de corriente continua (CC) variable. Da diversos valores a la tensión y explica qué ocurre en los diferentes elementos del circuito.

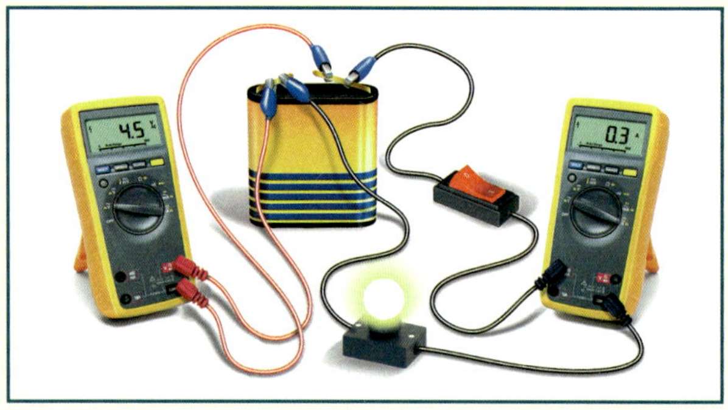

① De ahora en adelante usaremos este generador de corriente continua en lugar de utilizar la pila. ¿Por qué crees que lo haremos generador de corriente? ¿Qué ventaja presenta? ¿Qué inconvenientes les encuentras a las pilas?

② Explica por qué se deben de conectar de esa forma concreta el voltímetro y el amperímetro. ¿Qué marcaría un voltímetro conectado en serie con el circuito? Y un amperímetro colocado en paralelo, ¿marcaría la intensidad que pasa por el circuito?

B. Los aparatos eléctricos conectados a la red eléctrica que tenemos en las viviendas funcionan con la misma tensión: 230 V. Las diferencias entre ellos son su resistencia y la intensidad que circula por ellos. Estas tres magnitudes se relacionan a través de la ley de Ohm.

Comprobación de la ley de Ohm

1. Construye el circuito de la figura. A continuación, cierra el circuito conectando el generador y haciéndolo trabajar con un potencial inicial. Deja que pase la corriente que este suministra.

2. Anota en una tabla los valores que indican el voltímetro y el amperímetro.

3. Repite las anotaciones con cinco valores distintos de potencial suministrado por el generador.

4. Lleva a una tabla las parejas de valores *V-I* y diseña la gráfica que obtienes poniendo en el eje vertical los valores del potencial y en el eje horizontal los de la intensidad.

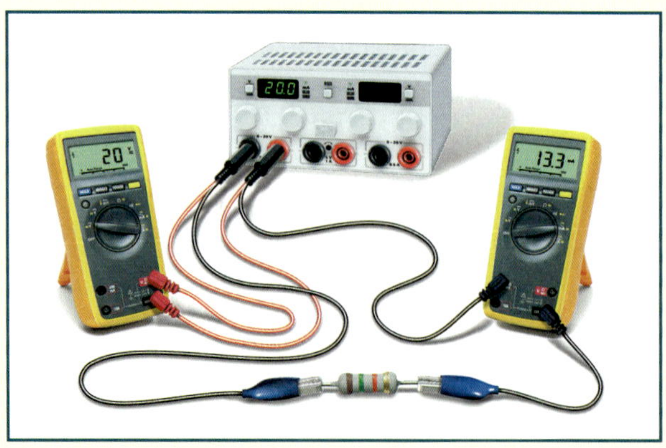

③ Calcula el valor de la pendiente de la gráfica aproximadamente recta que obtienes.

④ Explica la relación entre el valor de la pendiente y el de la resistencia conocida.

⑤ ¿Crees que se podría utilizar este procedimiento para conocer el valor de una nueva resistencia? Realiza la experimentación necesaria para conocer el valor de una resistencia desconocida.

C. ¿Por qué crees que se necesitan cables metálicos para que la corriente eléctrica circule por los circuitos?

Comportamiento de las sustancias conductoras y aislantes frente a la corriente eléctrica

1. Construye el circuito de la figura, con el generador de CC trabajando con un potencial fijo y una bombilla.
2. Ve intercalando los diferentes trozos de material entre los extremos libres de los dos cables de conexión como indica la figura.
3. Haz un listado en el que indiques si se enciende la bombilla o no con cada uno de los materiales utilizados. Indica cómo les llamamos a los materiales que dejan pasar la corriente y a los que no.

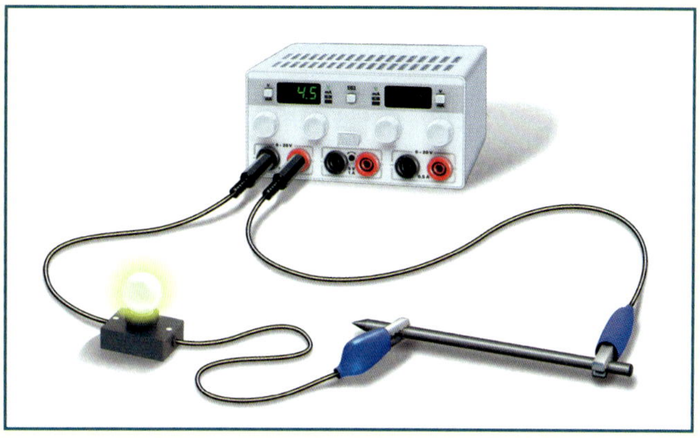

(6) Analiza la relación que existe entre los materiales que sí dejan pasar la corriente eléctrica que hace encender la bombilla.

(7) ¿Qué tienen estos materiales en común? ¿Podrías saber si estos materiales conducen mejor o peor la corriente eléctrica? ¿Cómo?

D Los cables que transportan la corriente eléctrica hasta las poblaciones y las viviendas deben de ser muy largos para unir tan enormes distancias. ¿Sabes qué problemas plantean el uso de cables tan largos?

Comprobación de la influencia de la longitud de un cable metálico en el paso de la corriente

1. En el mismo circuito que has construido en la experiencia anterior coloca entre los extremos libres de los dos cables un hilo de cobre.
2. Deja uno de los extremos de forma que puedas deslizarlo a lo largo del hilo con el fin de que la longitud de hilo entre los extremos sea variable.
3. Describe lo que observas en la bombilla a medida que la longitud del hilo de cobre entre los extremos va aumentando.

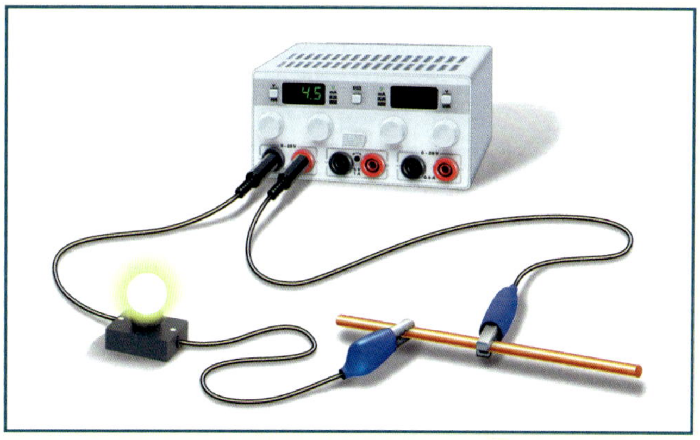

(8) Recuerda el concepto de resistencia eléctrica y elabora una hipótesis que permita explicar lo que has observado en la experiencia.

(9) Explica el problema que plantean los larguísimos cables eléctricos utilizados para el transporte de la corriente eléctrica a las poblaciones y viviendas.

Experimento TIC @

Accede en www.tiching.com/726211 a una simulación con la resistencia eléctrica de un cable, y después contesta a las siguientes preguntas:

a. Describe cómo varía en cada caso la resistencia de un cable al aumentar los valores de:
   1. La resistividad
   2. La longitud
   3. La sección
b. ¿Qué representa la figura del cable al disminuir la resistividad? ¿Qué quiere describir?

5 Asociación de resistencias

En un circuito puede haber más de un aparato eléctrico funcionando. Como cada uno tiene su propia resistencia, vamos a ver cómo se halla la **resistencia equivalente** de todos ellos.

Para calcular la resistencia equivalente debemos tener en cuenta cómo están conectados los diversos aparatos eléctricos: en serie o en paralelo.

5.1. Resistencias en serie

Las características de las **resistencias en serie** son fig. 1:

- Circula la misma intensidad de corriente, I, por cada una de las resistencias.
- La diferencia de potencial total es igual a la suma de las diferencias de potencial entre los extremos de cada una de las resistencias:

$$V_{1-4} = V_{1-2} + V_{2-3} + V_{3-4} + \ldots$$

Si aplicamos la ley de Ohm y llamamos R_{eq} a la resistencia equivalente tenemos que:

$$I \cdot R_{eq} = I \cdot R_1 + I \cdot R_2 + I \cdot R_3 + \ldots$$

Como la intensidad es la misma en cada resistencia, se elimina I y queda:

$$R_{eq} = R_1 + R_2 + R_3 + \ldots$$

La **resistencia equivalente** de varias resistencias montadas en serie es igual a la suma de todas ellas. Por tanto, la resistencia equivalente es mayor que la más grande de ellas.

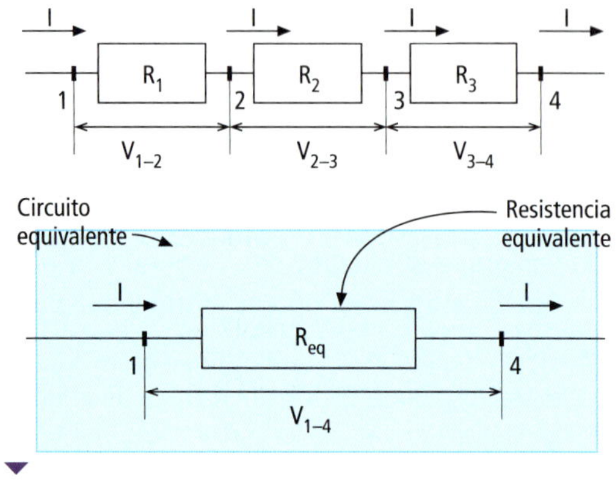

Fig. 1 Resistencias en serie y circuito equivalente.

5.2. Resistencias en paralelo

Las características de las **resistencias en paralelo** son fig. 2:

- La diferencia de potencial entre cada una de las resistencias es la misma, V.
- La intensidad total se distribuye entre las resistencias:

$$I = I_1 + I_2 + \ldots.$$

- Si aplicamos la ley de Ohm y llamamos R_{eq} a la resistencia equivalente tenemos que:

$$V_{1-2} = I \cdot R_{eq} = I_1 \cdot R_1 = I_2 \cdot R_2 = \ldots \Rightarrow \frac{V_{1-2}}{R_{eq}} = \frac{V_{1-2}}{R_1} + \frac{V_{1-2}}{R_2} + \ldots$$

- Como la diferencia de potencial es la misma en cada resistencia, se elimina V_{1-2} y queda:

$$\frac{1}{R_{eq}} = \frac{1}{R_1} + \frac{1}{R_2} + \ldots \Rightarrow R_{eq} = \frac{1}{\frac{1}{R_1} + \frac{1}{R_2} + \ldots}$$

La **resistencia equivalente** de varias resistencias en paralelo es la inversa de la suma de las inversas de dichas resistencias. Por tanto, la resistencia equivalente tiene un valor inferior a la más pequeña de ellas.

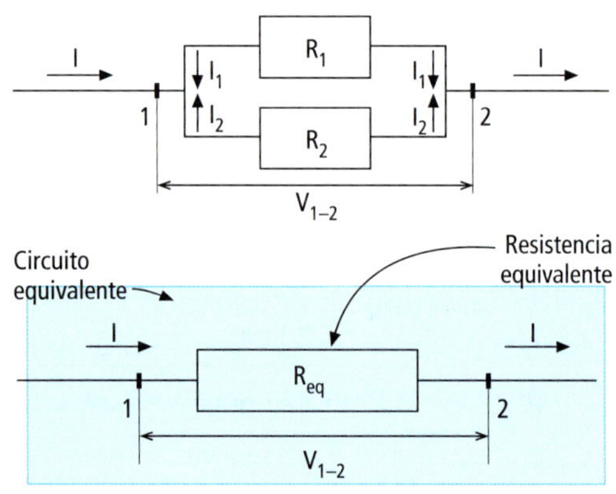

Fig. 2 Resistencias en paralelo y circuito equivalente.

1. ¿Qué ocurrirá en un árbol de Navidad si las luces están conectadas en serie y se funde una? ¿Cómo deberían estar conectadas?

2. Un circuito consta de una pila de 3 V y dos resistencias en serie de 0,2 Ω y 0,8 Ω. Calcula:
   a. El valor de la resistencia equivalente.
   b. El valor de la intensidad que circula.
   c. La diferencia de potencial en los extremos de cada resistencia.

3. Dos resistencias de 2 Ω y de 4 Ω están conectadas en paralelo y su conjunto unido, a su vez, a una pila de 3 V. Calcula:
   a. La resistencia equivalente.
   b. La intensidad, I, que pasa por el circuito.
   c. Las intensidades I_1 e I_2 que pasan por cada una de las resistencias.

Ejemplos

1. **Para el circuito de la figura 3 calcula:**

   a) **La resistencia equivalente.**

   b) **La intensidad que pasa por las resistencias.**

   c) **La diferencia de potencial a que está cada una de las resistencias.**

   a) La resistencia equivalente es la suma de las dos resistencias:

$$R_{eq} = R_1 + R_2 \Rightarrow R_{eq} = 5\ \Omega + 3\ \Omega = 8\ \Omega$$

   b) Podemos suponer un circuito equivalente formado por una única resistencia de 8 Ω por la que circula la misma intensidad que circularía por el circuito real fig. 4.

   Si aplicamos la ley de Ohm al circuito equivalente:

$$V_{1\text{-}3} = I \cdot R_{eq} \Rightarrow 24\ \text{V} = I \cdot 8\ \Omega \Rightarrow I = \frac{24\ \text{V}}{8\ \Omega} = 3\ \text{A}$$

   c) Para calcular los valores de $V_{1\text{-}2}$ y $V_{2\text{-}3}$ aplicamos la ley de Ohm a cada una de las resistencias:

$$V_{1\text{-}2} = I \cdot R_1 = 3\ \text{A} \cdot 5\ \Omega = 15\ \text{V} \quad ; \quad V_{2\text{-}3} = I \cdot R_2 = 3\ \text{A} \cdot 3\ \Omega = 9\ \text{V}$$

   La suma de las dos diferencias de potencial es igual a la total:

$$V_{1\text{-}2} + V_{2\text{-}3} = 15\ \text{V} + 9\ \text{V} = 24\ \text{V} = V_{1\text{-}3}$$

2. **Para el circuito de la figura 5 calcula:**

   a) **La resistencia equivalente.**

   b) **La intensidad *I* que pasa por el circuito.**

   c) **Las intensidades I_1 e I_2 que pasan por las resistencias.**

   a) La resistencia equivalente a las dos que están en paralelo es:

$$\frac{1}{R_{eq}} = \frac{1}{R_1} + \frac{1}{R_2} \Rightarrow \frac{1}{R_{eq}} = \frac{1}{5\ \Omega} + \frac{1}{15\ \Omega} = \frac{4}{15\ \Omega} \Rightarrow R_{eq} = 3{,}75\ \Omega$$

   b) Podemos sustituir el circuito del enunciado por otro más sencillo equivalente, con una única resistencia de 2 Ω por la que pasaría la misma intensidad *I* que por el circuito real fig. 6.

   Aplicamos la ley de Ohm:

$$V_{1\text{-}2} = I \cdot R_{eq} \Rightarrow 15\ \text{V} = I \cdot 3{,}75\ \Omega \Rightarrow I = \frac{15\ \text{V}}{3{,}75\ \Omega} = 4\ \text{A}$$

   Esta intensidad es la que pasa por el circuito real y se divide en dos por las dos resistencias en paralelo.

   c) Para calcular el valor de las dos intensidades aplicamos la ley de Ohm a cada una de las resistencias, teniendo en cuenta que las dos están sometidas a una diferencia de potencial de 15 V:

$$V_{1\text{-}2} = I_1 \cdot R_1 \Rightarrow 15\ \text{V} = I_1 \cdot 5\ \Omega \Rightarrow I_1 = \frac{15\ \text{V}}{5\ \Omega} = 3\ \text{A}$$

$$V_{1\text{-}2} = I_2 \cdot R_2 \Rightarrow 15\ \text{V} = I_2 \cdot 15\ \Omega \Rightarrow I_2 = \frac{15\ \text{V}}{15\ \Omega} = 1\ \text{A}$$

   Tiene que cumplirse que $I_1 + I_2 = I$. En efecto: 3 A + 1 A = 4 A

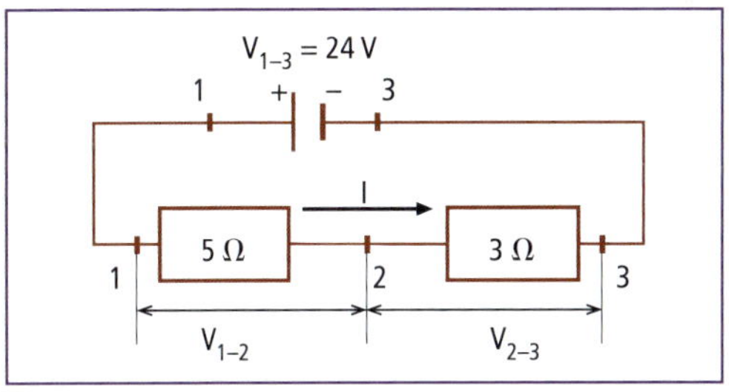

Fig. 3 Circuito con dos resistencias de 5 Ω y 3 Ω en serie.

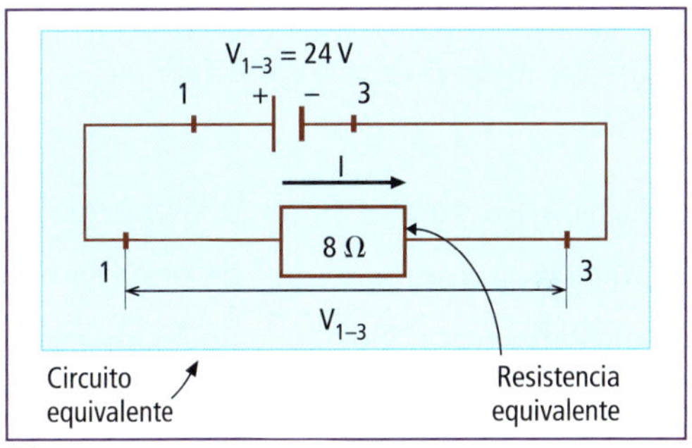

Fig. 4 Circuito equivalente al de la figura 3.

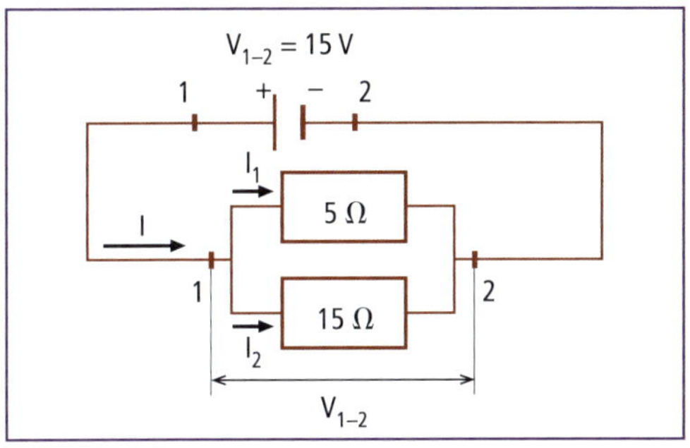

Fig. 5 Circuito con dos resistencias de 5 Ω y 3 Ω en serie.

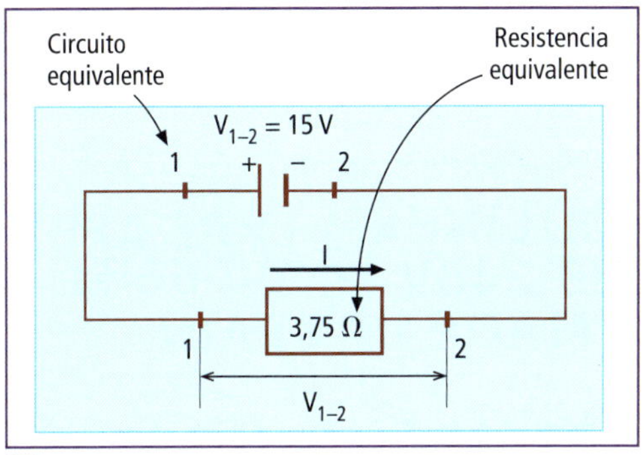

Fig. 6 Circuito equivalente al de la figura 5.

6 Energía y potencia de la corriente eléctrica

6.1. Energía eléctrica

Para mantener en los generadores la diferencia de potencial necesaria para que pase la corriente hace falta que tengan energía. Esta energía se llama **energía eléctrica** y se transfiere a los diferentes aparatos eléctricos conectados al circuito fig. 1.

El valor de la energía eléctrica que consumen los generadores y los aparatos eléctricos tiene la expresión siguiente:

$$E = V_{1\text{-}2} \cdot I \cdot t$$

donde $V_{1\text{-}2}$ representa la diferencia de potencial (en voltios), I la intensidad de la corriente (en amperios) y t el tiempo (en segundos) durante el que circula la corriente.

Conocemos a partir de la ley de Ohm que $V_{1\text{-}2} = I \cdot R$; por tanto, la energía también puede expresarse así:

$$E = I^2 \cdot R \cdot t$$

Las unidades en que se mide la energía eléctrica son dos:

- El **julio**, J, que es la unidad de energía en el Sistema Internacional.
- El **kilovatio hora**, kWh, cuya relación con el julio es:

$$1 \text{ kWh} = 3{,}6 \cdot 10^6 \text{ J}$$

Fig. 1 Los aparatos eléctricos como este frigorífico consumen energía. Dicha energía depende de su potencia y del tiempo que estén funcionando.

6.2. Potencia eléctrica

La **potencia eléctrica**, P, es una magnitud propia de cada aparato eléctrico fig. 2 e indica la energía que este consume por unidad de tiempo:

$$P = \frac{E}{t} = V_{1\text{-}2} \cdot I = I^2 \cdot R$$

La relación entre la energía y la potencia es, por tanto:

$$E = P \cdot t$$

La unidad de potencia en el SI es el **vatio**, W. Se utiliza también un múltiplo de esta, el **kilovatio**, kW (1 kW = 10^3 W).

Los aparatos eléctricos llevan unas indicaciones fig. 3, entre las cuales está el valor de la potencia. Si un secador tiene una potencia de 1 200 W, quiere decir que, si lo hacemos funcionar durante 5 minutos, consume:

$$E = P \cdot t = 1\,200 \text{ W} \cdot 5 \text{ min} \cdot 60 \text{ s/min} = 3{,}6 \cdot 10^5 \text{ J} = 0{,}1 \text{ kWh}$$

Fig. 2 La potencia eléctrica es una magnitud propia de cada aparato.

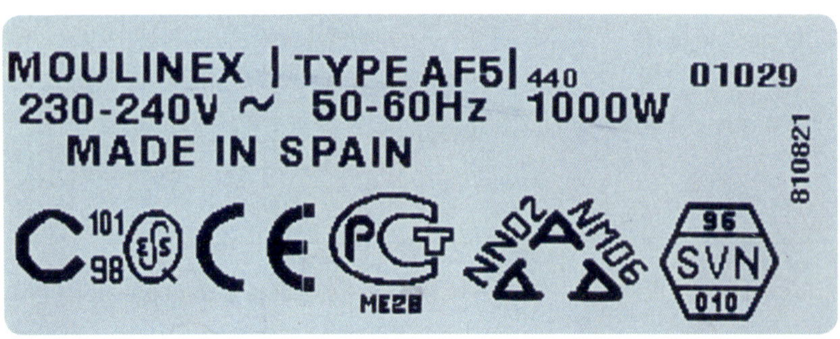

Fig. 3 Placa de características de un electrodoméstico. Observa que la potencia nominal es de 1 000 W.

6.3. Efecto Joule

El paso de los electrones por los circuitos, debido a la resistencia que encuentran en su camino, genera calor. La transformación de energía eléctrica en energía calorífica recibe el nombre de **efecto Joule**, porque fue James P. Joule quien lo estudió fig. 4.

La ley de Joule establece que el valor de la energía calorífica, Q, desprendida en un circuito es igual al de la energía eléctrica consumida:

$$Q = V_{1\text{-}2} \cdot I \cdot t = I^2 \cdot R \cdot t$$

Las unidades en que se mide la energía calorífica son las mismas que las de la energía eléctrica y que las de cualquier tipo de energía: el julio, J, en el SI, y el kilovatio hora, kWh.

Algunos aparatos eléctricos están diseñados precisamente para aprovechar el calor que se desprende al paso de la corriente: estufas, hornos, cocinas, secadoras, planchas, tostadoras... Otros, como los microprocesadores de los ordenadores, requieren una constante refrigeración para su buen funcionamiento.

Fig. 4 La bombilla de filamento fue inventada por Edison en 1879. Su funcionamiento se basa en el intenso calor que se desprende en el filamento, que lo pone incandescente y por eso da luz. Para que no se queme, en el interior de la bombilla se hace el vacío.

Ejemplos

1. **Una cafetera eléctrica está conectada a 230 V. Si por ella circula una intensidad de 2 A, calcula:**

   a) **La energía eléctrica que consume en 5 min, expresada en J y en kWh.**

   b) **La potencia de esta cafetera.**

   a) Expresamos los minutos en segundos y sustituimos los datos:

   $5 \text{ min} = 5 \text{ min} \cdot 60 \text{ s/min} = 300 \text{ s}$

   $E = V_{1\text{-}2} \cdot I \cdot t = 230 \text{ V} \cdot 2 \text{ A} \cdot 300 \text{ s} =$

   $= 138\,000 \text{ J} = \dfrac{138\,000 \text{ J}}{3{,}6 \cdot 10^6 \text{ J/kWh}} = 0{,}038 \text{ kWh}$

   b) $P = V_{1\text{-}2} \cdot I = 230 \text{ V} \cdot 2 \text{ A} = 460 \text{ W}$

2. **Un radiador eléctrico indica que su potencia es de 3 000 W. Si la conectamos a 230 V, determina:**

   a) **La intensidad que circula por la lavadora.**

   b) **La energía eléctrica que consume en una hora y media, en J y en kWh.**

   c) **La energía calorífica que produce en ese mismo tiempo.**

   a) $P = V_{1\text{-}2} \cdot I \Rightarrow I = \dfrac{P}{V_{1\text{-}2}} = \dfrac{3\,000 \text{ W}}{230 \text{ V}} = 13{,}04 \text{ A}$

   b) Expresamos el tiempo en segundos y sustituimos los datos:

   $1{,}5 \text{ h} = 1{,}5 \text{ h} \cdot 3600 \text{ s/h} = 5\,400 \text{ s}$

   $E = V_{1\text{-}2} \cdot I \cdot t = 230 \text{ V} \cdot 13{,}04 \text{ A} \cdot 5\,400 \text{ s} = 16\,195\,680 \text{ J} =$

   $= \dfrac{16\,195\,680 \text{ J}}{3{,}6 \cdot 10^6 \text{ J/kWh}} = 4{,}5 \text{ kWh}$

   c) La energía calorífica que produce es igual a la energía eléctrica que consume.

@ Amplía en la Red...

Visiona un video sobre la transformación de la energía eléctria en calor en:
www.tiching.com/726217
Visiona otro video sobre la bombilla en:
www.tiching.com/726220

1. Explica la necesidad de que en todos los aparatos eléctricos se indique su potencia.

2. Pon ejemplos razonados de aparatos eléctricos cuya utilidad se basa en el efecto Joule.

3. Una batidora eléctrica está enchufada a la red de 230 V. Sabiendo que por ella pasa una intensidad de 2 A, calcula:

   a. La energía eléctrica que consume durante minuto y medio de funcionamiento. Exprésalo en julios y en kWh.

   b. La potencia de la batidora.

4. Un horno eléctrico marca que su potencia es de 3 000 W. Si lo conectamos a la red de 230 V, calcula:

   a. La intensidad que circula por el horno.

   b. La energía eléctrica que consume en media hora de funcionamiento. Exprésalo en julios y en kWh.

   c. La energía calorífica que produce durante ese tiempo.

7 El consumo eléctrico en el hogar

7.1. Consumo doméstico de energía eléctrica

La mayoría de los aparatos eléctricos que utilizamos en nuestras casas no funcionan con pilas. La energía eléctrica la tomamos de los enchufes donde conectamos los diversos aparatos eléctricos.

Esta energía se produce en las centrales eléctricas, se distribuye por las poblaciones y nos llega a través de la **red eléctrica**.

Cada aparato conectado a esta red eléctrica recibe una tensión de 230 V y una energía para que funcione, que depende del tiempo que dura su funcionamiento.

Por ejemplo, una plancha de 2000 W de potencia, que hacemos funcionar durante media hora, consume:

$$E = P \cdot t = 2000 \text{ W} \cdot 1/2 \text{ h} \cdot 3600 \text{ s/h} = 3{,}6 \cdot 10^6 \text{ J} = 1 \text{ kWh}$$

La potencia aproximada de los aparatos eléctricos más comunes en el ámbito doméstico está indicada en la tabla 1.

La energía eléctrica que se consume no es gratuita: debe abonarse a la compañía distribuidora. Para controlar el consumo están los **contadores**, que indican en kWh la energía que se va gastando en cada vivienda fig. 1.

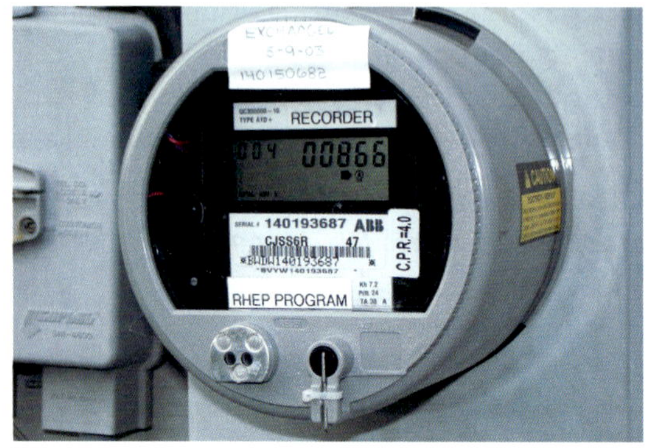

Fig. 1 Contador eléctrico digital.

Tabla 1

aparatos	potencia aproximada
bombillas	40 W – 200 W
plancha	1500 W
horno	3 500 W
tostadora	800 W
lavadora	2 500 W
televisor	200 W
lavavajilla	3000 W

7.2. Recibo de la electricidad

Llamamos **recibo de la electricidad** al documento que presenta la compañía suministradora en el que, cada mes o cada dos meses, indica el gasto de energía eléctrica que hemos efectuado, que aparece en kWh, y el coste que ello nos supone fig. 2.

Los diversos conceptos por los que se paga la electricidad vienen detallados en el recibo. Los más importantes son:

- **Potencia contratada**. Es toda la potencia de que podemos disponer en nuestra vivienda o en una empresa. Tiene ese nombre porque es la que se solicita a la compañía eléctrica y depende de cuántos aparatos pueden llegar a funcionar al mismo tiempo. Puedes observar que se paga en proporción a esta potencia contratada. Cuanto mayor sea, más deberemos pagar.
- **Electricidad consumida**. En este apartado está el producto de la energía consumida en kWh por el coste en euros de cada kWh.
- **Alquiler del contador**. El contador eléctrico no es de nuestra propiedad, sino que se alquila a la compañía eléctrica.

ENERGIA			
Potencia contratada	*PP 16 kW x 1,190844 €/kW*		**19,05**
	PLL 19,34 kW x 0,714506 €/kW		**13,82**
	PV 14,03 kW x 0,476338 €/kW		**6,68**
Total importes potencia		**39,55**	
Energía consumida	*P 641 kWh x 0,154153 €/kWh*		**98,81**
	LL 1.491 kWh x 0,121726 €/kWh		**181,49**
	V 173 kWh x 0,080323 €/kWh		**13,90**
Total Energía 2.305 kWh		**294,20**	

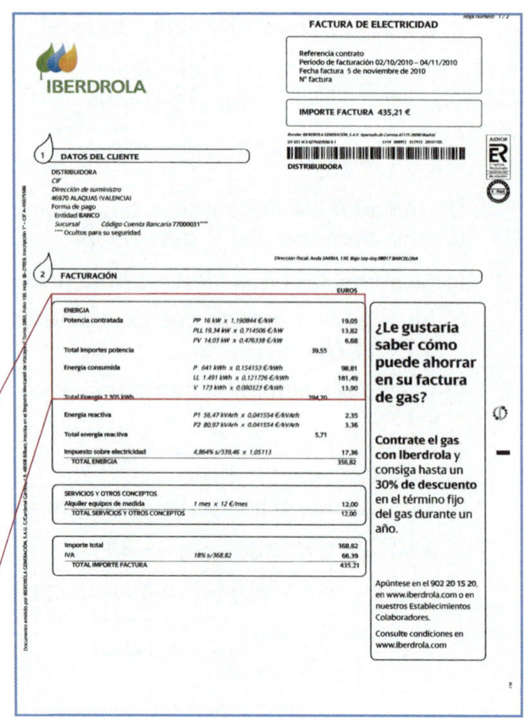
FACTURA DE ELECTRICIDAD
IBERDROLA
Referencia contrato
Periodo de facturación 02/10/2010 – 04/11/2010
Fecha factura 5 de noviembre de 2010
Nº factura
IMPORTE FACTURA 435,21 €
DATOS DEL CLIENTE
FACTURACIÓN
¿Le gustaría saber cómo puede ahorrar en su factura de gas?
Contrate el gas con Iberdrola y consiga hasta un 30% de descuento en el término fijo del gas durante un año.
Apúntese en el 902 20 15 20, en www.iberdrola.com o en nuestros Establecimientos Colaboradores.
Consulte condiciones en www.iberdrola.com

Fig. 2 Recibo de la electricidad.

7.3. Seguridad eléctrica

Además de asegurar la integridad de los aparatos eléctricos, las instalaciones eléctricas deben garantizar, sobre todo, la seguridad de las personas. En particular debe evitarse al máximo el riesgo de **choque eléctrico** siguiendo ciertas normas de seguridad fig. 3.

Fig. 3 **Normas de seguridad** para la utilización de aparatos eléctricos.

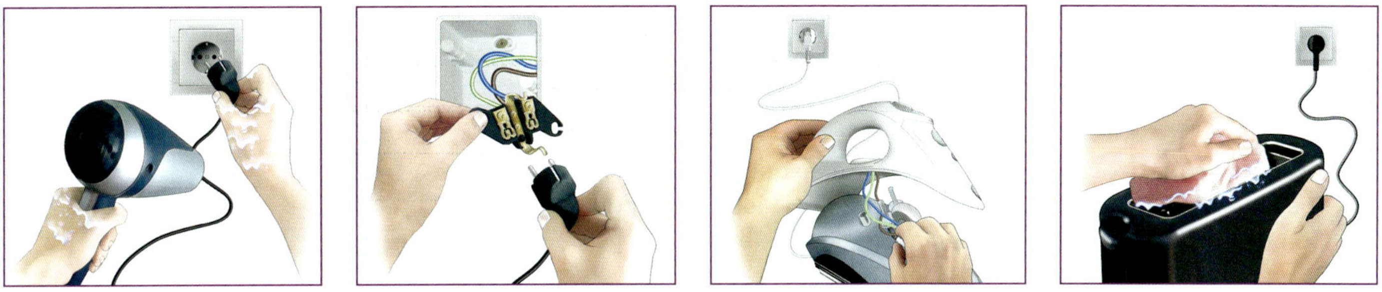

Nunca hay que utilizar un electrodoméstico en un medio húmedo (baño o ducha) con el cuerpo mojado.

Nunca debe desmontarse o utilizar un enchufe desmontado si no se ha desconectado la corriente eléctrica.

Nunca debe desmontarse y repararse un electrodoméstico que se encuentre conectado a la red eléctrica.

Nunca se debe enchufar ningún aparato con las manos mojadas o limpiarlo mientras está conectado a la corriente eléctrica.

Ejemplos

1. **Un lavavajillas de 2000 W funciona durante tres cuartos de hora cada día y está conectado a la red de 230 V. Calcula: a) la intensidad que circula por él; b) la energía eléctrica que consume al mes (supón meses de 30 días); c) lo que cuesta cada mes su funcionamiento, suponiendo que el precio del kWh sea de 0,1 €.**

a) A partir de la relación entre potencia e intensidad, $P = V_{1\text{-}2} \cdot I$, despejamos la intensidad:

$$I = \frac{P}{V_{1\text{-}2}} = \frac{2000\ \text{W}}{230\ \text{V}} = 8{,}7\ \text{A}$$

b) Calculamos la energía consumida al día:

$$E_{dia} = V_{1\text{-}2} \cdot I \cdot t = P \cdot t = 2000\ \text{W} \cdot 2700\ \text{s} =$$

$$= 54 \cdot 10^5\ \text{J} = \frac{54 \cdot 10^5\ \text{J}}{3{,}6 \cdot 10^6\ \text{J/kWh}} = 1{,}5\ \text{kWh}$$

En 1 mes: $E_{mes} = 1{,}5\ \text{kWh} \cdot 30 = 45\ \text{kWh}$

c) Coste = 45 kWh · 0,01 €/kWh = 4,5 €

2. **Cambiamos una bombilla de filamento de 100 W por otra de bajo consumo que indica 15 W. Comprueba el ahorro anual si la lámpara está conectada a la red de 230 V, funciona 3 horas cada día y el precio del kWh es de 0,1 €.**

$$t = 3\ \text{h/día} = 3\ \text{h/día} \cdot 365\ \text{días} =$$

$$= 1095\ \text{h} \cdot 3600\ \text{s/h} = 3942000\ \text{s}$$

Energía que consume la bombilla de filamento (E_1) y la de bajo consumo (E_2):

$$E_1 = P_1 \,.\, t = 100\ \text{W} \cdot 3942000\ \text{s} = 3942 \cdot 10^5\ \text{J} =$$

$$= \frac{3942 \cdot 10^5\ \text{J}}{3{,}6 \cdot 10^6\ \text{J/kWh}} = 109{,}5\ \text{kWh}$$

$$E_2 = P_2 \cdot t = 15\ \text{W} \cdot 3942000\ \text{s} = 591{,}3 \cdot 10^5\ \text{J} =$$

$$= \frac{591{,}3 \cdot 10^5\ \text{J}}{3{,}6 \cdot 10^6\ \text{J/kWh}} = 16{,}4\ \text{kWh}$$

Ahorro de energía y de gasto:

$$E_1 - E_2 = 109{,}5\ \text{kWh} - 16{,}4\ \text{kWh} = 93\ \text{kWh}$$

$$A = (E_1 - E_2) \cdot 0{,}083 = 93\ \text{kWh} \cdot 0{,}1\ €\ /\text{kWh} = 9{,}3\ €$$

---

1. Enumera y razona 5 medidas de seguridad que deberíamos tomar con respecto a la corriente eléctrica en nuestras casas.

2. Calcula la potencia que necesitamos contratar en nuestra vivienda para que puedan funcionar a la vez estos aparatos eléctricos de que disponemos: 10 bombillas de 100 W, 1 lavadora de 2000 W, 3 radiadores eléctricos de 400 W, 1 cocina con tres fuegos, de 600 W cada uno, 1 frigorífico de 700 W, 1 televisor de 150 W, 1 aspirador de 800 W, 1 microondas de 1000 W.

Podemos elegir entre 2,2 kW, 3,3 kW, 4,4 kW, 5,5 kW, 6,6 kW y 7,7 kW.

8 La electricidad en el hogar

8.1. Circuitos eléctricos en el hogar

En nuestros hogares los circuitos eléctricos constan de una gran diversidad de elementos fig. 1.

a. **Enchufes**. Sustituyen las pilas de los circuitos que hemos visto. A través de ellos llega la corriente eléctrica a nuestros hogares.

b. **Cables eléctricos**. Conducen la corriente eléctrica por la instalación.

c. **Interruptores**. Permiten (encender) o cortan (apagar) el paso de la corriente.

d. **Aparatos eléctricos**. Son de diversos tipos, según utilicen la corriente eléctrica para producir calor, luz, movimiento, sonido... Son las estufas, lámparas, lavadora, tostadora, televisor...

e. **Diferenciales**. Situados a la entrada de la casa, evitan que haya cortocircuitos o sobrecarga de tensión por demasiados aparatos funcionando fig. 2.

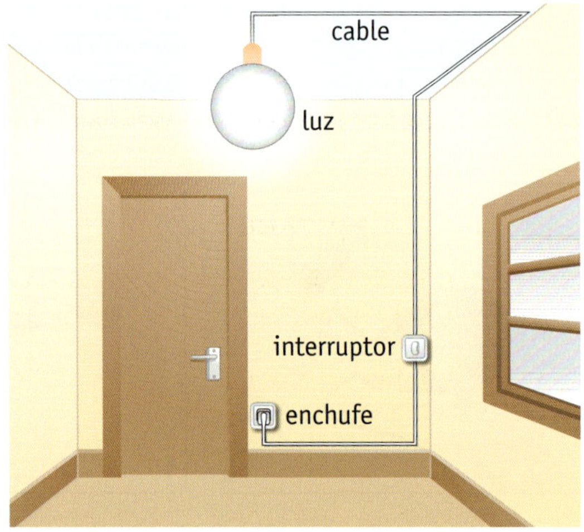

Fig. 1 Esquema del circuito para encender una bombilla.

8.2. Componentes electrónicos básicos

La mayoría de los aparatos eléctricos llevan en su interior una serie de elementos electrónicos para su funcionamiento. Al irse descubriendo nuevos materiales, se han ido construyendo estos componentes más pequeños cada vez.

En la actualidad se fabrican de tamaño milimétrico y se insertan en los llamados microchips o circuitos integrados, mediante los cuales funcionan muchos aparatos de tamaños enormemente más pequeños que los iniciales.

Elemento del circuito y su símbolo		
		Transformador para reducir la tensión de 230 V a 12V, 24 V... y su símbolo.
	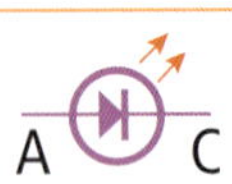	LED que da luz de diversos colores y su símbolo.
		Diodo, que deja pasar la corriente en un sentido y no en el otro y su símbolo.
		Resistencias y su símbolo.
	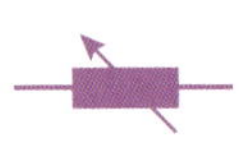	Potenciómetro, que es una resistencia de valor variable y su símbolo.
		Fotocélula, que corta el paso de corriente cuando no le llega la luz, y su símbolo.
	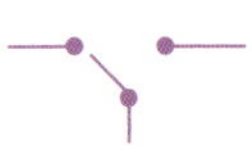	Interruptor del circuito y su símbolo.

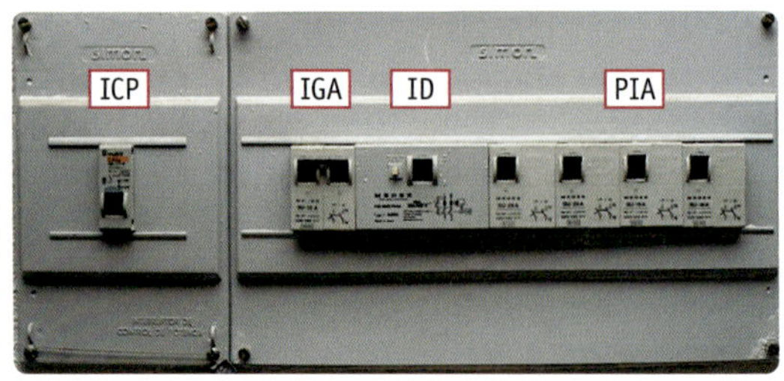

Fig. 2 ICP, interruptor de control de potencial.
IGA, interruptor magnetotérmico general.
ID, interruptor diferencial.
PIA, pequeño interruptor automático.

Dispositivos electrónicos de uso frecuente

Estamos acostumbrados a utilizar un gran número de dispositivos: ordenadores, tabletas, teléfonos inteligentes, cámaras... A medida que aumenta la capacidad de miniaturización de los componentes electrónicos que los forman, se ha conseguido fabricar dispositivos cada vez más pequeños y potentes.

@ Amplía en la Red...

Visiona el funcionamiento del cuadro eléctrico de una vivienda en: www.tiching.com/728871

SÍMBOLOS Y ABREVIATURAS QUE APARECEN EN LOS APARATOS ELÉCTRICOS

La **etiqueta energética** que deben llevar los aparatos eléctricos tiene una información muy completa de:

- Su eficiencia energética (cuanto más eficiente menos energía eléctrica consume), indicada mediante unas barras de colores, de las cuales el verde oscuro corresponde a la mayor eficiencia.
- Su consumo anual.
- El ruido que provoca.
- Capacidad de lavado (kg de ropa en las lavadoras), la de almacenamiento (en los frigoríficos), el consumo de agua…

Existen unos símbolos unificados para toda Europa que indican cada una de estas indicaciones.

Además, esta etiqueta lleva inscrita la marca y modelo concreto del aparato.

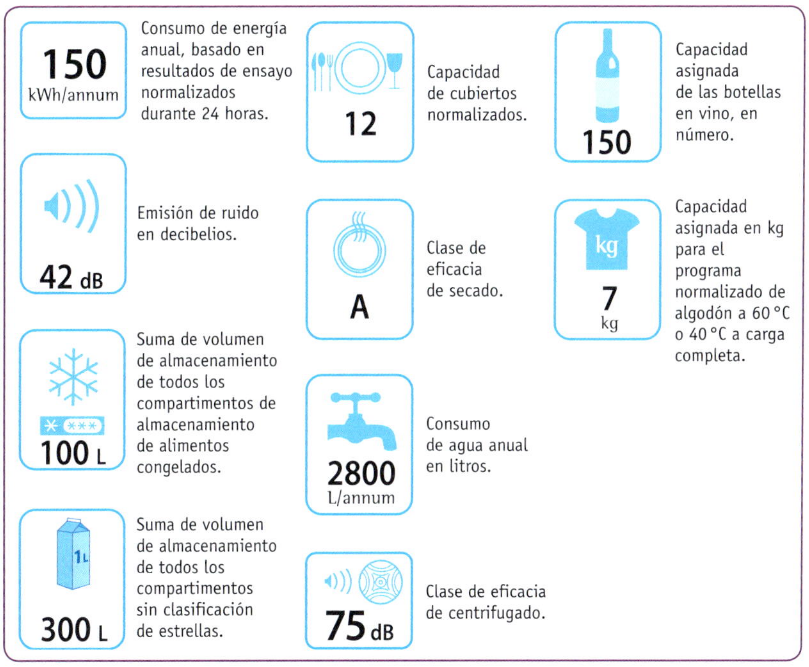

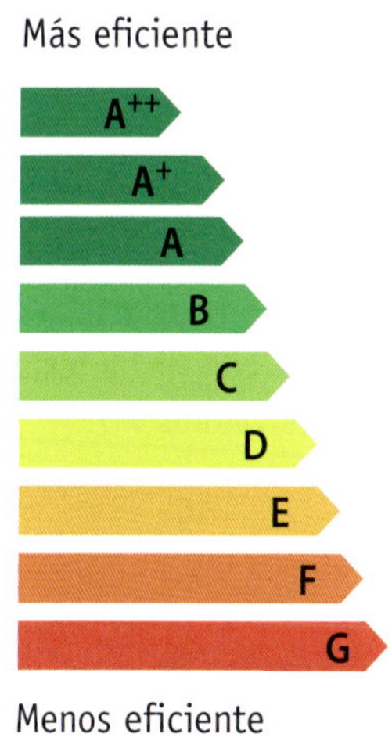

1. ¿Por qué no se ven los cables eléctricos en las casas? ¿Dónde crees que están?
2. Haz listas con los aparatos eléctricos que se usan para: dar luz, dar calor, producir movimiento, emitir sonido.
3. Observa los aparatos eléctricos de tu casa:
   a. ¿Funcionan todos mediante un enchufe? Indica cuáles no y explica qué generador de corriente tienen.
   b. Indica en cada caso su utilidad.
4. Averigua qué son los circuitos integrados, dónde se suelen utilizar y cómo han evolucionado en los últimos años.

1. Describe de qué elemento del circuito toman los electrones la energía para ponerse en movimiento de forma ordenada y producir la corriente eléctrica a lo largo de dicho circuito.

2. Un circuito eléctrico cuyo amperímetro indica 25 μA se mantiene cerrado durante 1 minuto. Calcula la carga que ha circulado por dicho circuito y exprésala en culombios y en electrones.

3. ¿Qué intensidad indicará un amperímetro conectado a un circuito por el que pasan 4 mC durante 2 min? Da el resultado en A, mA y μA.

4. Explica cómo influyen en la resistencia de un cable eléctrico su longitud y su sección.

5. Los cables de alta tensión son los que transportan la electricidad desde donde se produce hasta las poblaciones. Van sostenidos por torres metálicas (o de madera) porque su peso es considerable. Calcula la resistencia de un cable de aluminio de alta tensión de 100 m de longitud y de 300 mm^2 de sección.

6. Describe razonadamente la forma en que se deben conectar los aparatos de medida de la intensidad y de la diferencia de potencial en los circuitos. Explica qué procesos debemos seguir en caso de disponer de un multímetro para medir dichas magnitudes.

7. En un experimento efectuado para comprobar la ley de Ohm y conocer el valor de una resistencia disponemos de un generador de tensión variable y de un amperímetro que conectamos en serie con dicha resistencia. Obtenemos las siguientes parejas de valores *V*-*I*:

V (V)	5	10	15	20
I (mA)	2	4	6	8

Haz la representación gráfica de estos valores en unos ejes *V*-*I* y obtén el valor de la resistencia.

8. Determina la resistencia de una tostadora eléctrica que, conectada a la red de 230 V, deja pasar una corriente eléctrica de intensidad 3 mA.

9. Los datos de la tabla siguiente corresponden a los obtenidos en un circuito con generador de tensión variable y con una sola resistencia, mediante un voltímetro y un amperímetro. Completa en tu cuaderno la tabla y deduce el valor de la resistencia:

V (V)	*I* (mA)
15	
	6
45	9
60	

10. Calcula la resistencia equivalente de dos resistencias de valores 120 Ω y 300 Ω cuando están conectadas: a) en serie; b) en paralelo.

11. Disponemos de tres resistencias, de 5 Ω, 10 Ω y 15 Ω, conectadas en serie y a una pila de 6 V. Determina:

a) El valor de la resistencia equivalente.

b) La intensidad que circula por el circuito.

c) Los valores de las diferencias de potencial entre los extremos de cada resistencia.

12. Disponemos de un circuito con dos resistencias de 20 Ω y 40 Ω conectadas en paralelo entre sí y en serie con un generador de 120 V. Determina:

a) El valor de la resistencia equivalente.

b) La intensidad que circula por cada resistencia.

c) El valor de la intensidad total que circula por el circuito.

13. Una bombilla de bajo consumo lleva anotadas las indicaciones siguientes, 20 W / 230 V. Determina:

a) A qué corresponde cada indicación.

b) La intensidad que circulará por ella al conectarla.

c) La energía eléctrica que consume en una semana si funciona 5 horas al día.

d) La energía calorífica en forma de luz y calor que genera cada mes.

14. En una cocina hay 5 focos de 120 W en el techo, y conectados a la red eléctrica, que proporciona 230 V de tensión.

a) Razona cómo deben conectarse entre sí estos focos para que, en caso de estropearse alguno de ellos, los demás sigan luciendo.

b) Calcula el valor de la intensidad que circula por cada uno de ellos.

c) Calcula la resistencia de cada foco, así como la equivalente del total de los cinco.

15. Para los circuitos de la figura calcula:

a) La resistencia equivalente.

b) La intensidad total que pasa por el circuito y por cada una de las resistencias.

c) La diferencia de potencial entre los extremos de cada resistencia.

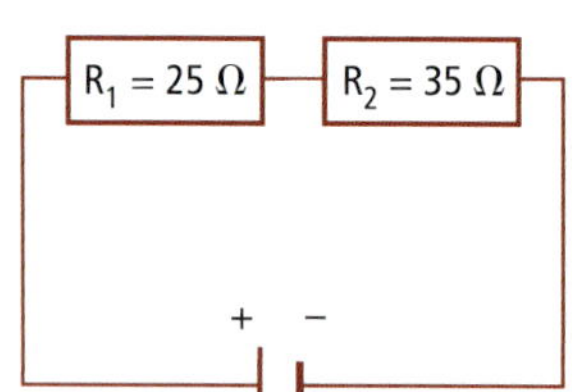

V_{1-2} = 120 V

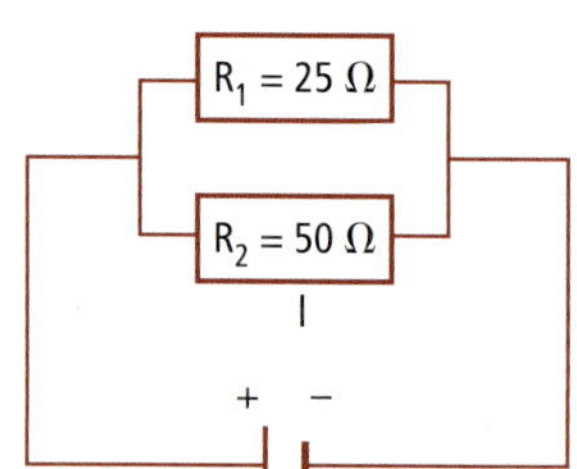

V_{1-2} = 100 V

1. Indica con qué materiales están fabricados los cables eléctricos.

2. Explica para qué hace falta un generador al menos en cada circuito. Indica si una pila es un generador.

3. En el caso de una pila conectada a un circuito eléctrico cerrado, explica el sentido del movimiento de los electrones y el sentido de la corriente eléctrica.

4. Relaciona en tu cuaderno los elementos de los circuitos con la función que realizan:

Generador	Unen los diferentes elementos del circuito
Cable eléctrico	Necesitan corriente eléctrica para funcionar
Interruptor	Da energía a los electrones
Aparatos eléctricos	Es el tipo más sencillo de generador
Pila	Cierra y abre el circuito

5. Copia en tu cuaderno las siguientes frases y complétalas con las palabras que faltan:

a) Cuanta más carga circule por un cable eléctrico en el mismo tiempo, mayor será la ... .

b) Cuanto más ... haga falta para que pase la misma carga por un cable, menor será la intensidad.

c) Cuanta más longitud tiene un cable eléctrico, mayor es su ... .

d) Cuanto mayor es la ... de un cable, menor es su resistencia

e) Cada metal tiene diferente ... .

6. Indica si son verdaderas o falsas las frases siguientes. En caso de ser falsas, escríbelas correctamente:

a) Mediante dos resistencias formamos un circuito eléctrico.

b) Las pilas ponen en marcha los electrones en los circuitos con interruptor abierto.

c) La resistencia de un cable es mayor cuanto más grueso sea.

d) Cuanta más diferencia de potencial haya entre los extremos de una resistencia, menos intensidad pasa por esta.

e) La resistencia equivalente de dos resistencias conectadas en paralelo es igual a la suma de estas dos resistencias.

f) La energía eléctrica que consume un aparato eléctrico es independiente del tiempo que esté conectado a la corriente.

7. Indica qué leemos en el recibo de la luz y qué conceptos debemos pagar.

8. Explica la relación que tiene el contador eléctrico de una vivienda con la potencia de los aparatos eléctricos que hay en ella.

9. Relaciona en tu cuaderno los conceptos de la columna de la izquierda con los de la derecha:

Amperímetro	Igual intensidad
Voltímetro	Amperios
Pila	Ohmios
Resistencia	Intensidad
Bombilla	Igual tensión
Resistencias en serie	Voltios
Resistencias en paralelo	Tensión
Intensidad	Luz
Tensión	Energía

10. Explica por qué el kWh es una unidad de energía y no de potencia. Calcula su valor en unidades SI.

11. Da el nombre y explica la función de cada elemento del siguiente circuito:

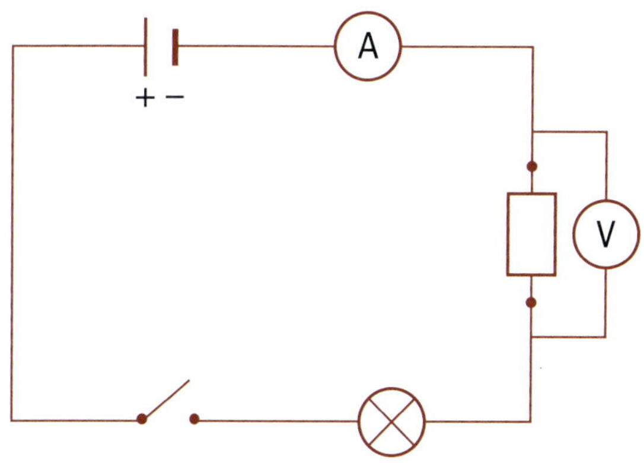

12. Localiza 14 palabras relacionadas con los conceptos trabajados en el tema en la siguiente sopa de letras:

F	R	N	G	B	O	M	B	I	L	L	A	J	A	J
X	Q	A	M	P	E	R	I	M	E	T	R	O	W	K
W	R	S	U	Ñ	K	S	P	O	T	E	N	C	I	A
S	E	B	H	D	P	B	Y	P	I	L	A	Y	U	L
E	S	Z	D	W	A	G	E	Z	E	V	L	I	W	Q
R	I	L	H	C	R	E	N	B	Z	O	M	J	K	D
I	S	V	Q	A	A	N	E	P	B	L	Z	O	M	Z
E	T	C	L	B	L	E	R	G	A	T	A	U	Y	M
L	E	W	Ñ	L	E	R	G	W	U	I	I	L	C	L
E	N	S	I	E	L	A	I	W	V	M	W	E	I	F
C	C	Y	O	H	O	D	A	G	C	E	N	J	Z	D
T	I	V	M	Q	R	O	F	W	Q	T	H	X	Y	Ñ
R	A	J	D	S	H	R	J	D	V	R	R	A	Z	I
O	A	S	V	K	Y	V	Y	M	F	O	M	U	K	N
N	M	C	T	M	U	L	T	I	M	E	T	R	O	M

1 Razona. La contaminación lumínica

Se llama *contaminación lumínica* a la presencia de un número excesivo de luces nocturnas, así como a los efectos negativos que esto produce.

Entre estos efectos tenemos: el gasto innecesario de energía eléctrica, la dificultad para observar el cielo nocturno (estrellas, planetas, satélites...), las molestias ocasionadas en los hogares con las farolas de la calle que tienen cercanas, la dificultad para pilotar los aviones, la desorientación de las aves...

Explica:

a) Si crees que es necesaria la iluminación de los edificios y de las tiendas por la noche.

b) Cómo crees que deberían ser las farolas para que su luz no afectara al cielo nocturno.

c) Ejemplos de iluminación que piensas que no es necesaria.

d) Si te parece que preocupa tanto este tipo de contaminación como la de la atmósfera, la de los ríos...

2 Interpreta. Una pila natural

En la imagen se muestra un limón al que se han clavado dos tornillos de metales diferentes.

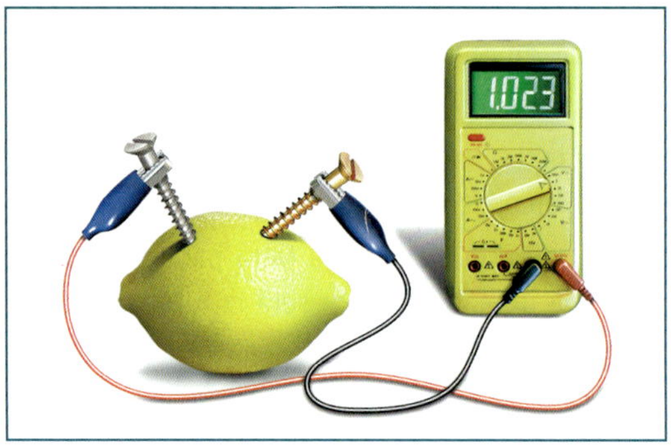

a) ¿Qué observas en el multímetro?

b) ¿Qué pasaría si pusiéramos una pequeña bombilla en lugar del multímetro?

c) Indica si el circuito está cerrado o abierto.

d) Si conectáramos muchos limones con dos tornillos como estos entre sí, ¿a qué se parecería el sistema conseguido? La cifra que observamos en el multímetro ¿sería mayor o menor que la que observamos ahora?

e) Describe a qué crees que es debido este efecto.

3 Averigua. Tipos de pilas

Busca información en Internet sobre los diferentes tipos de pilas y su funcionamiento (por ejemplo, puedes acceder a www.tiching.com/728486) y responde:

a) Indica cómo funcionan las pilas.

b) Dentro de las pilas primarias, ¿cuáles son las que más contaminan y por qué? ¿Para qué se utilizan?

c) ¿Cuáles son las pilas más baratas? ¿Para qué se usan? ¿Contaminan? ¿Por qué?

d) Explica qué debemos hacer con las pilas que ya se han gastado.

e) Indica por qué piensas que es bueno utilizar pilas recargables.

4 Observa. Las líneas de alta tensión

Observa el video de www.tiching.com/726221 sobre el mantenimiento de las líneas de alta tensión y contesta a las preguntas siguientes:

a) ¿Qué tipo de protecciones llevan en su vestimenta para no correr peligros con las descargas eléctricas?

b) ¿Cuántos voltios tiene la línea? ¿Por qué saltan chispas?

c) ¿Por qué descarga en el suelo la carga que había almacenado la línea?

d) Explica por qué los postes de las líneas eléctricas actúan como pararrayos.

e) ¿Cómo se frenan las subidas de tensión debidas a los rayos?

f) ¿Llega la corriente eléctrica a las casas con la elevada tensión que transportan las líneas?

g) Busca información y explica por qué no se electrocutan los pájaros cuando se apoyan sobre estos cables.

Síntesis. Corriente eléctrica

Corriente eléctrica

- La **corriente eléctrica** es el movimiento ordenado de electrones por el interior de un cable fabricado con un material conductor.
- Los **generadores de corriente** son los aparatos que producen la energía necesaria para que exista corriente eléctrica en un conductor.
- La **intensidad de corriente** en un punto de un circuito es el cociente entre la cantidad de carga que pasa por ese punto y el tiempo que transcurre:

$$I = \frac{Q}{t}$$

Circuitos eléctricos

- Un **circuito eléctrico** consta de un generador o pila, aparatos eléctricos, un interruptor y cables que conectan todos estos dispositivos.
- El interruptor ha de estar cerrado para que circule la corriente.
- El **sentido de la corriente** se establece por convenio del polo positivo al polo negativo, aunque los electrones realizan el recorrido inverso.
- Para medir la intensidad de corriente tenemos el amperímetro, que se conecta en serie con el circuito.
- Para medir la diferencia de potencial entre dos puntos tenemos el voltímetro, que se conecta en paralelo con el circuito y entre dichos puntos.

Resistencias y ley de Ohm

- La **resistencia eléctrica** (R) de un cable conductor depende directamente del material de dicho conductor (ρ) y de la longitud del cable (L), e inversamente de la sección del cable (S):

$$R = \rho \cdot \frac{L}{S}$$

- La **ley de Ohm** establece que la diferencia de potencial y la intensidad de corriente son directamente proporcionales, siendo la resistencia la constante de proporcionalidad:

$$V = I \cdot R$$

Energía y potencia

- El **efecto Joule** establece que el calor que se desprende en una resistencia es igual a:

$$Q = I^2 \cdot R \cdot t$$

El consumo eléctrico

- La potencia contractada, la electricidad consumida y el alquiler del contador, son los principales conceptos en el recibo de la electricidad.

Consolidación de competencias

RESPONDE A LA PREGUNTA INICIAL

Después de haber estudiado este tema, puedes responder a la pregunta inicial:

¿Cómo llega la corriente eléctrica a nuestras casas?

Redacta un texto de entre 10 y 20 líneas que resuma las conclusiones a las que hayas llegado sobre la cuestión.

AFIANZA LO APRENDIDO

Para consolidar los conocimientos adquiridos a lo largo de la unidad puedes efectuar las actividades que encontrarás en la siguiente dirección web:

www.tiching.com/730019

Estas actividades se han preparado en un documento en formato pdf que puedes descargarte.

Al final del documento hallarás las soluciones de manera que puedas comprobar si has cumplido los objetivos del tema.

APRENDER PARA EMPRENDER

Piensa en la instalación eléctrica de tu casa y escribe un comentario sobre los puntos siguientes:

- Utilidad que tienen los diferentes puntos de donde se obtiene corriente eléctrica, tanto los enchufes de las diversas habitaciones como las salidas para lámparas.
- Conveniencia de cada uno de esos puntos y del lugar donde está situado. ¿Están situados adecuadamente?
- Proposiciones que planteas para se adapten mejor a la utilidad que se les da: número de ellos y situación. Contrasta con tus compañeros todas las opiniones.

Realizad entre todos un análisis similar respecto a la instalación eléctrica del aula y sus mejoras.

TÉCNICAS DE ESTUDIO

Entra en: www.tiching.com/727162 y practica una técnica de estudio a partir de la síntesis.

12 ELECTROMAGNETISMO

¿Qué relación hay entre electricidad y magnetismo?

Las auroras boreales son un espectacular efecto de la interacción de partículas que provienen del Sol con el campo magnético terrestre.

S. XII

- S. XII En China ya se usaba la brújula para la navegación.

S. XVI

- 1600  William Gilbert (1544-1603) establece el comportamiento de la Tierra como un gran imán.

1800-1849

- 1820  Hans C. Oersted (1777-1851) descubre que la corriente eléctrica crea un campo magnético.
- 1831  Michael Faraday (1791-1867) y Joseph Henry (1797-1878), independientemente, descubren que un campo magnético variable genera corriente eléctrica.
- 1840  Karl Gauss (1777-1855) y Wilhelm Weber (1804-1891) diseñan el primer telégrafo electromagnético.

El magnetismo es un fenómeno que ya era conocido por los sabios de la Grecia antigua, pero del cual ignoraban las causas.

Mucho más tarde se descubrió que la electricidad tiene efectos magnéticos y que el magnetismo tiene efectos eléctricos. De aquí surgió el electromagnetismo.

El ciclo se cerraba: la corriente eléctrica crea magnetismo y el magnetismo genera corriente eléctrica. La relación entre electricidad y magnetismo se reveló muy estrecha.

Las aplicaciones del electromagnetismo son muy variadas. Los trenes de levitación magnética son un ejemplo espectacular. Sin embargo, hay otras muchas aplicaciones que utilizamos a diario sin percatarnos, como motores eléctricos, altavoces, timbres…

¿Qué sabemos?

- ¿Qué efectos conoces de los imanes?
- ¿Sabes si los imanes tienen algo que ver con la corriente eléctrica?
- Indica la utilidad de la brújula. ¿Cómo crees que funciona?

¿Qué aprenderemos?

1. **Magnetismo e imanes**
2. **La brújula y el magnetismo terrestre**
3. **Corriente eléctrica y magnetismo**
4. **Aplicaciones del electromagnetismo**
5. **Laboratorio. Imanes y corriente eléctrica**
6. **Descubre. Imanes y electroimanes en casa**
7. **Producción de corriente eléctrica**
8. **Transmisión de la corriente eléctrica**

1850-1899

- 1860 James Maxwell (1831-1879) explica las relaciones entre la electricidad y el magnetismo.
- 1873 Se comercializa el primer motor eléctrico.
- 1895 Nikola Tesla (1856-1943) inventa la radio, que transmite ondas electromagnéticas sin hilos.

1900-1949

- 1937 Primeras transmisiones de televisión en Francia y el Reino Unido.

1 Magnetismo e imanes

1.1. Magnetismo

Desde la Antigüedad se sabe que un mineral denominado *magnetita* atrae algunos metales, especialmente objetos de hierro.

El **magnetismo** es una propiedad de la materia por la que ciertas sustancias son capaces de atraer determinados metales.

Son muy pocos los metales que pueden ser atraídos por las sustancias magnéticas. Entre ellos tenemos el hierro y sus aleaciones, en especial el acero. A estos materiales se les llama *ferromagnéticos*.

En este sentido, las sustancias magnéticas no atraen ni los materiales no metálicos (plástico, madera…) ni la mayor parte de los materiales metálicos (aluminio, cobre…).

Fig. 1 La magnetita es un mineral que presenta la propiedad del magnetismo de forma natural.

1.2. Imanes

En algunos objetos, denominados *imanes*, las propiedades magnéticas se manifiestan con especial claridad.

Un **imán** es un objeto formado por una sustancia con propiedades magnéticas.

Fig. 2 Los imanes artificiales como la herradura de acero de la imagen, se obtienen por imantación de sustancias no magnéticas.

Tipos de imanes

Se distingue entre imanes *naturales* y *artificiales*:

- Los **imanes naturales** son fragmentos de materiales que poseen esta propiedad de manera natural, como la magnetita fig. 1.
- Los **imanes artificiales** están formados por sustancias a las que se les transmite artificialmente el magnetismo fig. 2.

  Los imanes artificiales pueden ser *temporales* o *permanentes*:
  - Los **imanes temporales** pierden progresivamente el magnetismo adquirido.
  - Los **imanes permanentes** mantienen indefinidamente el magnetismo adquirido.

Características de los imanes

Las características básicas de los imanes son fig. 3:

- Los imanes tienen las propiedades magnéticas más acusadas en sus extremos, llamados **polos**. Cada imán tiene dos polos, denominados **norte** (**N**) y **sur** (**S**).
- Los polos de los imanes no se pueden aislar: no se puede conseguir un imán con un solo polo. Si tomamos un imán y lo dividimos en dos trozos, cada trozo vuelve a tener dos polos.
- Entre los polos de dos imanes se observa que aparecen fuerzas de *atracción* y de *repulsión*:
  - Los polos de **distinto nombre** se **atraen**.
  - Los polos del **mismo nombre** se **repelen**.

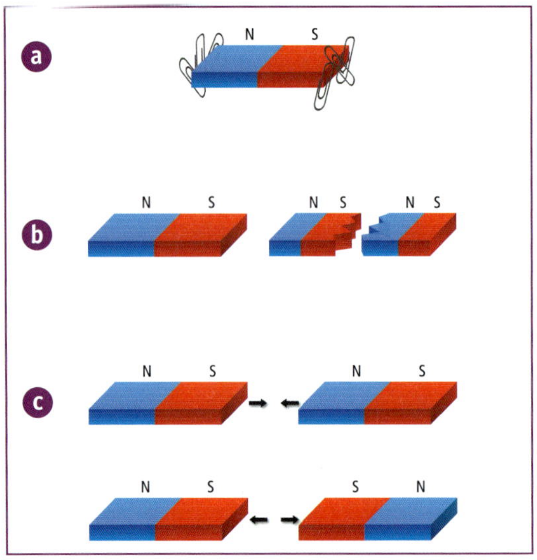

Fig. 3 a) El magnetismo de un imán se concentra en los polos. b) Al partir un imán, los trozos se comportan como nuevos imanes. c) Polos de distinto nombre se atraen, y polos del mismo nombre se repelen.

1.3. Campo magnético

Acabamos de ver que los imanes ejercen entre sí fuerzas de atracción y repulsión. Este fenómeno es análogo al que ocurre entre las cargas eléctricas.

Así, podemos decir que un imán crea a su alrededor un *campo magnético*, del mismo modo que decimos que una carga eléctrica crea a su alrededor un campo eléctrico.

Llamamos **campo magnético** a la zona del espacio situada en torno a un imán donde se aprecian sus efectos.

Como hicimos en el caso del campo eléctrico, para representar gráficamente el campo magnético utilizamos las denominadas **líneas de campo magnético**.

En el caso del campo magnético creado por un imán, se cumple que fig. 4:

- Las líneas del campo se concentran alrededor de los polos, donde las propiedades magnéticas son más acusadas.
- Las líneas del campo son siempre cerradas: salen por un polo y entran por el otro polo. Por convenio, se considera que *van del polo norte al polo sur* del imán.

Imantación

Si un fragmento de hierro o acero *entra en contacto* o *se frota* con un imán, este objeto no solo se ve atraído por el imán original, sino que se convierte, a su vez, en un nuevo imán. Este proceso, denominado **imantación**, es una forma sencilla de obtener un imán artificial.

Si ahora se aleja el imán original, el imán artificial obtenido se comporta según el material de que esté formado. Por ejemplo:

- El hierro pierde el magnetismo al cabo de poco tiempo: es un imán temporal.
- El acero mantiene el magnetismo indefinidamente: es un imán permanente.

@ Amplía en la Red...

Accede a una simulación del campo magnético de un imán en: www.tiching.com/727263

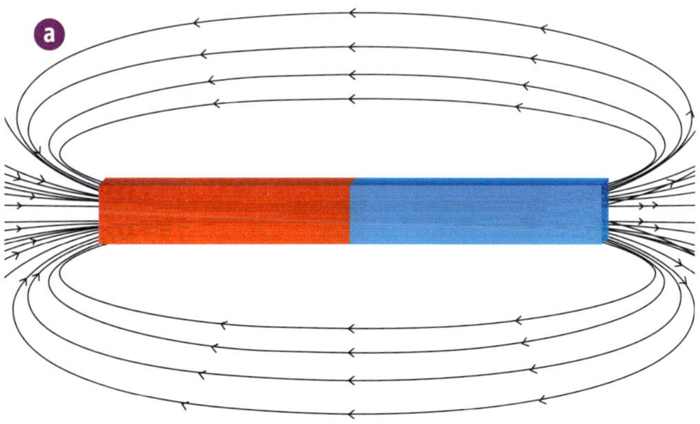

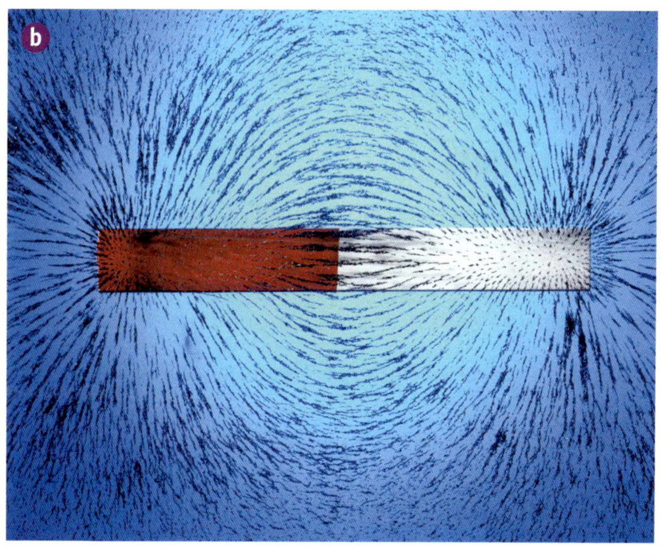

Fig. 4 a) Líneas de campo magnético creadas por un imán de barra. b) Visualización mediante limaduras de hierro esparcidas alrededor: las limaduras, imantadas por cercanía con el imán, se orientan según las fuerzas ejercidas sobre ellas en cada punto.

1. Indica en qué momento y en qué mineral se descubrió el magnetismo.
2. Describe si todos los imanes son del mismo tipo y si tienen el mismo origen.
3. Explica de manera detallada los tipos de fuerzas que ejercen entre sí los imanes.
4. Describe el proceso de imantación de un objeto: de qué tipo de material debe de ser y cómo se imanta.
5. ¿Qué se observa si ponemos limaduras de hierro sobre un papel debajo del cual hay un imán?
6. Indica la diferencia entre imantar un trozo de hierro e imantar uno de acero.

2 La brújula y el magnetismo terrestre

2.1. Magnetismo terrestre

Si suspendemos de un hilo un imán cualquiera, veremos que se alinea aproximadamente según la dirección geográfica Norte-Sur.

Como esto se cumple siempre, se conviene en llamar polo norte del imán al que apunta hacia el polo Norte geográfico, y polo sur del imán al que apunta hacia el polo Sur geográfico.

Hoy sabemos que la alineación del imán se debe a que sobre él actúa el **campo magnético terrestre**. En efecto, nuestro planeta se comporta como un gran imán cuyos polos magnéticos tienen las siguientes características fig. 1:

- Están situados cerca de los polos geográficos, aunque con una ligera desviación.
- Están invertidos respecto a los polos geográficos. Es decir, la orientación de un imán respecto del campo magnético terrestre se explica si al polo Norte geográfico le corresponde el polo sur magnético terrestre, y al polo Sur geográfico le corresponde el polo norte magnético terrestre (los polos opuestos se atraen).

La intensidad del campo magnético terrestre es muy baja comparada con la de un imán de laboratorio corriente, pero su acción se aprecia en el espacio a varios miles de kilómetros de distancia de la Tierra.

La orientación Sur-Norte del eje magnético y el ángulo que forma con el eje de rotación de la Tierra no ha sido siempre la actual. Ha tenido variaciones a lo largo de la existencia de nuestro planeta; en varias ocasiones el campo magnético terrestre ha ido desapareciendo para, a continuación, cambiar su orientación. El último cambio tuvo lugar hace 780 000 años.

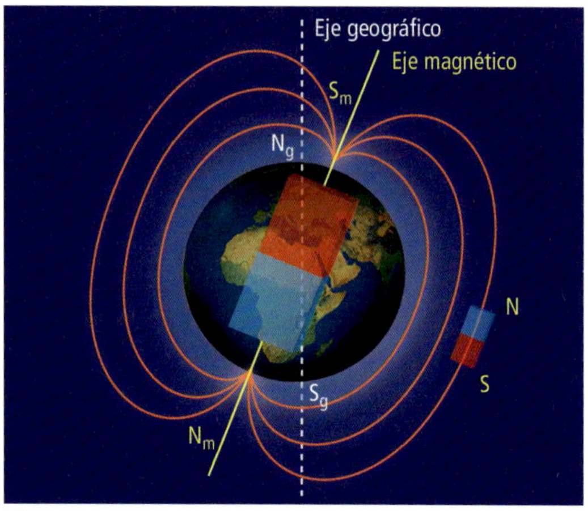

Fig. 1 Los polos magnéticos de la Tierra (S_m y N_m) están invertidos respecto de los geográficos (S_g y N_g) y, además, no coinciden exactamente, pues el eje magnético de la Tierra está inclinado unos 11° respecto al eje geográfico.

@ Amplía en la Red...

Visiona un video sobre el magnetismo y el campo magnético terrestre en: www.tiching.com/727264

2.2. La brújula

Una **brújula** consiste en un pequeño imán en forma de aguja que puede girar libremente alrededor de un eje perpendicular. Se enmarca en un círculo graduado en el que están indicados los puntos cardinales y se señala el extremo que apunta hacia el Norte fig. 2.

Como la aguja siempre se alinea, aproximadamente, según la dirección geográfica Norte-Sur, este dispositivo permite orientarse incluso en condiciones de baja visibilidad.

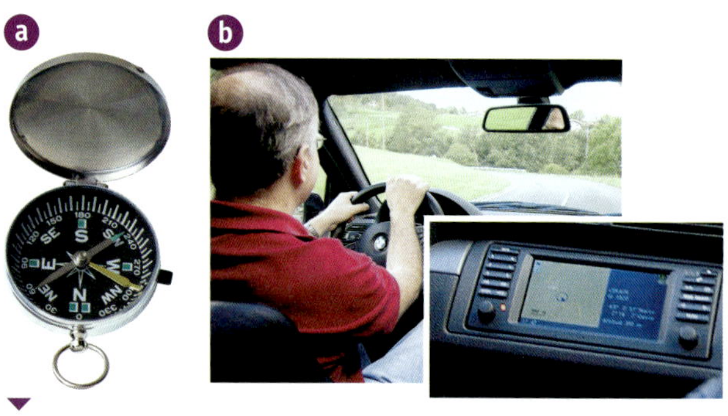

Fig. 2 a) Brújula) de bolsillo. La brújula se ha usado en Europa para navegar desde el siglo XV, aunque en China se conocía mucho antes. b) Hoy en día, el uso de los GPS (*Global Positioning System* o Sistema de Posicionamiento Global) permite una navegación mucho más precisa.

Uso del mapa y la brújula

Para desplazarnos por una zona desconocida, hemos de disponer conjuntamente de un mapa y una brújula: el mapa sirve para *situarnos* y la brújula para *orientarnos*. Procedemos así fig. 3:

- Localizamos en el mapa el punto de partida y el punto de destino de nuestra ruta.
- Ponemos la brújula sobre el mapa en una superficie horizontal y lo giramos hasta que la alineación de los meridianos coincida con la alineación de la aguja, ya que ambas indican, aproximadamente, la dirección geográfica Norte-Sur.

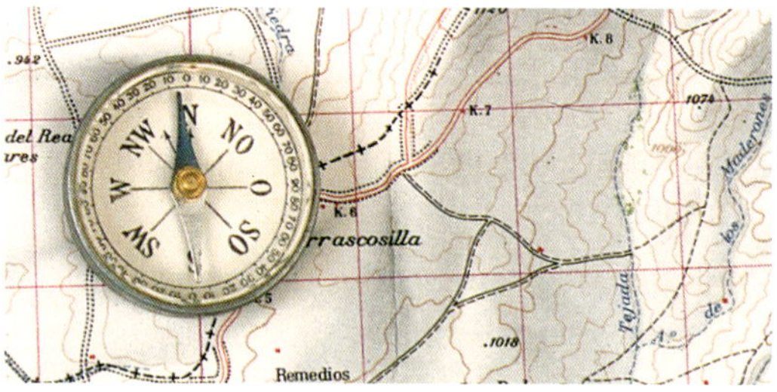

Fig. 3 Mapa orientado mediante la brújula.

EL CAMPO MAGNÉTICO TERRESTRE

El campo magnético terrestre nos permite orientarnos; pero además es la causa de diferentes fenómenos atmosféricos y protege el planeta de algunas radiaciones del Sol.

@ Amplía en la Red...

Accede a una simulación sobre el campo magnético de la Tierra y una brújula en: www.tiching.com/727265

Las espectaculares auroras

Las **auroras** son impresionantes fenómenos luminosos que aparecen en la alta atmósfera en forma de rayos, arcos, bandas, cortinas, coronas...

Las auroras suelen presentarse con preferencia en las regiones próximas a los polos:

- Las que se manifiestan cerca del polo Norte se denominan **auroras boreales**.
- Las que se manifiestan en las proximidades del polo Sur reciben el nombre de **auroras australes**.

La causa de las auroras permaneció en el misterio durante milenios, pero hoy se sabe que se deben a los flujos de partículas cargadas que vienen del Sol con el viento solar y que logran penetrar en la atmósfera terrestre por los polos. Los choques de estas partículas con los gases de la atmósfera provocan el brillo correspondiente.

El campo magnético terrestre protege la vida de la Tierra

El campo magnético terrestre crea una capa invisible que rodea toda la Tierra excepto la zona de sus polos magnéticos.

Esta capa, llamada **magnetosfera**, protege la vida y la atmósfera terrestres.

La magnetosfera impide que lleguen a la superficie terrestre las partículas cargadas y calientes que emite el Sol, que salen lanzadas a grandes velocidades y son transportadas por el denominado *viento solar*.

El viento solar choca con el escudo de la magnetosfera y la bordea, y entra únicamente por los polos.

Si esta radiación solar de partículas cargadas llegara a la Tierra produciría daños muy importantes en los seres vivos. La parte de radiación que entra por los polos es la que produce las auroras boreales.

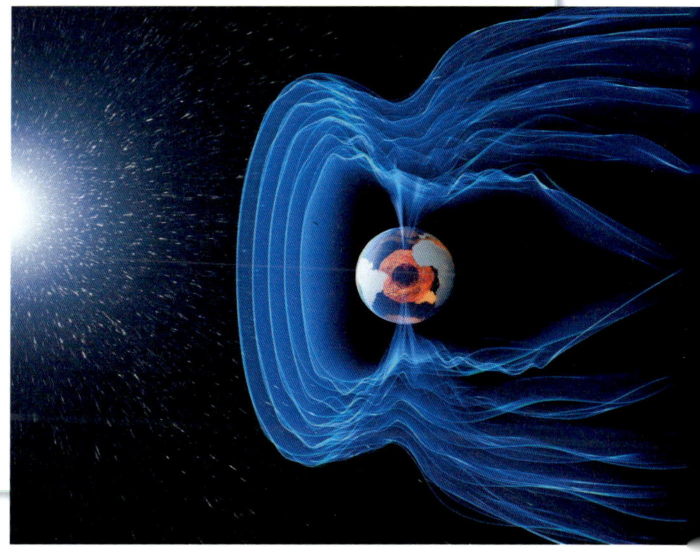

1. Explica razonadamente por qué decimos que la Tierra es un gran imán.
2. Describe cómo están situados los polos del campo magnético terrestre.
3. Indica cómo fabricarías tú una brújula.
4. ¿Para qué se usa la brújula? ¿Qué podemos hacer con ella y con un plano cuando vamos de excursión?
5. ¿Quiénes fueron los primeros en utilizar la brújula?
6. ¿Crees que sigue siendo útil la brújula hoy en día en que podemos disponer de un GPS?

3 Corriente eléctrica y magnetismo

3.1. Magnetismo debido a corrientes eléctricas

Hasta el siglo XIX no se sabía que hubiera ninguna relación entre la electricidad y el magnetismo.

Sin embargo, hacia el año 1820, el físico danés Hans Christian Oersted observó que la corriente eléctrica que circulaba por un hilo conductor era capaz de desviar la aguja magnetizada de una brújula cercana fig. 1:

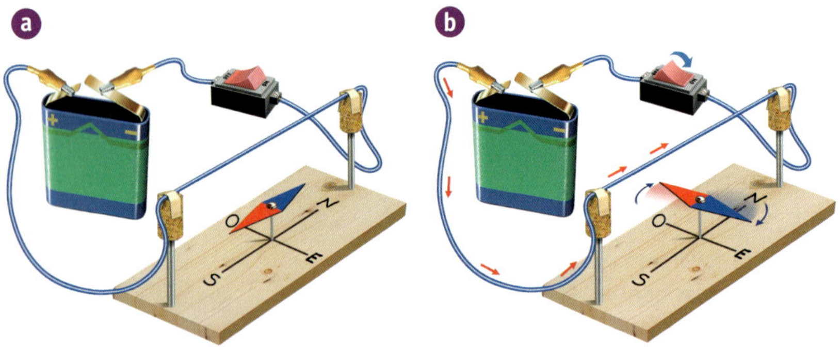

Fig. 1 a) Cuando no pasa corriente, la brújula se orienta en sentido N-S. b) Al pasar corriente por el hilo conductor, la brújula gira hasta colocarse perpendicular a este. Si la corriente cambia de sentido, el giro de la aguja también se invierte.

- Si no circulaba corriente por el hilo, la brújula se orientaba en la dirección Norte-Sur.
- Si circulaba corriente por el hilo, la brújula se desviaba hasta orientarse en la dirección perpendicular al hilo conductor.

La explicación de este hecho es que la corriente eléctrica produce un campo magnético superior al terrestre, por lo que la brújula se orienta según el campo que crea la corriente, que es mucho más intenso.

A partir de este descubrimiento resultó evidente la relación entre electricidad y magnetismo.

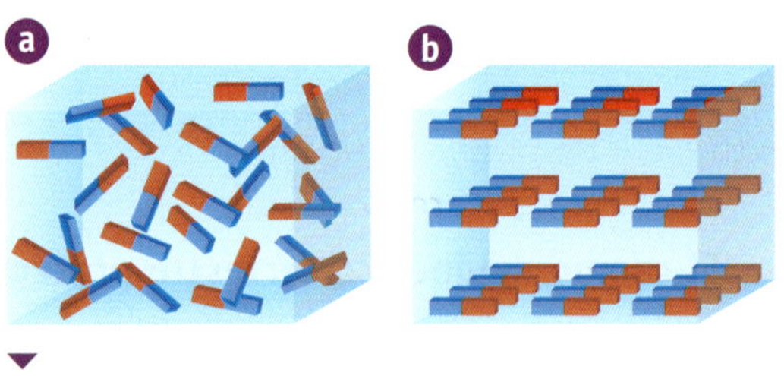

Fig. 2 a) Material no imantado; b) el mismo material imantado.

3.2. Origen del magnetismo

El movimiento de los electrones en los átomos de un material genera pequeñas corrientes que, a su vez, crean diminutos imanes.

En un material no imantado, estos imanes están orientados al azar. En cambio, en un material imantado, se orientan de idéntica forma sumándose sus efectos fig. 2.

Los materiales en los que esto ocurre son algunos metales que llamamos **ferromagnéticos**. Ejemplos de estos son el hierro y el acero.

3.3. Campo magnético de una bobina

A un cable metálico arrollado sobre un soporte formando un cilindro se le denomina **bobina** o **solenoide** fig. 3a.

Si por una bobina circula corriente eléctrica, se observa que se crea un campo magnético idéntico al de un imán fig. 3b.

Cuanto mayor sea la *intensidad de la corriente* que circula, y cuantas *más vueltas* (*espiras*) tenga la bobina, *más intenso será el campo magnético* que crea.

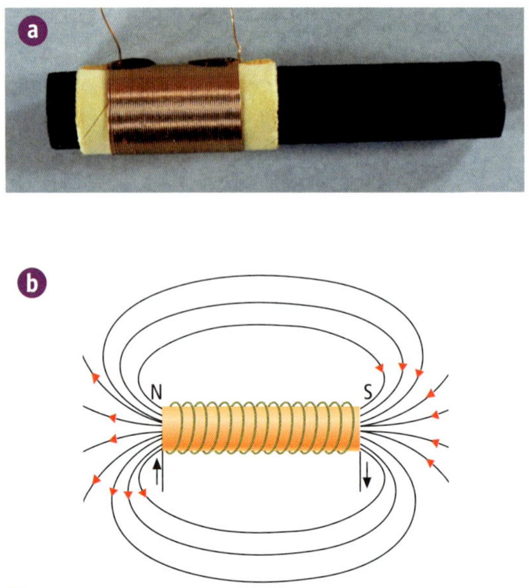

Fig. 3 a) Bobina o solenoide. b) Campo magnético creado por una bobina por la que circula corriente eléctrica.

3.4. Electroimanes

Si en el interior de una bobina colocamos una barra de hierro dulce (hierro libre de impurezas), podremos comprobar que el campo magnético creado es mayor que sin la barra.

Por este motivo, cuando se quieren obtener imanes muy potentes se utiliza este montaje.

Al conjunto de bobina con barra de hierro en su interior se le llama **electroimán**, porque funciona como un imán cuando circula la corriente eléctrica. Cuando la corriente cesa, deja de ser magnético.

No se deben utilizar barras de acero porque no cesarían sus efectos magnéticos (como hemos visto, cuando se imanta el acero se convierte en un imán permanente).

Las aplicaciones de los electroimanes en la vida cotidiana son muy variadas:

- Se usan electroimanes enormes en los depósitos de chatarra para mover el material almacenado de un lugar a otro fig. 4.
- Los hay de pequeño tamaño en el interior de los altavoces de radios, equipos de música...
- Podemos encontrarlos en aparatos en los que interesa obtener magnetismo intermitente asociado a la apertura o cierre de un circuito eléctrico, como los timbres.

Fig. 4 Potentes electroimanes permiten a esta grúa transportar grandes cantidades de chatarra.

Trenes de levitación magnética

El Transrapid fue el primer tren de levitación magnética con electroimanes que se construyó en el mundo. Es de tecnología alemana y está diseñado para alcanzar una velocidad máxima de 500 km/h. Funciona desde 2002 entre la ciudad de Shangai (China) y uno de sus aeropuertos. La distancia de 30 km que los separa la recorre en siete minutos y medio.

El tren circula sobre una vía ancha, situada sobre pilares a 8 m de altura sobre el suelo. La vía es de metal y dispone de unos electroimanes que elevan el tren 15 mm, de forma que no existe rozamiento. En ambos lados de la vía existen otros electroimanes cuya función es la de guiar el tren y mantenerlo en posición correcta.

1. Explica quién descubrió que la corriente eléctrica crea magnetismo, cómo lo hizo y cuándo.

   ¿Te parece que tuvo interés este descubrimiento? ¿Crees que son útiles los electroimanes?
2. Explica en qué consiste un electroimán.
3. ¿Qué es más fácil de conseguir, un imán o un electroimán?
4. ¿Qué propiedades especiales tienen los materiales ferromagnéticos?
5. Explica razonadamente para qué conviene poner una barra de hierro dentro de la bobina de un electroimán.

4 Aplicaciones del electromagnetismo

4.1. Electricidad + magnetismo = movimiento

Muchos de los electrodomésticos que tenemos en nuestros hogares tienen en común el hecho de que la corriente eléctrica hace girar sus partes móviles.

En una lavadora, un ventilador o una batidora fig. 1, queda bien evidente el movimiento de giro; en un aspirador o en un secador de pelo no se aprecia tan bien, pero hay elementos móviles que giran en su interior.

El movimiento en todos ellos proviene de un **motor eléctrico**, esto es, de un mecanismo que transforma energía eléctrica en energía cinética, en forma de movimiento circular.

Los motores eléctricos

Los **motores eléctricos** se basan en el efecto del magnetismo sobre la corriente eléctrica que circula por un conductor.

Supongamos un sencillo circuito como el de la fig. 2a, constituido únicamente por un cable conductor en forma rectangular o circular, que recibe el nombre de *espira*, situado dentro del campo magnético de un imán o de un electroimán.

Cuando pasa la corriente por el circuito, la espira experimenta unas fuerzas que la hacen girar.

Un motor eléctrico contiene, en realidad, un circuito giratorio formado por muchas espiras, llamado **rotor**, por el que pasa corriente, y varios imanes fijos repartidos circulamente en el **estator**. De esta manera el giro puede ser más rápido, debido a que el efecto de las espiras y de los imanes se suma fig. 2b.

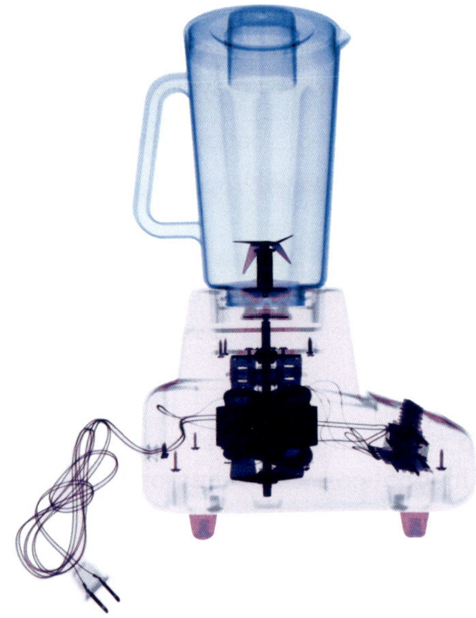

Fig. 1 Circuitos internos de una batidora eléctrica. Se aprecia perfectamente el motor vertical conectado a la hélice.

@ Amplía en la Red...

Trabaja con simulaciones de un motor eléctrico en: www.tiching.com/727268

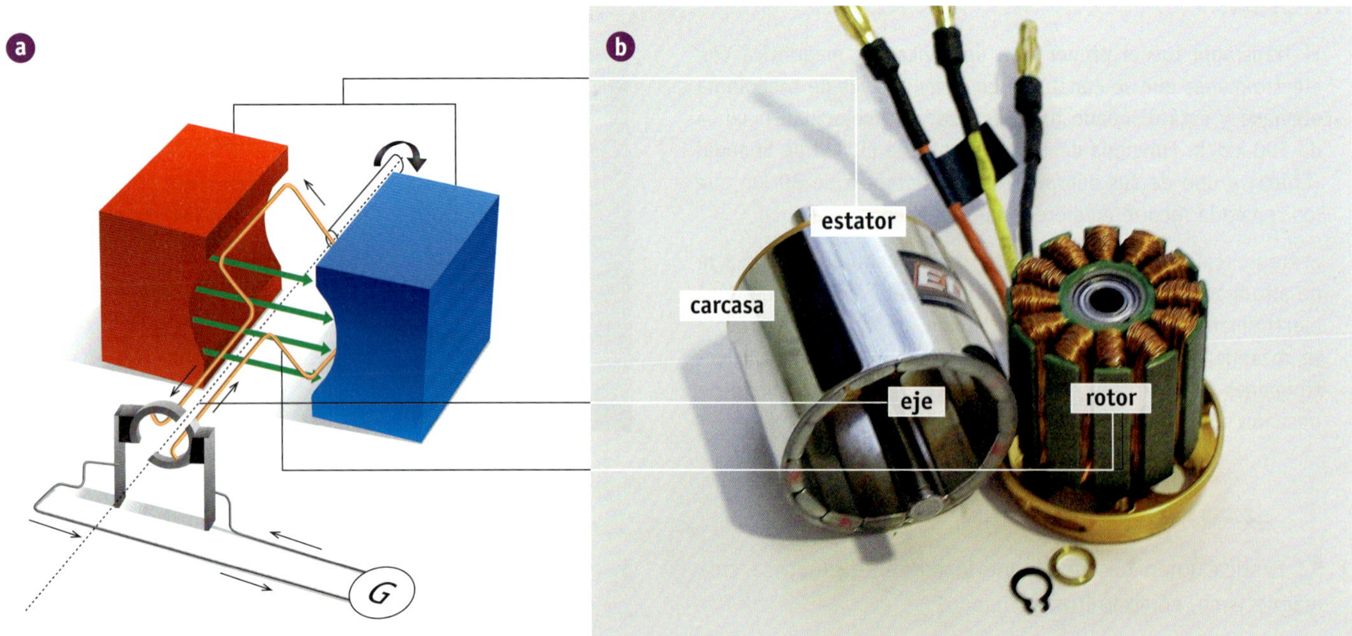

Fig. 2 a) El paso de corriente por una espira sometida a un campo magnético produce el giro de la espira. b) Motor eléctrico desmontado para apreciar las partes principales que lo componen.

4.2. Movimiento + magnetismo = corriente eléctrica

Así como Oersted descubrió que la corriente eléctrica crea un campo magnético, más adelante Faraday descubrió que un campo magnético puede producir corriente eléctrica.

Podemos observar el fenómeno de la inducción magnética mediante la siguiente experiencia fig. 3a:

- Se conecta una bobina, por la que no pasa corriente, a un amperímetro, cuya aguja permanece inmóvil al no haber paso de corriente.
- Acercamos un imán a la bobina, con lo que se observa que circula corriente en un sentido.
- Alejamos el imán, y observamos que circula corriente en sentido contrario.

Lo mismo ocurre si, en vez de mover el imán, lo que movemos es la bobina dentro del campo magnético fig. 3b.

@ Amplía en la Red...

Trabaja con una simulación de un motor de corriente alterna en: www.tiching.com/727269

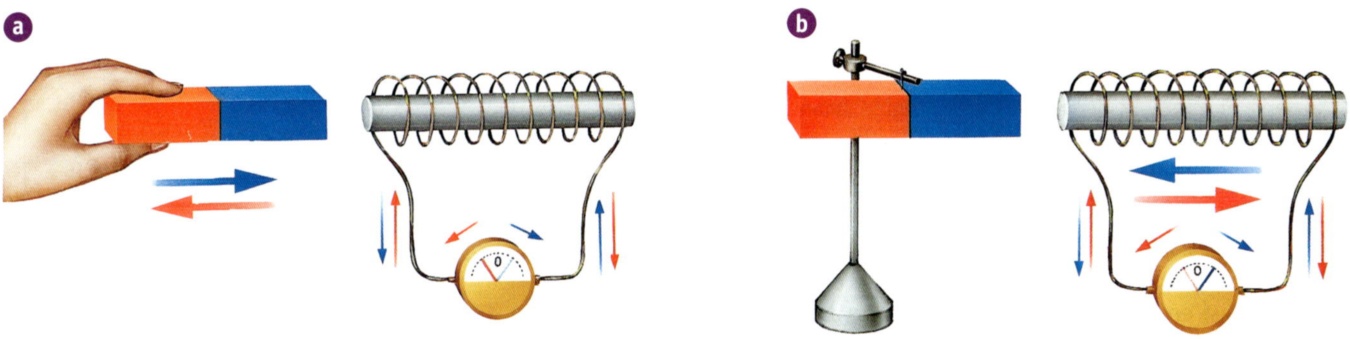

Fig. 3 Producción de corriente en un circuito eléctrico gracias al movimiento de un imán o de una bobina. a) El imán se mueve y hay corriente en la bobina. b) La bobina se acerca y se aleja del imán fijo y se produce corriente.

4.3. Corriente eléctrica inducida

La experiencia anterior pone de manifiesto que en un circuito eléctrico que no dispone de un generador se puede crear **corriente eléctrica** a partir del efecto de la variación de un campo magnético sobre una bobina.

La **intensidad** de esta **corriente eléctrica inducida** depende de la *rapidez con que varíe el campo magnético*. La variación se consigue, en la práctica, haciendo girar una bobina dentro del campo creado por un imán fijo.

Este descubrimiento supuso la posibilidad de crear corriente eléctrica de una forma más práctica que la producida por las pilas químicas usadas hasta entonces.

@ Amplía en la Red...

Visiona un video sobre Faraday y la producción de corriente eléctrica en: www.tiching.com/727270

1. Describe y dibuja en tu cuaderno un esquema básico de un circuito eléctrico para producir movimiento.
2. Describe y dibuja en tu cuaderno un esquema básico de un circuito eléctrico mediante el cual consigamos producir corriente eléctrica.
3. Los motores eléctricos se usan en numerosos aparatos. Cita, de los aparatos eléctricos que tengas en tu casa, los que funcionen mediante un motor.
4. Explica quién descubrió la forma de producir corriente eléctrica sin pilas, y cómo fue posible este hallazgo.

5 LABORATORIO

Imanes y corriente eléctrica

Los imanes y electroimanes forman parte de numerosos aparatos eléctricos, aunque no solemos verlos porque están en su interior.

A continuación te proponemos unas experiencias para entender a pequeña escala cómo se fabrican los imanes y los electroimanes, así como para comprender mejor la relación entre magnetismo y corriente eléctrica.

Material

- Aguja de acero e imán
- Corcho, vaso con agua y cinta adhesiva
- Tornillo, carrete de hilo vacío, clips e hilo de cobre
- Pilas de 4,5 V
- Imán
- Bobina de 300 espiras
- Núcleos de acero y de hierro
- Interruptor

A. La brújula es un sencillo instrumento con importantes aplicaciones, principalmente en navegación. ¿Sabes cómo puedes fabricar una brújula? ¿Cómo imantarías una aguja de acero?

Construcción de una brújula

1. Frota una aguja con un imán siempre en el mismo sentido; por ejemplo, de arriba hacia abajo.
2. Una vez tengas la aguja imantada, colócala sobre una lámina de corcho muy fina y sujétala a ella mediante un poco de cinta adhesiva.
3. Llena un vaso con agua y pon el corcho sobre ella.
4. Observa y anota la orientación de la aguja imantada al desplazar el vaso a diferentes lugares, así como al hacerlo girar.
5. Analiza en qué dirección se orienta. Puedes hacerlo mediante alguna aplicación para el móvil que consista en una brújula.

① Explica si en la actualidad tienen la misma importancia las brújulas que los *smartphones* (teléfonos inteligentes) o el GPS.

B. Ahora vas a recrear los experimentos de Oesterd y Faraday.

Experimento de Oersted: producción de un campo magnético mediante corriente eléctrica

1. Construye el circuito de la figura.
2. Deja pasar la corriente y observa el comportamiento de la brújula.
3. Intercambia los bornes de la pila y vuelve a observar la brújula.
4. ¿Qué orientación tiene la brújula mientras hay paso de corriente? Explica la razón.
5. Describe qué le ocurre a la brújula al dejar pasar la corriente eléctrica. Explica el motivo por el que ocurre.
6. ¿Qué diferencia observas en la brújula al intercambiar los bornes de la pila? Explica qué relación tiene con el sentido de movimiento de los electrones.

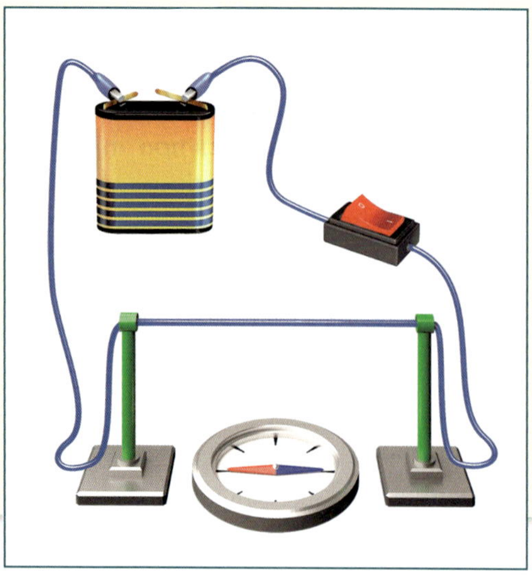

② Has recreado el experimento de Oersted. ¿Qué aparatos hemos visto que se basan en este descubrimiento?

③ Describe qué energía se ha transformado en energía magnética.

Experimento de Faraday: producción de corriente eléctrica mediante un campo magnético

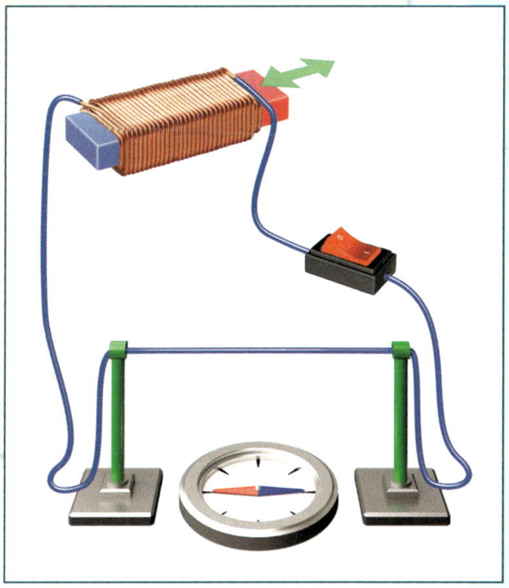

1. Construye el circuito de la figura.
2. Cierra el interruptor y observa si la brújula cambia de orientación.
3. Mueve el imán haciéndolo entrar y salir del interior de la bobina repetidas veces. Observa lo que ocurre con la brújula.
4. Hemos retirado la pila y, aunque cerremos el interruptor, ¿qué debe pasar con la brújula? ¿Por qué?
5. ¿Qué está ocurriendo al acercar y alejar el imán de la bobina? Recuerda que no hay pila. Describe si varía lo observado en la aguja imantada al variar la velocidad del movimiento del imán. ¿Cuándo se desvía más?

(4) ¿Cómo se llama este efecto que produce un campo magnético variable? ¿Quién descubrió este hecho?

(5) ¿Cómo se llaman los aparatos que se basan en este experimento?

(6) ¿En qué lugares se produce la corriente eléctrica que llega a nuestras viviendas?

(7) Describe qué energía se ha transformado en energía eléctrica.

C. Basándote en el descubrimiento de Oersted, ¿crees que, en la actualidad, son imprescindibles los imanes?

Construcción de un electroimán

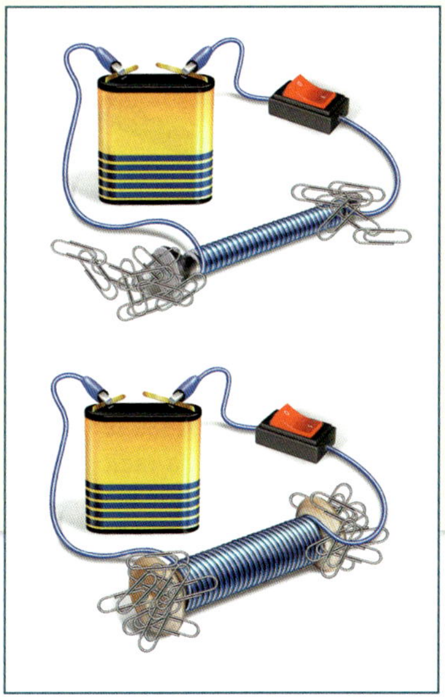

1. Enrolla la mitad del hilo de cobre alrededor de un carrete y la otra mitad alrededor de un tornillo.
2. Observa si cada uno de los montajes enrollados atrae a los clips sin estar conectado a la pila.
3. Conecta, para cada enrollado, los extremos del hilo a los bornes de la pila.
4. Analiza si ahora crean campo magnético.
5. ¿Observas diferencias entre la fuerza con que cada enrollado atrae a los clips? Explica el motivo.
6. Describe cómo tiene lugar la atracción de cada clip. ¿Crees que estos se imantan también o no? ¿Cómo lo puedes probar?

(8) ¿Crees que es difícil crear un campo magnético aunque no dispongamos de imanes?

(9) Relaciona los hechos anteriores con el descubrimiento de Oersted en 1820.

Experimentación TIC

En http://www.tiching.es/727267 puedes encontrar una simulación. Trabaja con ella y contesta las preguntas:

a. Indica las semejanzas entre los campos magnéticos producidos por un imán y por un electroimán.

b. ¿Cómo se orienta la brújula en cada punto del espacio?

c. Anota qué indica el medidor de campo en el caso del electroimán:
   1. Al disminuir el número de espiras.
   2. Al disminuir la tensión de la pila.

d. ¿Qué ocurre cuando se invierte la polaridad de la pila?

6 Imanes y electroimanes en casa

1 El timbre eléctrico

Los timbres tienen en su interior un circuito eléctrico conectado a la corriente, que consta de estos elementos: un interruptor (el pulsador del timbre), un electroimán, un pequeño martillo y una campana.

Al pulsar el interruptor, se cierra el circuito y la corriente eléctrica circula por él. Con el paso de corriente funciona el electroimán, que atrae a un pequeño martillo situado en su proximidad. El desplazamiento del martillo de su posición inicial provoca que el circuito se abra, impidiendo así el paso de la corriente.

Por este motivo el electroimán deja de funcionar, cesa su atracción sobre el martillo y este vuelve a su situación primitiva.

Al hacerlo golpea la campana, que es la que produce el sonido del timbre, y cierra de nuevo el circuito. Así comienza de nuevo todo el proceso que tiene lugar en un corto intervalo de tiempo.

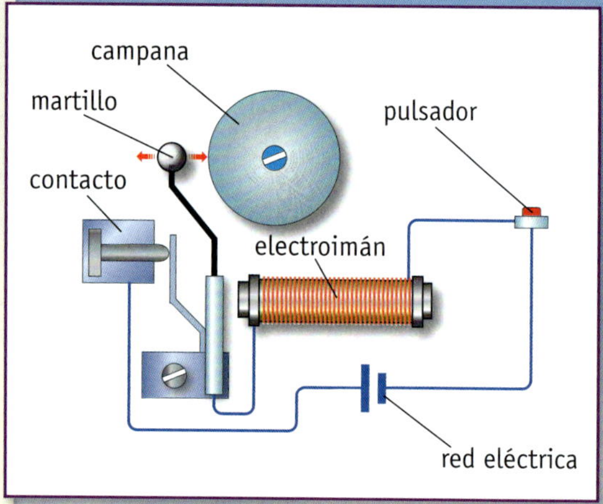

2 El altavoz y el micrófono

Son dos aparatos con funciones opuestas pero con un funcionamiento básico similar.

En el altavoz las señales eléctricas provenientes de un aparato eléctrico, como una radio, un amplificador, una televisión..., se transmiten a una bobina que hace de electroimán al circular por ella la corriente.

Este electroimán atrae con mayor o menor fuerza a un imán permanente situado en su proximidad según sea la intensidad de la corriente que circula por él.

El movimiento de vaivén del imán se transmite a una membrana que, al vibrar, produce señales acústicas que se transmiten por el aire.

Se ha producido una transformación de señales eléctricas en acústicas pasando por magnéticas.

En el micrófono, por el contrario, las señales acústicas de la voz o de la música se transmiten a una membrana que, al oscilar, mueven un imán que produce señales eléctricas en una bobina.

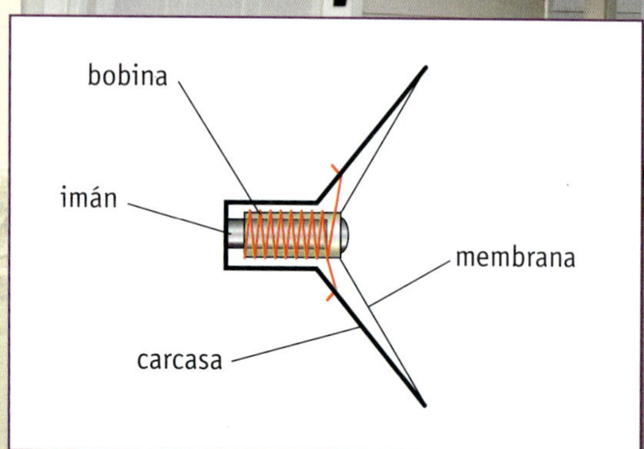

3 El coche eléctrico

El coche eléctrico debe su nombre a que funciona con un *motor eléctrico*. Esto quiere decir que necesita corriente eléctrica para moverse, en lugar de gasolina.

El generador de corriente eléctrica de este tipo de coches son las *baterías*, que se deben recargar a medida que agotan su energía. La recarga se puede efectuar en una conexión a un punto externo, en la calle, o a uno interno, en casa.

Para que el coche pueda variar su velocidad según las necesidades de la conducción está el llamado *controlador*. Este conecta la batería con el motor y regula la cantidad de energía eléctrica que la batería debe facilitar al motor.

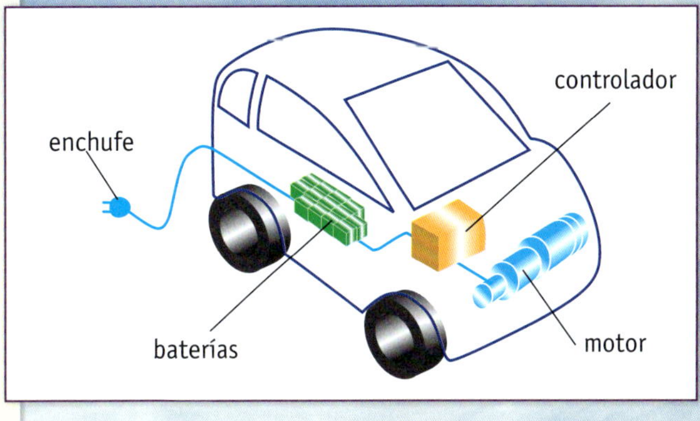

1. ¿Dónde está el interruptor del timbre de una vivienda?
2. ✓ Cita los elementos del circuito eléctrico de un timbre.
3. ¿Hay un imán dentro de un timbre? ¿Por qué? ¿Qué hay en su lugar?
4. ¿Qué ocurre al atraer el electroimán al martillo? ¿Qué le sucede entonces al electroimán?
5. ¿Es golpeada una sola vez la campana cada vez que pulsamos el interruptor del timbre?
6. Los altavoces y los micrófonos tienen un funcionamento básico similar pero funciones opuestas. ¿Por qué?
7. ✓ Averigua qué ventajas y desventajas presentan los coches eléctricos actuales frente a los de gasolina.

7 Producción de corriente eléctrica

7.1. Importancia de la corriente eléctrica inducida

Hemos visto que el año 1831 se observó cómo un campo magnético variable producía corriente eléctrica inducida.

Este descubrimiento fue un hito de la mayor importancia en el desarrollo tecnológico porque, hasta entonces, la única forma de disponer de electricidad era mediante pilas, con muchos inconvenientes, como su corta duración y su elevado coste de transporte.

En la actualidad, la corriente eléctrica suministrada a industrias y poblaciones se genera en las centrales eléctricas.

Todas las centrales eléctricas tienen un elemento común, basado en la inducción electromagnética fig. 1: el generador de corriente alterna. La diferencia entre los diversos tipos de centrales está en la fuente de energía que utilizan y en la forma en que la aprovechan.

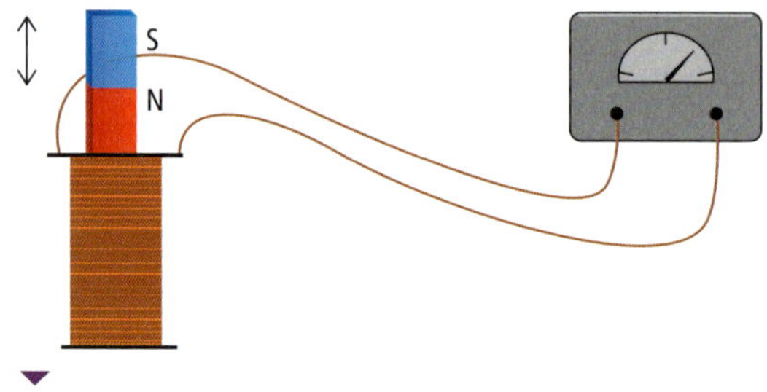

Fig. 1 Producción de corriente eléctrica inducida moviendo un imán.

7.2. Obtención de corriente eléctrica. El alternador

Llamamos **generador de corriente alterna** o **alternador** al sistema que, de una forma simplificada, observamos en la fig. 2.

El campo magnético variable se consigue al girar una o varias espiras de cobre en el interior del campo magnético creado por un gran imán. Este sencillo proceso crea corriente eléctrica que, por provenir de un giro, tiene una intensidad de valor variable fig. 3.

Fig. 2 Esquema simplificado del alternador. El movimiento de giro de la espira dentro del campo magnético produce corriente eléctrica.

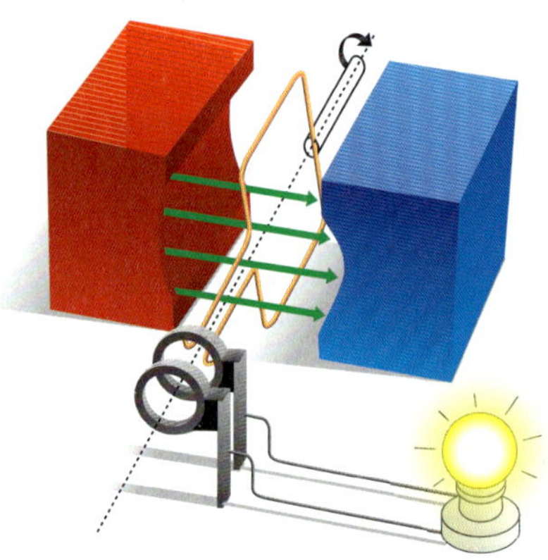

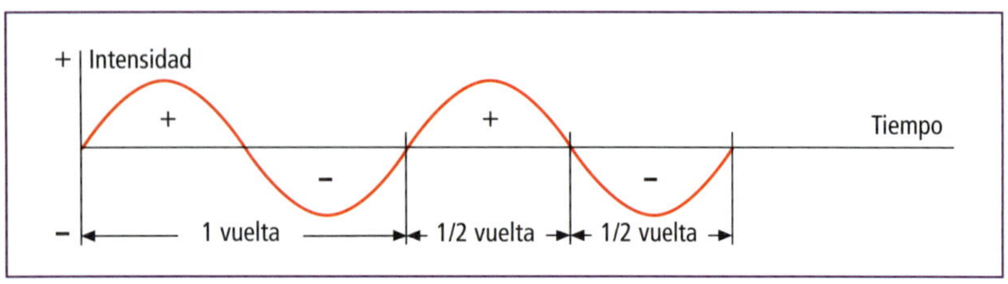

Fig. 3 Gráfica de una corriente alterna.

Esta corriente es *alterna* porque varía de sentido y de valor alternativamente. Esto da nombre a este tipo de generador.

Debemos tener en cuenta que, a diferencia de este tipo de corriente, las pilas generan corriente *continua* porque su intensidad es constante, sin cambiar de sentido ni de valor.

La luz de las bicicletas

La luz que llevan algunas bicicletas funciona cuando la rueda delantera gira. Si nos paramos, deja de dar luz.

La corriente eléctrica necesaria para que funcione la bombilla la produce un pequeño alternador que lleva la bicicleta. Dentro de él hay una bobina y un imán.

Al moverse la rueda, gira la parte superior de este generador, se transmite el giro al imán que tiene en su interior y en la bobina se genera corriente eléctrica.

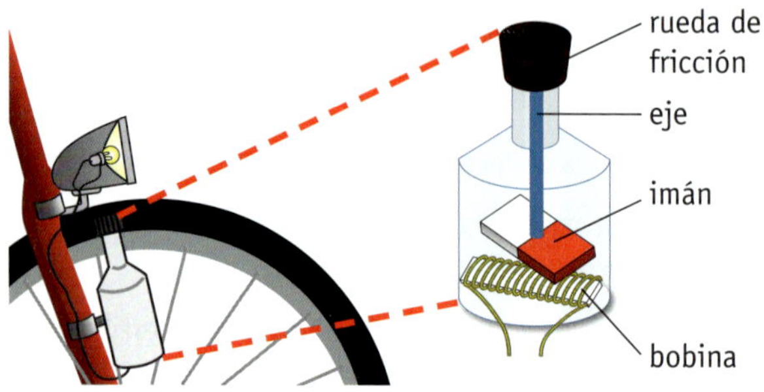

7.3. Centrales eléctricas

Los tres tipos de centrales eléctricas más extendidas son: las térmicas, las nucleares y las hidroeléctricas.

Todas se basan en el mismo principio de funcionamiento: una fuente de energía gira una turbina conectada al sistema de bobinas de un alternador; el giro de las bobinas del alternador es el que produce la corriente eléctrica.

La diferencia esencial entre unas centrales y otras está en el origen de esa energía. El movimiento de la turbina lo puede producir un chorro de vapor de agua (centrales térmicas y nucleares) fig. 4 o bien agua a presión (centrales hidroeléctricas).

Fig. 4 Torre de refrigeración de una central térmica.

7.4. Transporte de energía eléctrica

El transporte de la corriente eléctrica desde las centrales hasta los lugares de consumo se efectúa a través de la **red eléctrica** fig. 5:

- En primer lugar, en las centrales eléctricas se eleva la tensión (a más de 132000 V) con **transformadores elevadores**. De esta forma, se logra disminuir las pérdidas de energía en los cables de las **líneas de alta tensión**.
- Las líneas de alta tensión transportan la corriente eléctrica hasta las zonas industriales o las zonas habitadas.

  En estos lugares, unos **transformadores reductores** reducen la tensión a 45000 V (zonas industriales) o a 15000 V (zonas habitadas). Es la denominada *media tensión*.
- La corriente eléctrica a media tensión se reduce de nuevo a 400 V o a 230 V, que es el suministro habitual en las pequeñas industrias y en las viviendas (*baja tensión*).

Fig. 5 Esquema del transporte de la corriente eléctrica hasta nuestros hogares.

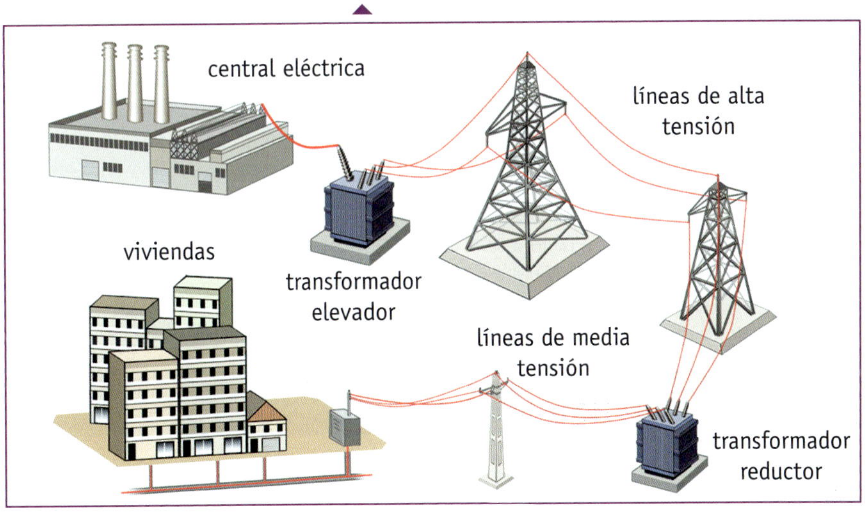

@ Amplía en la Red...

Conoce más sobre la corriente continua y la corriente alterna en: www.tiching.com/728869

1. Describe y dibuja un esquema básico de un circuito eléctrico mediante el cual generemos corriente alterna.
2. Explica la diferencia entre corriente continua y corriente alterna.
3. Explica dónde se genera en grandes cantidades la corriente alterna.
4. Describe el funcionamiento del alternador que tienen algunas bicicletas.
5. Elije un tipo común de central eléctrica, busca información y redacta un informe sobre cómo funciona.
6. Describe cómo llega la corriente eléctrica desde las centrales eléctricas hasta nuestras casas.

DESCUBRE

8 Transmisión de la corriente eléctrica

1 El envío de señales: el telégrafo

En 1837 Cooke y Wheatstone piden la primera patente del telégrafo, aparato que utiliza señales eléctricas que se transmiten a través de cables para enviar mensajes de texto a grandes distancias.

En 1844 Samuel Morse envió el primer telegrama mediante un telégrafo que había desarrollado a partir de otros anteriores; ocurría en Estados Unidos y empleó las señales del código que lleva su nombre.

Fue un paso gigante en la historia a partir del cual se buscó la forma de que estas transmisiones pudieran tener lugar entre todos los puntos del mundo. Para ello había que conectar mediante cables eléctricos ciudades, países y continentes.

La mayor dificultad la planteó la conexión entre Europa y América, por la enorme distancia que las separa. Se trataba de buscar los puntos de ambas que distan menos entre sí y de fabricar un cable lo suficientemente largo para unirlas.

Los puntos estaban en Irlanda y Terranova; el tendido debía ir por debajo del mar y se debían construir barcos capaces de transportar el gran peso que los 4300 km de cable tenían.

Tras muchos intentos y fracasos, el 28 de julio de 1866 estuvo la línea conectada.

2 La bombilla de Edison

En 1880 Edison comercializó la bombilla que lleva su nombre, aunque se había inventado con antelación. Esta bombilla, llamada de incandescencia, basa su funcionamiento en la producción de luz y calor de un filamento de carbono a través del cual circula la corriente eléctrica.

Para evitar que el filamento se quemara con el oxígeno del aire, se introducía en una cápsula de vidrio a la que se hacía el vacío. Como el carbono tenía poca duración, fue sustituido por tungsteno (wolframio), metal que soporta bien temperaturas muy elevadas.

Su utilización supuso un gran avance para la iluminación tanto de las casas como de las calles.

En la actualidad se considera que la bombilla de filamento es poco eficiente, pues la energía que pierde por calor es muy grande comparada con la luz que emite. Por este motivo ya no se fabrican y están siendo sustituidas por otras de bajo consumo como son: las halógenas, las fluorescentes compactas y las de LED.

1. Busca información sobre el tendido de cables submarinos para Internet (tienes un ejemplo en www.tiching.com/726210). A continuación, indica las semejanzas y diferencias entre este proceso y el descrito en el texto (entre los que han transcurrido 150 años) respecto a estos aspectos:

a. Si se trata en ambos casos de transmisión por cable eléctrico.

b. Número de kilómetros de cable.

c. El proceso de instalación del cable.

2. Observa la bombilla fabricada por Edison y contesta estas preguntas:

a. ¿Por qué se le llama a esta bombilla de incandescencia?

b. ¿Por qué se debe hacer el vacío en su interior?

c. ¿Con qué se iluminaban las casas y las calles antes de usar estas bombillas?

d. ¿Qué quiere decir que esta bombilla sea poco eficiente?

3 Transporte de la electricidad. Líneas de alta tensión

Todos hemos visto alguna vez las altas torres que soportan los cables que transportan la corriente eléctrica para que llegue la electricidad a todos los lugares.

Teniendo en cuenta que esos cables tienen muchos kilómetros de longitud, su resistencia será elevada y se producirán grandes pérdidas de energía por calor.

Para evitarlo se debe conseguir que la intensidad que circula por ellos sea pequeña.

La potencia de las líneas debe ser constante, por lo que si se eleva mucho la tensión de la corriente (de ahí el nombre de *líneas de alta tensión*), la intensidad disminuirá, así como las pérdidas por calor.

4 Velocidad de la corriente eléctrica y de los electrones

Cuando enchufamos una lámpara vemos que la bombilla se enciende inmediatamente. A partir de estas observaciones podemos pensar que la corriente eléctrica tiene una velocidad muy elevada. Sin embargo, no es así.

Podemos hacer una similitud con el agua de las tuberías. Cuando abrimos el grifo, el agua sale inmediatamente, pero la velocidad de la misma por las tuberías no es alta. Sale en ese momento la que hay más próxima.

Los electrones que conducen la corriente eléctrica por dentro de los hilos conductores van a una velocidad muy lenta. Se puede calcular que, por ejemplo, la velocidad de los electrones en el cobre es del orden de 25 cm/h, es decir, que para recorrer un cable de 1 m de longitud, los electrones necesitan unas 4 horas.

Podemos comparar también este movimiento con el de las bolas de la figura como consecuencia de la tensión aplicada: la primera sale lanzada inmediatamente, pero cada una de ellas solo de desplaza un poco.

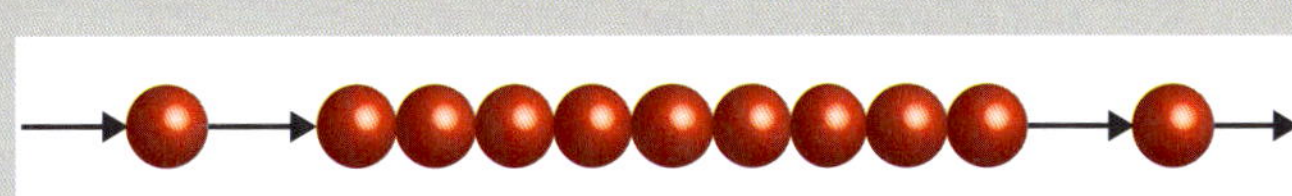

1. Explica por qué hay imanes temporales e imanes permanentes y cuáles son sus diferencias.

2. ¿Podemos conseguir un imán con un solo polo?

3. Indica si son verdaderas o falsas las frases siguientes. En caso de ser falsas escríbelas correctamente en tu cuaderno:

   a) Un imán es un objeto con dos polos que atrae a los electrones.

   b) Los imanes artificiales no crean campo magnético a su alrededor.

   c) Los polos de diferente nombre de dos imanes se repelen.

   d) Si partimos un imán por la mitad, nos queda un polo en cada trozo.

   e) Un electroimán es un imán conectado a la corriente.

   f) La Tierra tiene un imán en su interior.

4. Explica razonadamente por qué crees que para fabricar una brújula se utiliza una aguja imantada. ¿Por qué no un imán de otra forma?

5. Describe el experimento de Oersted y su importancia.

6. ¿Qué semejanzas y qué diferencias tiene un electroimán con una imán? Describe cómo construirías uno.

7. Copia y completa en tu cuaderno las frases siguientes:

   a) La ... es un enorme ... cuyos polos magnéticos están orientados al revés que los polos Norte y Sur geográficos.

   b) Podemos imantar un objeto de ... o ... frotándolo con un imán.

   c) Las líneas del campo ... son cerradas; salen por un ... y entran por el otro.

   d) Una ... o solenoide por el que pasa corriente crea un campo ... semejante al de un ....

8. Describe qué elementos necesitarías para repetir el experimento de Faraday. Explica qué consecuencias se sacan de este experimento.

9. Relaciona en tu cuaderno las palabras de la izquierda con las explicaciones de la derecha:

Magnetita	Imán artificial permanente
Hierro imantado	Se atraen
Acero imantado	Imán natural
Norte-Norte	Imán artificial temporal
Norte-Sur	La corriente crea magnetismo
Oersted	Se repelen
Faraday	El magnetismo crea corriente

10. Escribe en tu cuaderno de forma correcta las frases que sean incorrectas:

    a) Los imanes y la corriente eléctrica no tienen nada que ver.

    b) Se pueden imantar metales con imanes.

    c) El hierro imantado resulta un imán permanente.

    d) Un electroimán es un imán rodeado por un cable eléctrico.

    e) Un motor gira gracias a unos imanes que tiene en su interior.

    f) Un motor y un alternador son idénticos: imanes, cables, giro...

    g) La corriente eléctrica se produce siempre en las centrales eléctricas.

    h) Es más barato usar pilas que corriente eléctrica de los enchufes.

11. Ordena en tu cuaderno los fragmentos de cada texto para que formen frases con sentido:

    Texto 1: a) magnético c) Un conductor b) crea un campo d) por el que pasa corriente

    Texto 2: a) crea un campo magnético b) Una bobina o solenoide c) semejante a un imán d) si por ella circula corriente

    Texto 3: a) por la que pasa corriente b) con un núcleo de hierro c) Un electroimán es una bobina d) en su interior

12. Describe qué crees que ocurrirá si acercamos una brújula a un cable por el que circula corriente eléctrica.

13. ¿Por qué decimos que corriente eléctrica + magnetismo = movimiento?

14. ¿Por qué decimos que movimiento + magnetismo = corriente eléctrica?

15. ¿Qué significa el término *corriente eléctrica inducida*? ¿De qué depende la intensidad de dicha corriente?

16. En el circuito de la figura, ¿qué harías para que el amperímetro indicara paso de corriente?

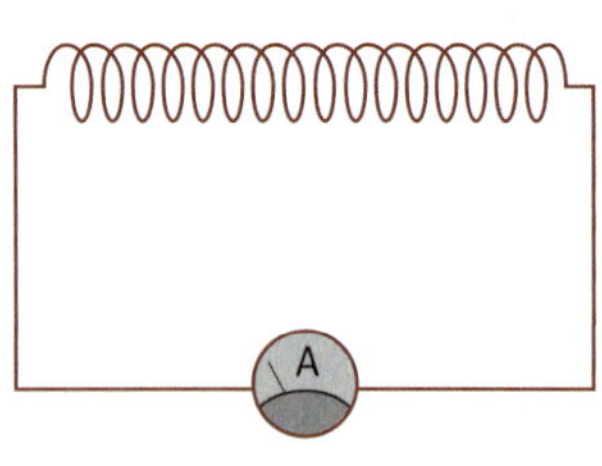

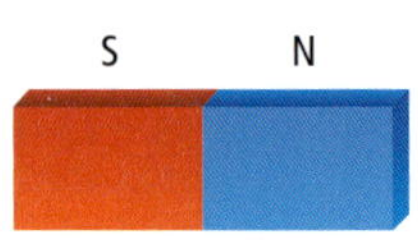

Comprueba lo que has aprendido • Comprueba lo que

1. Indica qué materiales tienen la propiedad del magnetismo.

2. Cita los diferentes tipos de imanes.

3. Describe qué ocurre cuando:

   a) Acercamos el polo norte de un imán al polo sur de otro imán.

   b) Acercamos los polos norte de dos imanes.

   c) Partimos un imán en dos trozos.

   d) Acercamos objetos metálicos a un imán.

   e) Colocamos un imán debajo de un papel con limaduras de hierro.

4. ¿Cómo sabemos que la Tierra se comporta como un imán?

5. ¿Dónde están localizados los polos norte y sur magnéticos de la Tierra?

6. Describe en qué consiste una brújula y para qué sirve.

7. Explica en qué consistió el experimento de Oersted, cómo lo llevó a cabo y por qué sirvió para relacionar la electricidad con el magnetismo.

8. ¿Qué hace falta para que una bobina cree campo magnético como un imán?

9. Resuelve el siguiente crucigrama:

Vertical

1. Es otro nombre que se le da a una bobina.
2. Produce corriente eléctrica a partir del giro y del magnetismo.
3. Generador que produce corriente alterna.
4. Hacer que un objeto de hierro o acero tenga propiedades magnéticas.
5. Lo son el hierro y el acero.
6. Cuerpo formado por una materia con propiedades magnéticas.
7. Aparato que ayuda a situar el Norte terrestre.
8. Así se llaman las auroras que se pueden ver cerca del polo Norte.

Horizontal

9. Es el conjunto de una bobina con una barra de hierro en su interior.
10. Produce giro a partir de la corriente eléctrica y del magnetismo.
11. Así se llaman las auroras que se pueden ver cerca del polo Sur.
12. Lugar donde se genera la corriente alterna.

10. Cita alguna aplicación de los electroimanes.

11. ¿Cómo consigue un motor su movimiento de giro?

12. Describe qué se observa en un circuito eléctrico con un amperímetro y sin generador al acercarle y alejarle un imán. ¿Quién fue el primero que realizó esta experiencia?

13. Relaciona los conceptos de cada columna:

Brújula	No renovable
Creación de corriente eléctrica	Contaminación atmosférica
Movimiento de un motor	Movimiento + imán
Central nuclear	Renovable
Central hidroeléctrica	Campo magnético terrestre
Fuentes no renovables	Alternador
Centrales eléctricas	Crea campo magnético
Electroimán	Corriente eléctrica + imán

14. Explica qué es un alternador y dónde podemos encontrarlos. ¿Por qué se dice que en un alternador se obtiene corriente eléctrica alterna?

1 Observa. El comportamiento de un electroimán

Busca información sobre la construcción de electroimanes (por ejemplo, puedes acceder a www.tiching.es/727266) y contesta a las preguntas siguientes:

a) ¿En qué consiste un solenoide?

b) ¿Qué hace falta para que un solenoide se convierta en un electroimán?

c) ¿Cuál es el polo norte de un electroimán?

d) Describe lo que ocurre con tres brújulas situadas alrededor de la bobina cuando pasa la corriente por esta.

e) Describe qué ocurre cuando acercamos una barra de acero o de hierro a un electroimán.

f) ¿Qué efecto tiene introducir un núcleo de hierro en un electroimán?

g) ¿Son útiles los electroimanes?

2 Descubre. Placas de inducción

Las placas vitrocerámicas de inducción basan el calentamiento de los recipientes y su contenido en los efectos del magnetismo.

Bajo la encimera tienen una bobina que genera un campo magnético de valor variable al paso de una corriente eléctrica de intensidad variable. Este campo magnético crea en la base del recipiente, que debe ser ferromagnético, una corriente eléctrica inducida que produce calor en dicha base.

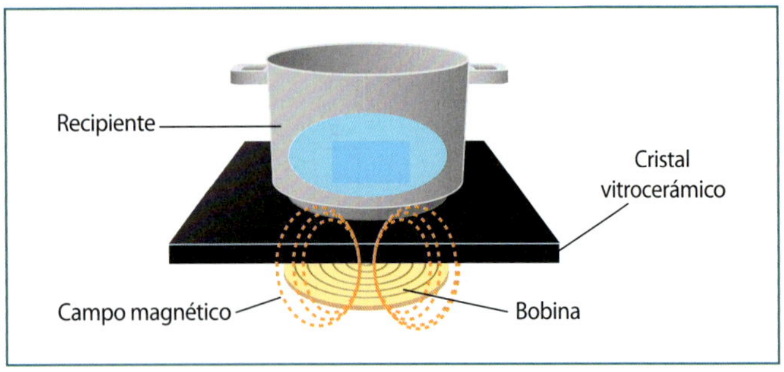

a) ¿Crees que se produce corriente inducida si no colocamos ningún recipiente sobre la placa?

b) Recuerda que solo los materiales ferromagnéticos pueden imantarse. Explica por qué debe ser ferromagnético el recipiente. Pon dos ejemplos de este tipo de material.

c) Si en estas cocinas ponemos una cazuela de barro, ¿se calienta su contenido?

d) Los imanes atraen a los materiales ferromagnéticos. ¿Qué prueba podríamos hacer para asegurarnos de que una cazuela que vamos a comprar es apta para la cocina de inducción?

e) Teniendo en cuenta que la vitrocerámica es un material aislante del calor y de la electricidad, ¿crees que estará caliente la placa cuando quitemos el recipiente?

f) Cita el nombre de la ley que establece que las corrientes eléctricas generan calor.

3 Observa. La bicicleta eléctrica

Busca información sobre las bicicletas eléctricas (tienes un ejemplo en www.tiching.com/728872) y contesta las preguntas:

a) ¿En qué consiste una bicicleta eléctrica?

b) ¿Dónde va montado el motor? ¿Cómo se carga la batería?

c) ¿Cuál es la mejor batería? ¿Por qué?

d) Explica cómo se activa y se desactiva el motor.

e) ¿Se necesita permiso de conducir para usarla? ¿Tienen acelerador estas bicicletas?

Síntesis. Electromagnetismo

Magnetismo e imanes

- El **magnetismo** es la propiedad por la que algunos materiales atraen el hierro y el acero. Con estos materiales se construyen imanes.
- Hay imanes **naturales** y **artificiales**.
- Los imanes tienen dos **polos**: norte y sur. Si acercamos dos imanes por polos distintos se atraerán, y si lo hacemos por polos iguales se repelarán.
- Los imanes generan un **campo magnético** a su alrededor, que es la zona del espacio donde se aprecian sus efectos.

La brújula y el magnetismo terrestre

- La **Tierra** es un enorme imán cuyos polos están invertidos respecto a los polos de la Tierra.
- El polo norte magnético terrestre está cerca del polo Sur geográfico, mientras que el polo sur magnético está cerca de polo Norte.

Corriente eléctrica y magnetismo

- La corriente eléctrica produce magnetismo y el magnetismo produce corriente eléctrica en determinadas condiciones.
- Un **electroimán** consiste en una bobina con una barra de hierro en su interior; cuando pasa corriente eléctrica por la bobina, funciona como un imán.
- Al pasar la corriente por una bobina dentro de unos imanes se produce un giro de la bobina. Es la base del funcionamiento de los **motores eléctricos**.
- Al mover un imán dentro de una bobina sin pila, comienza a pasar corriente por la bobina. A esta corriente la llamamos **inducida**.

Producción de corriente eléctrica

- Un **alternador** es un dispositivo formado, básicamente, por un espira que gira en el interior de un campo magnético y que, de esta forma, produce corriente eléctrica alterna.

Consolidación de competencias

RESPONDE A LA PREGUNTA INICIAL

Después de haber estudiado este tema, puedes responder a la pregunta inicial:

¿Qué relación hay entre electricidad y magnetismo?

Redacta un texto de entre 10 y 20 líneas que resuma las conclusiones a las que hayas llegado.

AFIANZA LO APRENDIDO

Para consolidar los conocimientos adquiridos a lo largo de la unidad puedes efectuar las actividades que encontrarás en la siguiente dirección web:

www.tiching.com/730020

Estas actividades se han preparado en un documento en formato pdf que puedes descargarte.

Al final del documento hallarás las soluciones de manera que puedas comprobar si has cumplido los objetivos del tema.

TÉCNICAS DE ESTUDIO

Entra en: www.tiching.com/727162, y practica una técnica de estudio a partir de la síntesis.

APRENDER PARA EMPRENDER

Los imanes y electroimanes, aunque no estén visibles a nuestros ojos, forman parte de numerosos aparatos utilizados diariamente.

Aparte de tenerlos en el frigorífico para sujetar notas, están en el interior de los electrodomésticos, de los móviles, de las máquinas eléctricas, de las tarjetas bancarias...

Busca información en Internet e indica la variedad de objetos y aparatos cuya base de su funcionamiento es el campo magnético de un imán o de un electroimán.

Indica qué otras utilidades les darías tú con el fin de facilitar algún trabajo o hacer más ágil algún mecanismo, explicando su funcionamiento.

Para tomar ideas puedes ayudarte viendo parte o la totalidad de estos videos:

http://www.tiching. com/730008

http://www.tiching. com/730011

Comenta y completa tus respuestas con el resto de compañeros y compañeras.

Tabla periódica de los elementos

CLAVE DE LA TABLA

- **Número atómico**: 1
- **Símbolo**: H
- **Nombre**: Hidrógeno
- **Masa atómica**: 1,008

Las masas atómicas entre paréntesis corresponden al núcleo más estable.

sólido
líquido (a 30°C)
gaseoso
sintético

	Grupo 1	Grupo 2	Grupo 3	Grupo 4	Grupo 5	Grupo 6	Grupo 7	Grupo 8
Período 1	1 **H** Hidrógeno 1,008							
Período 2	3 **Li** Litio 6,94	4 **Be** Berilio 9,01						
Período 3	11 **Na** Sodio 22,99	12 **Mg** Magnesio 24,31						
Período 4	19 **K** Potasio 39,10	20 **Ca** Calcio 40,08	21 **Sc** Escandio 44,96	22 **Ti** Titanio 47,87	23 **V** Vanadio 50,94	24 **Cr** Cromo 52,00	25 **Mn** Manganeso 54,94	26 **Fe** Hierro 55,85
Período 5	37 **Rb** Rubidio 85,47	38 **Sr** Estroncio 87,62	39 **Y** Itrio 88,91	40 **Zr** Circonio 91,22	41 **Nb** Niobio 92,91	42 **Mo** Molibdeno 95,94	43 **Tc** Tecnecio (98)	44 **Ru** Rutenio 101,07
Período 6	55 **Cs** Cesio 132,91	56 **Ba** Bario 137,33	57-71 Lantánidos	72 **Hf** Hafnio 178,49	73 **Ta** Tantalio 180,95	74 **W** Wolframio 183,84	75 **Re** Renio 186,21	76 **Os** Osmio 190,23
Período 7	87 **Fr** Francio (223)	88 **Ra** Radio (226)	89-103 Actínidos	104 **Rf** Rutherfordio (267)	105 **Db** Dubnio (268)	106 **Sg** Seaborgio (271)	107 **Bh** Bohrio (272)	108 **Hs** Hassio (270)

Tierras raras

Período 6	57 **La** Lantano 138,91	58 **Ce** Cerio 140,12	59 **Pr** Praseodimio 140,91	60 **Nd** Neodimio 144,24	61 **Pm** Prometio (145)	62 **Sm** Samario 150,36
Período 7	89 **Ac** Actinio (227)	90 **Th** Torio 232,04	91 **Pa** Protactinio 231,04	92 **U** Uranio 238,03	93 **Np** Neptunio (237)	94 **Pu** Plutonio (244)

- Metales
- Semimetales
- No metales
- Gases nobles

Grupo 9	Grupo 10	Grupo 11	Grupo 12	Grupo 13	Grupo 14	Grupo 15	Grupo 16	Grupo 17	Grupo 18
									2 **He** Helio 4,003
				5 **B** Boro 10,81	6 **C** Carbono 12,01	7 **N** Nitrógeno 14,01	8 **O** Oxígeno 16,00	9 **F** Flúor 19,00	10 **Ne** Neón 20,18
				13 **Al** Aluminio 26,98	14 **Si** Silicio 28,09	15 **P** Fósforo 30,97	16 **S** Azufre 32,06	17 **Cl** Cloro 35,45	18 **Ar** Argón 39,95
27 **Co** Cobalto 58,93	28 **Ni** Níquel 58,69	29 **Cu** Cobre 63,55	30 **Zn** Cinc 65,41	31 **Ga** Galio 69,72	32 **Ge** Germanio 72,64	33 **As** Arsénico 74,92	34 **Se** Selenio 78,96	35 **Br** Bromo 79,90	36 **Kr** Kriptón 83,80
45 **Rh** Rodio 102,91	46 **Pd** Paladio 106,42	47 **Ag** Plata 107,87	48 **Cd** Cadmio 112,41	49 **In** Indio 114,82	50 **Sn** Estaño 118,71	51 **Sb** Antimonio 121,76	52 **Te** Telurio 127,60	53 **I** Yodo 126,90	54 **Xe** Xenón 131,29
77 **Ir** Iridio 192,22	78 **Pt** Platino 195,08	79 **Au** Oro 196,97	80 **Hg** Mercurio 200,59	81 **Tl** Talio 204,38	82 **Pb** Plomo 207,2	83 **Bi** Bismuto 208,98	84 **Po** Polonio (209)	85 **At** Ástato (210)	86 **Rn** Radón (222)
109 **Mt** Meitnerio (276)	110 **Ds** Darmstadtio (281)	111 **Rg** Roentgenio (280)	112 **Cn** Copernicio (285)	113 **Uut** Ununtrio (284)	114 **Fl** Flerovio (289)	115 **Uup** Ununpentio (288)	116 **Lv** Livermorio (293)	117 **Uus** Ununseptio (294)	118 **Uuo** Ununoctio (294)

Nota: Los elementos 113, 115, 117 y 118 no han sido nombrados todavía

63 **Eu** Europio 151,96	64 **Gd** Gadolinio 157,25	65 **Tb** Terbio 158,93	66 **Dy** Disprosio 162,50	67 **Ho** Holmio 164,93	68 **Er** Erbio 167,26	69 **Tm** Tulio 168,93	70 **Yb** Iterbio 173,04	71 **Lu** Lutecio 174,97
95 **Am** Americio (243)	96 **Cm** Curio (247)	97 **Bk** Berkelio (247)	98 **Cf** Californio (251)	99 **Es** Einstenio (252)	100 **Fm** Fermio (257)	101 **Md** Mendelevio (258)	102 **No** Nobelio (259)	103 **Lr** Laurencio (262)

CÓDIGO DE LICENCIA *
VSV48DL43FL7

1 Entrar en **vicensvivesdigital.com**

2 Si eres un **nuevo** usuario:
- Crea tu cuenta de usuario → **Regístrate**

Si eres un **usuario registrado**:
- Accede a tu cuenta de usuario → **Iniciar sesión**

3 Añade la licencia en tu biblioteca → **Añadir licencia**

* Licencia gratuita válida por un año desde su activación
Disponible a partir del 1-9-2015. En caso de que la disponibilidad y activación de la licencia no sea posible por cualquier causa, el usuario no podrá reclamar a EDUBOOK por ningún concepto relacionado con la misma.

Agradecemos a las siguientes entidades: NASA y ESA, la posibilidad de utilizar su material fotográfico (tema 8, pág. 153 y tema 12, págs. 225, 236 y 237).

Ilustrado por: Carles Salom y Marcel Socias.

Este libro está impreso en papel ecológico reciclable y con tintas exentas de elementos pesados solubles contaminantes. Directiva Europea 88/378/UE, norma revisada EN/71.

Primera edición, 2015

Depósito Legal: B. 6.111-2015/ N.º de Orden V.V.: FZ51.

IMPRESO EN ESPAÑA. PRINTED IN SPAIN.